INTRODUÇÃO ÀS CIÊNCIAS CRIMINAIS

COLEÇÃO CIÊNCIAS CRIMINAIS

Organizadores: LUIZ FLÁVIO GOMES e ROGÉRIO SANCHES CUNHA

Vinicius de Toledo Piza Peluso

INTRODUÇÃO ÀS CIÊNCIAS CRIMINAIS

2ª edição

2020

EDITORA JusPODIVM

www.editorajuspodivm.com.br

EDITORA *Jus*PODIVM
www.editorajuspodivm.com.br

Rua Território Rio Branco, 87 – Pituba – CEP: 41830-530 – Salvador – Bahia
Tel: (71) 3045.9051
• Contato: https://www.editorajuspodivm.com.br/sac

Capa: Daniela Jardim & Rene Bueno *(contato@danielajardim.com)*

P393i Introdução às ciências criminais. / Vinicius de Toledo Piza Peluso – 2. ed. – Salvador: Editora JusPodivm, 2020.
416 p. (Ciências Criminais / organizadores Luiz Flávio Gomes e Rogério Sanches Cunha)

Bibliografia.
ISBN 978-85-442-2915-6.

1. Criminologia e antropologia, sociologia e tecnologia criminais. I. Peluso, Vinicius de Toledo Piza. II. Título.

CDD 341.59

"Eis o nosso estado verdadeiro, que nos torna incapazes de saber com segurança e de ignorar totalmente. Nadamos num meio-termo vasto, sempre incertos e flutuantes, empurrados de um lado para o outro. Qualquer objeto a que pensemos apegar-nos e consolidar-nos abandona-nos e, se o perseguimos, foge à perseguição. Escorrega-nos entre as mãos numa eterna fuga. Nada se detém por nós. É o estado que nos é natural e, no entanto, nenhum será mais contrário à nossa inclinação. Ardemos no desejo de encontrar uma plataforma firme e uma base última e permanente para sobre ela edificar uma torre que se erga até o infinito; porém, os alicerces ruem e a terra se abre até o abismo. Não procuremos, pois, segurança e firmeza. Nossa razão é sempre iludida pela inconstância das aparências e nada pode fixar o finito entre dois infinitos que o cercam e dele se afastam."

(Blaise Pascal).

Para Marise, Luisa e Clara, o absoluto em minha vida.

Para Péricles de Toledo Piza Jr. (o Bariri), pelo amor, apoio, confiança e compreensão incondicionais.

Para Elias Antonio Jacob, o gestor da ideia e modelo de Mestre.

Para meus alunos da Unisantos, a razão do esforço.

AGRADECIMENTOS

Agradeço especialmente a Antônio Cezar Peluso, Elias Antonio Jacob, Antonio Frederico Chasseraux Corrêa e Heloisa Estellita pelas pacientes revisões do trabalho e pelas correições, observações, críticas e sugestões, que foram incorporadas ao presente; bem como a Suzana Pereira da Silva pelo apoio e auxílio.

Agradeço à minha esposa Marise e às nossas filhas Luisa e Clara, pelo amor e a compreensão nos momentos de ausência.

Por fim, agradeço a meus alunos da Faculdade de Direito da Universidade Católica de Santos (Unisantos), que, com seu interesse e postura crítica, acenderam e inflamaram a chama inicial, que culminou na presente obra.

Apresentação à 2.ª Edição

É com alegria e satisfação que apresentamos a 2.ª edição da obra *Introdução às Ciências Criminais*, cuja edição inicial esgotou-se em curto período de venda, mas que, em razão de outros compromissos pessoais e profissionais, não foi prontamente reeditada, lacuna que, agora, colmata-se.

Como mencionado na introdução, a presente obra nasceu de dupla preocupação (prática e acadêmica) e cujo objetivo era produzir trabalho que pudesse servir de material de apoio didático-doutrinário a professores e estudantes das Ciências Criminais.

Depois do seu lançamento, verificou-se que a obra alcançou seus objetivos e produziu bons frutos, como se pode observar por sua citação em julgados, livros, artigos e outros trabalhos acadêmicos.

A obra também passou a ser adotada não só por corpos docentes e discentes de faculdades de Direito, mas, ainda, por estudantes e profissionais que se preparam para concursos de carreiras jurídicas, aumentando, pois, o espectro de abrangência do público-alvo, que, já há tempos, solicitava a reedição do livro por se encontrar esgotado nas livrarias e na editora.

Dessa forma, sempre imbuídos da finalidade de minimizar o problema a envolver o conhecimento integrado do fenômeno criminal – mediante o ensino e a análise conjunta e integrada das noções mais elementares das Ciências Criminais (Criminologia, Política Criminal e Direito Penal) – e de fornecer material de apoio didático-doutrinário a professores e estudantes, é lançada, pela Editora Juspodivm, a 2.ª edição desta obra.

Santos – setembro de 2019.

Vinicius De Toledo Piza Peluso

Sumário

Prefácio

Heloisa Estellita*

Sofre-se no ensino das ciências criminais da mesma artificial compartimentalização que afeta o ensino do Direito como um todo. No âmbito sancionador, por exemplo, deu lugar a clichês como o da "independência entre as instâncias", a qual, invocada, como que imuniza o intérprete ou estudioso de questionar acerca do atendimento a postulados básicos de um sistema jurídico justo, como o da vedação de dupla punição pelo mesmo fato, mesmo ali onde a duplicidade sancionadora é evidente. Essa compartimentalização didática – que pauta a maioria dos cursos de Direito desde o primeiro ano e que acaba não sendo desfeita até a conclusão do curso –, tem impedido um pensamento global dos problemas legais, das controvérsias que devem ser solucionadas no dia-a-dia dos operadores jurídicos.

Essa compartimentalização é, ulteriormente, agravada na abordagem do fenômeno do desvio criminoso, a ponto de se privar o aluno de qualquer contato, ainda que superficial, com algumas das ciências que a ele se dedicam, as quais só podem pretender oferecer algum contributo à prevenção do desvio se combinadas, de forma a gerarem uma abordagem geral para o fenômeno criminal.

A obra que tenho o grande prazer de prefaciar oferece ao leitor uma quebra desse paradigma, posto que traz uma visão global das áreas que se complementam na análise do fenômeno criminoso e que sempre devem se comunicar: a Criminologia, a Política Criminal, a Dogmática e o Processo Penal. Ainda que, como adverte o autor, trate-se de uma obra introdutória, destinada aos alunos dos primeiros anos do curso de Direito, o texto apresenta panorama bastante atualizado das tendências mais recentes em cada uma das ciências criminais abordadas.

(*) Professora Doutora da Escola de Direito da Fundação Getúlio Vargas (SP) e Docente-visitante do Curso de Mestrado do Instituto Brasiliense de Direito Público (DF).

Os tópicos abordados darão ao leitor um referencial amplo e seguro para ulterior aprofundamento, especialmente tendo em conta a farta, consistente e atualizada bibliografia utilizada pelo autor.

A porta de entrada para a Introdução às Ciências Criminais é oferecida por uma visão geral das grandes escolas da Criminologia, ciência essencial à identificação e análise do comportamento desviante, e cujo instrumental é ponto de partida necessário para a elaboração de qualquer proposta político-criminal que pretenda alcançar algum grau de efetividade. Daí que, a seguir, o texto se dedique aos temas de Política Criminal, ciência normalmente esquecida nos cursos jurídicos, e que, neste trabalho, é contemplada com generosidade e marcada atualidade, como se colhe, ilustrativamente, da apresentação do abolicionismo, da terceira velocidade e da intervenção mínima garantista. Mas não é só. Como adverte o autor, é a Política Criminal que permite o rompimento da Dogmática de seu apego positivista e acrítico, abrindo-se a uma postura crítica do sistema jurídico-penal. E no âmbito da Dogmática, a atualidade da obra também se revela na introdução do leitor às ideias básicas do funcionalismo, tanto na concepção de Claus Roxin, como na de Günther Jakobs, concepções que estão na base das mais recentes contribuições dogmáticas a institutos básicos da teoria geral do delito.

A escolha por abordar em uma mesma obra também uma introdução ao Processo Penal é particularmente bem-vinda, já que faz com que o leitor não descure do fato de que o Processo Penal "serve" ao Direito Penal, no sentido de ser o meio para se aplicar, ou não, a pena, e que, portanto, deve refletir em sua estrutura e procedimentos as oportunidades para o debate e prova de todos os elementos do crime e dos limites da pena. Sobre a importância de tal abordagem conjunta presta testemunho Hassemer, em seu famoso *Fundamentos del derecho penal*, quem afirma que a separação radical entre tais direitos "constitui um dos mais graves defeitos de nosso sistema de ensino"[1]. O texto que o leitor tem em mãos é a superação de tal defeito, preenchendo lacuna da literatura jurídica nacional, que até o

1. HASSEMER, Winfried. *Fundamentos del derecho penal*. Tradución y notas de Francisco Muñoz Conde y Luis Arroyo Zapatero. Barcelona: Bosch, 1984, p. 145, tradução livre.

momento se ressentia de obra que fornecesse uma visão orgânica e atual das ciências dedicadas ao estudo do desvio criminoso.

Tive o prazer de fazer parte da banca examinadora da dissertação de mestrado de Vinicius Peluso, dissertação que recebeu nota máxima na renomada Faculdade de Direito da Pontifícia Universidade Católica de São Paulo[2]. Mas, então, já tinha tido contato com sua produção científica, cujas notas marcantes, a meu ver, são a agudeza na identificação e enfrentamento das questões jurídicas[3], o ininterrupto compromisso com os direitos fundamentais da pessoa humana[4] e o destemor para com argumentos de autoridade[5]. Não posso deixar de expressar minha alegria em ver reunidas em um acadêmico, professor e magistrado estas notas, as quais o leitor identificará facilmente no decorrer da leitura. Também encontrará o leitor nas páginas que seguem uma outra característica do autor, que, de pessoal, acaba por transbordar para sua postura diante da abordagem das questões acadêmicas (mas também das da judicatura): trata-se de sua simplicidade simpática, confiante e despretensiosa, que deixa o leitor aberto, desarmado e à vontade para pensar com ele acerca das ideias e temas visitados. Difícil saber, neste ponto, se essa forma de se colocar diante do interlocutor é fruto ou causa do magistério, suponho, conhecendo-o, que a última hipótese seja a mais acurada.

Este prefácio é, pois, um convite para que o leitor visite as Ciências Criminais na excelente companhia de Vinicius Peluso.

São Paulo – Dezembro de 2012.

---

2. Cf. PELUSO, Vinicius de Toledo Piza. *Retroatividade penal benéfica: uma visão constitucional.* São Paulo: Ed. Saraiva, 2013.
3. Cf. PELUSO, Vinicius de Toledo Piza. O crime de estupro e a lei nº 12.015/09: um debate desenfocado. *Boletim IBCCRIM*, v. 203, p. 02-03, 2009.
4. Cf. PELUSO, Vinicius de Toledo Piza. Munição e acessórios: uma desproporção explosiva. *Revista dos Tribunais*, v. 837, p. 398-408, 2005.
5. Cf. PELUSO, Vinicius de Toledo Piza. Suspensão condicional do processo – Críticas à Sumula 696 do STF. *Revista Brasileira de Ciências Criminais*, v. 65, p. 345-376, 2007.

Introdução

O presente trabalho é fruto de dupla preocupação, uma de natureza prática e outra de natureza acadêmica.

A primeira preocupação, de natureza prática, teve sua gênese nas dificuldades sentidas pelos professores das cadeiras de Direito Penal e Direito Processual Penal, da Faculdade de Direito da Universidade Católica de Santos (Unisantos), em ministrar referidas matérias com a profundidade exigida e desejada, diante de exígua carga horária e a impossibilidade material em estendê-la, diante de novas matérias jurídicas que vêm surgindo e congestionado a grade curricular; daí se chegou à conclusão de que parte do *curriculum* deveria ser aliviado, mediante sua antecipação na grade. Assim, no ano letivo de 2010, criou-se a, então inédita, matéria de *"Introdução às Ciências Criminais"*.

A intenção era iniciar os alunos nas noções mais elementares das Ciências Criminais – com especial ênfase no Direito Penal e no Direito Processual Penal – já no 1º ano do Curso de Direito, a lhes preparar, dando "chão" com maiores substratos teóricos, e, consequentemente, possibilitar-lhes melhor aproveitamento e aprofundamento de tais matérias nos anos vindouros; ao mesmo tempo, a nova matéria aliviaria a carga horária e proporcionaria melhor distribuição e exposição das matérias.

Já segunda preocupação, de maior envergadura e, pois, mais complexa, era de natureza acadêmica, a envolver o problema do tradicional ensino do Direito Penal e do Direito Processual Penal, que, há muitos anos, pauta-se pela mútua ignorância, como se as duas matérias se ocupassem de setores do conhecimento e da realidade fática sem nenhum tipo de relação entre si[6], a gerar visão isolada

6. cfr. RAGUÉS I VALLÈS, Ramon. "Derecho penal substantivo y derecho procesual penal: hacia uma visión integrada". In: *Anuario de Derecho Penal*. Lima: Pontifica Universidad Católica del Perú, 2004, p. 130/163.

e compartimentada da questão criminal aos alunos durante todo o curso, e, consequentemente, na posterior vida profissional.

Tal problemática se torna ainda mais complexa se à equação Direito Penal/Direito Processual Penal, inclui-se a questão das demais Ciências Criminais (Criminologia e Política Criminal), raramente abordadas nos bancos universitários; tudo, pois, a trazer sérios e profundos problemas de diálogo e críticas recíprocas em visão global e integrada do fenômeno criminal[7].

Assim, dentro das possibilidades, com a nova matéria se tentou equacionar ou minimizar o problema a envolver o conhecimento integrado do fenômeno criminal, mediante o ensino conjunto e integrado das noções mais elementares das Ciências Criminais (Criminologia, Política Criminal e Direito Penal) e do Direito Processual Penal, tudo, pois, a possibilitar ao corpo discente melhor aproximação e entendimento crítico da experiência criminal.

Ocorre que, ao pesquisar a bibliografia para o preparo do plano de ensino da nova matéria, verificou-se a inexistência de obra que tratasse didaticamente do assunto nas formas e nos termos pensados. Constatou-se a existência de inúmeras obras doutrinárias – especialmente estrangeiras – que tratavam apenas dispersamente dos tópicos do plano de ensino então estruturado, o que trazia dificuldades de indicação bibliográfica aos alunos para que pudessem acompanhar o regular desenvolvimento da matéria.

Por tal razão, sentiu-se a necessidade de produzir trabalho nos termos em que pensada a nova matéria e que pudesse servir de material de apoio a professores e alunos, a surgir, pois, a ideia da presente obra, que visa a servir de apoio didático e doutrinário especialmente àqueles que ministram e/ou se iniciam nos estudos das

7. Observa corretamente Salo de Carvalho: "A desagregação das disciplinas que compõem as ciências criminais gerou incapacidade de diálogo e de desenvolvimento simétrico de institutos. (...) A fragmentação das disciplinas obstaculizou a compreensão global dos saberes criminais, fato que gera, no atuar cotidiano dos operadores do direito – e dos demais atores que participam da investigação do fenômeno criminal –, incapacidade de compreensão das violências inerentes ao sistema penal e de criação de instrumentos para minimizá-las" (CARVALHO, Salo de. *Antimanual de criminologia*. 5a ed. São Paulo: Raraiva, 2013, pp. 51-52).

Ciências Criminais; optou-se pela adoção de apresentação simplificada e, pois, de fácil acompanhamento pelos alunos, sem, entretanto, a perda do indispensável rigor técnico-jurídico.

Assim, a presente obra se estrutura, no Titulo I, com a contextualização do fenômeno criminal dentro da ordem social e do sistema de controle social. Já no Título II, optou-se didaticamente apresentar o fenômeno criminal mediante a visão do tridimensionalismo realeano; ou seja, apresentou-se o fenômeno criminal enquanto fato, enquanto valor e enquanto norma, vinculando tais dimensões às respectivas Ciências Criminais que as estudam (Criminologia, Política Criminal e Direito Penal) e suas recíprocas ligações. Após, nos Títulos III, IV e V, foram apresentadas as características, as naturezas, os métodos, os objetos, as funções e os princípios fundamentais de cada uma das Ciências Criminais. Por fim, no Título VI, às demais ciências se somou a apresentação da Ciência do Direito Processual Penal, mediante a especificação de sua vinculação e relações com as demais matérias, anteriormente analisadas, e, pois, com o próprio fenômeno criminal, também descrevendo suas principais características.

Dessa forma, almeja-se que o trabalho possa ser útil e servir de apoio aos professores e, especialmente, aos alunos que se aventurarem nos estudos do fenômeno criminal e das Ciências Criminais.

Por fim, de se observar que, tal qual o plano de ensino da matéria – que a cada ano vem sendo aprimorado –, a presente é obra aberta e em eterno desenvolvimento, razão pela qual as críticas e as observações dos leitores serão sempre bem-vindas, como forma de parceria no aperfeiçoamento e desenvolvimento contínuo do trabalho.

CAPÍTULO I

Ordem social e controle social

SÚMARIO • 1. A ordem social; 2. O controle social; 2.1 Norma, sanção e processo; 2.2 Controle social informal e controle social formal; 2.2.1 Controle social informal; 2.2.2 Controle social formal; 2.2.2.1 O sistema penal.

1. A ORDEM SOCIAL

Não é novidade afirmar – e a realidade histórica da civilização insiste comprovar – que o homem é ser social, razão pela qual está forçado e condenado a conviver com outros homens[8].

A existência humana é conformada por *realidade dual*, ou seja, deve dar conta de si mesma e do mundo na qual inserida e, segundo Luis Recaséns Siches, "a vida humana, minha vida, a vida de cada um, consiste na coexistência do sujeito com os objetos e dos objetos com o sujeito, como elementos inseparáveis, incindíveis, correlativos.

8. Adverte José Hermano Saraiva que a ideia de que o homem, premido por suas necessidades, teria deixado sua vida individual isolada e entrado em contato e em relação com os demais, formando grupos primitivos e, depois, evoluindo para a vida social, não encontra embasamento histórico, biológico, lógico e sociológico, pois no plano natural essa vida isolada é impossível, já que a própria vida humana é vida de relação, ou seja, a sobrevivência física está condicionada pela integração na sociedade primária familiar, ocorrendo que os primeiros vestígios de racionalidade e inteligência humanas são precisamente os atos de vida de relação (SARAIVA, José Hermano. *O que é o direito ?* Lisboa: Gradiva Publicações, 2009, p. 15). No mesmo sentido, afirma Soares Martínez que "tão difícil se torna admitir, num plano real, o isolamento primitivo e natural do homem, que esse isolamento, inserido nas construções de diversos tratadistas, tem sido interpretada como mera hipótese lógica, orientada no sentido de sustentar uma liberdade inata do indivíduo" (MARTÍNEZ, Soares. *Filosofia do direito*. 3a ed. Coimbra: Almedina, p. 2003, p. 44). Sobre a questão: GALVÃO TELLES, Inocêncio. *Introdução ao estudo do direito*. Coimbra: Coimbra Editora, v. I, 1999; OLIVEIRA ASCENÇÃO, José de. *O direito. Introdução e teoria geral. Uma perspectiva luso-brasileira*. Coimbra: Almedina, 1997; JUSTO, A. Santos. *Introdução ao estudo do direito*. 3a ed. Coimbra: Coimbra Editora, 2006.

Porque eu não sou, se é que não tenho um mundo de que ocupar-me, de coisas que pensar, que sentir, que desejar, que repelir, que utilizar, que descartar, que conservar, que transformar ou que destruir. Mas, por outra parte, para mim não há mundo sem eu mesmo (...); porque sou a testemunha do mundo, de meu mundo, e, em tal mundo, me acho em trato com este, ocupando-me com ele e dele"[9].

Além do *"dar-se conta de si mesma"*, a existência humana se caracteriza como *"um fazer-se a si própria"*, como tarefa que tem de ser cumprida a cada instante da vida, pois, ainda que não possamos escolher o mundo em que vai se fazer nossa vida – e aí se caracteriza a fatalidade de nossa existência –, podemos – e temos ! – que eleger e escolher entre as diversas possibilidades ou potencialidades que o mundo nos oferece, ou seja, "viver é ter delineado constantemente o problema de alguém mesmo com o mundo que o rodeia e é ter que ir resolvendo em cada momento. Nossa vida é decidir nosso fazer, decidir sobre si mesma, decidir o que vamos ser; portanto, consiste em ser o que ainda não somos"[10].

Entretanto, isso não é suficiente para dar conta do complexo fenômeno da existência humana.

Daí afirmar Miguel de Unamuno que "o homem nem vive sozinho, nem é indivíduo isolado, senão que é membro da sociedade, e encerra não pouca verdade aquele dito de que o indivíduo, como o átomo, é uma abstração. Sim, o átomo fora do universo é tanto abstração quanto o universo à parte dos átomos"[11], razão pela qual o social – que engloba o *interindividual* e o *coletivo*[12] – é elemento

9. RECASÉNS SICHES, Luis. *Introducción al estudio del derecho*. 13a ed. México: Editorial Porrúa, 2000, p. 16-17.
10. RECASÉNS SICHES, Luis. *Op. cit.*, p. 17-18. Também José Ortega y Gasset afirma que: "sem remédio, temos que fazer o que estar fazendo sempre, pois essa vida que nos é dada, não nos é dada feita, senão que cada um de nós tem que fazê-la, cada qual a sua. Essa vida que nos é dada, nos é dada vazia e o homem tem que ir enchendo-a, ocupando-a. São estas nossas ocupações" (ORTEGA Y GASSET, José. *El hombre y la gente*. 3a ed. Madrid: Revista de Occidente, t. I, 1962, p. 54-55).
11. UNAMUNO, Miguel de. *Do sentimento trágico da vida*. Trad. Eduardo Brandão. São Paulo: Martins Fontes, 1996, p. 24-25.
12. As *relações interindividuais* são aquelas em que o indivíduo, enquanto indivíduo, se relaciona com outro sujeito, também enquanto indivíduo, estabelecendo-se relação recíproca entre tais pessoas singularmente determinadas, enquanto as

essencial e fundamental na vida de todo e qualquer ser humano por diversas razões, até porque "é somente em contato com outros seres humanos que o indivíduo se torna pessoa humana, capaz de levar dentro de si, simultaneamente, o individual e o coletivo"[13].

Aliás, a velha expressão latina *unus homo, nullus homo* já alertava sobre a natureza social do homem, pois "o homem que viva absolutamente isolado, sem uma comunidade social mais ou menos extensa (a família, a tribo, a cidade, o Estado), não é homem: é um nada"[14]. A humanidade específica do homem está intrínseca e inseparavelmente ligada à sua sociabilidade[15].

Inicialmente, o homem, desde seu nascimento, aprende a satisfazer suas necessidades vitais dentro do grupo – instinto genésico (p. ex., alimentação, proteção, etc.) –, intuindo e percebendo que sua própria sobrevivência depende da interação com os demais membros, conhecendo, pois, o valor da reciprocidade[16].

A *reciprocidade* é, assim, a relação entre dois indivíduos que se correspondem, ou seja, a relação que não existe apenas para um, mas para ambos, é *coexistir*, que se caracteriza, na definição de José Ortega y Gasset, como "um entrelaçar as existências, um entre o inter-existir

---

relações coletivas não dizem respeito ao sujeito como indivíduo singular e único, mas como titular de papel ou função generalizada, tratando-se de relação geral e impessoal entre pessoas anônimas de determinado círculo coletivo humano (cfr. RECASÉNS SICHES, Luis. *Op. cit.*, p. 30-33).

13. SOUTO, Cláudio; SOUTO, Solange. *Sociologia do Direito. Uma visão substantiva.* 2a ed. Porto Alegre: Sérgio Antônio Fabris Editor, 1997, p. 19. Afirma José Ortega y Gasset que: "eu, em minha solidão, não poderia chamar-me com um nome genérico tal como 'homem'. A realidade que este nome representa só me parece quando há outro ser que me responde ou reciproca. Muito bem o disse Husserl: 'o sentido do termo homem implica uma existência recíproca de um para o outro; portanto, uma comunidade de homens, uma sociedade'. E vice-versa: 'É igualmente claro que os homens não podem ser apreendidos senão achando outros homens (realmente ou potencialmente) em torno deles.' Por tanto, acrescento eu, falar do homem fora e alheio à sociedade é dizer algo por si contraditório e sem sentido." (ORTEGA Y GASSET, José. *Op. cit.*, p. 132-133).
14. JUSTO. A. Santos. *Op. cit.*, p. 15.
15. cfr. BAPTISTA MACHADO, João. *Introdução ao direito e ao discurso legitimador.* 17a reimp. Coimbra: Almedina, 2008, p. 10-11.
16. SOUTO, Cláudio; SOUTO, Solange. *Op. cit.*, p. 20.

dos seres, não simplesmente 'estar aí' sem ter a ver um com o outro (...). Todo coexistir é um coexistir de duas intimidades"[17].

O homem vivente nasce entre os outros homens e são estes o que primeiro encontra; o mundo em que vai viver começa, por ser mundo, composto de homens e, portanto, a significar que a aparição e o contato com o outro é fato anterior e imanente à nossa própria existência[18].

Posteriormente, é através da vida social que o ser humano percebe que inúmeros fins almejados, em seu projeto de vida, não podem ser alcançados isoladamente, por suas próprias forças, mas, apenas, através da cooperação e da ajuda dos demais membros do grupo social (divisão do trabalho), aumentando, assim, a interdependência entre os indivíduos[19].

Ressalte-se, ainda, que o indivíduo, ao iniciar sua jornada terrena, necessita interpretar o contorno e as circunstâncias do mundo em que inserido; precisa formar uma *representação* do mundo em que vive, para que, então, possa ir tecendo a trama de sua própria existência, através das escolhas efetuadas entre as infinitas possibilidades ou potencialidades que o mundo real oferece. Tal interpretação é tomada de seus próximos, já que, ao despertar para a vida, o indivíduo não possui de antemão tal interpretação, necessitando, pois, encontrá-la na sociedade e, assim, começa a viver apoiando-se sobre a interpretação que as outras pessoas têm do mundo, especialmente as que vivem a seu lado (p. ex., pais, irmãos, amigos, etc.)[20]. Sem a representação do mundo que nos rodeia não poderíamos efetuar nossas escolhas, "não poderíamos fazer nada ou, o que é o mesmo,

---

17. ORTEGA Y GASSET, José. *Op. cit.*, p. 111-116.
18. cfr. ORTEGA Y GASSET, José. *Op. cit.*, p. 134-135. O filósofo espanhol deixa assentado que "a aparição do Outro é um fato que fica sempre como as costas de nossa vida, porque ao nos surpreendermos pela primeira vez vivendo, nos achamos já, não só com os outros e no meio dos outros, senão habituados a eles. O qual nos leva a formular este primeira teorema social: o homem está a nativitate aberto ao outro que ele, ao ser estranho; ou com outras palavras: antes que cada um de nós caísse em conta de si mesmo, havia tido já a experiência básica de que há os que não são 'eu', os Outros." (*Op. cit.*, p. 135).
19. v. SOUTO, Cláudio; SOUTO, Solange. *Op. cit.*, p. 25.
20. v. RECASÉNS SICHES, Luis. *Op. cit.*, p. 33-36.

não poderíamos viver, no sentido humano da palavra. Porque viver é precisamente estar elegendo"[21].

Ademais, é a sociedade que nos apresenta e nos dá resolvido uma série de problemas existenciais, pois impensável indivíduo que não copiasse nada dos demais e do passado e que, por si só, afrontasse e resolvesse todos os incontáveis problemas da existência terrena. Assim sendo, essa facilitação proporciona ocasião e tempo para que cada membro da sociedade possa desenvolver e construir sua própria história e projeto de vida[22].

Portanto, o estado social, ou seja, a integração do homem em sociedade, diz respeito à sua própria essência, à natureza da condição humana[23]; é o meio social que formata, integra, facilita e dá sentido à vida dos seres humanos, cabendo, pois, à sociedade, como atividade fundamental, "transformar o indivíduo em pessoa humana"[24].

Tudo isso, entretanto, tem preço e o preço cobrado do indivíduo socializado é alto[25], pois a tendência do grupo social é cobrar e exigir de seus membros conduta mais padronizada possível, visando à mantença de ordem, qual seja, a *ordem social*. Sem ordem não há sociedade[26].

---

21. RECASÉNS SICHES, Luis. *Op. cit.*, p. 36. Observa José Ortega y Gasset que: "ao homem lhe é dada a obrigatoriedade forçada de ter que estar fazendo sempre algo, sob pena de sucumbir, mas não lhe é, de antemão e de uma vez para sempre, presente o que tem que fazer. Porque o mais estranho e irritante dessa circunstância o mundo em que temos que viver consiste em que nos apresenta sempre, dentro de seu círculo ou horizonte inexorável, uma variedade de possibilidades para nossa ação, variedade ante a qual não temos mais remédio que eleger e, portanto, exercitar nossa liberdade. A circunstância – repito –, o aqui e agora dentro dos quais estamos inexoravelmente inscritos e prisioneiros, não nos impõe em cada instante uma única ação ou fazer, senão vários possíveis e nos deixa cruelmente entregues a nossa iniciativa e inspiração. (...) Mas a vida não é senão o ser do homem – portanto, isso quer dizer o mais extraordinário, extravagante, dramático, paradoxo da condição humana, a saber: que é o homem a única realidade, a qual não consiste simplesmente em ser, senão que tem que eleger seu próprio ser" (ORTEGA Y GASSET, José. *Op. cit.*, p. 55-56).
22. v. RECASÉNS SICHES, Luis. *Op. cit.*.
23. v. MARTÍNEZ, Soares. *Op. cit.*, p. 45.
24. SOUTO, Cláudio; SOUTO, Solange. *Op. cit.*, p. 20.
25. Nesse sentido: SOUTO, Cláudio; SOUTO, Solange. *Op. cit.*, p. 25.
26. v. MARTÍNEZ, Soares. *Op. cit.*, p. 93.

Na medida em que o indivíduo humano evolui, como ser social, e se adapta às exigências do grupo de convívio, através do processo de socialização, as expectativas e a padronização de comportamentos se tornam relativamente possíveis.

A sociedade é formada por indivíduos – ainda que de mesma espécie – de sexos diferentes, de idades diferentes, tipos e graus de inteligência e conhecimento distintos, de personalidades e sentimentos distintos, etc.; ou seja, sua matéria prima é plural – não há um único indivíduo idêntico a outro –, o que resulta, devido às suas vitais diferenças, que seus integrantes não pensem, ajam, sintam e queiram da mesma maneira[27].

Ainda que tais diferenças consistam na própria espetacularidade do ser humano e são causa de sua evolução criadora e transformadora e, consequentemente, da evolução da própria sociedade, tais diferenças devem persistir até certo ponto; porque tais diferenças também transformam as relações sociais entre os diferentes indivíduos em instáveis e indeterminadas e, pois, foco de atritos e de conflitos.

Daí, "é interesse da sociedade que os seus membros adquiram uma maneira de vida uniforme pelo menos em relação a tudo aquilo que toca intimamente o coletivo. Assim, procura ela desenvolver entre os seus componentes o que se pode chamar de *caráter social*. Cada sociedade, através de seus grupos de socialização, inculca nos indivíduos os seus padrões para maior homogeneidade social. Cada indivíduo, sendo conhecedor dos modos de comportamento da sociedade da qual participa, estará então sujeito em grande parte a satisfazer seus próprios desejos de acordo com os desejos da sociedade"[28].

A existência humana empiricamente só se desenvolve num contexto de ordem, direção e estabilidade sociais, onde sincronizamos nossas ações e nossos projetos; "é tendo em conta esta ordem e confiando nesta estabilidade que nós elaboramos os nossos planos de vida"[29].

---

27. v. SOUTO, Cláudio; SOUTO, Solange. *Op. cit.*, p. 21.
28. SOUTO, Cláudio; SOUTO, Solange. *Op. cit.*, p. 23.
29. BAPTISTA MACHADO, João. *Op. cit.*, p. 10.

Assim, a vida social exige como requisito básico, sem eliminar totalmente o limite das diversidades pessoais e individuais, um mínimo de padronização nos pensamentos, sentimentos, condutas e atividades dos membros do grupo e o faz através de inúmeras regras (*normas*) de comportamento, que regulem eficazmente as condutas dos integrantes da sociedade, reconhecidas pelo grupo como adequadas a tal finalidade e que possibilitem, pois, a existência de entendimento e harmonia gerais, consequentemente a própria vida em sociedade, pois "seria impossível existir uma ordem social qualquer sem haver entre as diferentes pessoas essa conformidade aos padrões existentes"[30].

A *ordem social*, portanto, pode ser definida como a totalidade das relações humanas, através da ação recíproca dos indivíduos, que funciona sem fricção no seio de uma sociedade e que encarna conjunto de valores, regras e pautas de comportamentos e condutas comuns[31]; não se trata, assim, de mera e "simples unidadc de agregação (em que o conjunto mais não é do que a simples soma das partes, sem que haja, portanto, qualquer coesão e articulação intrínseca entre estas). Uma sociedade, um grupo humano, para merecer tal nome, é necessariamente uma verdadeira *unidade de ordem*, cimentada por normas que lhe dão coerência e estrutura interna, por tal forma que o resultado final seja sempre algo diferente da simples soma ou agregação das partcs"[32].

E para que tal ordem social não se perca ou se dissipe, ela dispõe de amplo arsenal de meios e mecanismos de autodefesa que garantem sua estabilidade e sobrevivência, momento em que surge, então, a questão do *controle social*, o meio pelo qual a sociedade exerce o papel de cuidado para que os indivíduos não deixem de cumprir

30. SOUTO, Cláudio; SOUTO, Solange. *Op. cit.*.
31. v. FAIRCHILD, Henry Pratt (Ed.). *Diccionario de sociologia*. Trad. T. Muñoz *et alli*. México-Buenos Aires: Fondo de Cultura Económica, 1949, p. 207
32. BAPTISTA MACHADO, João. *Op. cit.*, p. 13. Importante observar que a *"ordem"* não significa, por si só, imutabilidade de posições das partes, mas, sim, implica normalidade; ou seja, pode haver modificações nas posições, mas, para que haja ordem, é necessário que tais modificações obedeçam a regras, normas, princípios, usos e razões, pois "quando se muda sem razão, a ordem quebra-se" (MARTÍNEZ, Soares. *Op. cit.*, p. 94).

o considerado socialmente essencial à manutenção do equilíbrio e harmonia da organização social[33].

2. O CONTROLE SOCIAL

O *controle social* é um dos temas centrais da Sociologia[34], mas o saber científico que o envolve está em seus primórdios e com lento desenvolvimento[35], a inexistir acordo entre os estudiosos sobre seu exato significado e limites[36].

Na Sociologia, segundo observa Ana Lúcia Sabadell, o termo possui ampla conceituação, abrangendo tudo aquilo que influencia o comportamento dos membros da sociedade; indica "todo processo de 'socialização' que orienta o indivíduo, integrando-o aos valores e aos padrões de comportamento social"[37], a abarcar os processos que servem para produzir certa uniformidade e calculabilidade da conduta humana.

Já para a Sociologia Jurídica, o termo tem significação mais restrita e, conforme Cláudio Souto e Solange Souto, o controle social pode ser definido como "qualquer influência volitiva dominante, exercida por via individual ou grupal sobre o comportamento de unidades individuais ou grupais, no sentido de manter-se uniformidade quanto aos padrões sociais"[38].

---

33. Observa José Luis Díez Ripollés que o controle social é irrenunciável em toda a sociedade, "este tem a missão de garantir a ordem social, seja socializando aos cidadãos por meio do fomento da interiorização neles dos comportamentos sociais adequados, seja estabelecendo as expectativas de conduta tanto dos cidadãos como dos órgãos encarregados de incidir sobre a conduta desviada" (DÍEZ RIPOLLÉS, José Luis. *Política criminal y derecho penal*. Valencia: Tirant lo blanch, 2003, p. 16).
34. cfr. SABADELL, Ana Lúcia. *Manual de sociologia jurídica. Introdução a uma leitura externa do direito*. São Paulo: Ed. RT, 2000, p. 113.
35. Sobre a evolução histórica do conceito de controle social e seus aspectos sociopolíticos: BERGALLI, Roberto. "Controle Social: Suas origens conceituais e usos instrumentais". Trad. Carlos Vico Mañas. In: *Revista Brasileira de Ciências Criminais*. São Paulo: Ed. RT, n. 3, julho-setembro, 1993, p. 31-38.
36. Sobre a questão: SOUTO, Cláudio; SOUTO, Solange. *Op. cit.*, p. 153-155 e 176-178; ATIENZA, Manuel. *Introducción al derecho*. México: Distribuciones Fontamara, 2003, p. 58-65.
37. SABADELL, Ana Lúcia. *Op. cit.*, p. 114.
38. SOUTO, Cláudio; SOUTO, Solange. *Op. cit.*, p. 177.

Na mesma linha são as conceituações apresentadas e adotadas nas Ciências Criminais, como, p. ex., as de Juan J. Bustos Ramirez e Hernán Homazábal Malarée, que definem o controle social como os recursos de que dispõe uma sociedade determinada para se assegurar da conformidade dos comportamentos de seus membros a conjunto de regras e princípios estabelecidos, assim como as formas organizadas com que a sociedade responde às suas transgressões[39]; bem como a de Antonio García-Pablos de Molina, quem o conceitua como o conjunto de instituições, estratégias e sanções sociais que pretendem promover e garantir o submetimento do indivíduo aos modelos e normas comunitárias, ou seja, sistema de normas e sanções que trace modelos de conduta a seus membros e castigue aqueles comportamentos que ponham em risco ou em perigo o próprio grupo e que, assim, assegure a estabilidade e a sobrevivência da sociedade[40].

Tal controle é exercido de duas maneiras: através de *direção* (orientação) e *fiscalização* (supervisão). O sistema de controle social orienta o comportamento social dos indivíduos e, ao mesmo tempo, os supervisiona e os fiscaliza[41]. Isso se dá mediante a complementação pelas estratégias de *prevenção* – que atuam sobre o indivíduo para que o mesmo internalize, aceite e adote as normas sociais – e de *reação* – que se centra nas respostas sociais às condutas individuais não aceitas e não desejadas pelo grupo[42].

Assim, facilmente se percebe que o controle social possui amplo espectro de atuação para alcançar suas finalidades e objetivos[43].

Inicialmente, o indivíduo é introduzido no grupo social através do *processo de socialização*, sujeitando-se às normas do grupo social

39. v. BUSTOS RAMÍREZ, Juan J.; HORMAZÁBAL MALARÉE, Hernán. *Lecciones de derecho Penal*. Madrid: Editorial Trotta, 1997, v. I, p. 15.
40. v. GARCIA-PABLOS, Antonio. *Derecho penal. Introducción*. Madrid: Universidad Complutense, 1995, p. 02.
41. cfr. SABADELL, Ana Lúcia. *Op. cit.*.
42. v. BUSTOS RAMÍREZ, Juan J.; HORMAZÁBAL MALARÉE, Hernán. *Op. cit.*, p. 16.
43. Adverte Peter-Alexis Albrecht que "as formas de controle existentes em uma sociedade são de se compreender suficientemente e de se explicar causalmente, somente se a estruturação vertical e horizontal desta sociedade é considerada em cada momento de análise" (ALBRECHT, Peter-Alexis. *Criminologia. Uma fundamentação para o direito penal*. Trad. Juarez Cirino dos Santos e Helena Schiessl Cardoso. Curitiba, Rio de Janeiro: ICPC, Lumen Juris, 2010, p. 230).

a que pertence. Tal processo é basicamente "um produto da interação entre indivíduos"[44], produzido através de respostas e expectativas mútuas de comportamento, mediante interação recíproca entre o socializando e o socializado.

É através do processo de socialização que o indivíduo aprende e apreende a cultura e os papéis a serem desempenhados na sociedade, integrando-se na ordem social, o que ocorre desde a primeira infância[45] e só termina com sua morte; portanto, a socialização é o processo de "aprendizagem do indivíduo na sua adaptação ao meio social"[46].

Assim, partindo do reconhecimento da capacidade de autodeterminação dos indivíduos, com a consequente possibilidade de aceitação ou não das regras do sistema social, o processo de socialização tem por objetivo induzir no indivíduo as significações do mundo social e que ele as internalize, como realidade, e que participe da dialética social; ou seja, que o indivíduo internalize as *normas* e *regras sociais* (pautas de comportamento)[47], aceitando-as como pró-

---

44. SOUTO, Cláudio; SOUTO, Solange. *Op. cit.*, p. 26.
45. Sobre o processo de socialização na infância, observam Cláudio Souto e Solange Souto que: "Na criança o processo de socialização serve para introduzir, de modo mais natural possível, a efetividade do controle social no adulto de amanhã: interagindo com adultos a criança começa a conhecer o meio social ao qual pertence. O alimentar, o vestir, o falar, refletem características próprias do grupo em que viverá. A preocupação é a de transmitir às crianças, o mais possível, o melhor da cultura, no sentido de uma adaptação delas ao meio social. Como é bem conhecido, ao nascer, a criança não está preparada para viver em sociedade. (...) É somente através da interação social que adquire o *self* (isto é, a própria pessoa) e com ele o conhecimento dos outros como outros e de si mesmo. (...) A criança aprende que seu comportamento deve ser aceito pelo grupo. Através de presentes e castigos, distingue o correto do errado. O aprovar e o castigar podem ser feitos de várias maneiras. (...) Criam-se pouco a pouco na criança hábitos, os quais formam regularidades quanto aos modos de vida. São hábitos, algumas vezes tão interiorizados, que chegam a ser assimilados como parecendo fazer parte do equipamento biológico da pessoa. (...) A aquisição do *self* é gradativa. A criança somente vem a possuir a capacidade de olhar-se como uma pessoa após esse desenvolvimento gradativo. Como se sabe, descobrindo a existência das pessoas com quem entra em contato, o indivíduo fica consciente da sua própria realidade de pessoa" (SOUTO, Cláudio; SOUTO, Solange. *Op. cit.*, p. 27-28).
46. SOUTO, Cláudio; SOUTO, Solange. *Op. cit.*, p. 28.
47. cfr. ATIENZA, Manuel. *Op. cit.*, p. 60.

prias e que, em suas relações sociais, atue e se comporte, através dos controles internos desenvolvidos na socialização – que condicionarão o seu comportamento –, conforme tais normas e regras sociais e, ainda, conforme às expectativas de comportamento que dele se esperam[48].

2.1. Norma, sanção e processo

Como visto, todo grupo social, para que possa existir, deve possuir conjunto de normas que sirvam para identificá-lo e diferenciá-lo dos demais grupos e, especialmente, para regular as interações de seus membros, a propiciar e a facilitar a vida em conjunto.

As *normas* são pautas, modelos, regras, padrões, valores e princípios de comportamento e conduta que orientam eficazmente os membros do grupo, garantindo o mínimo essencial de estabilidade e padronização, uma maneira uniforme de viver coletivamente; ou seja, a garantir a própria ordem social. As normas servem, ainda, como padrão e critério de julgamento das condutas dos indivíduos.

Elas possuem natureza prescritiva, determinam o *dever ser*, prescrevem certa conduta humana, o modo determinado de como se deve agir; não expressam e nem descrevem a realidade dos fatos e nem como estes efetivamente acontecem; as normas mandam, ordenam, determinam certa conduta como devida, como o que deve ser[49]; tratam de influenciar o comportamento de seus destinatários para que estes atuem de acordo com o que elas estipulam[50].

A norma depende, pois, da liberdade de decisão humana, já que pode cumprir-se ou não na realidade, conforme a decisão dos indivíduos. Assim, "precisamente porque no mundo real pode não cumprir-se o que a norma prescreve, por isso a norma tem sentido como norma. Se o que a norma diz se realizasse sempre e necessariamente, de modo forçoso, então a norma perderia seu caráter de 'dever ser', deixaria de constituir tal norma, e se transformaria em uma lei fática

48. v. BUSTOS RAMÍREZ, Juan J.; HORMAZÁBAL MALARÉE, Hernán. *Op. cit.*.
49. v. RECASÉNS SICHES, Luis. *Op. cit.*, p. 08-09.
50. cfr. PÉREZ LUÑO, Antonio-Enrique. *Teoría del derecho. Una concepción de la experiencia jurídica*. 5a ed. Madrid: Tecnos, 2006, p. 173.

(na expressão de uma concatenação causal de fenômenos). Uma norma que dissesse 'deve suceder o que realmente sucede', ou 'deve comportar-se do mesmo modo como realmente te comportas' não seria uma norma, careceria de sentido normativo"[51].

Toda sociedade, como verdadeira unidade de ordem, é cimentada e conformada por normas (pautas ou regras de condutas) que lhe dão coerência e estrutura interna, garantindo o mínimo essencial de estabilidade e padronização, uma maneira uniforme de viver coletivamente, mediante a redução aceitável dos conflitos e das frustrações de seus membros.

Em regra, a maior parte das normas sociais são cumpridas natural e espontaneamente pelos integrantes do grupo, ante o processo de socialização, mas nenhuma sociedade é homogênea e seus membros não dão, pois, sempre as mesmas respostas às suas necessidades básicas e estímulos recebidos, diante da infinita natureza plural da existência humana e dos inúmeros e divergentes interesses no seio dos grupos humanos, razão pela qual "o padrão ideal não é cumprido por todos"[52].

Surge, então, o comportamento individual de não conformidade às normas sociais, qual seja, a *conduta desviada*[53], que é a conduta que se afasta, que se desvia das normas que a sociedade considera mais importantes e frente à qual esta deve reagir[54].

---

51. RECASÉNS SICHES, Luis. *Op. cit.*, p. 09.
52. SOUTO, Cláudio; SOUTO, Solange. *Op. cit.*, p. 167.
53. Essencial observar que o conceito de *conduta desviada* não se confunde com o conceito de *conduta criminal*, já que esta é uma forma daquela e, ainda que o protótipo de conduta desviada seja o delito ou crime, também são socialmente desviadas as condutas que extrapolam não só o mero âmbito da delinquência, mas do próprio ponto de vista social e jurídico (ATIENZA, Manuel. *Op. cit.*, p. 61).
54. Segundo Manuel Atienza, não se deve confundir a conduta desviada com as condutas que simplesmente variam em relação ao padrão dominante na sociedade, pois esta tolera certos graus de variações nos comportamentos de seus membros, sem considerá-los como atos de desvio (ATIENZA, Manuel. *Op. cit.*, p. 60). Sobre a questão, Cláudio Souto e Solange Souto deixam assentado que: "Haverá uma escala de condutas que se assemelham mais e menos a esse padrão ideal socialmente aceito. Ou seja, há uma tolerância do grupo em relação ao comportamento dos seus membros. Essa tolerância se faz necessária para o próprio funcionamento normal do controle. A sua rigidez absoluta causaria, em circunstâncias especiais, desconfiança quanto à sua eficácia. (...) Assim, se

Inúmeras foram as tentativas de definir o que é conduta desviada, mas, diante de sua natureza historicamente relativa, não se chegou, ainda, a definição com perfis claros[55], pois um comportamento desviado em relação a determinado código normativo, pode ser conforme a outro código normativo (p. ex., o divórcio é conduta desviada das normas católicas, mas conforme as normas de outras religiões ou do Direito Civil). Ademais, o que era desvio em determinada época, pode ser considerado conforme à ordem normativa social em época posterior e vice-versa (p. ex., homossexualismo).

Daí porque as respostas sobre o que seja conduta desviada, "só possam surgir enquanto se formulem em relação com uma estrutura social determinada em um momento histórico concreto. Dito de outra forma, para estas perguntas não há respostas universalmente válidas. As respostas serão diferentes segundo quais sejam as circunstâncias de tempo e lugar. Em cada etapa histórica há um diferente conceito do desvio"[56].

Pode-se afirmar, genericamente, que conduta desviada é toda conduta que se afasta das normas sociais e que é valorada negativamente pelo grupo, dentro de ordem social determinada, e frente à qual a sociedade deve reagir.

Aparece, aí, o outro elemento essencial do controle social, qual seja, a reação ou resposta social à realização das condutas desviadas, que se dá através da aplicação de *sanção*, que pode ser definida como a confirmação de uma norma, através de uma pena (sanção negativa) ou recompensa (sanção positiva), que se sucedem à sua infração ou cumprimento[57]. A sanção é consequência positiva ou negativa, que decorre do cumprimento ou não cumprimento da norma (regra ou pauta de comportamento) social.

---

permite ao indivíduo divergir um pouco de cada norma. Divergência que não quer dizer propriamente não-cumprimento e sim uma adequação maior da norma à situação específica e, portanto, um controle social mais completo por não trazer consigo área de atrito" (SOUTO, Cláudio; SOUTO, Solange. *Op. cit.*, p. 167).

55. v. BUSTOS RAMÍREZ, Juan J.; HORMAZÁBAL MALARÉE, Hernán. *Op. cit.*, p. 15. Sobre as diversas teorias: ATIENZA, Manuel. *Op. cit.*, p. 59-62.
56. BUSTOS RAMÍREZ, Juan J.; HORMAZÁBAL MALARÉE, Hernán. *Op. cit.*, p. 16.
57. cfr. FERRATER MORA, José. *Dicionário de filosofia*. Trad. Maria Stela Gonçalves; *et alli*. 2a ed. São Paulo: Edições Loyola, 2004, t. IV, p. 2.585.

As *sanções positivas* concedem vantagens ou prêmios ao indivíduo diante do cumprimento da norma, incentivando os demais para que adotem condutas idênticas. Já as *sanções negativas* impõem medidas desfavoráveis ao indivíduo (restrições, proibições ou penalidades) diante do não cumprimento da norma, ora restabelecendo a ordem normativa alterada ou desafiada (sanções restitutivas ou reparatórias), ora não a restabelecendo (sanções retributivas).

Especialmente quanto às condutas socialmente desviadas, a reação ou resposta social à sua realização se dá através das sanções negativas (reparatórias ou retributivas), mas, como tais condutas podem ser múltiplas e agrupadas em categorias diversas, a cada categoria corresponde resposta social diversa; portanto, "a forma específica que adote o controle dependerá da forma específica em que esse desvio seja definido"[58].

Resta, ainda, quanto ao controle social, o *processo* pelo qual a sociedade vai constatar a existência da transgressão das normas sociais pelo indivíduo e definir qual a melhor sanção a ser aplicada ao caso.

O *processo* pode ser definido como sucessão de atos sistematicamente coordenados, visando a certo ou a determinado resultado ou fim. É, pois, a sucessão de atos destinados a conseguir um fim ou os meios com que se consegue um objetivo determinado; portanto, o processo é o meio ou o modo de realização material, através do qual a ordem social assegura a conformidade dos comportamentos de seus membros ao conjunto de regras e princípios estabelecidos, mediante formas organizadas com que responde e aplica as sanções às transgressões das condutas individuais não aceitas e não desejadas pelo grupo.

Diante de tais elementos, pode-se afirmar que o controle social tem como unidades básicas *fundamentais* e *indissociáveis*: a *norma*, a *sanção* e o *processo*[59].

---

58. BUSTOS RAMÍREZ, Juan J.; HORMAZÁBAL MALARÉE, Hernán. *Op. cit.*, p. 18.
59. Nesse sentido: HASSEMER, Hinfried; MUÑOZ CONDE, Francisco. *Introducción a la criminología y al derecho penal*. Valencia: Tirant lo blanch, 1989, p. 115; FRANCO, Alberto Silva. *Crimes hediondos*. 4a ed. São Paulo: Ed. RT, 2000, p. 44; DÍEZ RIPOLLÉS, José Luis. *Op. cit.*

Tais elementos formam o tripé que sustenta o conceito de controle social e, pois, da própria ordem social, que, assim, deve conter conjunto de modelos de condutas sociais a serem seguidas pelos indivíduos integrantes do grupo (*norma*), a resposta social às condutas desviadas de transgressão a esses modelos e pautas de condutas (*sanção*), e, por fim, a forma e o modo pelo qual se constatará a existência do desvio e da transgressão e determinará qual a melhor sanção a ser aplicada ao caso (*processo*).

Tal tripé encontra-se em todas as formas de controle social, que vai, p. ex., desde o controle social aplicado no seio da família – onde existe rol de normas de comportamentos definidos pelos pais e que devem ser seguidas pelos filhos (p. ex., horário de chegada à noite, etc.), bem como rol de sanções a serem aplicadas em caso de transgressão (p. ex., admoestação verbal, castigo físico, restrição de atividade prazerosa, etc.), através de processo próprio (p. ex., o processo verificatório e de aplicação da sanção pode envolver apenas o pai, apenas a mãe ou a ambos em todas fases ou em fases distintas, etc.) – até o próprio controle penal efetuado pelo Estado, onde também há rol de normas jurídico-sociais a serem seguidas pelos cidadãos e rol de sanções (penas criminais) a serem aplicadas aos transgressores (p. ex., o Código Penal), através de processo verificatório e de aplicação da sanção (p. ex., o Código de Processo Penal).

2.2. Controle social informal e controle social formal

Várias são as classificações doutrinárias quanto ao controle social e, assim, *v. g.*, pode-se distinguir, quanto aos modos de seu exercício: em controle social de *fiscalização* ou *orientação*; quanto aos destinatários: em controle social *difuso* (toda a coletividade) ou *localizado* (indivíduos ou grupos determinados); quanto aos agentes ativos: em controle social *estatal* (órgãos do Estado) ou *social* (sociedade)[60]; quanto ao âmbito de atuação: em controle social *direto*

60. Observa Ana Lúcia Sabadel que "nas sociedades modernas, o controle social é exercido principalmente pelos aparelhos do poder estatal que objetivam influenciar o comportamento das pessoas, orientando-as aos padrões preestabelecidos

(diretamente sobre os indivíduos) ou *indireto* (diretamente sobre as instituições sociais); etc.

De todas as classificações, a mais importante – e que está diretamente ligada à questão das Ciências Criminais[61] – é a que distingue, segundo o órgão de aplicação e o grau de organização, entre *controle social informal* e *formal*[62].

2.2.1. Controle social informal

O *controle social informal*, também chamado de controle primário, é exercido por instituições sociais que não possuem, como atividade principal e fundamental, o exercício do controle social, exercendo-o unicamente como atividade complementar (p. ex., famílias, escolas, grupos de amigos, vizinhos, igrejas, associações profissionais, clubes, empresas, partidos políticos, etc.)[63].

---

através de normas jurídicas (controle institucionalizado)" (SABADELL, Ana Lúcia. *Op. cit.*, p. 115).

61. v. ALBRECHT, Peter-Alexis. *Op. cit.*, p. 223.

62. Para Juan J. Bustos Ramírez e Hernán Hormazábal Malareé, o critério de diferenciação entre o controle formal e informal não é a maior ou menor formalização ou institucionalização do controle, mas, sim, a natureza do órgão que o exerce, como, p. ex., a família, que possui um alto grau de institucionalização, mas constitui um mecanismo informal de controle, já que sua finalidade específica não é exercer tal controle (BUSTOS RAMÍREZ, Juan J.; HORMAZÁBAL MALARÉE, Hernán. *Op. cit.*). E, ainda, para o primeiro autor, tal distinção vem se enfraquecendo e se encontra cada vez mais difusa (BUSTOS RAMÍREZ, Juan J.. *Control social y sistema penal*. Barcelona: PPU, 1987, p. 475-477).

63. Segundo Peter-Alexis Albrecht, "é evidente, já à primeira vista, que a principal função da família como instância de socialização, ou da escola como instância de formação, não consiste exclusivamente no controle do comportamento, portanto, em produção de conformidade social. A um olhar mais detalhado torna-se evidente uma série de efeitos secundários e acessórios, que estão ligados, mais ou menos estreitamente, com aspectos do controle geral do comportamento. Deveria ser quase indiscutível que processos de educação, assim como de formação, também sempre produzem autorregulação e autocontrole nas pessoas envolvidas. Este tipo de controle parte, via de regra, dos respectivos parceiros da interação, que possuem o poder de definição da situação. Por último, o desenvolvimento social está vinculado decisivamente com momentos de autorregulação, que remetem ao controle geral e abrangente do comportamento" (ALBRECHT, Peter-Alexis. *Op. cit.*, p. 223).

Tal controle é natural, espontâneo, difuso e mutável, desenvolvendo-se dinamicamente no âmbito de pequenos grupos sociais[64] e instrumentaliza o sistema de usos e costumes, de modas, da opinião pública, das tradições, dos valores sociais, de elementos étnicos e religiosos, etc.[65]. É regido, portanto, por sistema normativo informal[66], com apelo a código ético ou moral social – geralmente não escrito[67] – e de fraca coercibilidade.

São formas de controle social sutil – entretanto, efetivas e eficazes[68] –, com finalidade eminentemente preventiva, pois "dirigem sua atenção principal para estabilização de tendências duradouras no comportamento dos respectivos membros da sociedade"[69], e que "são empregados para constranger a aplicar o gênero de comportamento que 'cada um sabe' desaprovados do ponto de vista social. Os controles não-formais operam positivamente pelo aplauso e por outras marcas de aprovação, assim como por gestos como um sinal de cabeça ou uma palmada nas costas. Negativamente, manifestam-se pela zombaria, pelo assobio, pelo ridículo"[70].

---

64. cfr. SABADELL, Ana Lúcia. *Op. cit.*, p. 116.
65. cfr. SOUTO, Cláudio; SOUTO, Solange. *Op. cit.*, p. 181.
66. Para Peter-Alexis Albrecht, as normas de controle social informal visam, em primeiro plano, a integração social e sua tarefa é a de assegurar, nas esferas inferiores da organização das sociedades, um curso amplamente sem atritos e livre de tensões. Tais normas informais, ao contrário das regras formais positivadas pelo Direito, tratam-se de regras de comportamento extrajurídicas, que podem ser reconduzidas à prática, ao costume, à tradição ou à moral e, assim, segundo o autor, "a forma de controle social fundada em normas informais pode se servir, por um lado,de meios psíquicos como zombaria, desprezo, perda de status, ofensa à honra ou ruptura da relação social. Por outro lado, também se pode recorrer a meios físicos, como a violência. Além disso, existem extensas possibilidades econômicas, como a perda do lugar de trabalho e do rendimento, para tornar socialmente eficaz o controle informal" (ALBRECHT, Peter-Alexis. *Op. cit.*, p. 226).
67. cfr. BUSTOS RAMÍREZ, Juan J.; HORMAZÁBAL MALARÉE, Hernán. *Op. cit.*; entretanto, observa Peter-Alexis Albrecht que o controle social informal também trabalha com âmbitos sociais informados pelo Direito, contudo o controle se torna efetivo com base em normas informais desenvolvidas e, justamente, não se funda em determinações legais (ALBRECHT, Peter-Alexis. *Op. cit.*, p. 224).
68. Nesse sentido: GARCIA-PABLOS, Antonio. *Op. cit.*, p. 03.
69. ALBRECHT, Peter-Alexis. *Op. cit.*.
70. SOUTO, Cláudio; SOUTO, Solange. *Op. cit.*, p. 284. Tais autores, citando os estudos de Helen Everett, deixam assentado que: "a regulação pela lei tem para

Apesar de, geralmente, ser a primeira e mais elementar forma de controle social exercida espontaneamente sobre os indivíduos, ante a ausência de coercibilidade por órgãos e instituições específicos, opera e atua com menos energia no meio das sociedades mais complexas e organizadas.

A depender da situação, suas sanções podem ser muito duras, arbitrárias e desproporcionais[71], indo desde a difusa tolerância social perante certas formas de condutas desviadas até as formas mais organizadas de reação como a "justiça informal" (p. ex., linchamentos), exercidas pelas instituições já mencionadas[72].

Assim, "toda sociedade, em efeito, conta com dispositivos de autodefesa que são suficientes para resolver conflitos cotidianos de escassa importância. Apesar de atuarem com certa espontaneidade e sem submeter-se a procedimentos formais, estes mecanismos têm provada eficácia. Seus portadores ou agentes são a família, a escola, a pequena comunidade, a opinião pública, etc. Possuem, logicamente, seus correspondentes sistemas normativos e suas sanções, que aplicam ao indivíduo cujo comportamento se desvia das expectativas do grupo. Se trata das instâncias do controle social informal, cuja atuação é decisiva nos processos de socialização"[73].

2.2.2. Controle social formal

Já o controle social formal é artificial e organizado, a pressupor processo de institucionalização e formalização, e

---

o indivíduo médio menos proximidade e significado que uma multidão dos controles mais informais que o cercam, tais como, por exemplo, as agências de informação e comunicação – o jornal, a revista, o rádio e o cinema. Essas influências penetrantes são largamente responsáveis pela construção da complexa coisa chamada opinião pública. Elas moldam as mentes dos homens e formam seus gostos em tudo, da espécie de palavras que usam às atitudes morais que adotam e às coisas que querem comprar" (*Op. cit.*).

71. cfr. BUSTOS RAMÍREZ, Juan J.; HORMAZÁBAL MALARÉE, Hernán. *Op. cit.*.
72. v. FIGUEIREDO DIAS, Jorge; COSTA ANDRADE, Manuel da. *Criminologia. O homem delinquente e a sociedade criminógena*. Coimbra: Coimbra Editora, 1992, p. 372.
73. GARCIA-PABLOS, Antonio. *Op. cit.*, p. 03-04.

predominantemente exercido por autoridades, órgãos e instituições do Estado[74], que têm, no exercício do controle social, a sua função primordial e principal, razão pela qual foram criados (p. ex., os tribunais, a polícia, as penitenciárias, os órgãos de registro e classificação de informações, etc.)[75].

Caracteriza-se por sua subsidiariedade, já que só é exercido após o fracasso dos mecanismos primários do controle social informal[76], e por suas regras de comportamento (normas) e processo explícitas, pelo uso de sanções organizadas que lhe servem de suporte e por pessoas especializadas no fazer, interpretar, aplicar e impor as normas[77].

As normas, os processos e as sanções utilizados pelo controle social formal são regulados e organizados pelo Direito escrito e estabelecidas com publicidade – antes da intervenção –, vinculados a princípios valorativos e critérios de conformidade ou desconformidade e que evitem a imposição de lesões excessivas e desnecessárias[78]; suas sanções são sempre negativas e estigmatizantes e as agências que exercem o controle não podem agir discricionariamente e com flexibilidade, devem observar regras de conduta e procedimento claros, estritos e preestabelecidos.

A formalização do controle social é extremamente valiosa e importante para os envolvidos no conflito, a cumprir, dentre outras funções: a) a de orientar os implicados em difícil situação de conflito, geralmente impregnada de forte carga emotiva; b) a de selecionar, estruturar e limitar as possibilidades de ação; c) a de distanciar as pessoas envolvidas no conflito e determinar suas expectativas; d) a

---

74. v. SABADELL, Ana Lúcia. *Op. cit.*, p. 116
75. v. BUSTOS RAMÍREZ, Juan J.; HORMAZÁBAL MALARÉE, Hernán. *Op. cit.*.
76. Segundo GARCIA-PABLOS: "se toda ordem social conta com mecanismos primários de autoproteção, em regal eficazes, a intervenção do controle social 'formal' só se legitima no defeito daqueles: quando a entidade do conflito exija um resposta formalizada mais drástica por não ser suficiente a das instâncias informais. O maquinário pesado do Estado deve reservar-se para os conflitos mais agudos que requeiram um tratamento cirúrgico. Os conflitos de menor entidade podem ser abordados com instrumentos mais ágeis e socialmente menos gravosos" (GARCIA-PABLOS, Antonio. *Op. cit.*, p. 05).
77. cfr. SOUTO, Cláudio; SOUTO, Solange. *Op. cit.*, p. 181.
78. v. HASSEMER, Hinfried; MUÑOZ CONDE, Francisco. *Op. cit.*, p. 116.

de proteger os mais fracos, independentemente de suas posições e poderes sociais; e) a de possibilitar a definitividade da solução dos conflitos, coibindo o seu prolongamento; etc.[79].

Por fim, as instâncias e as instituições que exercem o controle social formal são organizadas e integram um sistema total, dinâmico e coerente, onde cada uma delas constitui peça com funções muito bem definidas. O *Sistema Penal* (ou Sistema de Justiça Penal) é um de seus subsistemas integrantes e "cuja função específica é o exercício de um controle específico: o controle penal"[80].

2.2.2.1. O sistema penal

Como visto, o Sistema Penal (ou Sistema de Justiça Criminal) é subsistema do sistema de controle social formal. É exercido por instâncias ou órgãos estabelecidos com a finalidade única de exercer tal forma de controle, o *controle social punitivo institucionalizado*[81] (p. ex., a polícia, os tribunais, os estabelecimentos prisionais, manicômios judiciais, o Direito Penal, o Direito Processual Penal, etc.), e que se encontram integrados em sistema de controle reativo, integral, formalizado e institucionalizado, dotado de objetivo social específico, a operar em contexto social determinado[82].

---

79. v. HASSEMER, Hinfried; MUÑOZ CONDE, Francisco. *Op. cit.*, p. 117.
80. cfr. BUSTOS RAMÍREZ, Juan J.; HORMAZÁBAL MALARÉE, Hernán. *Op. cit.*, p. 19. Sobre o fenômeno penal através da ótica do controle social, vejam-se as críticas formuladas por POLAINO NAVARRETE, para quem: "que o Direito (em geral) cumpre uma função de controle social é lógico e evidente. Agora bem, alguns penalistas poem especial ênfase nessa missão, com se fosse exclusiva do Direito Penal, e não do Ordenamento Jurídico em seu conjunto. A meu juízo, esse conceito de controle social é tão vago e ambíguo, como etéreo. Em última instância, dizer que o Direito Penal cumpre uma missão de controle social é dizer muito pouco ou – inclusive – é como dizer nada: nada específico aporta à descrição do Direito Penal o afirmar que seja um instrumento do controle social, pois essa missão é predicado de todo o Ordenamento" (POLAINO NAVARRETE, Miguel. *Derecho penal. Modernas bases dogmáticas.* Lima: Grijley, 2004, p. 11, nota 14). Tal crítica parece infundada, pois, se o controle social formal é função vital do ordenamento jurídico e o Direito Penal é parte integrante de tal ordenamento, parece claro que, consequentemente, o controle social formal também seja uma vital função do Direito Penal.
81. v. ZAFFARONI, Eugenio Raúl; PIERANGELI, José Henrique. *Manual de direito penal brasileiro. Parte geral.* São Paulo: Ed. RT, 1997, p. 70.
82. cfr. FIGUEIREDO DIAS, Jorge; COSTA ANDRADE, Manuel da. *Op. cit*, p. 373; BUSTOS RAMÍREZ, Juan J.; HORMAZÁBAL MALARÉE, Hernán. *Op. cit.*. Sobre a

Trata-se, pois, de verdadeiro sistema, enquanto "conjunto de elementos relacionados entre si funcionalmente, de modo que cada elemento do sistema é função de algum outro elemento, não havendo elemento isolado"[83], e cuja nota de sistematicidade está na harmonia de seu funcionamento e na integração de sua estrutura[84], onde "as modificações operadas numa parte do 'sistema' – num dos seus subsistemas – afetam necessariamente o que ocorre noutras partes – noutros subsistemas – e condiciona em medida larga, ou mesma decisiva, a resposta total. O que vale dizer, no que aqui interessa, que o estudo das instâncias formais de controlo não pode bastar-se com considerá-las como agências isoladas umas das outras, autossuficientes e autorreguladas: uma tal consideração impediria, na verdade, o progresso na área de prevenção e do controlo do crime"[85].

O Sistema Penal é a forma de controle social mais formalizada que existe, havendo a predominância do texto escrito e definido com anterioridade, e sua formalização e institucionalização se

---

questão: ALBRECHT, Peter-Alexis. *Op. cit.;* BATISTA, Nilo. *Introdução Crítica do Direito Penal Brasileiro*. 3a ed. Rio de Janeiro: Revan, 1996, p. 24-26. Observa Alberto M. Binder que: "o conjunto de instituições que habitualmente chamamos 'penais' não podem de modo algum serem analisadas de um modo independente, porque em seu funcionamento real atuam de um modo estreitamente inter -relacionado. Em consequência, a aplicação do conceito 'sistema', isto é, a ideia de que cada um destes âmbitos constitui um 'subsistema' de um todo global chamado 'sistema penal', obrigou ao abandono de uma consideração estática e fraturada das normas jurídico-penais. Na medida que se se começou a utilizar o conceito de sistema, necessariamente houve que relacioná-lo com seus objetivos e com seu funcionamento real" (BINDER, Alberto M.. *Política criminal: de la formulación a la praxis.* Buenos Aires: Ad-hoc, 1997, p. 26).

83. FERRATER MORA, José. *Op. cit.,* p. 2703.

84. v. FAIRCHILD, Henry Pratt (Ed.). *Op. cit.,* p. 276-277.

85. FIGUEIREDO DIAS, Jorge; COSTA ANDRADE, Manuel da. *Op. cit,* p. 374. Observam criticamente os autores portugueses, ainda, que, com a uniformidade dos critérios de valoração e de decisão das instâncias do controle formal, aumentem o respeito à legalidade, a probabilidade de justeza da resolução do caso concreto e a eficiência do próprio sistema de justiça criminal, na prática os seus subsistemas não obedecem necessariamente uma lógica sistemática comum, mas, na verdade, são dotados de racionalidade, métodos, objetivos e valores próprios e tendem a desenvolver suas lógicas diferenciadas, causando acentuada dissintonia e desarmonia sistemática na atuação de cada um (*Op. cit,* p. 381-384).

manifestam em todos os níveis da dinâmica penal, que vai desde a seleção e a definição normativa de qual conduta socialmente desviada será considerada crime, passando pela escolha da pena a ser aplicada em caso de violação da norma, a forma e o processo pelo qual serão analisadas a violação e a aplicação da pena, até a fase e forma de sua execução, a destinar-se, assim, a aplicar com justiça e com eficiência a lei penal, mediante consistência e previsibilidade, condições indispensáveis da igualdade e da confiança social na sua aplicação e atuação[86].

Cabe ao Sistema Penal – como a mais importante das instâncias de controle social formal –, portanto, assegurar a estabilidade e a sobrevivência do grupo social, através de sistema de normas e sanções, que trace modelos de conduta a seus membros e castigue aqueles comportamentos que ponham em risco ou perigo ao próprio grupo, tendo, pois, como objeto principal, as condutas desviadas consideradas como crime e as reações ao seu cometimento, mediante a aplicação de uma pena criminal.

86. cfr. FIGUEIREDO DIAS, Jorge; COSTA ANDRADE, Manuel da. *Op. cit*, p. 381.

CAPÍTULO II

As ciências criminais

SÚMARIO • 1. A ciência penal. Criminologia, política criminal e direito penal: o tridimensionalismo

Conforme assentado, não há sociedade sem ordem social, alcançada mediante o processo de socialização dos indivíduos, onde estes aprendem e internalizam o conjunto dos valores, regras e normas de conduta aceitas pelo grupo, a permitir mínima padronização dos comportamentos e, pois, as expectativas dos demais integrantes da ordem; bem como que toda sociedade possui o seu próprio aparato de autodefesa para garantir sua estabilidade e existência – ou seja, a própria ordem social –, mediante a utilização dos recursos, instrumentos e técnicas do controle social (informal ou formal), que funciona sustentado pelo tripé: *norma, sanção e processo*.

Toda sociedade, pois, contém conjunto de modelos de condutas sociais a serem seguidas pelos indivíduos integrantes do grupo (*norma*), a resposta social às condutas desviadas de transgressão a esses modelos e pautas de condutas (*sanção*) e, por fim, a forma e o modo pelo qual se constatará a existência do desvio e da transgressão e determinará qual a melhor sanção a ser aplicada ao caso (*processo*).

Dessa forma, pode-se afirmar seguramente que o crime, como forma de conduta socialmente desviada, é fato ou fenômeno social normal e que existe em todas as formas de sociedade, pois, na história social humana, sempre houve violência e lesões a interesses alheios, que, obviamente, não ficaram sem reação social – ritualizada ou institucionalizada –, razão pela qual "não há, pois, 'sociedades sem criminalidade', é dizer, sociedades em que se permita o desvio ou este fique impune". Assim, "o mito de uma 'sociedade sem criminalidade' é um dado ingênuo e perigoso que em absoluto caracteriza a sociedade humana"[87].

Daí assentar Alfonso Serrano Maíllo, que "em todas as sociedades conhecidas existem e existiram uma série de condutas que foram proibidas ou foram de cumprimento obrigatório, sob a ameaça de mal. (...) Ainda que possa ser reprovável, o delito é um fenômeno normal de uma sociedade. Com efeito, não apenas existem em toda a sociedade condutas que podem ser consideradas delitivas, mas também parece que não pode existir sociedade sem delito. Isso se conhece como *princípio da normalidade do delito*. Trata-se novamente de uma ideia que remonta pelo menos a Durkheim, que já afirmou que o delito, longe de ser um fenômeno patológico, é um fenômeno *normal* em uma sociedade, e que inclusive *em uma sociedade de santos haveria delito*. A consequência pessimista dessa norma é que é utópico aspirar a eliminar o delito da sociedade. Ainda que seja impossível conhecer como funcionavam as sociedades de homens primitivos, a investigação empírica encontrou condutas que podem ser qualificadas abertamente como delitos em todas as culturas e grupos humanos que se pôde estudar"[88].

Conforme observam Winfried Hassemer e Francisco Muñoz Conde, "se o delito está tão intimamente vinculado com o processo de socialização dos indivíduos (...) parece que a criminalidade tem que cumprir uma função e inclusive uma missão no mantenimento e evolução da sociedade. (...) O delito não é um corpo estranho, senão um fator regulador da vida social. (...) Ainda que a criminalidade pudesse ser extirpada, pronto surgiriam em seu lugar equivalentes funcionais que deparariam ao afetado por eles e aos demais pelo menos os mesmos problemas que a criminalidade nos depara hoje, pois não se pode eliminar uma parte pertencente ao processo de socialização do todo sem que o mesmo seja afetado"[89].

Ademais, segundo tais autores, a criminalidade, além de normal, pode ser analisada como socialmente útil, já que, em certas

---

87. HASSEMER, Hinfried; MUÑOZ CONDE, Francisco. *Op. cit.*, p. 41-42.
88. SERRANO MAÍLLO, Alfonso. *Introdução à criminologia*. Trad. de Luiz Régis Prado. São Paulo: Ed. RT, 2007, p. 43.
89. HASSEMER, Hinfried; MUÑOZ CONDE, Francisco. *Op. cit.*, p. 39.

circunstâncias, os criminosos se adiantam a seu tempo e preparam as mudanças sociais e antecipam a futura moral (*conduta inovadora*), bem como, através do seu rechaço com a aplicação da sanção, reforçam, confirmam e asseguram os valores histórico-normativos do grupo social violados pela conduta criminal[90].

O crime, enquanto fenômeno social normal, também pode ser entendido como *"experiência criminal"*[91], ou seja, como o conjunto complexo, mas unitário, de inúmeros e diversos dados que o envolvem e o conformam e que estão entrelaçados entre si, de modo recíproco.

Na experiência criminal, aparecem fatos de relações inter-humanas que encarnam dimensão conflitiva; isto é, um problema social prático, uma questão de condutas em que se dá dimensão dramática, um choque entre as aspirações humanas, entre estas e as limitações que a realidade lhes impõe; aspirações, por sua vez, que estão relacionadas não só com necessidades e desejos, mas que, ademais, estão carregadas com referências a valorações[92].

Pode-se dizer que a experiência criminal, em aproximação aos ensinamentos de Luis Recaséns Siches, é uma experiência "de realidades, tal e como elas são, e de valores, assim como de valorações ou ideais, de afãs, de necessidades. Essas realidades não são simplesmente realidades frias, senão realidades vistas já através

---

90. v. HASSEMER, Hinfried; MUÑOZ CONDE, Francisco. *Op. cit.*, p. 40.
91. Segundo observa Luis Recaséns Siches, a palavra *"experiência"* pode ser entendida como: a) o processo de conhecimento dos fenômenos sensíveis (externos e internos), concatenados entre si por nexos de causalidade (p. ex., experiências científicas físicas, químicas, biológicas, etc.); b) os ensinamentos que o ser humano vai extraindo de sua vivência e da vivência dos demais (p. ex., quando se diz: 'fulano é pessoa experiente'); c) como o conhecimento direto de objetos que nos aparecem como dados ante nossa consciência, de maneira imediata, e de modo prévio às interpretações que nossa inteligência possa somar a tais objetos, a envolver dados sensoriais (p. ex., cor, aroma, etc.), estados de consciência (alegria, desgosto, preocupação, medo, etc.), ideias ou princípios evidentes (p. ex., leis lógicas de identidade e contradição, etc.), valores (p. ex., bom, bonito, justo, etc.) ou qualquer outro objeto que se nos apresente de maneira direta e imediata (RECASÉNS SICHES, Luis. *Op. cit.*, pp. 49-50). A terceira acepção do termo *"experiência"* é a adotada no presente trabalho.
92. cfr. RECASÉNS SICHES, Luis. *Op. cit.*, p. 51.

de lentes estimativas; realidades que, entre outros componentes delas, incluem como ingredientes das mesmas algumas valorações – crenças e convicções estimativas – diferentes às vezes nos vários interessados, professadas pelos diversos homens e pelos distintos grupos sociais involucrados nesses fatos conflitivos. (...) Todo esse conjunto de fatos com tão complexas e variadas dimensões – mas todas elas intimamente trabalhadas entre si – se apresentam como problemas práticos, que requerem soluções, em tanto que necessidades efetivamente sentidas pelas pessoas implicadas nessas realidades; se apresentam como necessidades que demandam satisfação, a qual ademais, se sente e se pensa como imprescindível para a subsistência e a boa marcha da sociedade concreta em que emergem essas questões. (...) Se trata, diríamos, de uma consciência acalorada, da consciência de um drama, da consciência de conflitos, da consciência de aspirações, de entusiasmos por certos ideais, do ímpeto de determinados afãs, de determinados desejos; e se trata, ao mesmo tempo, da consciência dolorosa de penúrias, de desamparos, de dores, de desajustes, de inquietudes. E se trata também conjuntamente de um afã de certeza e segurança que venham a aquietar as ansiedades da incertidão e que aliviem a dor da insegurança. Mas tudo isso não de qualquer maneira, senão precisamente de acordo com o que se considera como exigências de justiça"[93].

Em suma – ainda com base nas ideias do jusfilósofo espanhol –, a experiência criminal se trata "da experiência de problemas práticos de convivência e cooperação inter-humanos, encrespado de dificuldades; problemas que demandam um tratamento adequado, e uma solução, ao menos relativamente satisfatória, de acordo com as pautas de justiça, conforme a critérios valoradores. Esses problemas práticos (...) consistem em colisões, em disputas que requerem ser solvidas praticamente; e precisamente ser solvidas de modo executivo, é dizer, não tão só serem resolvidas no plano da teoria, senão ao nível da prática da realidade efetiva, de modo terminante e peremptório, de maneira firme e decisória, impositiva"[94].

93. RECASÉNS SICHES, Luis. *Op. cit.*.
94. RECASÉNS SICHES, Luis. *Op. cit*, p. 52.

1. A CIÊNCIA PENAL. CRIMINOLOGIA, POLÍTICA CRIMINAL E DIREITO PENAL: O TRIDIMENSIONALISMO

O crime ou experiência criminal, enquanto fenômeno social normal e corriqueiro, é poliédrico – possui várias faces; portanto, pode ser – e é – objeto de conhecimento e de estudo por diversas ciências, que analisam certas e determinadas facetas do fenômeno (p. ex., Direito, Sociologia, Psicologia, História, Filosofia, Economia, Medicina, etc.)[95] e que, em seu conjunto, *especificamente no campo jurídico* (Direito), podem ser denominadas como Ciências Criminais (Criminologia, Política Criminal e Direito Penal)[96], que se agrupam e se interconectam, em conhecimento amplo e compreensivo, na – que aqui será denominada – *Ciência Penal*.

Na esteira do tridimensionalismo do jusfilósofo brasileiro Miguel Reale[97], é lícito afirmar que o fenômeno "crime" poder ser

95. Segundo observa José de Faria Costa, p. ex., "a história, a sociologia e até a própria psicologia – para nos circunscrevermos às formas clássicas e escolares do domínio das disciplinas do espírito – encontraram, desde sempre, campo fértil na realidade que se desencadeia a partir do crime. Este é, de igual sorte, uma realidade cultural historicamente situada – e aí está a história; ele é uma fenomenalidade tão densa do nosso modo-de-ser que nunca deixou insensível o ininterrupto questionar sobre o humano – e aí se perfila a filosofia; ele apresenta-se como indiscutível fenômeno social a solicitar uma explicação – e aí surge a sociologia; ele realiza-se por homens, com paixões, tristezas, pulsões, motivações, as mais díspares e, por mais das vezes, inexplicáveis – e aí aparece a psicologia" (FARIA COSTA, José de. *Noções fundamentais de direito penal (fragmenta iuris poenalis). Introdução.* Coimbra: Coimbra Editora, 2007, p. 73).
96. Segundo Jorge de Figueiredo Dias e Manuel da Costa Andrade, "além de objecto da criminologia, o crime constitui também o objecto de um conjunto de disciplinas – as ciências criminais em sentido amplo – onde, além da criminologia, ganham particular relevo o direito penal e a política criminal" (FIGUEIREDO DIAS, Jorge; COSTA ANDRADE, Manuel da. *Op. cit*, p. 93).
97. Cuja teoria pode ser sintetizada na frase de Josef L. Kunz, para quem a teoria realiana é: "o Direito é uma integração normativa de fatos segundo valores" (KUNZ, Josef L.. "Sobre a problemática da Filosofia do Direito nos meados do século XX". In: *Revista da Faculdade de Direito de São Paulo.* São Paulo: Saraiva, v. 46, 1952, p. 43 e sgts.). Sobre a questão do tridimensionalismo: REALE, Miguel. *Teoria tridimensional do direito.* 5a ed. São Paulo: Saraiva, 2010; REALE, Miguel. *Filosofia do direito.* 20 ed. São Paulo: Saraiva, 2002; REALE, Miguel. *O direito como experiência. Introdução à epistemologia jurídica.* São Paulo: Saraiva, 1968; RECASÉNS SICHES, Luis. *Op. cit.*, pp. 40-82.

conhecido e estudado pelas Ciências Criminais enquanto *fato*, *valor* e *norma*[98]. O fenômeno criminal poder ser analisado enquanto *fato*

98. Nesse sentido, sem, contudo, levar em consideração a profundidade e dinamicidade do tridimensionalismo realeano da correlação dialética de "dinamicidade integrante e convergente" das dimensões factual, valorativa e normativa (cfr. REALE, Miguel. *Teoria Tridimensional do Direito*. 5a ed. São Paulo: Saraiva, 2010, p. 119), afirma Santiago Mir Puig, com base no tridimensionalismo estático, que: "Se se utiliza o modelo – demasiado simplificado, mas gráfico – da estrutura tridimensional do Direito, que distingue nele um dimensão de norma, outra de fato e uma terceira de valor, cabería dizer que a Dogmática jurídico-penal se ocupa do Direito Penal como norma, a Criminologia como fato, e a Política Criminal como valor. Se trata de um plano sem dúvida excessivamente esquemático e possivelmente incorreto se se entende ao pé da letra, posto que nenhuma disciplina que estude o Direito Penal pode deixar de ter em conta que o mesmo é sempre e a um tempo norma, fato e valor; mas pode resultar pedagógico se, feita esta advertência, se pretende unicamente assinalar que cada uma das três dimensões do Direito indicadas constitui o contro de interesse respectivo das três disciplinas que estudam o Direito Penal" (MIR PUIG, Santiago. Derecho Penal. Parte General. 5a ed. Barcelona: Reppertor, 1998, p. 17). Sobre tal questão já advertia Miguel Reale que: "em geral, os tridimensionalistas, quer aceitem ou não esta qualificação, têm se limitado a afirmar o caráter fático-axiológico-normativo do direito, sem tirar desta colocação do problema todas as consequências nela implícitas e que, no meu modo de entender, são do mais alto alcance para a Ciência do Direito, não só para esclarecer e determinar velhos problemas, como também para situar questões novas, reclamadas pelas conjunturas histórico-sociais de nosso tempo. A rigor, só e enquanto se coloca a tridimensionalidade nesse contexto problemático, é que se pode falar, propriamente,em 'teoria tridimensional', cuja base inamovível não é uma construção ou concepção objetiva da consistência fático-axiológica-normativa de qualquer porção ou momento da experiência jurídica oferecido à compreensão espiritual. (...) a Teoria Tridimensional do Direito e do Estado, tal como a venho desenvolvendo desde 1940, muito embora não empregasse então aquele termo, distingue-se das demais de caráter genérico ou específico, por ser concreta e dinâmica, isto é, por afirmar que: a) Fato, valor e norma estão sempre presentes e correlacionados em qualquer expressão da vida jurídica, seja ela estudada pelo filósofo ou o sociólogo do direito, ou pelo jurista como tal, ao passo que, na tridimensionalidade genérica ou abstrata, caberia ao filósofo apenas o estudo do valor, ao sociólogo o do fato e ao jurista o da norma (tridimensionalidade como requisito essencial ao direito); b) A correlação entre aqueles três elementos é de natureza funcional e dialética, dada a 'implicação-polaridade' existente entre fato e valor, de cuja tensão resulta o momento normativo, como solução superadora e integrante nos limites circunstanciais de lugar e de tempo (concreção histórica do processo jurídico, numa dialética de complementariedade). (...) o termo 'tridimensional' só pode ser compreendido rigorosamente como traduzindo um processo dialético, no qual o elemento normativo integra em si e supera a correlação fático-axiológica, podendo a norma, por sua vez, converter-se em fato, em um ulterior momento

social, como obra humana na realidade fática e empírica no acontecer histórico da sociedade (ser); enquanto *valor*, como estimativa de valoração, de sentido e de finalidade (dever ser); enquanto *norma*, como regra de conduta social referida aos valores (dever ser referido aos valores)[99].

Neste contexto, *grosso modo*, cabe à *Criminologia* estudar o fenômeno criminal como fato social; como fenômeno empírico; como dados reais de sociedade determinada, visando a colher sua "imanente concretude", através de conjunto de conhecimentos, experimentalmente determinados, no seio de determinada realidade social[100]. Assim, "a função da Criminologia é aportar um núcleo de conhecimentos verificados empiricamente sobre o delito, o delinquente, a vítima e o controle social do comportamento desviado (modelo explicativo)"[101].

Enquanto valor, o fenômeno criminal é objeto de conhecimento pela *Política Criminal*, que implica, no horizonte político-legislativo, atitude racional-valorativa, com a formulação de propostas concretas de combate e prevenção do crime, dentro de níveis socialmente aceitáveis, mediante sistema instrumental ordenado de estratégias e táticas, de acordo com metas e objetivos previamente pretendidos de controle do crime[102]; portanto, "à Política Criminal corresponde transformar esta informação sobre a realidade do crime, de base empírica, em opções, alternativas e programas científicos desde uma ótica valorativa (aspecto decisório)"[103].

Já a análise do fenômeno criminal como norma é incumbência do *Direito Penal*, que delimita, interpreta e analisa teórico-siste-

---

do processo, mas somente com referência e em função de uma nova integração normativa determinada por novas exigências axiológicas e novas intercorrências fáticas." (REALE, Miguel. *Op. cit.*, pp. 53-57 e 77).

99. Segundo Miguel Reale, "o tridimensionalismo não serve só para o Direito, mas para qualquer atividade cultural" (REALE, Miguel. *Op. cit.*, p. 124)
100. FARIA COSTA, José de. *Op. cit.*, p. 74.
101. GARCÍA-PABLOS DE MOLINA, Antonio. *Tratado de criminología.* Buenos Aires: Rubinzal-Culzoni, 2009, t. I, p. 248.
102. cfr. ZIPF, Heinz. *Introducción a la política criminal.* Trad. Miguel Izquierdo Macías -Picavea. Madrid: Edersa, 1979, p. 01-21.
103. GARCÍA-PABLOS DE MOLINA, Antonio. *Op. cit.*.

maticamente as normas jurídico-legais que definem o crime, seus pressupostos e suas consequências. Dessa forma, "o Direito Penal concreta as opções previamente adotadas (a oferta político-criminal de base criminológica) com a linguagem do Direito, dando-lhes a forma de normas, de proposições jurídicas gerais e obrigatórias (modelo instrumental ou operativo)"[104].

Na síntese conclusiva de Antonio García-Pablos de Molina, pode-se afirmar que "a Criminologia está chamada a aportar o substrato empírico do mesmo [sistema das Ciências Criminais], seu fundamento 'científico'. A Política Criminal, a transformar a experiência criminológica em 'opções' e 'estratégias' concretas assumíveis pelo legislador e pelos poderes públicos. O Direito Penal, a converter em proposições jurídicas, gerais e obrigatórias, o saber criminológico esgrimido pela Política Criminal"[105].

É de fundamental importância observar que tais ciências não estão estaticamente isoladas entre si, como se fossem compartimentos estanques e ilhados, "como se fossem fatias de algo divisível"[106]. Não se tratam de ciências que se distinguem pela mera distribuição do objeto de estudo, ou seja, o fenômeno criminal como fato, valor e norma; ao contrário, encontram-se unidas, na investigação científica, em permanente relação dialética complementar e funcional, em unidade orgânica, havendo, apenas, variação no ângulo ou prisma da pesquisa. A diferença é, pois, de ordem metodológica, segundo o objetivo que se visa a atingir com o estudo (distinção vetorial de sentido)[107].

---

104. GARCÍA-PABLOS DE MOLINA, Antonio. *Op. cit.*.
105. GARCÍA-PABLOS DE MOLINA, Antonio. *Op. cit.*, p. 247.
106. REALE, Miguel. *Op. cit.*, p. 60. Observa Salo de Carvalho: "A desagregação das disciplinas que compõem as ciências criminais gerou incapacidade de diálogo e de desenvolvimento simétrico de institutos. (...) A fragmentação das disciplinas obstaculizou a compreensão global dos saberes criminais, fato que gera, no atuar cotidiano dos operadores do direito – e dos demais atores que participam da investigação do fenômeno criminal –, incapacidade de compreensão das violências inerentes ao sistema penal e de criação de instrumentos para minimizá-las" (CARVALHO, Salo de. *Antimanual de Criminologia*. 5a ed. São Paulo: Saraiva, 2013, p. 52-53).
107. cfr. REALE, Miguel. *Op. cit.*, p. 151.

Pode-se dizer que há, entre as três ciências, com base no tridimensionalismo realiano, uma correlação dialética de "dinamicidade integrante e convergente"[108], pois "ora se pode ter em vista prevalecentemente o momento *normativo*, ora o momento *fático*, ora o *axiológico*, mas sempre em função dos outros dois (*tridimensionalidade funcional do saber jurídico*)"[109], ou, com base nos ensinamentos de Luis Recaséns Siches, pode-se dizer que as três ciências "se acham reciprocamente unidas de modo incindível, vinculadas por triplos nexos de essencial implicação mútua"[110], de modo que não pode existir total independência entre esses três ângulos, já que cada um deles aparece, necessariamente, enlaçado com os outros dois[111], na síntese conclusiva da, aqui denominada, *Ciência Penal*.

Quando a Criminologia estuda o crime como fato social (momento fático), o estuda não como qualquer fato, mas como fato jurídico, que não pode ser compreendido sem se referir a uma norma jurídico-penal e ao valor político-criminal que ela visa a realizar, ou seja, estuda o fato criminal segundo a norma penal valorada e imposta político-criminalmente (*Criminologia = norma ⇒ valor ⇒ fato*). Já a Política Criminal, ao estudar prevalecentemente o fenômeno criminal em seu momento axiológico (valor), o faz partindo do fato criminoso para a norma jurídico-penal e culminando no valor político-criminal que a inspira, que lhe serve de guia e que deve ser realizado na norma penal (*Política criminal = fato ⇒ norma ⇒ valor*). Por sua

108. REALE, Miguel. *Op. cit.*, p. 119.
109. REALE, Miguel. *Op. cit.*, p. 60 (grifos no original).
110. RECASÉNS SICHES, Luis. *Op. cit.*, p. 45.
111. cfr. RECASÉNS SICHES, Luis. *Op. cit.*, p. 46. Para José de Faria Costa, "partindo-se de um (sistema) ordenamento penal racional deve existir uma interconexão contínua entre estes três elementos que dão vida a um processo caracterizado pela circularidade: a criminologia, observando a realidade, fornece dados empíricos; estes, lidos e valorados por um horizonte político-legislativo, vão sufragar, justamente, as escolhas político-criminais as quais, por último, se traduzem em normas penais. Normas estas que, ao serem aplicadas, vão permitir nova observação da criminologia que produz novos dados, novas tendências, que serão valoradas pelo novo horizonte político-legislativo que infirmará ou confirmará a escolha legislativa anterior e que, desse jeito, levará à manutenção da norma positivada ou a uma sua posterior alteração. Dá-se, assim, origem, de há muito cunhado por von Liszt, a um modelo integrado ou global das ciências penalísticas" (FARIA COSTA, José de. *Op. cit.*, p. 76).

vez, o Direito Penal, que estuda o crime enquanto norma jurídico-penal (momento normativo), analisa inicialmente o fato criminoso e o valor político-criminal, que condicionam o advento da norma penal, a alcançar, pois, seu real significado (*Direito Penal = fato ⇒ valor ⇒ norma*)[112].

Assim, a visão tridimensionalista visa a "integrar em unidade orgânica conteúdos antes dispersos, vistos separadamente, ora como fato, ora como valor, ora como norma; permite uma representação simbólica dos dados que compõem a experiência jurídica [no caso a experiência criminal], correlacionando-os *dialeticamente*, de maneira que os três fatores componentes se desenvolvam inter-relacionados no tempo, com possibilidade de prever-se, embora de maneira conjetural (e a *conjetura* é reconhecida, hoje em dia, como um dos elementos inerentes ao conhecimento científico), como eles poderão se influir reciprocamente, inclusive, em função da superveniência de novas mutações factuais, axiológicas e normativas"[113].

Por fim, à tríade das Ciências Criminais – Criminologia (*fato*), Política Criminal (*valor*) e Direito Penal (*norma*) – soma-se o estudo dos atos, formal e sistematicamente coordenados, que visam à realização material das normas pela qual a ordem social assegura a conformidade dos comportamentos de seus membros ao conjunto de valores, regras e princípios estabelecidos pelos sistema penal (controle social formal), qual seja, o processo penal, objeto de estudo pelo *Direito Processual Penal*.

112. cfr. REALE, Miguel. *Op. cit.*, pp. 120-121.
113. REALE, Miguel. *Op. cit.*, p. 152 (grifos no original).

CAPÍTULO III

Introdução à criminologia

SÚMARIO • 1. Definição; 2. Cientificidade; 2.1 Método; 2.1.1 Empírico; 2.1.2 Interdisciplinar; 2.2 Objeto; 2.2.1 Crime; 2.2.1.A Definição jurídica; 2.2.1.B Definição natural; 2.2.1.C Definição sociológica; 2.2.1.D definição interacionista; 2.2.1.E Definição criminológica; 2.2.2 Criminoso; 2.2.2.A Imagem clássica; 2.2.2.B Imagem positivista; 2.2.2.C Imagem correicionalista; 2.2.2.D Imagem marxista; 2.2.2.E Imagem moderna; 2.2.3 Vítima; 2.2.4 Controle social; 3. Finalidades; 4. Desenvolvimento histórico; 4.1 Escola clássica; 4.2 Escola positivista; 4.2.1 Cesare Lombroso, Enrico Ferri e Raffaele Garofalo; 4.3 Escolas ecléticas; 4.3.1 *Terza scuola* (ou positivismo crítico); 4.3.2 Escola de Marburgo (ou jovem escola de política criminal); 4.3.3 Escola de defesa social; 4.4 Escola sociológica; 4.4 1 Escola de Chicago; 4.4.2 Escola crítica (criminologia crítica ou nova criminologia); 4.4.2.A *Labeling approach;* 4.4.2.B Criminologia radical; 5. Teorias criminológicas; 5.1 Teorias individuais; 5.1.1 Teorias biológicas (ou bioantropológicas); 5.1.2 Teorias psicológicas (psicopatologia, psicologia e psicanálise); 5.1.2.A Enfoque psicopatológico (psiquiatria); 5.1.2.B Enfoque psicológico (psicologia); 5.1.2.C Enfoque psicoanalítico (psicanálise); 5.2 Teorias sociológicas (sociologia criminal); 5.2.1 Teorias sociológicas etiológicas; 5.2.1.A Teoria ecológica; 5.2.1.B Teoria da anomia (estrutural-funcionalista); 5.2.1.C Teoria da subcultura; 5.2.2 Teorias sociológicas interacionistas; 5.2.2.A Teoria da aprendizagem; 5.2.2.B Teoria do controle; 5.2.2.C Teoria do *labeling approach*

1. DEFINIÇÃO

A Criminologia é a ciência que estuda o fenômeno ou experiência criminal enquanto fato individual e social; enquanto obra humana na realidade fática e empírica no acontecer histórico da sociedade, ou seja, estuda o crime enquanto fato empírico em toda sua extensão[114].

---

114. Segundo Alfonso Serrano Maíllo: "Nenhuma sociedade pode se satisfazer com uma reflexão puramente especulativa, ideológica ou voluntarista sobre a

Não existe consenso doutrinário sobre a definição (conceito, método, sistema ou funções) de Criminologia e, segundo Antonio García-Pablos de Molina, as definições podem ser dividas em dois grandes grupos: a) *definições restritas*; b) *definições extensivas*[115].

As *definições restritas* circunscrevem a Criminologia à investigação do crime, da pessoa do criminoso e da execução da pena, permanecendo fora de seu objeto de estudo a questão do controle social, aproximando-se de ciência acrítica e submissa à ordem legal, explicando o crime etiologicamente, com fórmulas biopsicológicas, atribuindo-o a disfunções ou patologias individuais do criminoso e que prega, em última instância, objetivos meramente correicionais[116].

Já as *definições extensivas* levam em consideração não só os elementos crime, criminoso e execução da pena, como incluem, no âmbito de seus estudos, a questão da reação social através do controle social (mecanismos, estratégias e processos) e seu dinamismo, a pretender elaborar cientificamente não só explicações fenômeno-etiológicas sobre a *gênesis* da conduta criminosa (teorias da criminalidade), como, também, apresentar explicações sobre a ação seletiva e a forma de reação das instâncias de controle social (teorias da criminalização), a examinar, pois, o "conjunto de processos sociais que emolduram o acontecimento criminal"[117].

Nestes termos, Antonio García-Pablos de Molina apresenta concepção ampla de Criminologia, definindo-a como "a ciência empírica e interdisciplinar que tem por objeto o crime, o delinquente, a vítima e o controle social do comportamento delitivo; e que aporta uma informação válida, contrastada e fiável sobre a gênese, dinâmica e variáveis do crime – contemplado este como fenômeno individual e

---

explicação e a prevenção e controle do delito. Ao contrário, é imprescindível o recurso à ciência. Isso sem esquecer que a Criminologia é uma ciência metodologicamente muito exigente e, por sua vez, muito simples em suas conclusões" (SERRANO MAÍLLO, Alfonso. *Op. cit.*, p. 17).

115. cfr. GARCÍA-PABLOS DE MOLINA, Antonio. *Tratado de criminología*. Buenos Aires: Rubinzal-Culzoni Editores, 2009, t. I, pp. 35-41.

116. cfr. GARCÍA-PABLOS DE MOLINA, Antonio. *Op. cit.*, pp. 39-40.

117. GARCÍA-PABLOS DE MOLINA, Antonio. *Op. cit.*, p. 40.

como problema social, comunitário –; assim como sobre sua prevenção eficaz, as formas e estratégias de reação ao mesmo e as técnicas de intervenção positiva no infrator"[118].

2. CIENTIFICIDADE

É hoje posição dominante tratar-se a Criminologia de verdadeira ciência independente e autônoma, por se carcaterizar como campo de conhecimento humano, que apresenta núcleo de conhecimentos

118. GARCÍA-PABLOS DE MOLINA, Antonio. *Op. cit.*, p. 35. Também usado sua definição: SHECAIRA, Sérgio Salomão. *Criminologia*. 3a ed. São Paulo: Ed. RT, 2011, p. 51. Vejam-se outras definições sobre a Criminologia: "Ciência que se ocupa de determinar as causas ou fatores do delito a fins de prevenção e de tratamento do delinquente" (Manuel López-Rey); "A Criminologia é uma ciência fática: sua missão é a análise empírica, natural e social da criminalidade, do delinquente e da vítima: sua meta, a prevenção e luta contra o crime" (Armand Mergen); "Criminologia é a totalidade ordenada do saber experimental acerca do crime, do infrator das normas jurídicas, do comportamento socialmente negativo e do controle de dito comportamento" (Günther Kaiser); "A Criminologia é uma ciência empírica e interdisciplinar. Se ocupa das circunstâncias da esfera humana e social relacionadas com o surgimento, a comissão e a evitação do crime. Assim como do tratamento dos violadores da lei" (Hans Göppinger); "Aproximação científica ao estudo do comportamento criminal e subsequente reação social ao mesmo" (Larry J. Siegel) (*apud* GARCÍA-PABLOS DE MOLINA, Antonio. *Op. cit.*, p. 37, nota 09). "A criminologia é a ciência que se ocupa do delito e do delinquente como fenômeno individual e social" (SERRANO MAÍLLO, Alfonso. *Op. cit.*, p. 21); "É o conjunto de conhecimentos sobre o delito como fenômeno social. Inclui em seu âmbito os processos de elaboração das leis, de infração das leis e de reação à infração das leis" (SUTHERLAND, Edwin H.. *Principles of criminology*. 2a ed. Chicago: J. B. Lippincott, 1939, p. 03); "A Criminologia pode ser aceita como a ciência que se dedica ao estudo problematizado do crime como fato social, que possui características que envolvem o autor, a vítima, o Estado – quanto ao ordenamento jurídico, às políticas criminais vigentes e as políticas públicas sociais fundamentais ao cidadão –, bem como a sociedade, no que tange às instituições políticas (associações, mídia,...) e a participação dos indivíduos" (CRESPO, Aderlan. *Curso de criminologia. As relações políticas e jurídicas sobre o crime.* Rio de Janeiro: Elsevier, 2009, p. 05); "A Criminologia é a ciência que estuda: a) as causas e as concausas da criminalidade e da periculosidade preparatória da criminalidade; b) as manifestações e os efeitos da criminalidade e da periculosidade preparatória da criminalidade; c) a política a opor, assistencialmente, à etiologia da criminalidade e da periculosidade preparatória da criminalidade, suas manifestações e seus efeitos" (LYRA, Roberto; ARAÚJO JÚNIOR, João Marcello de. *Criminologia*. 4a ed. Rio de Janeiro: Forense, 1995, p. 06).

verificados (não refutados), sistemáticos e assegurados mediante métodos e técnicas científicas de investigação[119].

Afirma Luis Rodríguez Manzanera, que a Criminologia é ciência, pois, "em primeiro lugar, é um conjunto de conhecimentos, conhecimentos que lhe aportam todas as outras ciências, e quando digo todas as ciências, é que se nutre de todo o conhecimento; a arte, a técnica, as disciplinas, as ciências, hão cooperado para formar o edifício científico da Criminologia, sem querer isto dizer que se trata de um simples 'hibridismo' como alguns autores hão considerado. Ao ter um objeto de estudo, a Criminologia reúne outra característica para pretender ser uma ciência autônoma, independente das ciências e disciplinas que lhe levam seus conhecimentos. A Criminologia não somente reúne, acumula e repete conceitos, senão que, por meio da *síntesis*, aporta conhecimentos novos e diferentes, bem ordenados, divididos em áreas e temas concretos, com hipóteses e soluções próprias. A Criminologia tem ademais métodos de investigação, métodos que lhe aportam outras ciências e métodos e técnicas que ela mesma há desenvolvido"[120].

Assim, o fundamento científico da Criminologia reside no seu submetimento à realidade, aos fatos analisados, que são descritos mediante a observação e a experimentação, na busca de respostas, através da investigação empírica, às perguntas sobre que fatores sociais ou individuais influenciam o comportamento delitivo, que pessoas se acham em maior risco de delinquir ou serem vítimas de delitos, como os sistemas de controle social influem na perpetuação da conduta delitiva, como se pode prevenir eficazmente a delinquência, etc.[121].

---

119. cfr. GARCÍA-PABLOS DE MOLINA, Antonio. *Op. cit.*, p. 35. Sobre a questão da natureza científica da Criminologia: MANZANERA, Luis Rodríguez. *Criminología*. 2a ed. México: Editorial Porrúa, 1981; pp. 31-57; SERRANO MAÍLLO, Alfonso. *Op. cit.*, pp. 21-59; LYRA, Roberto; ARAÚJO JÚNIOR, João Marcello de. *Op. cit.*, pp. 06-20; FIGUEIREDO DIAS. Jorge de; COSTA ANDRADE, Manuel da. *Op. cit.*, pp. 91-143. ZAFFARONI, Eugenio Raúl; OLIVEIRA, Edmundo. *Criminologia e política criminal*. Rio de Janeiro: GZ, 2010, pp. 395-408; GARRIDO, Vicente; STANGELAND, Per; REDONDO, Santiago. *Principios de criminología*. 3a ed. Valencia: Tirant lo blanch, 2006, pp. 52-59.
120. MANZANERA, Luis Rodríguez. *Op. cit.*, pp. 15-16.
121. v. GARRIDO, Vicente; STANGELAND, Per; REDONDO, Santiago. *Op. cit.*, p. 53.

Segundo Vicente Garrido, Per Stangeland e Santiago Redondo, mediante sua cientificidade, a Criminologia visa a quatro níveis de conhecimento, quais sejam: a) *nível descritivo* – detalhar e descrever as condições em que se produzem os comportamentos delitivos e as reações sociais frente a eles; b) *nível explicativo* – ordenação lógica dos achados descritivos da aparição dos fenômenos delinquência/reação social e apresentação de explicações ou teorias que vinculam, entre si, os conhecimentos obtidos; c) *nível preceptivo* – pormenorizar sob quais circunstâncias há o favorecimento ou a dificultação do comportamento delitivo; d) *nível prático* – intervenção sobre os fatores relacionados com o fenômeno criminal, com pretensão de redução de sua ocorrência social[122].

2.1. Método

2.1.1. Empírico

A Criminologia é ciência que se utiliza do método – meio de que se vale ou o caminho que segue uma ciência para adquirir o conhecimento de seu objeto – empírico, pois estuda seu objeto (fenômeno ou experiência criminal) como parte integrante do mundo real, como fatos e fenômenos constatáveis, mensuráveis e quantificáveis, baseada, portanto, na observação dos fatos e não em meras opiniões, argumentos ou silogismos[123].

Trata-se de ciência cujo método leva em conta a observação, a experimentação e a análise da realidade, do homem e da sociedade no mundo, como fatos empíricos (Ciência do Ser); portanto, "o conhecimento criminológico é fático: parte dos fatos, os respeita até certo ponto, e sempre volta a eles. Utiliza dados empíricos, muitos deles quantitativos. O conhecimento criminológico transcende os fatos: descarta fatos, aceita outros e os explica. Ao menos em princípio o criminólogo deve criar novas pautas de conduta individual e social. O criminólogo racionaliza a experiência em lugar de limitar-se a descrevê-la. 'Não são os fatos por si mesmos senão sua elaboração teórica e a comparação das consequências das teorias com os dados observacionais, a principal fonte do descobrimento

122. v. GARRIDO, Vicente; STANGELAND, Per; REDONDO, Santiago. *Op. cit.*, p. 53.
123. v. GARCÍA-PABLOS DE MOLINA, Antonio. *Op. cit.*, p. 50.

de novos fatos'. A Criminologia é analítica: a investigação científica aborda problemas circunscritos, um a um, e trata de decompô-los todos em elementos. Tenta descobrir os elementos que compõem cada totalidade e as inter-relações que explicam sua integração. Daqui se partirá à sintesis"[124].

Mas por estudar a complexa realidade humana, não é ciência exata – como, p. ex., a Física, a Química, a Matemática, a Biologia, etc. –, já que não se destina a descobrir leis exatas eternas e universais que regem o mundo natural e social.

> Segundo Antonio García-Pablos de Molina, seria errôneo supor que a Criminologia subministra ou pode subministrar conhecimentos exatos, precisamente porque se serve de um método 'empírico'. Dito otimismo ingênuo carece hoje de justificação. (...) Desde logo, o descobrimento e formluação de leis universais ou de relações 'causais' satisfaria melhor as exigências de um conhecimento científico 'experimental'. Mas é óbvio que inclusive relações causais de estrutura simples que crê haver descoberto a primitiva investigação criminológica não resistem hoje a uma análise crítica atualizada, porque é problemática a existência de tais normas deterministas na esfera *sui generis* das ciências sociais e humanas. Com razão, pois, afirma Göpinger que a Criminologia empírica não estará nunca em condições de esboçar uma imagem válida do criminal por antonomásia, nem uma teroia do crime que expresse algo mais que opiniões. A investigação criminológica se achará em constante modificação, dado que os conhecimentos das diversas ciências do homem e dos campos sociais se ampliam, modificam e corrigem continuamente, e só poderá aspirar-se a obter conhecimentos parciais, fragmentários, juízos de probabilidade. O saber científico criminológico é, por definição, um saber aberto, provisório[125].

---

124. MANZANERA, Luis Rodríguez. *Op. cit.*, pp. 33-34.
125. GARCÍA-PABLOS DE MOLINA, Antonio. *Op. cit.*, pp. 52-53. Segundo Luis Rodríguez Manzanera: "A Criminologia é aberta: Não reconhece barreras a priori que limitem o conhecimento. A ciência carece de axiomas evidentes; e inclusive os princípios mais gerais e seguros são postulados que podem ser corrigidos ou substituídos. Ao ser o conhecimento científico falível, o criminólogo não crê possuir a verdade, simplesmente apresenta teorias para que possam ser refutadas,

Seu proceder científico é predominantemente experimental -indutivo[126], parte do particular para o geral, ou seja, analisa dados reais específicos e deles induz as corresponderes conclusões; suas hipóteses se verificam através da análise dos fatos, interpretando-os, valorando-os, sistematizando-os, reduzindo-os a um denominador comum e extraindo deles a ideia nuclear, integrada em uma teoria ou marco geral de referência, transformando os dados em núcleo de conhecimento, dobrando-se sempre à força dos fatos que prevalecem sobre argumentos subjetivos de autoridade ou silogismos, e cuja finalidade é conhecer a realidade do crime e explicá-la[127].

2.2. *Interdisciplinar*

A Criminologia também é ciência interdisciplinar, pois a análise científica do fenômeno criminal, como comportamento individual e como fato social, requer pluralidade coordenada de enfoques, já que cada um deles contribui, desde sua particular ótica, a diagnóstico global e totalizador do fenômeno criminal. Apesar de sua independência e autonomia em relação às demais ciências (*v.g.*, Psicologia, Biologia, Sociologia, Medicina, etc.), não pode prescindir dos conhecimentos delas provindos; daí que, em pureza, só se pode falar em autonomia relativa e de saber científico coordenado, livre de contradições, produto de síntese de conhecimentos parciais e setoriais[128].

A moderna epistemologia – ciência que estuda as ciências – sugere o enfoque científico "circular"[129], do qual não se furta a

---

aceitas, corrigidas ou limitadas; está consciente de que deve ser gerador de problemas mais do que que coletor de conhecimentos" (MANZANERA, Luis Rodríguez. *Op. cit.*, p. 35).

126. Diz-se "predominantemente experimental-indutivo", pois, como observa Edmundo Oliveira, "embora hoje não se possa falar em rigorosa separação entre métodos dedutivos e métodos indutivos, visto que já não se considera possível a existência de uma ciência puramente indutiva, a verdade é que nas ciências especulativas predomina a dedução, enquanto nas empíricas a indução, com a prevalência da ideia de que a indução, partindo do particular para o geral, leva a uma inferência provável, ao passo que a dedução conduz a uma inferência segura, certa e necessária" (ZAFFARONI, Eugenio Raúl; OLIVEIRA, Edmundo. *Op. cit.*, p. 405).

127. v. GARCÍA-PABLOS DE MOLINA, Antonio. *Op. cit.*, pp. 49-54.

128. v. GARCÍA-PABLOS DE MOLINA, Antonio. *Op. cit.*, p. 54.

129. Sobre o sistema científico "circular": MANZANERA, Luis Rodríguez. *Op. cit.*, pp. 40-43.

Criminologia, estabelecido mediante sistema de retroalimentação dos conhecimentos, onde "cada conclusão 'particular' se corrige e enriquece ao contrastar-se com as obtidas em outros âmbitos e disciplinas, propiciando-se a necessária síntese livre de contradições"[130]. Dessa forma, o criminólogo é cientista que, como a maioria dos cientistas modernos, trabalha de forma interdisciplinar[131], pois somente através de esforço de síntese e integração das experiências setoriais e especializadas é que cabe formular diagnóstico científico totalizador do fenômeno criminal, para além dos conhecimentos fragmentados, parciais e incompletos que possam aquelas fornecer[132].

Entretanto, fundamental atentar para o fato de que a interdisciplinariedade não se confunde com a multidisciplinaridade, pois, como adverte Luis Rodríguez Manzanera, "enquanto a primeira significa a íntima relação, as estreitas conexões, a interdependência, a segunda é tão só a adição, junção de diversas disciplinas. Multidisciplinar designa somente a participação de muitas disciplinas, enquanto que a sílaba *inter* expressa, entre outras coisas, uma certa coordenação e inclusive integração. Uma investigação interdisciplinar significaria um grau de integração superior ao de uma multidisciplinar. A interdisciplina implica dependência mútua entre as diversas ciências ou disciplinas concorrentes; cada uma complementa e explica as demais, a ausência de alguma é notável pela diminuição

---

130. GARCÍA-PABLOS DE MOLINA, Antonio. *Op. cit.*, p. 55. No mesmo sentido, afirma Luis Rodríguez Manzanera que: "Estamos chegando, ou melhor dito, já se chegou, a um momento científico de concorrência interdisciplinária, é dizer, a pessoa que tente chegar ao conhecimento de qualquer objeto seguindo uma só via, uma só ciência, resta eficácia a seu pensamento. Atualmente a investigação científica, para considerar-se como tal, necessita ser interdisciplinar, ou ao menos multidisciplinar. A Medicina é pouco eficaz se não se auxilia da Psicologia e da Sociologia; a Sociologia não funciona adequadamente se não se apoia na Psicologia e no Direito; o Direito é obsoleto se não respeita a realidade social e psicológica; é dizer, atualmente para fazer qualquer trabalho sério, principalmente em Ciências Sociais, se tem que trabalhar interdisciplinarmente" (MANZANERA, Luis Rodríguez. *Op. cit.*, p. 39).

131. v. MANZANERA, Luis Rodríguez. *Op. cit.*.

132. cfr. GARCÍA-PABLOS DE MOLINA, Antonio. *Criminologia. Uma introdução a seus fundamentos teóricos.* Trad. Luiz Flávio Gomes. São Paulo: Ed. RT, 1992, p. 28.

de qualidade do conjunto, na multidisciplina pelo contrário, veremos afetada sobretudo a quantidade"[133].

2.3. Objeto

Se uma ciência se caracteriza, entre outras coisas, por seu objeto de estudo, claro parece a necessidade de definir seu objeto[134], para que se saiba do que efetivamente se trata e do que há de se ocupar a tarefa científica; assim, partindo-se da definição extensiva, afirma-se que a Criminologia tem como objeto de conhecimento e estudo (objeto de investigação científica)[135]: a) *o crime*; b) *o criminoso*; c) *a vítima*; d) *o controle social*[136].

---

133. MANZANERA, Luis Rodríguez. *Op. cit.*, pp. 39-40. Da mesma forma: GARCÍA -PABLOS DE MOLINA, Antonio. *Tratado de criminologia*. Buenos Aires: Rubinzal-Culzoni Editores, 2009, t. I, pp, p. 55; LYRA, Roberto; ARAÚJO JÚNIOR, João Marcello de. *Op. cit.*, pp. 16-20. Criticamente: FIGUEIREDO DIAS. Jorge de; COSTA ANDRADE, Manuel da. *Op. cit.*, pp. 113-117.
134. Adverte Antonio García-Pablos de Molina que: "uma das características mais destacadas da moderna Criminologia – e do perfil de sua evolução nos últimos anos – é a progressiva ampliação e problematização do seu objeto. (...) E essa ampliação tem, sobretudo, uma leitura 'qualitativa': põe de manifesto um significativo deslocamento dos centos de interesses criminológicos (da pessoa do delinquente e do delito à vítima e à prevenção e controle social) e inclusive uma nova autocompreensão da Criminologia, que assume um enfoque mais dinâmico, pluridimensional e interacionista" (GARCÍA-PABLOS DE MOLINA, Antonio. *Criminologia. Uma introdução a seus fundamentos teóricos*. Trad. Luiz Flávio Gomes. São Paulo: Ed. RT, 1992, pp. 29-30).
135. Afirmam Jorge de Figueiredo Dias e Manuel da Costa Andrade, que"a discussão acerca do objecto da criminologia é praticamente tão velha como a própria criminologia", mas que "apesar do problemas persistir ainda em aberto, a verdade é que a investigação criminológica não tem deixado de se afirmar, desenvolver e alargar o seu campo. Contudo, estamos reconhecidamente perante um daqueles problemas cujo tratamento imprime carácter à teoria e à prática criminológicas e contende com a sua própria legitimidade ética e política" (FIGUEIREDO DIAS, Jorge; COSTA ANDRADE, Manuel da. *Op. cit*, pp. 63-64).
136. Nesse sentido: GARCÍA-PABLOS DE MOLINA, Antonio. *Tratado de criminologia*. Buenos Aires: Rubinzal-Culzoni Editores, t. I, 2009, p. 67; SHECAIRA, Sérgio Salomão. *Op. cit.*, p. 54; GARRIDO, Vicente; STANGELAND, Per; REDONDO, Santiago. *Op. cit.*, pp. 61-76.

2.3.1. Crime

O primeiro e mais fundamental objeto de investigação científica da Criminologia é o *crime* (ou delito) e, ainda que "o que seja delito é algo que às vezes se considera óbvio, que se costuma dar por certo em muitas investigações e que em raras ocasiões se discute expressamente ou se define com precisão"[137], o fato é que o problema de sua definição seja, talvez, o mais vital e difícil problema enfrentado pela Criminologia[138].

Considerando-se a autonomia científica da Criminologia, surge a questão: deve a Criminologia adotar a definição jurídico-penal de crime ou deve adotar definição criminológica própria ?

2.3.1.1. Definição jurídica

A identificação do conceito de crime com a definição jurídico -penal (*definição jurídica de crime*) foi inicialmente adotada pela Escola Clássica; para tal postura, a definição de crime vem dada e delimitada pelo legislador penal. Só se considera crime o que está explicitamente descrito nas leis penais; portanto, o que está fora das normas penais não deve ser considerado crime e, pois, não deve ser objeto de estudo criminológico. Daí que o objeto de estudo da Criminologia "é toda conduta consciente que se encontre tipificada em uma lei penal, praticada sem justificação ou escusa e punida pelo Estado"[139].

A adoção da definição jurídica do crime pela Criminologia apresentaria diversas vantagens, como, *v.g.*, maior precisão, delimitação e consistência na identificação do objeto de conhecimento[140]; a

---

137. SERRANO MAÍLLO, Alfonso. *Op. cit.*, p. 45.
138. cfr. SERRANO MAÍLLO, Alfonso. *Op. cit.*.
139. SERRANO MAÍLLO, Alfonso. *Op. cit.*, p. 46.
140. Segundo Paul Wilbour Tappan, defensor da tese, o recurso ao critério legal assegura um conceito rigorosamente recortado e, "por mais sugestivo que o conceito de conduta socialmente danosa possa ser para efeitos de propostas normativas ou descrições abstratas, a verdade é que não se define o que é socialmente danoso. Não se oferecem critério, abrindo-se a porta para juízos de valor subjetivos do próprio investigador" (*apud* FIGUEIREDO DIAS, Jorge; COSTA ANDRADE, Manuel da. *Op. cit*, p. 68).

sociedade concordaria que os comportamentos proibidos pela lei penal são, em regra, socialmente indesejáveis; tal conceito seria reforçado pela existência de estatísticas criminais oficiais, úteis para a medição da criminalidade, etc.[141].

Diversas foram as críticas levantadas à adoção, pela Criminologia, da definição jurídica de crime.

No geral, afirma-se que seria inadmissível que outra Ciência – no caso, o Direito Penal – impusesse, desde fora, o objeto de estudo da Criminologia, invalidando, assim, a investigação científica criminológica, pois "admitir o monopólio da lei penal na seleção do objeto da Criminologia significa, em definitivo, negar a esta sua autonomia científica; convertê-la em um apêndice instrumental do Direito Penal e fazê-la depender, servilmente, da relatividade e circunstancialidade das decisões legais"[142].

Por sua vez, o legislador – quem estabelece o que é crime – não segue critério satisfatório de explicação causal do crime[143], sendo, pois, difícil dar-se explicação científica geral convincente de objeto no qual recaem elementos irracionais e contraditórios. Ademais, as próprias leis penais são irremediavelmente vagas e imprecisas – há dúvidas interpretativas entre os próprios juristas –, além de mutáveis, já que inúmeros novos crimes são cotidianamente tipificados e crimes tradicionais deixam de ser castigados[144].

---

141. Sobre a questão: SERRANO MAÍLLO, Alfonso. *Op. cit.*, pp. 45-47; FIGUEIREDO DIAS, Jorge; COSTA ANDRADE, Manuel da. *Op. cit*, pp. 65-70; GARCÍA-PABLOS DE MOLINA, Antonio. *Op. cit.*, pp. 77-85.
142. GARCÍA-PABLOS DE MOLINA, Antonio. *Op. cit.*, p. 78.
143. Sobre a questão, afirmam Vicente Garrido, Per Stangeland e Santiago Redondo: "Uma possível ilustração desse processo dinâmico é imaginar-se o mapa de um território em conflito, onde o Código Penal constitui o "cessar fogo" na confrontação entre diferentes grupos com interesses distintos. Uns querem penalizar e outros despenalizar certas atividades, mas o Código Penal supõe esse consenso que delimita, para a sociedade, aquelas atividades que constituem delito. Igual ao que ocorre na guerra, ainda que com meios pacíficos e democráticos, o êxito que alcance um determinado grupo na aceitação de seus pontos de vista no parlamento, e, portanto, no Código Penal, vai depender da força dos contendores, da pressão que possam exercer e da consciência social que consigam gerar em torno da questão colocada" (GARRIDO, Vicente; STANGELAND, Per; REDONDO, Santiago. *Op. cit.*, p. 63).
144. v. SERRANO MAÍLLO, Alfonso. *Op. cit.*, pp. 46-47.

Afirma-se, ainda, que tal proceder privilegiaria visão estatal e conservadora do *status quo*, já que as leis penais – no momento da criação, interpretação e especialmente da execução – englobariam e responderiam a ideologias e interesses de grupos sociais dominantes e, pois, legitimando-os e mantendo seus interesses e suas posições de privilégio[145].

2.3.1.2. *Definição natural*

É com a *Scuola Positiva* que surge a primeira tentativa de formular conceito material e natural de crime, criminologicamente independente, e, pois, distinto e desapegado do conceito jurídico-formal (ou jurídico-legal)[146].

Cabe, inicialmente, a Raffaele Garofalo definir o crime como "uma lesão daquela parte do sentido moral, que consiste nos sentimentos altruístas fundamentais (piedade e probidade), segundo a medida média em que se encontram nas raças humanas superiores, cuja medida é necessária para a adaptação do indivíduo à sociedade"[147], a estabelecer, assim, um conceito de crime como infração de certos sentimentos morais fundamentais para uma comunidade, independentemente de que estejam tipificados ou não na lei penal[148]. Na mesma linha, p. ex., a tentativa de Enrico Ferri, ao conceituar crime como as "ações puníveis determinadas por móveis individuais (egoístas) e antissociais que perturbam as condições de vida e transgridem a moralidade média de um determinado povo em um momento dado"[149].

A vantagem das definições materiais-naturais estaria no seu distanciamento da definição jurídico-legal de crime, ao selecionar e definir o seu próprio conceito (autonomia científica), ocupando-se de fatos e perspectivas que o Direito Penal não consideraria relevantes, além de acentuar que o crime existiria na sociedade independentemente das circunstâncias e exigências de determinada época ou concepção particular.

---

145. v. SERRANO MAÍLLO, Alfonso. *Op. cit.*, p. 47.
146. cfr. GARCÍA-PABLOS DE MOLINA, Antonio. *Op. cit.*, p. 80.
147. *apud* GARCÍA-PABLOS DE MOLINA, Antonio. *Op. cit.*, p. 81.
148. v. SERRANO MAÍLLO, Alfonso. *Op. cit.*.
149. *apud* GARCÍA-PABLOS DE MOLINA, Antonio. *Op. cit.*.

Também foram apresentadas duras críticas à tentativa de definição do conceito natural de crime. Afirma-se que tais definições são excessivamente vagas, imprecisas e impraticáveis, além de serem tão normativistas quanto as concepções legais, já que também remetem a valorações, mas o fazem referidas a âmbito sociocultural, muito mais etéreo e impreciso que o campo do Direito[150].

Ademais, incluiria muitos comportamentos que seriam irrelevantes para o campo de conhecimento da Criminologia, extendendo em demasia seu objeto.

2.3.1.3. Definição sociológica

Segue-se, posteriormente, a tentativa de se definir o crime como "unidade de sentido sociológico"[151], autônoma e anterior à qualificação jurídico-penal, mediante a utilização da ideia sociológica de "desvio" (*deviance*) ou "conduta desviada" (*deviant behavior*), qual seja, aquelas condutas que infringem as normas e regras sociais e que defraudam as expectativas sociais[152]; o sentido criminológico de crime dever-se-ia entender como "a violação das expectativas da maioria dos membros duma sociedade" ou "todo comportamento que provoca reações negativas de terceiros" ou, ainda, a conduta caracterizada "pela circunstância de a maior parte das pessoas duma sociedade entender que se devem aplicar sanções negativas"[153].

O crime, enquanto conduta desviada, "será um comportamento concreto na medida que se afaste das expectativas sociais em um momento dado, enquanto contrarie os padrões e modelos da maioria social"[154], não importando, pois, à sua definição, as qualidades objetivas da conduta, senão o juízo social dominante e a conduta socialmente esperada.

Tal proceder também visaria à manutenção da independência e autonomia científica da Criminologia, mediante definição

150. v. GARCÍA-PABLOS DE MOLINA, Antonio. *Op. cit.*.
151. FIGUEIREDO DIAS, Jorge; COSTA ANDRADE, Manuel da. *Op. cit*, p. 73.
152. cfr. GARCÍA-PABLOS DE MOLINA, Antonio. *Criminologia. Uma introdução a seus fundamentos teóricos.* Trad. Luiz Flávio Gomes. São Paulo: Ed. RT, 1992, p. 32.
153. FIGUEIREDO DIAS, Jorge; COSTA ANDRADE, Manuel da. *Op. cit*, p. 74.
154. GARCÍA-PABLOS DE MOLINA, Antonio. *Op. cit.*.

determinada e valorativamente neutra, ampla e universal, que abarcaria importantes condutas, então desprezadas pelo conceito jurídico-legal de crime, e que não estaria sujeita ao relativismo espaço-temporal.

As críticas apresentadas a tal proceder sociológico aduzem que, tal postura, ampliaria em demasia o trabalho criminológico, dificultando-o e desviando-o para comportamentos que, teoricamente, não atentariam tão gravemente os interesses e bens alheios e que não provocariam uma reação formal e oficial estatal[155]. A definição sociológica também seria conceito extremamente ambíguo e relativo – até poque não há coincidência entre os sociólogos sobre o que seja "conduta desviada" – e estaria a depender de inexistente teoria sociológica geral do desvio, a tratar-se, pois, de conceito provisório, de reduzida extensão e desajustado ao trabalho criminológico[156].

Ademais, o conceito sociológico de *desvio* "não oferece tampouco uma alternativa válida ao subjetivismo, ao relativismo e ao formalismo do conceito jurídico-penal de 'delito'. Contrapõe simplesmente a este outro conceito também subjetivo e valorativo – muito mais impreciso e relativo – com o que não satisfaz o projeto – por outra parte inviável (...) – de formular uma noção apriorística, objetiva e segura, de base empírica, de delito independente de valorações legais para uso privativo da Criminologia"[157].

2.3.1.4. Definição interacionista

Para os teóricos do interacionismo (*labeling approach*), o fundamental não é a conduta criminosa ou desviada (qualidade da ação), nem a bondade das valorações que a proíbem, nem o porque do desvio (teorias da criminalidade); o fundamental está representado nos processos sociais de interação que, "de acordo com o critério discriminatório do *status* social e não do fato executado, atribuem a etiqueta de 'delinquente' a uma pessoa (teorias da criminalização). (...) o significativo não é o 'crime' em si, mas o funcionamento do

155. v. SERRANO MAÍLLO, Alfonso. *Op. cit.*, p. 49.
156. v. FIGUEIREDO DIAS, Jorge; COSTA ANDRADE, Manuel da. *Op. cit*, p. 75.
157. GARCÍA-PABLOS DE MOLINA, Antonio. *Tratado de criminología*. Buenos Aires: Rubinzal-Culzoni Editores, t. I, 2009, pp. 83-84.

controle social cujas instâncias 'criam' a criminalidade, 'repartem' criminalidade: o crime, em si, não existe, é um atributo ou etiqueta que se atribui"[158]. Assim, partem de conceito meramente definitorial de crime, entendendo-o como mera 'etiqueta', decorrente da atividade seletiva das instâncias de controle social, independentemente da própria conduta em si e das definições legais que a criminalizam e, pois, faz depender o conceito de crime do controle social (eficácia constitutiva).

Tal concepção de crime parte da observação da interação em situações sociais determinadas, desconsiderando fatores etiológicos e centrando a atenção nos sujeitos que têm o poder de definir o que é crime, como produto do etiquetamento decorrente da interação social; portanto, segundo tal concepção, "a criminalidade não existe, somente se faz"[159] e o crime é apenas aquilo que as pessoas assim o qualificam; é produto de convenção ou constituição intrapessoal; o crime não é uma qualidade de determinada conduta, mas o resultado de definição (etiquetamento) através das instâncias de controle social (informal e formal)[160].

A definição interacionista teria a vantagem de ampliar o espectro de conhecimento da Criminologia – abarcando condutas socialmente danosas não definidas legalmente como crime – e chamar a atenção de que o crime não é apenas fenômeno individual ou social isolado, mas é dependente de inúmeros outros fatores de interação social, especialmente o etiquetamento realizado pelas instâncias de controle social (instâncias definidoras) e a importância das normas sociais na concepção do crime, compreendendo-o como processo social e histórico cambiante de estigmatização, atribuição e etiquetamento, que recaem, especialmente, nos estratos sociais mais baixos.

As críticas levantadas à concepção do *labeling approach* sustentam que, ao concentrar sua atenção no funcionamento do controle social, afunilam o campo criminológico, por negar qualquer possibilidade de análise teórica independente sobre a essência (substrato ontológico) do comportamento criminoso e dos fatores constitutivos

158. GARCÍA-PABLOS DE MOLINA, Antonio. *Op. cit.*, p. 80.
159. HASSEMER, Hinfried; MUÑOZ CONDE, Francisco. *Op. cit.*, p. 57.
160. cfr. HASSEMER, Hinfried; MUÑOZ CONDE, Francisco. *Op. cit.*, p. 59.

etiológicos importantes para sua compreensão, chegando mesmo a negar a existência do crime, enquanto fator independente, ao circunscrevê-lo ao controle social e como produto – injusto, discriminatório e caprichoso – do funcionamento do sistema penal[161].

2.3.1.5. Definição criminológica

Diante da tridimensionalidade das Ciências Criminais, parece inegável que a Criminologia não pode simplesmente ignorar o conceito jurídico-legal de crime (dimensão normativa), a constituir tal conceito o ponto de partida, a referência lógica obrigatória, que encurta e orienta – por razões conceituias e metodológicas – a investigação criminológica; entretanto, não pode fazê-lo de maneira absoluta, pois persegue enfoques diversos e singulares da experiência criminal do que os perseguidos pelo Direito Penal, pois, penalmente, só se considera crime as condutas descrita na lei, enquanto, criminologicamente, a análise, como visto, deve anteceder e superar tal momento normativo, cabendo à Criminologia, em árdua tarefa[162], completar e enriquecer o conceito legal de crime, mas sempre partindo dele[163].

Ademais, como se verá, sem abrir mão da tarefa explicativa-causal da experiência criminal, a Criminologia teve seu campo progressivamente alargado, visando a participação decisiva nas mais relevantes questões de política criminal (*v.g.*, da racionalização das estratégias de prevenção e ressocialização até a demarcação das áreas de criminalização/descriminalização)[164], devendo, assim, levar em consideração no estudo e análise do fenômeno criminal, a dimensão valorativa (momento axiológico) que deu origem às normas penais e que orientam sua aplicação, razão pela qual "impõe-se, pois, perspectivar a criminologia em termos suficientemente abertos e compreensivos para que não deixem de fora qualquer das suas dimensões essenciais. (...) a Criminologia não se esgota nas tarefas de índole teórico-explicativa. Para além destas, propõe-se ela lançar

161. GARCÍA-PABLOS DE MOLINA, Antonio. *Op. cit.*, pp. 80-85.
162. v. SERRANO MAÍLLO, Alfonso. *Op. cit.*, p. 51.
163. cfr. GARCÍA-PABLOS DE MOLINA, Antonio. *Op. cit.*, p. 76.
164. v. FIGUEIREDO DIAS, Jorge; COSTA ANDRADE, Manuel da. *Op. cit.*, p. 82.

luz sobre a 'fenomenologia' do comportamento desviante em geral, analisar os modelos de atuação das instâncias de controlo e reação, e indagar dos efeitos (positivos ou negativos) das reações criminais. (...) Ela corresponde, pelo contrário, às solicitações duma disciplina que se desdobra numa diversidade de tarefas científicas"[165].

Daí que, diante das inúmeras dificuldades em se definir categoricamente o que seja crime, em detrimento do labor científico criminológico, a moderna metodologia criminológica vem propondo postura flexível de renúncia a conceito unitário de crime[166], optando, ora em favor da definição formal (jurídico-legal), ora em favor da definição material (natural, sociológica, interacionista), segundo as finalidades da tarefa de investigação criminológica, a carecer de sentido "qualquer decisão apriorística que condicione fatalmente – e limite ou impeça – os propósitos de cada investigação. Procede operar no sentido oposto, e optar por um conceito penal de delito ou por outro material de acordo com as características e exigências de cada investigação criminológica. Desse modo, se se querem estudar questões jurídico-políticas relativas à descriminalização, neocriminalização, et cetera, de determinados comportamentos, será necessário partir de um conceito material de delito. Pelo contrário, se se pretende analisar o volume, estrutura e movimento da criminalidade, a definição jurídico-formal (penal) de delito parece deve tomar-se como ponto de partida"[167].

---

165. FIGUEIREDO DIAS, Jorge; COSTA ANDRADE, Manuel da. *Op. cit.*, pp. 82-83.
166. Nesse sentido, segundo Vicente Garrido, Per Stangeland e Santiago Redondo, "não parece viável tentar abarcar em uma única definição todos os possíveis tipos de delitos" (GARRIDO, Vicente; STANGELAND, Per; REDONDO, Santiago. *Op. cit.*, p. 67).
167. GARCÍA-PABLOS DE MOLINA, Antonio. *Op. cit.*, pp. 94-95. No mesmo sentido, observam Jorge de Figueiredo Dias e Manuel da Costa Andrade que: "A pluralidade de definições com que a criminologia tem de operar não significa, no entanto, que não haja um núcleo comum aos diversos conceitos criminológicos de crime. Todo o conceito criminológico de crime assenta necessariamente numa dupla referência: uma referência jurídica e uma referência sociológica. 'O crime – escreve Vold – implica sempre duas coisas: um comportamento humano, e o julgamento ou a definição desse comportamento por parte de outros homens que o consideram como próprio e permitido, ou impróprio e proibido'. (...) Aqui caberá antes recordar que as combinações do elemento social e jurídico podem, em concreto, revestir várias modalidades. Há casos – grosso modo coincidentes com a criminalidade clássica – de quase total sobreposição das qualificações

Nesse contexto, Antonio García-Pablos de Molina propõe definir criminologicamente o crime como "problema social e comunitário"[168]:

> Em efeito, o crime não é um tumor, nem uma lacra..., nem uma epidemia ou câncer social, como pretendem alguns patologistas. Tampouco um sucesso, uma magnitude, um fenômeno, nem um dado, uma cifra ou um algarismo estatístico. Nem o justo castigo do céu, segundo asserção de moralistas e sociólogos, para quem 'cada sociedade tem o crime que merece'. Nem, desde logo, o suposto de fato da norma, o injusto culpável ou a lesão de bem jurídicos, como sugerem os homens de leis; nem uma conduta desviada e irregular que se aparta de convenções e expectativas sociais, como rezam algumas conhecidas formulações sociológicas. O delito não é uma mera 'etiqueta' (*labeling approach*), nem um 'acidente social', nem um 'copro estranho' incrustado no sistema social: o delito deve contemplar-se como doloroso problema social e comunitário. Um 'problema social' e comunitário porque concorrem no mesmo todos os requisitos que devem reunir um determinado fenômeno para merecer tal caracterização, cunhada por Oucharchyn-Dewitt, entre outros: assim, sua

---

jurídicas ao elemento social. Não faltam, contudo, situações de flagrante defasamento, tanto no sentido da existência de condutas gravemente antissociais a que não corresponde qualquer qualificação jurídica, como no sentido inverso. Situações para que se advoga, respectivamente, um movimento de neo-criminalização e de descriminalização. Na primeira hipótese, quando se verifica a coincidência entre a dimensão jurídica e os coeficientes sociológicos, o problema criminológico persiste como um problema predominantemente de explicação e controlo, devendo, por conseguinte, privilegiar-se os conceitos ou categorias de índole causal ou teorética. Já seria diferente no segundo caso, uma vez que a discussão criminalizar/descriminalizar reclamará outro tipo de conceitos: conceitos descritivos, adequados a expressar a dimensão e seriedade dos danos causados por certas condutas; e conceitos próprios do interacionismo, destinados a equacionar as vantagens e desvantagens da intervenção ou não intervenção do direito criminal. (...) A criminologia, pode pois concluir-se, terá de operar com uma pluralidade de conceitos de crime. Na medida em que, para efeitos de exposição e de síntese, se afigura útil um conceito criminológico geral de crime, este deverá conceber-se como algo mais do que um mero conceito sociológico (como comportamento desviante, socialmente danoso, capaz de provocar reações emotivas) e, simultaneamente, como algo mais do que um puro *conceito jurídico-legal."* (FIGUEIREDO DIAS, Jorge; COSTA ANDRADE, Manuel da. *Op. cit.*, pp. 84-90).

168. v. GARCÍA-PABLOS DE MOLINA, Antonio. *Op. cit.*, pp. 95-99.

> massiva incidência na sociedade, sua aflitividade e negatividade, sua persistência espaço-temporal (não circunstancialidade) e a falta de um inequívoco consenso social quanto à sua etiologia e técnicas de intervenção positiva em dito fenômeno. O crime é, antes de tudo, um problema 'da' comunidade, que surge 'na' comunidade e deve resolver-se 'pela' comunidade[169].

E, segundo tal autor, referida postura significa que o crime afeta e interessa a todos os membros da comunidade (o criminoso continua sendo parte dela) e não só ao sistema penal (controle social formal), razão pela qual o problema criminal deve suscitar atitudes de corresponsabilidade e solidariedade na comunidade, bem como de empatia – capacidade de se situar no lugar de um terceiro, compreendendo seus sentimentos, suas vivências, valores, atitudes e percepções[170] – com o infrator e seu mundo, entendendo, desde dentro, a dimensão real e profunda do drama criminal, tão próximo como enigmático[171].

Ademais, "significa, também, um poderoso limite a amanhecidos objetivos político-criminais. Os problemas sociais não se erradicam, se controlam razoavelmente. E é necessário ponderar o custo que a sociedade paga para intervir legítima e eficazmente, valorizando dito 'preço' e optando pelos problemas menos gravosos. Propor, pois, a total erradicação do crime da face da terra é uma perigosa e ilegítima quimera cujos elevados custos não deve assumir uma sociedade sã e livre, nem sequer em nome de uma mal entendida

169. GARCÍA-PABLOS DE MOLINA, Antonio. *Op. cit.*, pp. 96-97.
170. O autor espanhol deixa assentado que *empatia* com o criminoso não é sinônimo de *simpatia*, de cumplicidade, mas a significar profundo interesse e apreço pelo problema humano e social do crime, compatível com a distância e neutralidade que se exige do cientista. Prossegue o autor: "Contrária à empatia é a atitude cansada e tecnocrática, sem alma, daqueles que contemplam o crime com critérios puramente formalistas, esquecendo seu fundo aflitivo e conflitual, sua carga humana de dor. A resposta cínica e não solidária daqueles que pretendem segregar esta amarga realidade, bem anatematizando o infrator, para justificar a intervenção dos psiquiatras – ou o bisturi da pena –, bem mascarando com uma cifrada linguagem estatística ou pseudocientífica seu verdadeiro significado como problema humano e comunitário" (GARCÍA-PABLOS DE MOLINA, Antonio. *Op. cit.*, p. 98).
171. GARCÍA-PABLOS DE MOLINA, Antonio. *Op. cit.*.

utopía. Finalmente, a natureza 'social' e 'comunitária' do problema criminal obriga a redefinir o rol efetivo da sociedade nos três âmbitos de análise científica daquele: o etiológico, o preventivo e o da intervenção"[172].

2.3.2. *Criminoso*

O segundo objeto de conhecimento da Criminologia é a pessoa do criminoso, que, na fase positivista, alcançou o máximo protagonismo como o objeto central e mais importante da investigação criminológica (o criminoso como realidade biopsicopatológica)[173].

Assim, foi em nível individual que primeiro se procurou realizar o estudo criminológico explicativo do crime, mediante teorias etiológicas (causas) relativas ao homem criminoso, que privilegiam os processos e condições que, de forma típica, se consideram como *pertencentes a* ou *característicos do* organismo humano e não de seu ambiente social, a procurar explicação do crime naquilo que, no homem criminoso, surge como um dado, isto é, a sua estrutura orgânica (biopsicológica)[174].

A investigação criminológica do criminoso, portanto, visa a explicar o crime com base na sua estrutura biopsicológica, onde radicam as causas do crime, e não na sua interação, na sua experiência ou no seu processo de socialização; com base "no postulado geral de que há uma correspondência de fundo e uma relação de predeterminação entre a constituição do homem e as suas funções, mas especificamente, o seu comportamento"[175].

Na moderna Criminologia, entretanto, o estudo do homem criminoso passou a segundo plano, ante a viragem sociológica experimentada e a necessária superação dos enfoques meramente individualistas, com atenção a objetivos político-criminais, examinando-o em suas relações e interdependências sociais, como unidade

172. GARCÍA-PABLOS DE MOLINA, Antonio. *Op. cit.*, pp. 98-99.
173. Nesse sentido: GARCÍA-PABLOS DE MOLINA, Antonio. *Op. cit.*, p. 101; FIGUEIREDO DIAS, Jorge; COSTA ANDRADE, Manuel da. *Op. cit.*, p. 169.
174. FIGUEIREDO DIAS, Jorge; COSTA ANDRADE, Manuel da. *Op. cit.*, p. 169.
175. FIGUEIREDO DIAS, Jorge; COSTA ANDRADE, Manuel da. *Op. cit.*, p. 170.

biopsicológica e não mais desde uma perspectiva biopsicopatológica (anormalidade)[176].

Como importante – não o mais – objeto de estudo, fundamental, pois, analisar a *imagem* geral do homem criminoso com que opera a Criminologia.

2.3.2.1. Imagem clássica

Os pensadores clássicos partiam da imagem ideal do homem, como centro do Universo, dono e senhor absoluto de si mesmo e de seus atos. Adotava-se incondicionalmente, pois, o dogma religioso do livre arbítrio (liberdade de vontade e decisão), que fazia a todos os homens iguais em natureza, sem diferenças qualitativas entre o homem criminoso e o não criminoso, e que, assim, fundamentava sua responsabilidade pelo comportamento delitivo como o mal uso deliberado mera opção pessoal – da liberdade inata em determinadas situações concretas, sem levar em consideração, portanto, as pulsões internas e nem influências externas na escolha pessoal[177].

Dessa forma, o criminoso seria alguém (pecador) que, podendo e devendo respeitar a lei, optou livremente pelo mal.

2.3.2.2. Imagem positivista

Os positivistas, ao afastarem o protagonismo humano no Universo e na História, criticaram duramente a imagem clássica do criminoso, negando a liberdade de vontade e decisão (livre arbítrio) e o controle dos atos humanos – que não passariam de mera ilusão subjetiva –, afirmando que os comportamentos humanos são meros produtos da relação causas/efeitos que regem o mundo natural e social.

Tais condutas nada mais seriam do que uma cadeia de estímulos e respostas a fatores internos biológicos (endógenos) ou a fatores sociais externos (exógenos), o que leva ao determinismo biológico e social.

176. cfr. GARCÍA-PABLOS DE MOLINA, Antonio. *Op. cit.*, p. 101.
177. cfr. GARCÍA-PABLOS DE MOLINA, Antonio. *Op. cit.*.

Assim, "o arquétipo ideal, quase algébrico, dos clássicos, dá passo a uma imagem materializada e concreta do homem, semelhante a uma equação, a uma fórmula, a uma reação química, e ao princípio da 'equipotencialidade', ao da 'diversidade' do homem delinquente, sujeito qualitativamente distinto do honrado que cumpre as leis. Para o positivismo criminológico, o infrator é um prisioneiro de sua própria patologia (determinismo biológico) ou de processos causais alheios ao mesmo (determinismo social); um ser escravo de sua herança, encerrado em si, incomunicável com os demais, que olha o passado e sabe, fatalmente escrito, seu futuro: um animal selvagem e perigoso"[178].

O criminoso é um ser anormal e diferente do homem normal que cumpre as leis, havendo "a crença na possibilidade de individualizar o delinquente como alguém à partida *diferente*, contra o qual ou sobre o qual devem exclusivamente incidir as medidas de política criminal"[179].

2.3.2.3. Imagem correicionalista

Para os correicionalistas[180] se impõe a imagem pedagógica e pietista do homem, onde o criminoso é alguém inferior, inválido, deficiente e incapaz de dirigir livremente a si mesmo de acordo com as exigências do Direito; é alguém que possui vontade débil e que, portanto, requerer desinteressada intervenção protetiva e tutelar estatal (paternalismo)[181], pois "o Direito, como conjunto de condições para o cumprimento do fim do homem, por meio de sua vontade livre, há de prestar sua ajuda ao delinquente"[182].

Perante tais indivíduos, o Estado deve adotar postura protetora, pedagógica e piedosa, compreendendo sua natureza débil e direcionando e corrigindo seus atos e sua vida[183]. Daí que a pena criminal

178. GARCÍA-PABLOS DE MOLINA, Antonio. *Op. cit.*, p. 102.
179. FIGUEIREDO DIAS, Jorge; COSTA ANDRADE, Manuel da. *Op. cit.*, p. 171.
180. Sobre os correicionalistas espanhóis: GARCÍA-PABLOS, Antonio. *Derecho penal. Introducción.* Madrid: Universidad Complutense, 1995. pp. 423-427; CEREZO MIR, José. *Derecho Penal. Parte General.* Lima: Ara Editores, 2007, pp. 132-141;
181. cfr. GARCÍA-PABLOS DE MOLINA, Antonio. *Tratado de criminología.* Buenos Aires: Rubinzal-Culzoni Editores, t. I, 2009, p. 102-103.
182. CEREZO MIR, José. *Op. cit.*, p. 132.
183. v. SHECAIRA, Sérgio Salomão. *Op. cit.*, p. 59.

estatal não é um mal, mas um bem de ordem moral e jurídica; um direito que o criminoso tem de ser corrigido ou tutelado[184].

2.3.2.4. Imagem marxista

Já para as teorias marxistas, a culpa pelos atos criminosos é de determinadas estruturas sociais econômicas, razão pela qual o infrator (criminoso) é mera vítima inocente do sistema capitalista. O crime é mera decorrência natural do sistema e culpável pelo crime é a sociedade capitalista[185], a adotar-se, pois, a forma do determinismo econômico[186].

2.3.2.5. Imagem moderna

Segundo a visão da moderna Criminologia – que compreende a normalidade do crime e do criminoso –, não há mais espaço para o esteriótipo (modelo) do homem criminoso, pois o homem é ser complexo – não é ser isolado, nem só sistema biológico e nem mera peça do sistema social –, plural, dinâmico, em desenvolvimento e aberto aos demais, em constante processo de comunicação, com condicionamentos (psicológicos, sociais, naturais, etc.), mas com capacidade de transformar e transcender sua realidade e olhar para o futuro[187]. Trata-se de ser real, histórico de seu tempo e enigmático, razão pela qual qualquer tentativa de definição resulta desmentida por realidade complexa e pluridimensional[188].

Assim, quanto à imagem moderna do homem criminoso, afirma Antonio García-Pablos de Molina que:

> Hoje não podemos negar a imagem muito mais rica, dinâmica, pluridimensional e interativa do ser humano que aportam disciplinas como a Psicologia, as ciências da conduta, etecétera. O indivíduo não é um ser solitário, desarraigado, que se

---

184. v. GARCÍA-PABLOS, Antonio. *Derecho penal. Introducción*. Madrid: Universidad Complutense, 1995. p. 425.
185. cfr. GARCÍA-PABLOS DE MOLINA, Antonio. *Tratado de criminología*. Buenos Aires: Rubinzal-Culzoni Editores, t. I, 2009, p. 103.
186. v. SHECAIRA, Sérgio Salomão. *Op. cit.*.
187. v. GARCÍA-PABLOS DE MOLINA, Antonio. *Op. cit.*, p. 103-104.
188. cfr. GARCÍA-PABLOS DE MOLINA, Antonio. *Criminologia. Uma introdução a seus fundamentos teóricos*. Trad. Luiz Flávio Gomes. São Paulo: Ed. RT, 1992, p. 40.

enfrenta com sua liberdade existencial, sem condicionamento, sem história (tese dos clássicos); mas tampouco a mera concatenação de estímulos e respostas, uma máquina de reflexos e hábitos, processos de seu biológico e genético (tese positivista), que mira só ao passado; nem uma peça insignificante na engrenagem do universo social, mero observador passivo do devir histórico ou vítima das estruturas que ele mesmo se deu. Antes bem, o homem é um ser aberto e sem terminar. Aberto aos demais em seu permanente e dinâmico processo de comunicação, de interação; condicionado, em efeito, muito condicionado (por si mesmo, pelos demais, pelo meio), mas com assombrosa capacidade de transformar e transcender o legado que recebeu, e, sobretudo, solidário com o presente e com a mirada no futuro próprio e alheio. Esse homem, que cumpre as leis ou as infringe, não é o pecador dos clássicos, irreal e insondável; nem o animal selvagem e perigoso, do positivismo, que inspira temor; nem o desvalido, da filosofia correcional, necessitado de tutela e assistência; nem a pobre vítima da sociedade, mera coartada para reclamar a radical reforma das estruturas daquela, como proclamam as teses marxistas. É o homem real e histórico de nosso tempo; que pode acatar as leis ou descumpri-las por razões nem sempre acessíveis a nossa mente; um ser enigmático, complexo, tope ou genial, herói ou miserável; mas, em todo caso, um homem a mais, como qualquer outro dos de sua época[189].

2.3.3 Vítima

Como terceiro objeto da pesquisa científica criminológica se encontra a vítima do crime, que, tradicionalmente, sempre ocupou posição marginal, abandonada e neutralizada pelo Sistema Penal e pelas Ciências Criminais[190], inspirando, quando muito, apenas

189. GARCÍA-PABLOS DE MOLINA, Antonio. *Tratado de criminología*. Buenos Aires: Rubinzal-Culzoni Editores, t. I, 2009, pp. 103-104.

190. Sobre o processo histórico de neutralização da vítima, observa Winfried Hassemer que: "O Direito Penal estatal surge precisamente com a neutralização da vítima (...) está claro que é a condição para que possa estabelecer-se o Direito Penal é que a vítima seja excluída de sua posição natural junto ao delinquente. (...) O controle do delito deixa de ser tarefa da vítima [vingança privada], socialmente tolerada, para passar a ser competência do Estado, que se converte em exclusivo detentor do monopólio da reação penal, correspondendo-lhe com exclusividade a realização violenta do interesse da vítima, a quem, por sua vez, se lhe proíbe com a cominação de uma pena castigar por si mesma a lesão a

sentimentos de compaixão; apesar de ser a pessoa quem suporta todos os efeitos negativos do crime (*v.g.*, físicos, psíquicos, econômicos, sociais, etc.), foi tratada com insensibilidade científica, com a ausência de solidariedade social e com a indiferença estatal[191].

O redescobrimento da vítima ocorre após a 2a Guerra Mundial[192], com o advento da Vitimologia[193], que, pois, impulsiona as in-

---

seus interesses. (...) A neutralização da vítima e a generalização de seu interesse não constituem características exclusivas do Direito Penal estatal, senão que são também logros no seio do controle social do desvio. Tando a vingança e o direito de *revindicta [faída]* na história do Direito, como as reações sociais de medo e de delinquência que chegam até o linchamento e fazer justiça por si mesmo, mostram que a vítima é um dupla ameaça dos interesses humanos, correndo o risco de converter-se ela mesma em delinquente, respondendo à violência com violência, o delito com delito; e, a sua vez, o fato de que se socialize o interesse da vítima cria o perigo de que grupos sociais, ligados diretamente à vítima, ou que ao menos o sentem assim, ponham mãos à obra da vingança ou a 'prevenção' frente aos delinquentes ou frente àqueles que tenham por tal" (HASSEMER, Hinfried. *Fundamentos del derecho penal.* Trad. Francisco Muñoz Conde e Luis Arroyo Zapatero. Barcelona: Bosch, 1984, pp. 92-94).

191. GARCÍA-PABLOS DE MOLINA, Antonio. *Op. cit.*, pp. 105-110. No mesmo sentido, observa Winfried Hassemer que: "A Criminologia há dedicado exclusivamente ao delinquente todos seus esforços de elaboração científica, tempo, dinheiro, hipóteses e investigações, sem preocupar-se apenas pelas vítimas do delito. Inclusive a recente recepção da Criminologia pelo Direito Penal não há passado de ser recepção de teorias da criminalidade e da criminalização, é dizer, teorias sobre o delinquente. Este fenômeno não se deve só a que a Criminologia tenha pouco que dizer sobre a vítima, em comparação com os conhecimentos de que dispõe sobre o delinquente. Se trata também de que ao Direito Penal ocorre o mesmo que à Criminologia: carecem ambos de interesse real pelo problema da vítima. Em qualquer caso, o Direito Penal está unilateralmente orientado até o autor do delito" (HASSEMER, Hinfried. *Op. cit.*, p. 89). Quanto ao esquecimento da vítima também pela Política Criminal, Antonio García-Pablos de Molina afirma que: "A própria Política Criminal há procurado antecipar-se ao crime e preveni-lo operando quase exclusivamente sobre o infrator potencial, desconhecendo a interação que existe entre autor e vítima e a possibilidade de desenhar programas e medidas eficazes com relação a determinadas pessoas e coletivos com elevado risco de converter-se em vítima" (GARCÍA-PABLOS DE MOLINA, Antonio. *Op. cit.*, pp. 107).

192. v. GARCÍA-PABLOS DE MOLINA, Antonio. *Criminologia. Uma introdução a seus fundamentos teóricos.* Trad. Luiz Flávio Gomes. São Paulo: Ed. RT, 1992; GARCÍA -PABLOS DE MOLINA, Antonio. *Op. cit.*, p. 109; HASSEMER, Hinfried. *Op. cit.*, p. 90; SHECAIRA, Sérgio Salomão. *Op. cit.*, pp. 62-63;

193. O termo Vitimologia deve-se a Benjamim Mendelsohn, advogado e professor de Criminologia da Universidade Hebraica de Jerusalém, que, em 1947, apresentou em Bucareste a conferência *"Um novo Horizonte na ciência biopsicossocial: a*

vestigações do real papel da vítima no fenômeno criminal[194], por se tratar de seu importante elemento constitutivo.

Com o movimento vitimológico, procura-se a redefinição global do *status* da vítima no seio do fenômeno criminal, esclarecendo – através de investigações empíricas – suas relações com o criminoso, com o sistema penal, com a sociedade e com as ações políticas (econômicas, sociais, assistenciais, etc.), a identificar suas expectativas e necessidades. Assim, o estudo da vítima subministra valiosas informações, p. ex., sobre as atitudes e propensões dos sujeitos para se converterem em vítimas potenciais (vitimização); as relações entre os criminosos e as vítimas (interação recíproca); as influências sociais no processo de vitimização; as variáveis vitimológicas (idade, sexo, raça, etc.); a tipologia vitimológica (classes especiais); os danos decorrentes da vitimização primária (causados pelo crime) e secundária (causados pelo sistema penal); os programas de prevenção dirigidos a determinadas classes de vítimas; etc.[195].

---

vitimologia", onde afirmava que não mais se poderia considerar a vítima como simples coadjuvante do crime, como seu mero sujeito passivo, evidenciando a indispensabilidade do estudo do comportamento vitimológico (atos conscientes e inconscientes geradores do crime) e a sua sistematização científica como ciência própria e autônoma (Vitimologia). Posteriormente, em 1956, Mendelsohn lança a obra *"A vitimologia"* (cfr. MOREIRA FILHO, Guaracy. *Vitimologia: o papel da vítima na gênese do delito.* 2a ed. São Paulo: Jurídica Brasileira, 2004, pp. 19-20). Sobre a evolução histórica: SANGRADOR, José Luis. *La victimología y el sistema jurídico penal.* Madrid: Ed. Siglo XX, 1997.

194. Nesse sentido, afirma Antonio García-Pablos de Molina: "A Vitimologia impulsionou durante os últimos anos um processo de revisão científica do 'papel' da vítima no fenômeno delitivo, uma redefinição do mesmo à luz dos acontecimentos empíricos atuais e da experiência acumulada" (GARCÍA-PABLOS DE MOLINA, Antonio. *Criminologia. Uma introdução a seus fundamentos teóricos.* Trad. Luiz Flávio Gomes. São Paulo: Ed. RT, 1992, p. 42).

195. v. GARCÍA-PABLOS DE MOLINA, Antonio. *Tratado de criminología.* Buenos Aires: Rubinzal-Culzoni Editores, 2009, pp. 109-110. Afirmam Vicente Garrido, Per Stangeland e Santiago Redondo, que, no sistema penal, a vítima é um pilar básico – em geral não apreciado em justa medida –, já que em muitas ocasiões é ela quem ativa o sistema, mediante a denúncia e testemunho, pois, se assim não fosse, muitos delitos seriam desconhecidos pelos agentes do controle social formal e ficariam impunes. Dessa forma, a vítima constitui colaboradora essencial do funcionamento da Justiça Criminal (GARRIDO, Vicente; STANGELAND, Per; REDONDO, Santiago. *Op. cit.*, p. 73).

Dessa forma, resumidamente, o estudo vitimológico centra seus interesses na[196]: a) *explicação etiológica do crime*: a interação real e simbólica entre criminoso e vítima e suas variáveis – como e porque influenciam nas diversas situações criminosas –; a maneira como o criminosos percebe a vítima e vice-versa; as variáveis na escolha da vítima pelo criminoso (circunstâncias variáveis objetivas, situacionais, pessoais, etc.); a contribuição – consciente ou inconsciente – da vítima na dinâmica criminal; a vulnerabilidade das vítimas (o risco diferencial de se converter em vítima) em determinados crimes específicos (p. ex., crimes sexuais, crimes patrimoniais, crimes violentos, etc.); etc.; b) *prevenção do crime*: a possibilidade complementar de, também, prevenir o crime, desde a vítima potencial, esclarecendo as formas de seletividade do fenômeno criminal, através certas circunstâncias concretas verificáveis (p. ex., o local apropriado, o momento ideal e a vítima propícia), evitando, assim, com eficácia, muitos dos crimes dirigidos a grupos ou subgrupos que exibam maiores riscos de vitimização, mediante programas de prevenção específicos[197]; c) *instrumental-metodológico*: a vítima passa a ser entendida e utilizada como importante fonte alternativa de informação sobre a criminalidade real, mediante as pesquisas de vitimização, com a obtenção de informações fiáveis e contrastadas do crime real que existe na sociedade – imagem matizada e

196. v. GARCÍA-PABLOS DE MOLINA, Antonio. *Op. cit.*, pp. 185-197.

197. Sobre a prevenção vitimológica, Antonio García-Pablos de Molina deixa assentado que: "detectados os indicadores que convertem certas pessoas – ou coletivos – em candidatos qualificados, propícios, ao status de vítima, um meticuloso labor, cientificamente desenhado, de conscientização, informação e tutela orientada às mesmas, pode e deve ser mais positiva em termos de prevenção que o socorrido recurso à ameaça da pena, mensagem indiscriminada e abstrata a um hipotético infrator potencial (prevenção vitimológica versus prevenção criminal). A prevenção vitimológica soma à sua comprovada efetividade outras vantagens: sugere uma intervenção não penal dos poderes públicos – da sociedade em geral – para prevenir o delito, o que diminui o elevado custo social que a prevenção criminal implica, corresponsabiliza a todos, à comunidade jurídica – e à vítima potencial, em particular –, na defesa dos bens ou interesses mais valiosos, evitando a colocação em marcha do sistema legal e sua tardia intervenção e propícia o desenho de programas de prevenção de alto conteúdo social, dirigidos especificamente aos grupos e subgrupos ou coletivos necessitados de particular proteção (jovens, terceira idade, pensionistas, etc.)" (GARCÍA-PABLOS DE MOLINA, Antonio. *Op. cit.*, pp. 185-186).

dinâmica da criminalidade em determinado momento sócio-histórico, seu perfil, suas tendências, etc. –, informações necessárias para a formulação de corretos diagnósticos científicos e de eficazes programas de prevenção, já que o aparato estatístico estatal oficial é tardio, falho e descoordenado, contando com inúmeras limitações estruturais[198]; d) *político-criminal*: o estudo da percepção e do medo da sociedade (vítimas em potencial) em relação ao fenômeno criminal, mediante a análise da gênese e etiologia do medo, sua distribuição e incidência no corpo social e suas principais variáveis (idade, sexo, profissão, habitat, etc.), bem como se o mesmo possui fundamento real e objetivo ou não – se a opinião pública (esteriótipos) corresponde ou não aos dados objetivos –; a quem e a quais atos mais se teme; como o medo se projeta nos diversos estratos sociais e com que consequências; etc.; e) *política social*: a formulação e implementação de política social voltada a programas de assistência às vítimas, com a proteção, compensação e reparação dos danos materiais e psicológicos decorrentes do crime, mediante intervenção positiva do Estado e dos particulares, voltada a satisfazer solidariamente suas necessidades e expectativas; f) *sistema penal*: a análise do rendimento, a efetividade e a qualidade do sistema penal, através do estudo das atitudes das vítimas – usuárias do sistema – (confiança, alienação, rechaço, etc.) e de seu comportamento (denúncia, abstenção, etc.) perante o sistema; através da ponderação do destacado papel da vítima no fenômeno e no sistema criminal, como ela concebe o fato criminoso e que rol o sistema atribui a seus protagonistas; em que medida as expectativas da

---

198. Quanto às pesquisas de vitimização, observa Antonio García-Pablos de Molina que: "As pesquisas de vitimização permitem valorar cientificamente o crime real, sendo a técnica mais adequada para quantificar o mesmo e identificar suas variáveis. Contribuem, também, ao cálculo da taxa de denúncia (teste de responsabilização do cidadão e de sua confiança no sistema legal) e à verificação da efetividade deste. São instrumentos imprescindíveis para comparar as taxas 'oficiais' de criminalidade (registrada) e não oficiais (reais), isto é, para detectar a criminalidade 'oculta': 'a cifra negra'. As pesquisas de vitimização aportam dados muito significativos: a regularidade e constância das taxas reais de criminalidade (apesar de que as estatísticas oficiais arrojam um alarmante incremento do crime registrado durante a década em curso), e a radical desproporção entre os valores estatísticos oficiais (criminalidade registrada) e os valores reais (crime oculto)" (GARCÍA-PABLOS DE MOLINA, Antonio. *Op. cit.*, p. 189).

vítima são satisfeitas pelo sistema e qual é seu o custo social e as atitudes de seus usuários atuais e potenciais[199].

Com o avanço das pesquisas criminológicas e com a criação de novos crimes, o conceito de vítima tornou-se problemático, não mais se circunscrevendo a questão ao conceito originário e tradicional, decorrente do binômio criminoso-vítima (pessoa física ou pessoa natural), já que há certas e novas formas de condutas criminosas que, por sua própria natureza, lesionam ou colocam em perigo – concreto ou abstrato – bens e interesses jurídicos cujos titulares não mais se identificam com pessoas físicas determinadas (*v.g.*, crimes econômicos e financeiros, crimes cibernéticos, crimes contra o consumidor, contra o meio ambiente, contra a saúde pública, etc.), transcendendo-as (vítimas difusas), a demonstrar que, em tais campos da criminalidade, a acepção tradicional de vítima se torna restrita, a carecer de operacionalidade, diante do processo de despersonalização, anonimato e coletivização das vítimas[200]. Daí porque necessá-

199. Para Antonio Gracía-Pablos de Molina: é "necessário desenhar um novo modelo de Justiça Penal, de face humana e maior qualidade. Ponto de partida há de ser a concepção do sucesso criminal como problema e como conflito interpessoal e histórico que enfrenta, na maioria dos casos, a dois seres humanos concretos: delinquente e vítima. Com realismo, pois, aceitando que a vítima não é uma enteléquia jurídica (o sujeito passivo ou titular abstrato do bem jurídico protegido), senão um protagonista do drama criminal, sujeito de direitos e destinatário – usuário – último do sistema, a quem este deve servir. Objetivar e institucionalizar a resposta oficial ao delito, desapaixonadamente, pondo distância entre os contendores, é imprescindível. Rodeá-la de ritos e símbolos pode ter justificação. Mas despersonalizar dita reação, redefini-la em termos puramente formais, equivale a convertê-la em um fim em si mesma, esquecendo sua verdadeira função institucional e não descomunicando-a da sociedade" (GARCÍA-PABLOS DE MOLINA, Antonio. *Op. cit.*, p. 193).

200. cfr. GARCÍA-PABLOS DE MOLINA, Antonio. *Op. cit.*, pp. 126-127. Segundo tal autor: "a progressiva despersonalização, coletivização ou anonimato que parecem caracterizar as relações entre delinquente e vítima é uma ampla e significativa parcela da criminalidade de nosso tempo. Assim, por exemplo, nos delitos financeiros, nos de 'colarinho branco', em números fatos criminais cometidos em nome pessoas jurídicas e empresas (ou em prejuízo destas), delitos de fraude ao consumidor, delitos cometidos mediante computadores, etecétera. Dito processo de despersonalização, coletivização ou anonimato da vítima tem sua origem, sem dúvida, nas complexas relações da sociedade pós-industrial e possue um transcendental interesse criminológico, tanto desde o ponto de vista etiológico (gênesis do crime) como político criminal (prevenção do mesmo)" (GARCÍA-PABLOS DE MOLINA, Antonio. *Op. cit.*, p. 129-130). No mesmo sentido,

ria maior matização no conceito de vítima, que não deixe de fora da consideração vitimológica uma rica e importante gama de comportamentos criminais dirigidos contra pessoas jurídicas ou interesses supraindividuais[201].

2.3.4. Controle social

O quarto objeto de investigação da Criminologia diz respeito ao sistema de controle social penal (v. item I.2); sua inclusão no seio da ciência criminológica é fato recente e se deve à sua progressiva ampliação – de orientação sociológica –, com base nas teorias do *labeling approach* (teorias do etiquetamento e da reação social), que dão primazia à investigação dos mecanismos de controle social como fatores criminológicos[202].

A Criminologia tradicional (positivista) conferia pouca atenção aos fatores sociais que integravam o fenômeno criminal, centrado seus estudos na pessoa do criminoso e não questionando a ordem social, as definições criminais legais, nem o quadro normativo ao qual correspondiam, a eliminar, pois, o caráter conflitivo e problemático

---

afirmam Winfried Wassemer e Francisco Muñoz Conde que: "O contraste entre delinquente e vítima está, por último, claramente atenuando na moderna legislação penal sobre, por ex., o tráfico de drogas, o Direito Penal econômico ou a proteção penal do meio ambiente. Nesta nova legislação se incrimina cada vez com maior frequência delitos 'sem vítimas' ou com 'vítimas difusas'. Precisamente, é característico do Direito Penal 'moderno' afastar a vítima do Direito Penal material e ir substituindo a causação do dano por sua colocação em perigo, os delitos de resultado pelos delitos de perigo abstrato, os bens jurídicos individuais por bens jurídicos universais. Isto tem como consequência que o dualismo entre delinquente e vítima cada vez ofereça maior dificuldade para ser explicado pelo Direito Penal, e que a Administração da Justiça Penal, tradicional e cotidianamente experimentada como uma instituição para o castigo das mais graves lesões de interesses entre indivíduos, tenda cada vez mais a converter-se em instrumento condutor de finalidades políticas. Em tudo isto desaparece a vítima" (HASSEMER, Winfried; MU`NOZ CONDE, Francisco. *Op. cit.*, p. 31).

201. v. GARCÍA-PABLOS DE MOLINA, Antonio. *Op. cit.*, p. 126.

202. cfr. GARCÍA-PABLOS DE MOLINA, Antonio. *Op. cit.*, p. 207. Para tal autor, a preocupação com o controle social, seus portadores, instâncias, sanções, etc., implica provavelmente mais que uma mera ampliação do objeto convencional da Criminologia: significa um novo modelo ou paradigma desta (paradigma do controle) dotado, com certeza, de considerável carga ideológica (GARCÍA-PABLOS DE MOLINA, Antonio. *Op. cit.*, p. 208).

do processo social de aplicação das leis penais. Com as teorias do *labeling approach*, o controle social passa a ocupar lugar destacado no fenômeno criminal, pois, segundo tais teorias, a criminalidade não possui natureza ontológica, mas, sim, definitorial, ou seja, a criminalidade deriva apenas das definições seletivas impostas pelos agentes do controle social formal, razão pela qual imperioso estudar como operam tais mecanismos sociais de controle que atribuem o *status* de criminoso e, pois, como funciona o processo de aplicação das leis penais à realidade social[203].

Assim – ainda que não nos termos puros, hoje já superados, do *labelin approach* –, é tarefa importante da Criminologia, ao investigar o fenômeno criminal, analisar pormenorizadamente a reação social ao crime[204], qual seja, a atuação do controle social (informal e formal), seus agentes, seus portadores, suas estratégias, suas sanções e seus possíveis efeitos positivos e negativos (seletivos, constitutivos e estigmatizadores), e que, portanto, influenciam e fazem parte integrante do processo criminoso. Fundamental o estudo, não apenas do que o homem faz e porque o faz, como, também, do modo como a sociedade responde ao crime e porque o faz[205], a conhecer os modelos de racionalidade e de respostas sociais ao crime e ao criminoso – processos de controle social[206] –, subjacentes ao fenômeno criminal.

---

203. v. GARCÍA-PABLOS DE MOLINA, Antonio. *Criminologia. Uma introdução a seus fundamentos teóricos*. Trad. Luiz Flávio Gomes. São Paulo: Ed. RT, 1992, p. 73-75.
204. cfr. FIGUEIREDO DIAS, Jorge; COSTA ANDRADE, Manuel da. *Op. cit.*, p. 365.
205. cfr. FIGUEIREDO DIAS, Jorge; COSTA ANDRADE, Manuel da. *Op. cit.*.
206. Segundo Peter-Alexis Albrecht, "uma Criminologia orientada de modo funcionalista, que dirige sua atenção principal meramente para a reação ao desvio (persecuções penais) e para as dimensões preventivas existentes nesta reação, apreende muito pouco. A Criminologia precisa tomar conhecimento dos processos de seleção, que já atuam amplamente na área antecedente ao Sistema de Justiça Criminal. Objeto central de pesquisa são, portanto, os processos de 'controle social'. (...) Precisamente o jurista penal, vinculado aos preceitos jurídico-constitucionais de aplicação igualitária do Direito, deve saber que o 'produto criminalidade' a ser por ele trabalhado, já é o resultado de um altamente seletivo processo social de escolha. A preservação da moralidade e da juridicidade não está no primeiro plano dos processos posteriores de aplicação do Direito, mas afirmações e pré-condições sociais, que atuam nos pressupostos culturais e sócio-estruturais como regularidades sociológicas não escritas (e para muitos não reconhecíveis), são executadas e realizadas pelo Sistema de Justiça Criminal" (ALBRECHT, Peter-Alexis. *Op. cit.*, pp. 222-237).

3. FINALIDADES

Partindo da definição ampla de Criminologia (Capítulo III, Item 1), deduz-se que esta apresenta diversas finalidades ou funções.

A primeira – e mais importante – é a de apresentar núcleo de conhecimentos científicos seguros e rigorosos sobre o fenômeno criminal (crime, criminoso, vítima e controle social), reduzindo o intuicionismo e subjetivismo em sua análise, a oferecer diagnóstico qualificado e confiável; mais do que apresentar mera acumulação de dados ou informações isoladas e desconexas, subministra conhecimento sistematizado e orgânico sobre tal fenômeno[207].

Ademais, por também ser ciência prática[208], deve oferecer pautas e critérios para a solução dos conflitos sociais reais e concretos que decorrem do fenômeno criminal, pois "o saber científico criminológico nasce da análise e observação da realidade e está chamado, por sua própria natureza, por vocação, a retornar a essa mesma realidade, para explicá-la, compreendê-la e transformá-la em benefício do homem"[209], razão pela qual, junto à sua função teórica, deve a investigação criminológica estar *"orientada às necessidades práticas*, como manifestação da *vocação social da ciência*"[210], sob pena de perigoso abismo entre teoria e *praxis*, investigação criminológica e realidade social[211].

---

207. Observa Antonio García-Pablos de Molina que: "A Criminologia, como ciência, há de ser mais que um gigantesco banco de dados. Porque a obtenção de dados não é um fim em si mesmo, senão um meio, e porque os dados são material 'bruto', neutro, ambivalente, que tem que ser processado e interpretado conforme a uma teoria. Não basta sua obtenção e armazenamento. (...) a concepção da Criminologia como mera central de informação ('clearing') não só empobrece seus encargos desejáveis, mas que pode dar à mesma uma orientação enviesada, parcial e inclusive tendenciosa" (GARCÍA-PABLOS DE MOLINA, Antonio. *Tratado de criminología*. Buenos Aires: Rubinzal-Culzoni Editores, 2009, pp. 254-255).
208. Nesse sentido: MANZANERA, Luis Rodríguez. *Op. cit.*, pp. 29-30.
209. GARCÍA-PABLOS DE MOLINA, Antonio. *Op. cit.*, p. 256.
210. GARCÍA-PABLOS DE MOLINA, Antonio. *Op. cit.*.
211. Para Luis Rodríguez Manzanera: "Indubitavelmente que o criminólogo estuda os problemas e propõe soluções, ainda que nem sempre seja escutado, já que a decisão e execução dos planos preventivos está a cargo de organismos geralmente de caráter oficial, e em todo o mundo é conhecido o divórcio entre os técnicos e os decididores, separação que em alguns campos tende a agravar-se, ainda que em outros se hão logrado avanços satisfatórios. O que mais nos

> Observa Antonio García-Pablos de Molina que o distanciamento entre ambas, obviamente, conduziria a resultados funestos. Uma Criminologia pouco atenta à realidade histórica se diluiria em estéreis elucubrações acadêmicas. Quando a praxis dá as costas à experiência científica ou as decisões legislativas se adotam sem a imprescindível informação criminológica, só fica a mera rotina, a arbitrariedade, a ineficácia e o decisionismo. Nada mais pernicioso, pois, que teoria e *praxis* sigam "seus próprios caminhos"e se ignorem[212].

Assim, o criminólogo deve se esforçar para apresentar conhecimentos praticáveis, pensando nos diversos destinatários destes (p. ex., sociedade, legisladores, políticos, juristas, sociólogos, etc.), sem, entretanto, mediatizar ou hipotecar seu próprio campo de investigação[213].

Por outro lado, esse núcleo de conhecimentos criminológicos rigorosos e práticos sobre o fenômeno criminal deve possibiltar e facilitar, mediante estratégias e táticas científicas e político-criminais, o seu controle e a sua prevenção, sem o desvirtuamento da natureza empírica da Criminologia, através de postulados ideológicos ou desmedidas pretensões político-criminais, seja legitimando o *status quo* da ordem social, seja mediante sua subversão, contribuindo para a melhor solução dos conflitos sociais decorrentes de tal fenômeno, a conduzir intervenção social e estatal racional, seletiva, eficaz e capaz de se antecipar ao problema criminal, prevenindo-o e neutralizando-o com programas adequados à sua natureza, inclusive mediante intervenção positiva sócio-reabilitadora no criminoso[214].

---

importa assinalar neste escrito é o particular cuidado que deve pôr-se ao fazer ciência criminológica, de não perder de vista a finalidade preventiva e de bem comum, pois do contrário pode cair-se na Criminologia de gabinete, de teoria brilhante, mas de utilidade nula" (MANZANERA, Luis Rodríguez. *Op. cit.*, p. 30).

212. GARCÍA-PABLOS DE MOLINA, Antonio. *Op. cit.*, p. 257.

213. Segundo Antonio García-Pablos de Molina: "Uma Criminologia preocupada em satisfazer as expectativas sociais talvez só se interessaria pelo delito convencional, pelo crime utilitário, desatendendo a investigação de outras modalidades criminais menos chamativas, mas quiçá muito mais nocivas, que, sem embargo, não suscitam tanto alarme da opinião pública e dos setores interessados e influentes da mesma" (GARCÍA-PABLOS DE MOLINA, Antonio. *Op. cit.*, p. 258).

214. Sobre a prevenção do fenômeno criminal, observa Antonio García-Pablos de Molina: "É óbvio que cabe prevenir o delito não só contramotivando o infrator

4. DESENVOLVIMENTO HISTÓRICO

Apesar da Criminologia ser ciência jovem, a aparecer, com contornos decididamente científicos, somente em meados do Séc. XIX, sua história é rica e volumosa. Segundo Jorge de Figueiredo Dias e Manuel da Costa Andrade, "é a história de um 'tempo' enriquecido pela contínua sucessão, alternância ou confluência de métodos, de técnicas de investigação, de áreas de interesse, de envolvimentos teoréticos e ideológicos – em suma, de *escolas criminológicas*. Escolas que raramente resistiram à tentação de se reverem como 'a criminologia', identificando o problema criminológico com os concretos problemas e métodos que selecionaram"[215].

Daí que a perspectiva histórica é importante para referenciar corretamente o complexo problema criminológico, que subsiste em cada um das escolas – mas que persiste para além de todas elas –, a permitir melhor projeção das teorias criminológicas na política criminal e nos quadros ideológicos[216], constituindo antídoto eficaz

---

potencial com a ameaça do castigo (contraestímulo psicológico), mas de muitos outros modos, com programas que incidam em diversos componentes do seletivo fenômeno criminal: o espaço físico, as condições ambientais, o clima social, os coletivos de vítimas potenciais, a própria população carcerária, etecétera. Por exemplo: neutralizando as variáveis espaciais e ambientais mais significativas daquele (programas de base ecológica, arquitetônico-urbanista, territorial); melhorando as condições de vida dos estratos sociais mais deprimidos com as correspondentes prestações (v. gr. programas de luta contra a pobreza); informando, conscientizando e assistindo aqueles grupos e coletivos com maior risco de vitimização (programas de prevenção de vítimas potenciais); procurando a reinserção social efetiva dos ex-condenados, uma vez cumprida as condenações, a fim de evitar a reincidência dos mesmos; paliando, na medida do possível, o magistério criminógeno de certos valores sociais (oficiais ou subterrâneos) cuja leitura ou percepção pelo cidadão médio gera atitudes delitivas, etecétera" (GARCÍA-PABLOS DE MOLINA, Antonio. *Op. cit.*, pp. 266-267).

215. FIGUEIREDO DIAS, Jorge; COSTA ANDRADE, Manuel da. *Op. cit.*, pp. 03-04.

216. Sobre o problema dos valores ideológicos e seu papel no conhecimento jurídico-científico penal, observa Luis Arroyo Zapatero que não há metodologia livre de valores e de ideologias e que a íntima relação entre a ciência e a particular concepção do mundo resta evidente na evolução das Ciências Penais, como, *v.g.*, a dogmática penal do liberalismo político de Beling, da concepção de v. Liszt com base na emergência do Estado social, ou, modernamente, na fundamentação marxista da Escola da Criminologia Critica – e segundo Santiago Mir Puig: "una rápida ojeada a la História pone de manifiesto que la evolución de las ideas penales es paralela a la de las concepciones políticas" (MIR PUIG, Santiago.

contra a tentação da autossuficiência e do unilateralismo científico, a avalizar a capacidade de progresso da ciência criminológica[217].

Entretanto, mesmo levando-se em consideração que o fenômeno criminal sempre fascinou, em qualquer cultura, aos homens e à sociedade[218] e que sempre houve tentativas de explicá-lo extra ou

---

"Constitución, derecho penal y globalización". In: MIR PUIG, Santiago; CORCOY BIDASOLO, Mirentxu (Dir.). *Nuevas tendências en política criminal. Una auditoría al código penal español de 1995.* Montevideo-Buenos Aires: Editorial B de f, 2006, p. 117) –, ocorrendo que tal conexão entre as ideias penais e as ideologias, por seu caráter inevitável, não é grave, mas, sim, o é, o não reconhecimento de dita relação, pois aqueles que assim operam se auto-incapacitam para reconhecer suas próprias vinculações ideológico-valorativas, mas que tal constatação não autoriza a tomar como ponto de partida os valores que a cada qual melhor pareça ou convenha. A ciência jurídica, e especialmente a ciência jurídico-penal, ocorrem em uma sociedade e para a mesma, razão pela qual deve se conhecer cientificamente o problema penal (as normas penais, as condutas puníveis, os bens jurídicos protegidos, o porque e como as normas se estabelecem e aplicam, etc.) sempre com vistas à sociedade e seu marco sócio-histórico-cultural (ZAPATERO, Luis Arroyo. "Fundamento y función del sistema penal: El programa penal de La Constitución Española". In: REYNA ALFARO, Luiz Miguel. *Derecho penal y modernidad* (Coord.). Lima: Ara Editores, 2010, pp. 21-36).

217. FIGUEIREDO DIAS, Jorge; COSTA ANDRADE, Manuel da. *Op. cit.*, pp. 04-05. Para Alfonso Serrano Maíllo: "para bem compreender uma disciplina e seu estado científico, é imprescindível conhecer, mesmo que brevemente, sua história. E isso não somente para captar com certa profundidade os temas e orientações atualmente predominantes ou o estado da discussão de determinados problemas e questões teóricas e metodológicas, mas, sobretudo, para entender sua natureza tal e como se conhece hoje em dia" (SERRANO MAÍLLO, Alfonso. *Op. cit.*, p. 60).

218. Afirmam Winfried Hassemer e Francisco Muñoz Conde que, em relação ao fascínio gerado pelo fenômeno criminal, "a história da literatura está cheia de crime, castigo, criminalidade e Direito Penal. (...) O problemas se complica ainda mais porque a 'fascinação' é um fenômeno muito complexo, que compreende sentimentos tão díspares como o asco e o medo, a admiração e a atração, não provocando sempre no observador de uma caso criminal satisfação com seu descobrimento e aclaração pelas Autoridades, e inclusive as vezes uma certa decepção, é dizer, sentimentos ambivalentes. (...) O criminal fascina tanto o afetado pelo fato como ao observador do mesmo. A criminalidade como fenômeno forma parte de nossa experiência cotidiana e está fortemente impregnada de um sentimento emocional ambivalente. E esta fascinação dificulta tanto um tratamento racional e realista do problema, como uma configuração estratégica das normas, perturbando sua vigência fática" (HASSEMER, Hinfried; MUÑOZ CONDE, Francisco. *Op. cit.*, p. 31-33). Sobre a questão: BARATA, Francesc. "De Ripper al pederasta: un recorrido por las noticias, sus rotinas y los pánicos morales". In: *Revista Catalana de Seguretat Pública.* Barcelona, n. 4, junio, 1999, pp. 45-57; IMBERT, Gérard.

metacientificamente, aqui não será considerada análise histórica exaustiva das origens do pensamento criminológico, mas, tão-somente, serão analisadas as principais Escolas Criminológicas.

Por fim, importante observar a visão crítica de Salo de Carvalho, para quem, diante do percurso histórico oficial da Criminologia, "ao pressupor avanço linear da técnica criminológica, concebido a partir da ideia de que novas teorias sucedem padrões de investigação defasados e que os novos modelos são necessariamente mais avançados em termos científicos, restou esquecido o fato de que as teorias e os inúmeros processos de conhecimento (inclusive não científicos) acerca de determinados temas coabitam, coexistem simultaneamente e são compartilhados no fluxo histórico"[219], não estando, pois, superados e compartimentados.

4.1. Escola clássica

A Escola Clássica – conformada por grupo heterogêneo de autores[220] –, ao assumir o legado liberal e reformador do Iluminismo[221], caracteriza-se por projetar ideais filosóficos e o *ethos* político do humanismo racionalista sobre o problema criminal[222].

Os clássicos partem das premissas básicas do jusnaturalismo (Direito Natural) – p. ex., a liberdade e igualdade dos homens, a bondade das leis, o livre arbítrio, etc. –, ao qual deve subordinar-se o Direito Positivo, visto como mera concreção dos postulados ideais de

---

"Suceso y tentación de desorden: la fascinación por lo anómico". In: *Revista Catalana de Seguretat Pública*. Barcelona, n. 4, junio, 1999, pp. 17-26.

219. CARVALHO, Salo de. *Op. cit.*, p. 43.
220. Segundo Eugenio Raúl Zaffaroni e José Henrique Pierangeli, não houve verdadeira "Escola Clássica", ante a heterogeneidade dos pensadores clássicos e a falta de uma clara síntese entre seus pensamentos, mas que, na verdade, tal "escola" foi uma conveniente invenção de Enrico Ferri, que convenientemente classificou, sob mesmo rótulo, todos os pensadores que não compartilhavam seu pensamento e ponto de vista positivista, mas que, mesmo assim, a denominação se espalhou e difundiu (v. ZAFFARONI, Eugenio Raúl; PIERANGELI, José Henrique. *Op. cit.*, p. 300). No mesmo sentido: GARCÍA-PABLOS DE MOLINA, Antonio. *Op. cit.*, p. 378.
221. Sobre a questão: GARRIDO, Vicente; STANGELAND, Per; REDONDO, Santiago. *Op. cit.*, pp. 176-177.
222. cfr. FIGUEIREDO DIAS, Jorge; COSTA ANDRADE, Manuel da. *Op. cit.*, p. 07.

instância metafísica ou filosófica superior ao direito criado pelo homem, empregando, pois, o *método abstrato(lógico)-dedutivo*, partindo do geral, dos dogmas naturalistas, para, destes *a prioris*, derivar o particular, as principais teses e normas sobre a questão criminal, a prescindir da análise do homem criminoso; o seu objeto de conhecimento não é o Direito Positivo (as leis), o homem criminoso real e nem a realidade social criminal, mas, somente, a imagem ideal do crime e do criminoso, do castigo e da justiça que aporta o Direito Natural[223].

Afirmam a imagem ideal do homem como ser racional, igual e livre, capaz de se autodeterminar e de livremente refletir, optar e decidir seu destino consequentemente (livre arbítrio), realizando cálculo racional das vantagens e desvantagens que lhe proporcionam suas ações, a atuar segundo prevaleçam umas ou outras (utilitarismo)[224]; pressupondo a racionalidade ideal pura humana, os clássicos indagam apenas a eventual irracionalidade dos atos criminosos.

Como a lei penal é sempre justa, acertada e igual a todos, a sua infração é *decisão livre* do criminoso, onde não atuam fatores endógenos (biopsicológicos) ou exógenos (sociais), razão pela qual o crime é apenas fato pessoal e individual isolado, mera infração à lei penal; o crime é entidade do direito (*entity in law*); o decisivo é o fato em si e não a pessoa do criminoso[225].

O criminoso é igual aos demais seres humanos (normalidade do criminoso) e nada distingue o infrator do respeitador das leis penais, já que todos os homens são, por natureza, iguais – não há diferença

---

223. cfr. GARCÍA-PABLOS DE MOLINA, Antonio. *Op. cit.*, p. 378-379.
224. v. SERRANO MAÍLLO, Alfonso. *Op. cit.*, p. 63.
225. v. FIGUEIREDO DIAS, Jorge; COSTA ANDRADE, Manuel da. *Op. cit.*, pp. 07-08. Segundo Alessandro Baratta: "a escola liberal clássica não considerava ao delinquente como um ser diferente dos demais, não partia da hipótese de um rígido determinismo sobre cuja base a ciência tivesse por encargo uma investigação etiológica sobre a criminalidade, senão que se detinha sobretudo no delito entendido como conceito jurídico, é dizer como violação do direito e também daquele pacto social que se achava, segundo a filosofia política do liberalismo clássico, na base do Estado e do direito" (BARATTA, Alessandro. *Criminología crítica y crítica del derecho penal. Introducción a la sociología jurídico-penal.* Trad. Álvaro Búnster. Buenos Aires: Siglo XXI, 2002, p. 23).

qualitativa – e livres (imagem ideal)[226]. Dessa forma, o foco central deve ser a análise do processo de decisão criminal, como atitude irracional, como consequência do mal uso da liberdade inata por razões meramente circunstanciais (análise situacional)[227].

Não há, assim, entre os clássicos, a preocupação de se chegar à explicação dos fatores endógenos e exógenos que determinam a criminalidade (análise etiológica), bastava aos mesmos identificar os fatores que fundamentavam, legitimavam e delimitavam o castigo estatal, racionalizando e humanizando o, então, despótico panorama legislativo e o funcionamento de suas instituições, mediante novo marco. Em suma, a Escola Clássica se limita a responder reativamente ao comportamento criminoso com uma pena justa, proporcional e útil – com sua função preventiva, isto é, como instrumento dissuasivo, uma contramotivação –, não se interessando pela gênese e etiologia criminal e nem pela prevenção e antecipação ao fenômeno criminal[228].

---

226. Conforme explicita Alessandro Baratta: "Como comportamento, o delito surgia da livre vontade do indivíduo, não de causas patológicas, e por isso, desde o ponto de vista da liberdade e da responsabilidade moral das próprias ações, o delinquente não era diferente, segundo a escola clássica, do indivíduo normal" (BARATTA, Alessandro. *Op. cit.*).

227. v. GARCÍA-PABLOS DE MOLINA, Antonio. *Op. cit.*, pp. 381. Aponta Alfonso Serrano Maíllo que: "o decisivo para que se cometa um delito é que o cálculo dos benefícios e dos prejuízos produza um balanço favorável aos primeiros e se esta eleição – com todas as limitações que se quiser – é racional e característica de todas as pessoas e para todas as ações, então as diferenças individuais entre as pessoas ou as distintas situações têm um caráter mais secundário. Assim, a metodologia clássica se preocupa sobretudo em estudar este processo de eleição, que, em geral, insistimos, é o fundamental. Portanto, a classe social das pessoas, as características de sua família, a educação que recebeu, seus vínculos com a sociedade ou suas relações com seus semelhantes – algumas das variáveis que mais preocuparam a Criminologia positiva – são secundários, já que independentemente de tudo isso, o cálculo racional é muito semelhante para todas as pessoas, e estas tenderão a delinquir quando o balanço favoreça a prática do ato proibido" (SERRANO MAÍLLO, Alfonso. *Op. cit.*, p. 66).

228. cfr. GARCÍA-PABLOS DE MOLINA, Antonio. *Op. cit.*, pp. 381-382. Observa Alessandro Baratta que: "o direito penal e a pena eram considerados pela escola clássica não tanto como um meio para modificar ao sujeito delinquente, mas sobretudo como um instrumento legal para defender a sociedade do crime, criando frente a este, onde fosse necessário, um dissuasivo, é dizer uma contramotivação. Os limites da cominação e da aplicação da sanção penal, assim como das

4.2. Escola positivista

É com a Escola Positivista, em meados do Séc. XIX[229], que nasce a Criminologia como disciplina propriamente científica e que reclama o recurso ao método científico empírico no estudo do crime e do comportamento humano em geral[230], como reação à metodologia abstrata lógico-dedutiva clássica[231].

---

modalidades do exercício da potestade punitiva do Estado, estavam assinalados pela necessidade ou utilidade da pena e pelo princípio da legalidade" (BARATTA, Alessandro. *Op. cit.*).

229. Desde o ponto de vista histórico-político, segundo Antonio Gracía-Pablos de Molina, o positivismo criminológico contribuiu para a consolidação e defesa da nova ordem social burguesa industrial que surgia, já que o Iluminismo havia se limitado a criticar o *ancien régime*, "a teoria do contrato social e da função preventiva da pena não eram suficientes para fundamentar positivamente a nova ordem social burguesa industrial. Mas ao contrário, o criticismo racionalista e metafísico dos iluminados podia pô-la em perigo. Era necessário, por isso, fortalecer a nascente ordem social, legitimá-la, protegê-la, e esse foi o projeto político do positivismo, que absolutizou e entronizou, quiça, não o poder, mas, sim, a ordem burguesa" (GARCÍA-PABLOS DE MOLINA, Antonio. *Op. cit.*, p. 436), somando-se a isso, ainda, as demais circunstâncias históricas, anotadas por Jorge de Figueiredo Dias e Manuel da Costa Andrade, de que "assistiu-se, por uma lado à falência das expectativas optimistas depositadas nas reformas penais e penitenciárias que o Iluminismo estimulara: não só elas não haviam conseguido reduzir a dimensão da criminalidade, como esta aumentara e se diversificara, revelando altas taxas de reincidência. O que obrigou, nas palavras de Rothman, a uma 'mudança total de tônica: do sistema legal para o delinquente e a penitenciária', a qual por sua vez conduziu a que se inquirisse agora da natureza e das causas do crime. Por outro lado, mas de forma convergente, fazia-se sentir no domínio das ciências do Homem a atração da filosofia, da lógica e da metodologia próprias do positivismo, cujo êxito no domínio das ciências empíricas não parecia conhecer limites" (FIGUEIREDO DIAS, Jorge; COSTA ANDRADE, Manuel da. *Op. cit.*, pp. 10-11).

230. v. GARCÍA-PABLOS DE MOLINA, Antonio. *Op. cit.*, p. 435; SERRANO MAÍLLO, Alfonso. *Op. cit.*, p. 68; FIGUEIREDO DIAS, Jorge; COSTA ANDRADE, Manuel da. *Op. cit.*, p. 11; BARATTA, Alessandro. *Op. cit.*, p. 21.

231. Segundo Antonio Gracía-Pablos de Molina: "O positivismo criminológico abriria um grande debate doutrinário em várias frentes. Uma primeira frente a constituiu a Escola Clássica, que havia tratado de contemplar o crime com um método abstrato, formal e dedutivo. O grito de Ferri: 'abaixo o silogismo', representa a postura positivista nesta contenda de 'métodos', o rechaço de todo enfoque, como o dos clássicos, capaz de abordar o novo problema criminal prescindindo do homem delinquente e da realidade social mesma" (GARCÍA-PABLOS DE MOLINA, Antonio. *Op. cit.*, p. 437).

O positivismo criminológico parte da fé absoluta na ciência empírica, de modelo causal-explicativo, em descobrir as causas das leis naturais imutáveis que determinam e regem a ordem do mundo físico e social (determinismo) – a única realidade são os fatos[232] –, a negar, pois, a existência de leis jusnaturais ou metafísicas e do livre arbítrio humano. Assim, o *método científico indutivo-experimental* seria o único capaz de descobrir, de maneira neutra e objetiva, as causa explicativas do fenômeno criminal.

Para os positivistas, o crime seria fato real, natural, empírico, concreto e histórico e não mera ficção abstrata jurídica[233], razão pela qual procuraram estabelecer conceito *natural* de crime – que não se esgotava na mera violação da lei penal –, de base sociológica, como sinônimo de comportamento antissocial, de agressão às condições essenciais da convivência humana; sua nocividade não vinha da não observância voluntária da lei, mas de exigências decorrentes do perigo das agressões à sociedade e que colocam em risco suas bases[234].

O crime não existe sem o criminoso e, assim, conferem ao mesmo, como realidade biopsíquica e social, o protagonismo na investigação criminológica; é inseparável do estudo do crime o estudo do criminoso e de sua realidade social, a pretender descobrir a etiologia (causas) do crime e combatê-la com eficácia, através de programas de prevenção e neutralização cientificamente articulados. O estudo do criminoso é primordialmente fenomenológico e tipológico[235].

Não se castiga o fato, mas seu autor; partindo da imagem de que o criminoso não é ser livre e igual aos demais, mas pessoa patologicamente diferente e anormal (tese da diversidade) – em quem o

---

232. v. GARCÍA-PABLOS DE MOLINA, Antonio. *Op. cit.*, p. 439.
233. Segundo Alessandro Baratta: "A novidade de sua maneira de afrontar o problema da criminalidade e da resposta penal a esta estava constituída pela pretendida possibilidade de individualizar os 'sinais' antropológicos da criminalidade e de observar aos indivíduos de tal modo 'assinalados' em zonas rigidamente circunscritas dentro do âmbito do universo social" (BARATTA, Alessandro. *Op. cit.*, p. 21).
234. v. GARCÍA-PABLOS DE MOLINA, Antonio. *Criminologia. Uma introdução a seus fundamentos teóricos*. Trad. Luiz Flávio Gomes. São Paulo: Ed. RT, 1992, p. 116.
235. v. GARCÍA-PABLOS DE MOLINA, Antonio. *Tratado de criminología*. Buenos Aires: Rubinzal-Culzoni Editores, t. I, 2009, p. 443.

crime é apenas sintoma de sua periculosidade –, deve o mesmo ser tratado e reabilitado. O criminoso não atua livremente, mas impelido por forças internas e externas que não controla, pois a liberdade humana – o livre-arbítrio – não existe, é mera ficção metafísica; sua conduta se encontra submetida inexoravelmente à lei da causalidade, assim como os demais fenômenos naturais, e determinada por complexos fenômenos físicos e sociais (determinismo)[236].

Assim, para o positivismo, a luta contra o fenômeno criminal é luta contra as suas causas e sua finalidade é a eficaz defesa da sociedade, a caracterizar-se a sanção penal como eficaz instrumento preventivo a serviço do bem-estar social. A lei penal deve combater o crime, defender a sociedade e reabilitar o criminoso[237].

4.2.1. *Cesare Lombroso, Enrico Ferri e Raffaele Garofalo*

Os três principais positivistas (Cesare Lombroso, Enrico Ferri e Raffaele Garofalo), apesar de concordarem no núcleo essencial do positivismo, divergiram consideravelmente em suas doutrinas, resultando visões diferenciadas sobre o fenômeno criminal[238].

A *Cesare Lombroso* – considerado o Pai da Criminologia[239] – é atribuída a *criminologia positivista antropológica*, utilizando em suas pesquisas e investigações criminológicas o método empírico, através de autópsias e exames físicos[240], que culminaram com sua famosa

---

236. cfr. GARCÍA-PABLOS DE MOLINA, Antonio. *Op. cit.*, p. 444.
237. v. GARCÍA-PABLOS DE MOLINA, Antonio. *Criminologia. Uma introdução a seus fundamentos teóricos.* Trad. Luiz Flávio Gomes. São Paulo: Ed. RT, 1992, p. 114.
238. cfr. FIGUEIREDO DIAS, Jorge; COSTA ANDRADE, Manuel da. *Op. cit.*, p. 15.
239. Nesse sentido: GARRIDO, Vicente; STANGELAND, Per; REDONDO, Santiago. *Op. cit.*, p. 258. Observa Antonio García-Pablos de Molina que a obra de Cesare Lombroso: "Tratado Antropológico experimental do homem delinquente", publicada em 1876, marca as origens da criminologia científica, sendo ele, pois, *"considerado o fundador desta"* (GARCÍA-PABLOS DE MOLINA, Antonio. *Op. cit.*, p. 116).
240. Observam Vicente Garrido, Per Stangeland e Santiago Redondo, que Lombroso adquiriu grande prestígio e fama na Criminologia nos finais do séc. XIX e incio do séc. XX, ante sua capacidade para abrir debate científico em termos específicos (não abstratos), algo que, até então, era desconhecido em Criminologia, e cujo debate permitiu que seus seguidores e detratores se interessassem na investigação de hipóteses concretas, surgindo, desse modo, novos modelos

tipologia dos criminosos: a) o criminoso nato (atávico); b) o criminoso louco moral (doente); c) o criminoso epilético; d) o criminoso louco; e) o criminoso ocasional; f) o criminoso passional[241].

Marcante, em sua teoria criminológica, p. ex., a ideia do *delinquente nato*, enquanto subespécie humana; ser degenerado e atávico (produto da regressão hereditária da espécie)[242], marcado por anomalias e estigmas degenerativos (p. ex., testa, orelha, tatuagens, insensibilidade à dor, instabilidade afetiva, gírias, reincidência, etc.) que o identificam e se transmitem por via hereditária; a tratar-se, pois, de ser patologicamente diferente dos demais seres normais.

Já a *Enrico Ferri* é atribuída a *criminologia positivista sociológica*, que, como o nome indica, dá especial ênfase à ótica sociológica do fenômeno criminal. Para Ferri, o crime não seria produto exclusivo de nenhuma patologia individual – contrariando, pois, a tese lombrosiana –, mas o resultado da contribuição de diversos fatores individuais antropológicos (p. ex., constituição orgânica, psíquica, etc.), físicos (clima, temperatura, etc.) e sociais (família, moral, religião, alcoolismo, etc.).

Daí que a criminalidade é fenômeno social como qualquer outro e é regido por sua própria dinâmica; segundo suas teses político-criminais, a luta e a prevenção do crime deveriam passar por ação realista e científica dos poderes públicos, que devem se antecipar ao crime e neutralizá-lo, atacando eficazmente suas causas geradoras, especialmente as de natureza social, propugnando a defesa da ordem social a todo custo, mesmo com o sacrifício dos direitos individuais, da segurança jurídica e da humanidade das penas[243].

---

explicativos à partir da investigação da realidade empírica (GARRIDO, Vicente; STANGELAND, Per; REDONDO, Santiago. *Op. cit.*, p. 259).

241. Sobre tais tipos criminológicos: GARCÍA-PABLOS DE MOLINA, Antonio. *Tratado de criminología*. Buenos Aires: Rubinzal-Culzoni Editores, t. I, 2009, pp. 451-459.

242. A ideia lombrosiana de *"atavismo degenerativo"* teve sua base nos estudos evolutivos de Charles Darwin, quem, na obra *A origem das espécies* (1859), ofereceu diversos exemplos de espécies que degeneraram em fases prévias de seu desenvolvimento evolutivo (cfr. GARRIDO, Vicente; STANGELAND, Per; REDONDO, Santiago. *Op. cit.*, p. 260).

243. v. GARCÍA-PABLOS DE MOLINA, Antonio. *Op. cit.*, pp. 470-486.

Quanto a *Raffaele Garofalo*, lhe é imputada a *criminologia positivista psicológica* que, mediante positivismo moderado e equilibrado – e que o afastou das vertentes antropológica e sociológica –; procurou definir o crime, como categoria exclusiva da Criminologia, enquanto "delito natural", ou seja, como série de condutas nocivas *per se* e que ocorrem em qualquer sociedade e em qualquer tempo histórico (catálogo absoluto e universal).

Em sua teoria da criminalidade, reconhece a relevância de determinados dados anatômicos e de alguns fatores sociais, mas a característica preponderante do fenômeno criminal (do comportamento e do tipo criminoso) seria suposta anomalia psíquica ou moral, não patológica, de base orgânica e endógena, "uma mutação psíquica (porém não de uma enfermidade mental) transmissível por via hereditária e com conotações atávicas e degenerativas"[244], que tinha, como resultado, uma falta de desenvolvimento de sentimentos altruístas e uma incapacidade para adaptar-se à vida em sociedade[245].

Para Garofalo – o que contrasta com sua moderação –, o Estado deveria eliminar, como na natureza, aquele que não se adapta à sociedade e às exigências de convivência, aceitando penas severas e a pena de morte – em determinadas hipóteses –; cada pena deveria estar em função das características concretas e individuais de cada agente, descartando-se as finalidades retributiva, correicional ou preventiva[246].

4.3. Escolas ecléticas

Posteriormente, como decorrência dos debates surgidos entre a polêmica luta entre as Escolas Clássica e Positivista[247], surgiram im-

---

244. GARCÍA-PABLOS DE MOLINA, Antonio. *Criminologia. Uma introdução a seus fundamentos teóricos.* Trad. Luiz Flávio Gomes. São Paulo: Ed. RT, 1992, p. 125.
245. cfr. GARRIDO, Vicente; STANGELAND, Per; REDONDO, Santiago. *Op. cit.*, pp. 261-262.
246. v. GARCÍA-PABLOS DE MOLINA, Antonio. *Op. cit.*, p. 126. GARRIDO, Vicente; STANGELAND, Per; REDONDO, Santiago. *Op. cit.*, p. 262.
247. Para Eugenio Raúl Zaffaroni e José Henrique Pierangeli não houve verdadeiro debate entre as Escolas Clássica e Positivista, mas, sim, um embate entre duas concepções do homem: a filosófica e a biológica; concepções antropológicas que não admitem meio-termo. Para tais autores, "o que houve foi um enfrentamento

portantes escolas ecléticas, que se preocuparam em alcançar o difícil equilíbrio ou síntese dos postulados clássicos e positivistas.

4.3.1. Terza Scuola (ou positivismo crítico)

A *Terza Scuola* italiana teve, como principais representantes, Bernardino Alimena, Eugenio Carnevale e Giuseppe Impallomeni.

Tal Escola propunha nítida distinção entre as disciplinas jurídicas e as disciplinas empíricas, com seus respectivos métodos lógico(dedutivo)-abstrato e causal(empírico) – explicativo; que etiologicamente o fenômeno criminal é fato complexo e fenômeno social causado naturalmente, produto de fatos endógenos (internos) e exógenos (externos); rechaça a tipologia (classificações) positivista, aceitando apenas a existência de criminosos ocasionais, habituais e anormais; admite o dualismo penal, conciliando o uso e a aplicação simultânea das penas e das medidas de segurança, opondo-se aos monismos clássico (pena) e positivista (medida de segurança); afasta o livre arbítrio dos clássicos e o determinismo positivista, adotando a ideia de responsabilidade moral (pena) e periculosidade (medidas de segurança); a finalidade da pena criminal não se esgota no castigo, mas, também, na correição e readaptação social do criminoso[248].

4.3.2. Escola de Marburgo (ou Jovem Escola de Política Criminal)

Entre seus fundadores e principais articuladores, encontram-se Adolf Prins, Van Hamel e Franz von Liszt.

As principais diretrizes da Escola de Marburgo foram: a substituição dos pensamentos filosóficos clássicos por um pragmatismo

entre a concepção biológica do homem – sustentado pelo positivismo – e as distintas concepções filosóficas do homem sustentadas por seus opositores. Para a concepção biológica, o homem não é mais do que um puro produto da evolução, ou seja, um animal na escala zoológica. Todas as outras correntes tratam de dar ao homem uma hierarquia particular, caracterizando-o por algo, ainda que estejam em total desacordo acerca da caracterização" (ZAFFARONI, Eugenio Raúl; PIERANGELI, José Henrique. *Op. cit.*, p. 301).

248. cfr. GARCÍA-PABLOS DE MOLINA, Antonio. *Tratado de criminologia*. Buenos Aires: Rubinzal-Culzoni Editores, t. I, 2009, pp. 519-520.

que pressupõe a análise e o conhecimento da realidade social; entende o delito como fenômeno jurídico e natural, que admite o estudo empírico de sua causas e a elaboração dogmática de sua configuração; reconhece o dualismo penal, com duas consequências jurídicas distintas (pena e medida de segurança) e voltadas a objetivos diferenciados e complementares; que a defesa social é fim prioritário da administração penal; posição filosófica eclética em relação ao livre arbítrio, admitindo em todos os homens uma impressão de liberdade interna e admitindo o estado perigoso[249].

4.3.3. Escola de defesa social

A Escola de Defesa Social tem, entre seus mais importantes precursores, Filippo Gramática e Marc Ancel, que apresentaram tendências distintas e bem definidas, mas que articularam propostas de proteção da sociedade através da coordenação da Criminologia, da Ciência Penitenciária e do Direito Penal, mediante luta realista contra a criminalidade, com instrumentos não apenas jurídicos, e nova atitude frente ao criminoso, com uma política criminal humanista[250].

Para Filipo Gramática, a Defesa Social significava sistema jurídico substitutivo do sistema penal convencional, a negar, em consequência, a existência de um direito do Estado em castigar e que importante não era sancionar, mas socializar o criminoso, através de medidas de defesa preventivas, educativas e curativas, sempre com vistas à personalidade (antissociabilidade subjetiva) daquele.

Já Marc Ancel propunha movimento de Política Criminal preocupado não em castigar ao criminoso, mas, sim, com a proteção eficaz da sociedade, através de estratégias, especial e essencialmente extrapenais, que partissem de conhecimento científico da personalidade criminosa e que neutralizassem sua periculosidade social de forma individualizada e humanitária.

---

249. cfr. GARCÍA-PABLOS DE MOLINA, Antonio. *Op. cit.*, pp. 520-521.
250. cfr. GARCÍA-PABLOS DE MOLINA, Antonio. *Op. cit.*, pp. 525-526.

4.4. Escola sociológica

Paralelamente ao desenvolvimento da escola positivista[251], contando com diversas teorias fragmentárias precedentes (*v.g.*, teorias da estatística moral ou mecânica social, Escola Franco-Belga, Escola de Lyon, as teses ambientais de Gabriel Tarde, determinados postulados das Escolas de Defesa Social e de Marburgo, etc.) – que não integravam o comportamento criminoso em modelo ou marco teórico unitário de relação social[252] –, consolidava-se a Escola Sociológica que explica o fenômeno criminal acentuando a importância etiológica dos fatores sociais externos à pessoa do criminoso.

Mas, "apesar da influência não despicienda dos antecedentes históricos mencionados, foi com as obras de Lacassagne, Tarde e Durkheim que a sociologia criminal recebeu os contornos que ainda hoje se lhe reconhecem. Isto é sobretudo verdade em relação a Durkheim, que sobressaiu no panorama da teoria sociológica do século XIX tanto pela profundidade e acabamento das suas construções, como pela projeção das suas ideias no futuro. Ele constitui, reconhecidamente, um dos dois troncos fundamentais – sendo o outro representado por MARX – a que, em última instância, se reconduz a generalidade das teorias sociológicas ou sócio-criminológicas contemporâneas. Pois não será fácil identificar uma só que, de forma mais ou menos explícita, não se arrume de acordo com a antinomia conflito-consenso que MARX e DURKHEIM introduziram nos fundamentos da teoria sociológica"[253].

---

251. Segundo observam Jorge de Figueiredo Dias e Manuel da Costa Andrade: "Enquanto a escola positiva percorria a trajetória descrita, consolidava-se, entrando em choque com aquela, a sociologia criminal. (...) Convirá, contudo, recordar que o estudo sociológico do crime conhecera já antes – a partir do segundo quartel do século XIX – um período de grande incremento, eclipsado pelo triunfo posterior da escola positiva (...), Na verdade, e à parte naturais limitações e hesitações, facilmente o historiador descobrir nas obras que aquele período nos legou algumas das notas fundamentais da sociologia criminal" (FIGUEIREDO DIAS, Jorge; COSTA ANDRADE, Manuel da. *Op. cit.*, p. 20).
252. v. GARCÍA-PABLOS DE MOLINA, Antonio. *Op. cit.*, pp. 303-304; FIGUEIREDO DIAS, Jorge; COSTA ANDRADE, Manuel da. *Op. cit.*, pp. 20-25; SERRANO MAÍLLO, Alfonso. *Op. cit.*, pp. 79-96.
253. FIGUEIREDO DIAS, Jorge; COSTA ANDRADE, Manuel da. *Op. cit.*, p. 23. Para tais autores: "De forma simplificada, pode-se dizer que as heranças de DURKHEIM e de MARX vieram a implantar-se e a frutificar, sobretudo, nos Estados Unidos

As teorias sociológicas *stricto sensu* do fenômeno criminal, "são aquelas que partem de um modelo teórico de relação dos acontecimentos sociais, e de uma determinada teoria da sociedade, e pretendem inserir o comportamento criminal nos mesmos. Pressupõem, como é lógico, um preciso aparato conceitual, alguns esquemas e técnicas que foram cunhando-se no processo de autodeterminação da Sociologia geral como disciplina científica autônoma, e a conseguinte aplicação de dito instrumental ao exame do crime"[254].

Por sua vez, no pensamento sociológico-criminal convivem teorias filosóficas discrepantes (neopositivismo, interacionismo, neomarxismo, etc.) e distintos paradigmas no próprio seio destas, além de métodos diversos que vão do diagnóstico etiológico sobre a criminalidade até a as teorias renunciadoras de qualquer pretensão causal-explicativa[255].

Em termo esquemático e simplificador, segundo Sérgio Salomão Schecaira, as teorias sociológicas podem ser divididas em dois grandes grupos teóricos: as *teorias do consenso* e as *teorias do conflito*[256]. Para as teorias do consenso, "a finalidade da sociedade é atingida quando há um perfeito funcionamento das suas instituições de

---

e na Europa Oriental. 'Uma das formas de sociologia – escreve GOULDNER – , se bem que originada na Europa Ocidental alcança a sua maior influência e impacto na Europa Oriental, enquanto a outra encontrou um ambiente propício nos Estados Unidos, onde se institucionalizou dentro do sistema universitário" (FIGUEIREDO DIAS, Jorge; COSTA ANDRADE, Manuel da. *Op. cit.*, p. 31).

254. GARCÍA-PABLOS DE MOLINA, Antonio. *Op. cit.*, pp. 304-305.
255. v. GARCÍA-PABLOS DE MOLINA, Antonio. *Op. cit.*, p. 305.
256. Sobre os perigos da perspectiva única do consenso/conflito, observam Jorge de Figueiredo Dias e Manuel da Costa Andrade que: "À semelhança do que acontece com a interpretação da sociedade, não parece que se possa perspectivar o crime segundo modelos exclusivos de conflito ou de consenso, 'ambos utópicos no seu próprio limite'. Não pode, na verdade, pensar-se a vida social como expressão do conflito radical e total. É que, para existir, o conflito humano pressupõe ele próprio uma margem de consenso: que mais não seja, o consenso que se revela na comunidade de existência e de mobilização para o conflito. Inversamente, mal se concebe uma formação social que obedeça ao modelo de consenso puro. Como ideia limite, seria uma sociedade desprovida de toda a coação e cuja ordenação não apresentaria qualquer coeficiente de alteridade ou heteronomia em relação a nenhum dos seus membros. A coexistência de áreas sociais de consenso e conflito reflete-se naturalmente no plano criminal" (FIGUEIREDO DIAS, Jorge; COSTA ANDRADE, Manuel da. *Op. cit.*, pp. 88-89).

forma que os indivíduos compartilham os objetivos comuns a todos os cidadão, aceitando as regras vigentes e compartilhando as regras sociais dominantes. Para a teoria do conflito, no entanto, a coesão e a ordem na sociedade são fundadas na força e na coerção, na dominação por alguns e sujeição de outros; ignora-se a existência de acordos em torno de valores de que depende o próprio estabelecimento da força. A visão do consenso, na realidade, não postula que a ordem é baseada em um consenso geral em torno de valores, mas sim que ela pode ser concebida em termos de um tal consenso, e que, se ela for concebida nestes termos, são possíveis certas proposições que resistem ao teste de observações específicas. De maneira análoga, para os defensores da visão conflitiva da sociedade, o pressuposto da natureza coercitiva da ordem social é um princípio heurístico, e não um juízo factual"[257].

Daí que os modelos sociológicos "constituem hoje o paradigma dominante e contribuíram decisivamente para um conhecimento realista do problema criminal. Mostram a natureza 'social' deste problema, assim como a pluralidade de fatores que interatuam nele; mostram ademais sua conexão com fenômenos normais e ordinários da vida cotidiana, a especial incidência de variáveis espaciais e ambientais em sua dinâmica e distribuição, que outorgam, por exemplo, um perfil próprio à criminalidade urbana; mostram ainda o impacto das contradições estruturais e do conflito e a mudança social na dinâmica delitiva, o funcionamento dos processos de socialização em função da aprendizagem e identificação do indivíduo com modelos e técnicas criminais, assim como a transmissão e vivência de referidas pautas de conduta no seio das respectivas subculturas; mostram, por fim, o componente 'definitorial' do delito e a ação seletiva discriminatória do controle social no recrutamento da população reclusa, etc."[258].

257. SHECAIRA, Sérgio Salomão. *Op. cit.*, p. 150.
258. GARCÍA-PABLOS DE MOLINA, Antonio. *Criminologia. Uma introdução a seus fundamentos teóricos*. Trad. Luiz Flávio Gomes. São Paulo: Ed. RT, 1992, p. 195. Sobre os excessos da teoria sociológica, observa o autor espanhol que: "Claro que algumas formulações macrossociológicas chegam a prescindir por completo do homem, desindividualizando – despersonalizando – a explicação do acontecimento delitivo, que perde assim sua face humana (v.g., teoria sistêmica). É claro também que outras confundem as realidades estatísticas com as axiológicas, o

4.4.1. Escola de Chicago

Tal mudança no paradigma metodológico ocorreu prontamente, e de forma generalizada, nos EUA, onde a Criminologia é concebida como campo parcial da Sociologia (Sociologia Criminal).

Segundo Jorge de Figueredo Dias e Manuel da Costa Andrade, "há poucas disciplinas – escreve RADZINOWICZ a propósito da criminologia americana – que tenha registrado uma expansão tão espetacular num tão curto lapso de tempo. E mesmo na história da criminologia, talvez só haja um paralelo: o do aparecimento da escola positiva italiana nas últimas três décadas do século XIX. A par de sua dimensão, expressa numa produção científica sem paralelo, a criminologia americana distinguiu-se também pelo seu nível organizatório. Foi, por exemplo, nos Estados Unidos que se iniciou a prática da criminologia como profissão, sobretudo no quadro da carreira universitária, originando, por seu turno, a multiplicação de manuais de criminologia e de revistas da especialidade (...), bem como a realização de colóquios, congressos, etc., a um ritmo ímpar"[259].

Nesse ambiente, destacou-se a Universidade de Chicago, fundada em 1892, onde foi criado o primeiro Departamento de Sociologia norte-americano, o qual teria fundamental influência na consagração, orientação e desenvolvimento da investigação criminológica[260], a produzir algumas das investigações científicas "mais conhecidas

---

mundo empírico com o mundo dos valores, confiando à aritmética das maiorias sociais a distinção entre o normal e o patológico (v.g., o relativismo e a neutralidade axiológica da teoria da desviação); em outro sentido, algumas teorias correm o risco de identificar o discurso sociológico com o político, equiparando autenticidade e legitimidade (v.g., teorias subculturais). É evidente ainda que outras teorias exacerbam a relevância de certos conflitos sociais na gênese da criminalidade (versões radicais do modelo conflitivo) ou conferem à reação e aos mecanismos do controle social (processos de criminalização) uma desmedida função 'constitutiva', criadora de delinquência (natureza 'definitorial' do delito, conforme o '*labelling aproach*'), descuidando-se da análise da 'desviação primária'" (GARCÍA-PABLOS DE MOLINA, Antonio. *Op. cit.)*

259. FIGUEIREDO DIAS, Jorge; COSTA ANDRADE, Manuel da. *Op. cit.*, p. 31.

260. Afirmam Vicente Garrido, Per Stangeland e Santiago Redondo, que o Departamento de Sociologia da Universidade de Chicago jogou papel decisivo na consolidação do estudo científico da delinquência (v. GARRIDO, Vicente; STANGELAND, Per; REDONDO, Santiago. *Op. cit.*, p. 209).

da história da Criminologia"[261] e a partir das quais nasceram, progressivamente, os diversos esquemas teóricos (teorias ecológicas, subculturais, de aprendizagem, da reação social ou do etiquetamento, etc.).[262]

Em termos gerais, tal Escola se caracterizou por particular empirismo, com finalidade pragmática, concentrando suas pesquisas científicas nos problemas sociais, partindo da importância que a sociedade tem para os indivíduos e para os grupos e as relações e interações individuais-sociais, mediante enfoques observacionais qualitativos e quantitativos, visando ao estabelecimento ou descoberta de verdades objetivas sobre o fenômeno criminal, preocupando-se, também, por sua aplicação prática na prevenção e controle do crime[263]. Sua temática central estava ligada à "sociologia da grande cidade"[264], a análise do desenvolvimento urbano, da civilização industrial e a morfologia do crime nesse meio ambiente, a preocupar-se com o impacto das mudanças sociais nas grandes cidades, especialmente em relação aos grupos, subgrupos e culturas minoritárias, conhecendo e compreendendo, desde dentro, o mundo dos desviados, suas formas de vida e cosmovisões[265].

4.4.2. Escola crítica (criminologia crítica ou nova criminologia)

A Escola Crítica (ou Criminologia Crítica) surge inicialmente nos EUA, na década de 60, especialmente na Universidade de Berkeley (Califórnia), como decorrência dos acontecimentos políticos e socioculturais ocorridos na sociedade norte-americana (*v.g.*, guerra do Vietnã, motins carcerários, conflitos raciais, movimentos pelos

261. SERRANO MAÍLLO, Alfonso. *Op. cit.*, p. 79.
262. cfr. GARCÍA-PABLOS DE MOLINA, Antonio. *Op. cit.*, p. 194.
263. v. GARCÍA-PABLOS DE MOLINA, Antonio. *Op. cit.*, pp. 194-195; SERRANO MAÍLLO, Alfonso. *Op. cit.*, pp. 78-81; GARCÍA-PABLOS DE MOLINA, Antonio. *Tratado de criminologia*. Buenos Aires: Rubinzal-Culzoni Editores, t. I, 2009, pp. 317-366.
264. GARCÍA-PABLOS DE MOLINA, Antonio. *Criminologia. Uma introdução a seus fundamentos teóricos*. Trad. Luiz Flávio Gomes. São Paulo: Ed. RT, 1992, p. 199.
265. v. GARCÍA-PABLOS DE MOLINA, Antonio. *Op. cit.*.

direitos civis, a contracultura (*hippies*), etc.)[266] e mediante posicionamento crítico, com base nas teorias do conflito, contemplam o fenômeno criminal como função das relações da sociedade capitalista[267].

Nos dizeres de Jorge de Figueiredo Dias e Manuel da Costa Andrade, a Criminologia Crítica "representou tanto na teoria como na prática, uma verdadeira revolução – a começar pela natureza radicalmente nova das questões formuladas. As questões centrais da teoria e da prática criminológicas deixam de se reportar ao 'delinquente' ou mesmo ao 'crime', para se dirigirem, sobretudo, ao próprio *sistema de controlo*, como conjunto articulado de instâncias de produção normativa e de audiências de reação. Em vez de se perguntar 'por que é que o criminoso comete crimes', passa a indagar-se primacialmente *porque é que determinadas pessoas são tratadas como criminosos*, quais as *consequências desse tratamento* e qual a *fonte da sua legitimidade*. Não são, em síntese, os 'motivos' do delinquente mas antes os *critérios* (os *mecanismos de seleção*) das agências ou instâncias de controlo que constituem o campo natural desta nova criminologia"[268].

Tal Escola rompe metodológica e epistemologicamente com a criminologia tradicional, que se baseia no paradigma etiológico-determinista e nas teorias do consenso, substituindo o modelo estático e descontínuo do estudo do comportamento desviado por modelo dinâmico e contínuo, desvalorizando as estatísticas oficiais como instrumento fundamental do acesso à realidade do fenômeno criminal. Recusa o monismo cultural – pressuposto da criminologia tradicional –, entendendo as normas penais, numa perspectiva de pluralismo axiológico e conflitual, como expressão do domínio de classes ou grupos sociais, onde o Direito Penal é encarado como instrumento de dominação nas mãos, e a serviço, dos interesses dos detentores do poder[269].

---

266. Sobre a questão: FIGUEIREDO DIAS, Jorge; COSTA ANDRADE, Manuel da. *Op. cit.*, pp. 44-48; SERRANO MAÍLLO, Alfonso. *Op. cit.*, p. 93; GARCÍA-PABLOS DE MOLINA, Antonio. *Tratado de criminologia*. Buenos Aires: Rubinzal-Culzoni Editores, t. II, 2009, pp. 535-537.
267. v. GARCÍA-PABLOS DE MOLINA, Antonio. *Op. cit.*, p. 535.
268. FIGUEIREDO DIAS, Jorge; COSTA ANDRADE, Manuel da. *Op. cit.*, pp. 42-43.
269. cfr. FIGUEIREDO DIAS, Jorge; COSTA ANDRADE, Manuel da. *Op. cit.*, p. 43.

O fenômeno criminal passa a ser entendido como reação à desigual e injusta relação conflituosa na sociedade, como seu produto histórico, patológico e contingente[270]; o sistema de controle social formal (o sistema penal) é instrumento a serviço das classes dominantes para oprimir as classes mais desfavorecidas e, neste contexto, a Criminologia Crítica "contesta sistematicamente a função 'legitimadora', 'conservadora' do 'status quo' que teria cumprido a Criminologia atual, ao não questionar nem criticar tanto os processos de definição (criação da lei penal de acordo com os interesses da classe dominante) como os discriminatórios processos de seleção (aplicação da lei em prejuízo das classes oprimidas)"[271].

Ademais, tal visão criminológica visa a reivindicar contínua autorreflexão crítica, "de acordo com a máxima weberiana de que uma ciência social tem também de ser crítica com ela mesma e com a sociedade em que se desenvolve; com sua advertência das limitações de um imperialismo empírico ou de laboratório, nas palavras de Ortega; e sobre a destacada influência dos grupos privilegiados na elaboração das leis em seus processos de interpretação e aplicação; e com muitas contribuições mais"[272].

Ainda que não seja tarefa fácil ordenar sistematicamente a multiplicidade de trabalhos produzidos, já que abordam o fenômeno criminal através de "conjunto de perspectivas pouco rígidas, que não beneficiam do efeito estabilizador que só as verdadeiras teorias permitem alcançar"[273], pode-se identificar, dentre as mais importantes, duas perspectivas bem delineadas: a do *labeling approach* e a da *criminologia radical*.

4.4.2.1. Labeling approach

Com base no "interacionismo simbólico" de Georg H. Mead e na "etnometodologia" de Alfred Schutz[274], a teoria do *labeling aproach*

---

270. v. GARCÍA-PABLOS DE MOLINA, Antonio. *Criminologia. Uma introdução a seus fundamentos teóricos*. Trad. Luiz Flávio Gomes. São Paulo: Ed. RT, 1992, pp. 213 e 218; SERRANO MAÍLLO, Alfonso. *Op. cit.*, p. 255-256.
271. GARCÍA-PABLOS DE MOLINA, Antonio. *Op. cit.*, p. 219.
272. SERRANO MAÍLLO, Alfonso. *Op. cit.*, p. 256.
273. FIGUEIREDO DIAS, Jorge; COSTA ANDRADE, Manuel da. *Op. cit.*, p. 42.
274. Nesse sentido: BARATTA, Alessandro. *Op. cit.*, p. 85.

parte do princípio que a conduta desviada não é qualidade ontológica da ação humana, mas, sim, o resultado da reação social e que o criminoso, como já visto, é apenas alguém estigmatizado (etiquetado) como tal.

Para a teoria do etiquetamento, o fundamental é que "não existe quase nenhum ato que seja delitivo em si mesmo, *mas delitivo ou desviado é aquilo que se define como tal* pela comunidade ou pelos órgãos do sistema de Administração da Justiça. A chave para que algo seja delitivo, portanto, não reside tanto em suas características intrínsecas, mas no etiquetamento que dele se faça. (...) a reação que provoca um fato na comunidade ou no grupo é decisiva para que seja definido como delitivo ou desviado ou como algo normal acerca do qual não é preciso fazer nada. O delito, nessa perspectiva, já não pode ser visto simplesmente como um fato com determinadas características próprias que o definem e o distinguem dos fatos lícitos: a reação provocada inclusive por fatos praticamente iguais é decisiva para sua qualificação como delito ou não"[275].

O importante é estudar e analisar os processos de interação social em que os indivíduos são estigmatizados como criminosos (*processo de etiquetamento*); estes deixam de ser os protagonistas das análises criminológicas, passando os estudos a se centralizarem nos *outros* que estigmatizam, manipulam e degradam, ou seja, nas instâncias de reação e controle social, que se constituem, pois, ponto fulcral do estudo criminológico[276].

Tal viragem metodológica "parte de considerar que é impossível compreender a criminalidade se não se estuda a ação do sistema penal que a define e que reage contra ela, começando pelas normas abstratas até chegar à ação das instâncias oficiais (polícia, juízes, instituições penitenciárias que a aplicam). O status social do delinquente pressupõe necessariamente, por isso, o efeito da atividade das instâncias oficiais do controle social da delinquência, de maneira tal que não chega a formar parte desse status quem, havendo tido o mesmo comportamento punível, não há sido alcançado ainda pela ação daquelas instâncias. Este último, portanto, não é considerado

275. SERRANO MAÍLLO, Alfonso. *Op. cit.*, p. 257.
276. cfr. FIGUEIREDO DIAS, Jorge; COSTA ANDRADE, Manuel da. *Op. cit.*, p. 50.

pela sociedade como 'delinquente', nem o trata como tal. Nesse sentido, o *labeling approach* se há ocupado das reações das instâncias oficiais do controle social, consideradas em sua função constitutiva a respeito da criminalidade. Desde esse ponto de vista se estuda o efeito estigmatizante da ação da polícia, dos órgãos de acusação pública e dos juízes"[277].

O fenômeno criminal é, pois, problema de definição (adscrição) ou etiquetamento, a envolver questões metalinguísticas (validez das definições jurídica e sociológica do crime e do criminoso), teóricas (interpretação sociopolítica do fenômeno criminal – poder definitorial de estabelecimento e aplicação das normas penais) e fenomenológicas (efeitos decorrentes do etiquetamento de certos indivíduos como criminosos)[278].

4.4.2.2. Criminologia radical

Por sua vez, a ênfase da Criminologia Radical é eminentemente marxista[279] e, pois, uma de suas notas mais fundamentais é a crítica sistemática, tanto do interacionismo simbólico como da etnometodologia, que, a seu modo de ver, funcionam como conservação da

---

277. BARATTA, Alessandro. *Op. cit.*, p. 84.
278. v. BARATTA, Alessandro. *Op. cit.*, p. 110-111.
279. cfr. FIGUEIREDO DIAS, Jorge; COSTA ANDRADE, Manuel da. *Op. cit.*, p. 58; SERRANO MAÍLLO, Alfonso. *Op. cit.*, p. 272; GARCÍA-PABLOS DE MOLINA, Antonio. *Tratado de criminologia*. Buenos Aires: Rubinzal-Culzoni Editores, t. II, 2009, p. 535; GARRIDO, Vicente; STANGELAND, Per; REDONDO, Santiago. *Op. cit.*, pp. 399-401. Segundo Luis Rodríguez Manzanera, as teorias de cunho marxista são monistas e unilaterais e trabalham com dois pressupostos operacionais, quais sejam, a necessidade de ajuste deliberado a quadro mental ideológico e que, pois, exige considerações teóricas a textos marxistas, daí que, consequentemente, a investigação criminológica há de mover-se dentro dos limites dogmáticos de que na sociedade marxista não existe contradição entre interesses individuais e coletivos – o que é falso –; que o puramente empírico não tem caráter científico e que os fatos devem sempre conduzir a conclusões – o que nem sempre é possível –; que o homem sempre faz a sua história – o que não é totalmente aceitável. Ademais, trabalha com a utopia de que, ao não haver luta de classes, o crime desaparecerá, a ignorar, pois, que o fenômeno criminal não depende exclusivamente do econômico. Por fim, com a queda dos regimes comunistas, demonstrou-se não só que a criminalidade existia em tais países, como também demonstrou-se a falsidade da maioria de seus postulados teóricos marxistas (MANZANERA, Luis Rodríguez. Op. cit., pp. 334-335).

realidade social vigente e da ordem jurídico-penal opressiva do capitalismo, não refletindo criticamente sobre as mesmas[280].

A Criminolgia Radical se insurge contra o conceito criminológico neutro de crime, a pugnar por definição que espelhe a realidade de um sistema legal, que se assenta no poder e no privilégio, e que permita estudar o fenômeno criminal como um dos sistemas de exploração social, convertendo-se o Estado e o aparato jurídico-penal em tópicos centrais da investigação criminológica, como instituições criminógenas, bem como repudia político-cientificamente a criminologia tradicional, considerada mero operador tecnocrático a serviço do funcionamento eficaz da ordem social vigente[281].

Assim, os criminólogos radicais não aceitam as metas de prevenção especial (ressocialização) do criminoso, já que não é o delinquente quem pode e deve ser ressocializado, mas é a própria sociedade que deve ser revolucionariamente transformada, pois "a normalidade e ubiquidade do comportamento delinquente, nomeadamente quando contrastada com o caráter seletivo da definição do comportamento ou da sua criminalização efetiva pelas instâncias de controlo, tornaria inútil, por desnecessária ou mesmo impossível – e, de todo o modo, destituída de sentido –, a ressocialização do delinquente"[282].

A análise radical do fenômeno criminal apela ao conflito de classes na sociedade capitalista, à sua estrutura classista e a seu sistema legal como mecanismo de que se serve a classe dominante para oprimir à classe trabalhadora no sistema capitalista[283]. Daí que, mediante a criminalização, é mantida a estrutura social classista, pelo submetimento das classes trabalhadoras – impedindo o exercício de direitos e o gozo de oportunidades e recursos – às classes dominantes, que controlam o sistema de produção. Apresenta-se o fenômeno criminal como contradição do sistema capitalista, onde os processos de definição do crime e de criminalização são produtos das estruturas

280. v. FIGUEIREDO DIAS, Jorge; COSTA ANDRADE, Manuel da. *Op. cit.*, pp. 58-59.
281. v. FIGUEIREDO DIAS, Jorge; COSTA ANDRADE, Manuel da. *Op. cit.*, p. 59-60.
282. FIGUEIREDO DIAS, Jorge; COSTA ANDRADE, Manuel da. *Op. cit.*, p. 61.
283. cfr. GARRIDO, Vicente; STANGELAND, Per; REDONDO, Santiago. *Op. cit.*, pp. 399-401.

classistas de poder, que deixam de criminalizar os crimes dos poderosos (*v.g.*, crimes econômico-financeiros, contra o meio ambiente, o abuso de poder político, etc.)[284].

Ademais, para a teoria radical, o sistema jurídico (processo de criação de leis e de sua aplicação) é artifício da classe capitalista dominante para assegurar seus interesses, submetendo e explorando as classes trabalhadoras, e perpetuar as estruturas de poder, a caracterizar-se os meios de controle social formal (polícia, juízes, promotores, etc.) como instituições seletivas e que realizam o "trabalho sujo" do sistema, selecionando os criminosos daquelas parcelas minoritárias e desprotegidas da sociedade. Assim, se a causa útlima do fenômeno criminal é o conflito de classes, outra não pode ser a meta a não ser o fim do próprio sistema capitalista[285].

5. TEORIAS CRIMINOLÓGICAS

Como já se pode intuir, o número de teorias criminológicas é enorme e heterogêneo, a gerar, pois, grande complexidade e que, fundamental e esquematicamente, apresentam três formas globais de respostas ao problema do fenômeno criminal, que vão desde a sustentação de explicações etiológicas (causas), passando por posições intermediárias e chegando a posições que recusam qualquer possibilidade explicativa[286]; mas, como o papel da Criminologia é basicamente o de entender e explicar o fenômeno criminal, controlando-o racionalmente, a natureza das teorias criminológicas é preponderantemente etiológica, ou seja, visa a explicar as causas do crime[287].

---

284. cfr. GARCÍA-PABLOS DE MOLINA, Antonio. *Op. cit.*, pp. 538-539.
285. cfr. GARCÍA-PABLOS DE MOLINA, Antonio. *Op. cit.*, p. 540.
286. v. FIGUEIREDO DIAS, Jorge; COSTA ANDRADE, Manuel da. *Op. cit.*, p. 154.
287. Nesse sentido, afirma Alfonso Serrano Maíllo que: "As teorias criminológicas oferecem explicações do delito, isto é, preocupam-se com as causas do delito. Ou seja, respondem a perguntas do tipo por que? tais como: porque algumas pessoas delinquem?, porque algumas pessoas delinquem mais que outras?, porque existe uma determinada taxa de delinquência em uma dada sociedade ou comunidade? porque esta varia? não é a única função relevante da Criminologia e da teoria, mas sim a mais importante. A teoria criminológica, pois, tem uma clara vocação etiológica" (SERRANO MAÍLLO, Alfonso. *Op. cit.*, p. 122). Também observam Jorge de Figueiredo Dias e Manuel da Costa Andrade que: "não é possível suspender entretanto os esforços destinados a reconduzir o

Por sua vez, importante observar que as construções teóricas criminológicas não se movem em espaço vazio de pura objetividade científica e da neutralidade axiológico-política (v. a tridimensionalidade do fenômeno criminal), pois "é seguro que a simples localização da 'causa' do crime (no indivíduo ou fora dele), bem como a seleção das variáveis explicativas, prestam homenagem às representações axiológicas do cientista e são função das próprias metas e ações de política criminal a que se pretende dar suporte científico". É outrossim seguro que as teorias criminológicas reagem também sobre aquele envolvimento político cultural, transformando-o"[288].

Diante de tal complexidade teórica, inúmeras foram – e são – as tentativas de organização lógico-sistemática de tal universo teórico; daí que a diversidade de teorias explicativas corresponde a igual diversidade de perguntas sobre o crime, o criminoso e a sociedade, razão pela qual a organização sistemática pode ser rudimentarmente agrupada em dois grande níveis (unidade de análise): a) *individual*; b) *sociológico*[289].

---

problema criminal a níveis socialmente aceitáveis. O que, como é óbvio, não pode prosseguir-se à margem duma qualquer ideia explicativa, capaz de imprimir sentido às reformas que se queiram introduzir. Sem se esquecer, noutros termos, a eventualidade de um conflito entre a 'razão pura' e a 'razão prática' do pensamento criminológico. Aquela pode adir indefinidamente a explicação do crime ou refugiar-se mesmo numa filosofia de agnosticismo ou transcendentalismo em matéria causal. Enquanto isto, porém, a explicação do crime responde a um imperativo prático e imediato da política criminal" (FIGUEIREDO DIAS, Jorge; COSTA ANDRADE, Manuel da. *Op. cit.*, pp. 153-154).

288. FIGUEIREDO DIAS, Jorge; COSTA ANDRADE, Manuel da. *Op. cit.*, pp. 165-166. Segundo Alfonso Serrano Maíllo: "As teorias não somente se compõem de afirmações mais ou menos explícitas sobre o delito e o delinquentes, mas contêm todas elas uma série de proposições latentes. Com efeito, cada teoria é coerente com alguma ou algumas concepções determinadas do ser humano, da sociedade, das políticas criminais mais promissoras etc. (...) inclusive, os criminólogos parecem optar por uma ou outra teoria porque lhes parece especialmente coerente com suas concepções pessoais sobre questões tão importantes (...) talvez não se possa excluir que pontos de vista pessoais desempenhem, até inconscientemente, algum papel nas preferências teóricas, assim como o êxito e a aceitação de uma teoria criminológica também se veja influenciados por elementos extracientíficos que podem ter a ver com o atrativo – suposto ou real – de suas proposições latentes" (SERRANO MAÍLLO, Alfonso. *Op. cit.*, pp. 120-121).

289. cfr. FIGUEIREDO DIAS, Jorge; COSTA ANDRADE, Manuel da. *Op. cit.*, p. 165. Sobre a questão: ALBRECHT, Peter-Alexis. Op. cit., pp. 40-41.

As *teorias de nível individual*, que visam a explicar as causas individuais do fenômeno criminal (homem criminoso), dividem-se, ainda, em dois grupos de teorias: a.1) *biológicas* (ou bioantropológicas) – localizar e identificar em alguma parte ou no funcionamento do organismo do criminoso o fator diferencial que explica a conduta criminosa, enquanto consequência patológica ou disfuncional; a.2) *psicológicas* – explicação do comportamento criminoso através do mundo anímico, dos processos psíquicos ou nas vivências subconscientes do criminoso, bem como nos seus processos de aprendizagem e socialização.

Por sua vez, as *teorias de nível sociológico* pretendem explicar o processo criminal como fenômeno social (sociedade criminógena), seja através de visões etiológicas (causas) ou de visões interacionistas (reações sociais).

Com base em tal esquema, na sequência serão apresentadas apenas as principais teorias individuais e sociológicas do fenômenco criminal.

5.1. Teorias individuais

5.1.1. Teorias biológicas (ou bioantropológicas)

As teorias biológicas procuram explicar o crime "naquilo que no homem delinquente surge, de forma mais radical, como um *dado*, isto é, a sua estrutura orgânica. É aí, e não no que é produto de sua interação, da sua experiência ou do seu processo de socialização que radicam as causas do crime", mediante a ideia de que há correspondência e relação de predeterminação entre a constituição biológica do homem e as suas funções, especificamente seu comportamento; atribuem o crime, pois, a fatores que escapam do controle do criminoso, a entendê-lo como pessoa diferente. Tais teorias têm inquestionável vocação clínica e terapêutica, que se sobrepõe a outras projeções do saber científico[290].

Nesse contexto, apareceram, p. ex., *teorias antropometristas* (antropometria) que visavam a estabelecer suposta correlação entre

290. v. GARCÍA-PABLOS DE MOLINA, Antonio. *Criminologia. Uma introdução a seus fundamentos teóricos.* Trad. Luiz Flávio Gomes. São Paulo: Ed. RT, 1992, p. 138.

determinadas características ou medidas corporais e a criminalidade (*v.g.*, Alphonse Bertillon); *teorias antropologistas* (antropologia), vinculadas à herança lombrosiana, que sustentavam a existência de um tipo humano inferior, degenerado, hipoevolutivo, dotado de características singulares e distintas dos demais indivíduos, com poderosa carga hereditária (*v.g.*, a teoria da hereditariedade de Charles Göring; teoria da inferioridade antropológica de Earnst Hooton; teoria biotipológica constitucional de William Sheldon; teoria da debilidade mental de Henry Goddard e Fred Kuhlman; teoria da potencial delinquência de Sheldon Glueck e Eleanor Glueck; teoria dos psicopatas de Kurt Schneider; etc.)[291].

Em que pese a superação do tradicional modelo bioantropológico etiológico positivista radical, que entrou em crise na segunda metade do Séc. XX, por seus excessos e pelo caldo cultural então vigente[292], o fato é que, nos dizeres de Antonio García-Pablos de Molina, "apesar de suas limitações e seus condicionamentos, o enfoque biológico tem seu lugar e sua função dentro da Criminologia científica e interdisciplinar. Pois o substrato biológico do indivíduo representa um valioso e relevante potencial: não há dúvida de que o código biológico e genético é um dos componentes do contínuo e fecundo processo de interação, que é aberto e dinâmico e no qual se insere a conduta do homem. (...) corresponde aos modelos biológicos explicar cientificamente a relevância criminógena de certas variáveis, pois a existência de um dado biológico diferencial parecer ser uma realidade inquestionável"[293].

---

291. Sobre tais teorias: FIGUEIREDO DIAS, Jorge; COSTA ANDRADE, Manuel da. *Op. cit.*, pp. 171-174; GARCÍA-PABLOS DE MOLINA, Antonio. *Op. cit.*, pp. 141-151; GARCÍA-PABLOS DE MOLINA, Antonio. *Tratado de criminologia*. Buenos Aires: Rubinzal-Culzoni Editores, t. II, 2009, pp. 11-36; ALBRECHT, Peter-Alexis. *Op. cit.*, pp. 41-45.
292. cfr. SERRANO MAÍLLO, Alfonso. *Op. cit.*, pp. 149-150.
293. GARCÍA-PABLOS DE MOLINA, Antonio. *Criminologia. Uma introdução a seus fundamentos teóricos*. Trad. Luiz Flávio Gomes. São Paulo: Ed. RT, 1992, p. 139. Observa Alfonso Serrano Maíllo que: "Existe um importante conjunto de evidência empírica que sugere que fatores genéticos e biológicos intervêm na criminalidade e no delito; essa evidência é sólida e consistente, sobretudo porque provém de metodologias diversas – e não uma só –, cada uma com seus próprios pontos forte e fracos. Com efeito, estudos empíricos rigorosos (...) sugerem que fatores biológicos e genéticos correlacionam com uma série de comportamentos

Daí que, nos útlimos anos, vem se levando a sério as variáveis de caráter biológico, bem se podendo falar de "um renascimento das variáveis biológicas na Criminologia contemporânea"[294], já que as teorias sociológicas não têm sido capazes de explicar satisfatoriamente importantes diferenças individuais no âmbito da criminalidade, bem como diante do grande avanço nas investigações e nos conhecimentos científicos biológicos dos seres humanos (*v.g.*, estudos genéticos, neurofisiológicos, endócrinos, bioquímicos, sociobiológicos, etc.)[295], aos quais a Criminologia não não pode ignorar e ficar alheia.

Ademais, modernamente houve verdeiro abandono de pretensões de definitividade e exclusividade das teorias biológicas, que vem marcadas por coeficientes de dúvidas e de provisoriedade; hoje não mais se espera que as variáveis bioantropológicas sejam, por si sós, determinantes do crime em geral ou de qualquer forma específica de criminalidade, mas entende-se que tais variáveis funcionam em interação contínua com as variáveis de natureza sociológica[296], a abrir-se portas à construção de teorias etiológicas integradas e que seriam capazes de incluir diversas variáveis de naturezas distintas na teoria criminológica[297].

---

agressivos, delitivos e antissociais e que poderia ter certa importância explicá-los, de modo que vale a pena tê-los em conta por parte das diversas teorias e realizar investigações empíricas nessa linha" (SERRANO MAÍLLO, Alfonso. *Op. cit.*, pp. 154-155). No mesmo sentido, afirmam Vicente Garrido, Per Stangeland e Santiago Redondo: "Na atualidade uma perspectiva simplista, que negue o biológico, é a todas as luzes inaceitável em Criminologia, o mesmo que seria em outras ciências sociais como a psicologia, a sociologia ou a pedagogia. O comportamento humano, pró-social ou delitivo, não se acha fatalmente determinado pelo substrato biológico das pessoas, mas a biologia que lhes é inerente não pode ser frontalmente rechaçada como se em verdade não existisse. Ao contrário, em Criminologia são imprescindíveis os conhecimentos atuais sobre psicofisiologia humana. Especialmente necessária resulta a investigação sobre o funcionamento do sistema nervoso, que media em todos e cada um dos processos da conduta, das emoções, das cognições e das aprendizagens das pessoas" (GARRIDO, Vicente; STANGELAND, Per; REDONDO, Santiago. *Op. cit.*, p. 257).

294. v. SERRANO MAÍLLO, Alfonso. *Op. cit.*, p. 150.
295. Sobre a questão: SERRANO MAÍLLO, Alfonso. *Op. cit.*, p. 150-154; FIGUEIREDO DIAS, Jorge; COSTA ANDRADE, Manuel da. *Op. cit.*, pp. 174-178; GARCÍA-PABLOS DE MOLINA, Antonio. *Tratado de criminologia*. Buenos Aires: Rubinzal-Culzoni Editores, t. II, 2009, pp.45-113.
296. cfr. FIGUEIREDO DIAS, Jorge; COSTA ANDRADE, Manuel da. *Op. cit.*, pp. 175-176.
297. v. SERRANO MAÍLLO, Alfonso. *Op. cit.*, p. 154.

5.1.2. *Teorias psicológicas (psicopatologia, psicologia e psicanálise)*

As teorias criminológicas psicológicas visam a explicar o fenômeno criminal em função de determinados processos psíquicos normais ou anormais (patológicos), a trabalhar com três enfoques principais: a) *Psicopatológico* (Psiquiatria); b) *Psiocológico* (Psicologia); c) *Psicoanalítico* (Psicanálise).

5.1.2.1. *Enfoque psicopatológico (Psiquiatria)*

Cabe à *Psicopatologia* (Psiquiatria)[298] – ramo da Medicina que estuda o fato psíquico mórbido-patológico – apresentar visão clínica do fenômeno criminal, a contemplar a conduta criminosa como expressão de transtorno ou enfermidade patológica (doença) da personalidade humana, formulando, com base em verificação prévia, a correlação existente entre determinadas categorias patológicas (psicopatia, neurose, esquizofrenia, epilepsia, oligofrenia, paranoia, etc.) e concretas manifestações criminosas (homicídio, furto, crime sexual, etc.).

Historicamente, o criminoso sempre se identificou com o louco (teoria da *insanity*). É somente no Séc. XIX, com o positivismo criminológico, que se inicia a distinção entre criminalidade e doença mental, a haver a substituição da teoria da loucura mental (*insanity*) pela teoria da personalidade criminal (existência de estrutura psicológica criminosa *in se*); ambas as teorias compartilhavam a visão do

298. Segundo Antonio García-Pablos de Molina: "Psiquiatria e Psicopatologia são disciplinas com seus respetivos âmbitos e competências. A Psiquiatria é uma especialidade médica que tem por objeto o estudo das alterações psíquicas, qualquer que seja sua origem, no que concerne à sua natureza, prevenção e possibilidades terapêuticas. A Psicopatologia é uma ciência em si mesma que estudas os signos e sintomas da enfermidade mental, diferenciando as distintas funções psíquicas do ser humano e estabelecendo regras e e conceitos gerais: se pode dizer que a Psicopatologia é a semiologia da Psiquiatria. A Psiquiatria se ocupa das alterações, anomalias ou transtornos mentais (atraso mental, demências,esquizofrenia e transtornos psicóticos, neuroses, psicopatias ou transtornos da personalidade, etc.); a segunda versa sobre os transtornos da inteligência, da memória, do pensamento, da vontade, da consciência, da atenção, da percepção, da afetividade, dos instintos, etecétera" (GARCÍA-PABLOS DE MOLINA, Antonio. *Tratado de criminología*. Buenos Aires: Rubinzal-Culzoni Editores, t. II, 2009, pp. 121-122).

criminoso, desde o ponto de vista psicológico, como alguém diferente (doente ou anormal) dos demais indivíduos (sãos ou normais)[299].

Com a moderna evolução científica da Psiquiatria, a tradicional classificação convencional das doenças e transtornos mentais sofreu progressiva e diversificada ampliação e desenvolvimento, a conviver em seu marco não só o modelo biofísico, como modelos comportamentalistas, psicodinâmicos, sociológicos, etc. Tudo, pois, a problematizar o próprio conceito de doença ou transtorno mental e, assim, "a fronteira entre a saúde e a enfermidade, a normalidade e a anormalidade são, em boa medida, circunstanciais, relativas, cambiantes"[300], a caracterizar conceitos imprecisos, até por sofrem claros condicionamentos socioculturais e por processos sociais de interação (etiquetamento).

Assim, cabe à Psicopatologia delimitar com precisão as diversas categorias gnoseológicas – fundamentos do conhecimento –, a pressupor definição de enfermidade e de transtorno mentais e, mediante a análise com instrumentos científicos fiáveis e em termos comparativos, estabelecer a relevância etiológica das patologias e suas correlações com o fenômeno (conduta) criminal, ou seja, a relevância etiológica – relação não causal – que tais doenças ou transtornos possam ter na gênese do comportamento delitivo[301], sem se esquecer da debilidade das conexões existentes entre doença/transtorno mental e crime, pois "sabemos, sem dúvida, muito mais sobre enfermidades e transtornos mentais desde o ponto de vista psicopatológico e clínico que criminológico"[302].

Em termos gerais, a análise criminológica trabalha com as categorias patológicas que mais entram em conflito com o ordenamento penal, como, p. ex.[303]:

---

299. v. GARCÍA-PABLOS DE MOLINA, Antonio. *Criminologia. Uma introdução a seus fundamentos teóricos.* Trad. Luiz Flávio Gomes. São Paulo: Ed. RT, 1992, pp. 181-182.
300. GARCÍA-PABLOS DE MOLINA, Antonio. *Tratado de criminología.* Buenos Aires: Rubinzal-Culzoni Editores, t. II, 2009, p. 127.
301. cfr. GARCÍA-PABLOS DE MOLINA, Antonio. *Op. cit.*, pp. 121-128.
302. GARCÍA-PABLOS DE MOLINA, Antonio. *Criminologia. Uma introdução a seus fundamentos teóricos.* Trad. Luiz Flávio Gomes. São Paulo: Ed. RT, 1992, p. 186.
303. Sobre a questão: GARCÍA-PABLOS DE MOLINA, Antonio. *Tratado de criminología.* Buenos Aires: Rubinzal-Culzoni Editores, t. II, 2009, pp. 131-212.

1) *Oligofrenias* (debilidade mental) – trata-se do déficit congênito ou precoce do desenvolvimento da inteligência, que vai da debilidade mental leve ao profundo. Nos graus profundos, a debilidade mental reduz drasticamente a possibilidade real de condutas criminosas, mas aumenta as possibilidades de vitimização (p. ex., abandono, maus tratos, crimes sexuais, etc.). São nas modalidades moderada e leve que se detecta o maior índice e variedade de criminalidade, a ter, por fator comum, a impulsividade, irreflexão e ausência de planificação prévia do criminoso, além da desproporção desnecessária e da execução grosseira do crime. De particular interesse criminológico, os indivíduos fronteiriços (*bordeline*), já que à sua debilidade mental se associam outros fatores criminógenos como, p. ex., a agressividade, escasso controle dos instintos, baixa tolerância às frustrações e impulsividade, estando geralmente envolvidos em crimes contra as pessoas (homicídios e lesões), patrimoniais (roubos e furtos) e contra a liberdade sexual (estupro, pedofilia, etc.).

2) *Transtornos relacionados com o consumo e dependência de drogas* – tais transtornos são relacionados ao consumo de álcool e drogas. Quanto ao álcool, o mesmo é importante fator criminógeno, a ocasionar importantes transtornos somáticos, psíquicos e sociais, perturbando as faculdades mentais de eleição, juízo e raciocínio e potencializando a agressividade; a criminogênesis ligada ao álcool depende do grau de intoxicação. Na intoxicação aguda, o comportamento criminoso se explica pela exaltação da volatilidade unida ao descontrole dos freios morais e motores, a envolver crimes de ordem pública, crimes sexuais, crimes de trânsito, etc. Na intoxicação crônica, a deterioração gerada implica disfunções sociais e familiares, sendo frequentes, entre outros, os crimes sexuais, lesões corporais, violência doméstica, homicídios, etc. Já em relação às demais drogas (naturais e sintéticas), o estado de intoxicação periódica ou crônica afeta negativamente ao indivíduo e à sociedade e sua gravidade oscila entre a mera intoxicação a quadros psicóticos e demenciais. A criminalidade gerada é dividida em instrumental, orientada para a obtenção e financiamento da droga (p. ex., roubos, furtos, estelionatos, prostituição, tráfico ilícito de entorpecentes, etc.) e induzida, causada pelos efeitos diretos do consumo (p. ex., homicídios, lesões corporais, crimes sexuais, etc.), a destacar-se que a maior incidência de condutas criminosas ocorre, não durante a síndrome de abstinência,

mas durante a síndrome amotivacional (fase anterior não impregnada pelo tóxico e nem dinamizada pela carência, mas justamente dirigida a evitá-la).

3) *Esquizofrenia* (transtorno psicótico) – a esquizofrenia (a desorganizada, a catatônica, a indiferenciada, a paranoide e a residual) é considerada a doença mental por excelência e a mais frequente das *psicosis* endógenas, a incapacitar o indivíduo para valorar a realidade e governar retamente sua conduta; implica leque de disfuncionalidades cognoscitivas e emocionais que afetam a percepção, o pensamento indiferencial, a linguagem e a comunicação, a organização comportamental, a afetividade, a fluidez e produtividade do pensamento e fala, a capacidade hedônica, a vontade, a motivação e a atenção, com inexorável deterioração da atividade laboral e social. Caracteriza-se pela perda de contato com a realidade e pelo corte na continuidade biográfica do indivíduo, com a quebra de sua personalidade (unidade), sentido os esquizofrênicos que suas ideias delirantes, sentimentos e pensamentos alucinatórios não lhe pertencem, mas que são ordenados ou governados por alguém externo (fragmentação dissociativa). A criminalidade que envolve a esquizofrenia está relacionada à falta de motivação e historicidade, a carecer de sentido e justificação, e geralmente é cometida solitariamente, a ser considerada mais como sintoma de sua doença. Os crimes mais usuais são os contra integridade física (lesões corporais), ameaças e crimes patrimoniais.

4) *Paranoia* (transtorno delirante) – sistema delirante de desenvolvimento insidioso, inalterável, irrefutável às alegações lógicas e incurável, sendo o delírio (crônico e sistematizado) seu núcleo central; o doente conserva o resto de sua personalidade por ele não afetada, assim como sua vida social e de relação, a manter íntegros o arco intencional do pensamento, sem alterações sensíveis em seu raciocínio, sentimentos e vontades. Há uma hipertrofia do Eu e sua personalidade, a que se une sua perspicácia e desconfiança, é hostil, determinada pela sistemática autorreferência na interpretação dos fatos e pelo pensamento projetivo. Possui diversas formas ou variantes (erotomaníaco, celotípico, persecutório, reivindicatório ou queixoso, somático, misto, etc.). Criminologicamente a paranoia é importante, ante periculosidade do doente e a sua difícil percepção. Em seu delírio, converte-se de perseguido a perseguidor

e pode se tornar extremamente perigoso, com respostas desproporcionais e fatais (homicídio) e pode ser considerado "criminoso em potencial", por se sentir o dono da verdade e legitimado para infringir as normas legais – absurdas e artificiais –, e que só regem aos demais. Seus crimes geralmente são frios, premeditados e refletidos, a manter o agente sempre uma distância arrogante do crime.

5) *Psicopatias* (transtornos da personalidade) – desde que definida por Emil Kraepelin, em 1896, a personalidade psicopata há ocupado papel central nas investigações criminológicas, sem prejuízio de que sua delimitação não alcance consenso científico algum (número e heterogeneidade das personalidades psicóticas (tipologias), a diversidade de etiologias a que se atribui o transtorno, a variedade dos traços de personalidades psicóticas, etc.)[304]. São utilizados, como sinônimos, os termos sociopatia e personalidade antissocial. Em termos gerais, a personalidade psicótica apresenta dois traços marcantes: a) *interpessoal (emocional)* – incapacidade de responder emocionalmente (insensibilidade) a situações em que se esperaria respostas de indivíduos normais; incapacidade de empatia e de se colocar no lugar do próximo; ausência de remorso ou culpa; déficit de afetividade que o incapacita de sentir profunda e sinceramente as emoções humanas; organicamente não apresenta respostas ao medo e à ansiedade; grande egocentrismo, narcisismo e elevada autoestima; personalidade manipuladora, mentirosa e cruel; b) *social (estilo de vida)* – antissocial; agressivo; irresistível impulsividade, decorrente de seu desejo permanente de alcançar satisfação pessoal imediata; déficit de controle das condutas, sem funcionamento dos mecanismos inibitórios; excitação contínua (*in crescendo*), necessitada de vivência situações incompatíveis com a vida normal e rotineira; não influenciável pelo castigo ou consequências adversas ao

304. Observa Antonio García-Pablos de Molina que: "Em meados do presente século mais de duzentas expressões distintas e inclusive contrapostas eram utilizadas como sinônimas de psicopatias, atribuindo-se quase sessenta características diversas à personalidade psicótica e mais de três dezenas de comportamentos chegaram a se associar a esta anormalidade" (GARCÍA-PABLOS DE MOLINA, Antonio. *Criminologia. Uma introdução a seus fundamentos teóricos.* Trad. Luiz Flávio Gomes. São Paulo: Ed. RT, 1992, p. 183).

comportamento antissocial; ausência de assunção de responsabilidades; ausência de preocupação com as repercussões sociais de suas condutas; etc. Há inúmeras investigações criminológicas que tentam comprovar empiricamente as relações entre a psicopatia e o crime, mas com resultados científicos equívocos e contraditórios, mas a haver indiscutível relação conflituosa com o sistema legal, decorrente de seu desprezo pelas normas de convivência, sua frivolidade de ânimo e incapacidade de aprendizagem pela experiência e castigo, especialmente os psicopatas hipertímicos, os psicopatas paranoides e os psicopatas explosivos.

5.1.2.2. Enfoque psicológico (psicologia)

Quanto ao enfoque *Psicológico* (Psiocologia)[305], o mesmo se preocupa em investigar o comportamento ou conduta humana (cognitivo-comportamentalista) criminosa em sua gênese, estrutura e desenvolvimento e explicar o processo de aquisição de certos modelos de conduta, identificando-os com os fatores e variáveis diferenciais que o reforçam.

As teorias psicológicas cognitivo-comportamentalistas pressupõem o deslocamento da análise causal das respostas humanas do âmbito das motivações internas (psicanálise) ao das influências externas (estímulos e reforços), a buscar a base do comportamento nas forças do meio, os motivos do criminoso e os fatores determinantes internos de sua conduta, analisada em função dos estímulos que a provocam e dos reforços que mantêm[306], a entender que "a diferença entre o delinquente e o cidadão normal não radica na sua estrutura orgânica, mas resulta das vicissitudes da sua formação e dos níveis de sucesso ou insucesso do seu processo de aprendizagem e socialização. 'As fontes de variação do impulso e das variáveis de controlo estão na biografia do indivíduo ou na situação contemporânea e não na sua constituição biológica'"[307].

---

305. Sobre o enfoque psicológico: SÁ, Alvino Augusto de. São Paulo: Ed. RT, 2007.
306. v. GARCÍA-PABLOS DE MOLINA, Antonio. *Criminologia. Uma introdução a seus fundamentos teóricos.* Trad. Luiz Flávio Gomes. São Paulo: Ed. RT, 1992, pp. 186-187.
307. FIGUEIREDO DIAS, Jorge; COSTA ANDRADE, Manuel da. *Op. cit.*, p. 178.

Basicamente, o efoque criminológico psicológico trabalha com quatro modelos fundamentais[308]:

1) *Teorias do Condicionamento*: tratam-se de construções teóricas que tentam explicar, não como se aprende o comportamento criminoso, mas, sim, o porque de certas pessoas (criminosos) fracassarem na eficaz evitação das condutas socialmente proibidas que os demais aprendem a evitar.

Nascem, inegavelmente, da teoria psicológica do condicionamento de Hans Jürgen Eysenck, que parte da ideia de que a consciência humana é "reflexo condicionado", tornando-se criminosa aquela pessoa que não conseguiu desenvolver (ou condicionar) as suas reações morais e sociais, ou seja, quem apresenta defeito psicológico consistente na falta de consciência ou na diminuída capacidade de provocar certo tipo de reações.

Sua tese pode ser fundamentalmente resumida da seguinte forma: a propensão para o crime é universal, mas na maior parte dos casos a conduta criminal é evitada pela consciência de cada pessoa. Tal consciência é, em suma, sistema generalizado de *respostas condicionadas* e adquiridas durante o processo de socialização na infância e adolescência, mas que é previsível que tal consciência surja infra ou subdesenvolvida, seja pela ausência de condições sociais e familiares capazes de propiciar seu correto desenvolvimento, seja devido às fraquezas congênitas dos mecanismos pessoais de que depende a elaboração das respostas condicionadas. As pessoas extrovertidas tendem, sob certas circunstâncias, a se condicionar em menor nível do que as introvertidas e, assim, é mais provável que assumam condutas antissociais[309].

Propõe-se, assim, a "saber porque é que, apesar de tudo, a generalidade das pessoas não comete crimes. Trata-se, noutros termos, de indagar quais as variáveis que determinam o processo individual de aprendizagem e socialização, que leva as pessoas a

308. cfr. GARCÍA-PABLOS DE MOLINA, Antonio. *Op. cit.*, pp.187-194.

309. cfr. FIGUEIREDO DIAS, Jorge; COSTA ANDRADE, Manuel da. *Op. cit.*, pp. 209-215; GARRIDO, Vicente; STANGELAND, Per; REDONDO, Santiago. *Op. cit.*, pp. 339-345.

resistir às solicitações hedonistas e conformar-se com as exigências do direito"[310].

A explicação da conduta criminosa exige, pois, a existência de instância interior que exprima e atualize os ditames morais e sociais e que tenha força suficiente para impedir as práticas criminosas. Tal instância e poder interior é a *consciência*, que tem sua gênese na socialização, que se caracteriza como a aquisição das respostas condicionadas – através dos atos dos pais, dos educadores e da sociedade, que castigam as más condutas e premiam as boas condutas – e que tem por função a resistência às tentações (que antecede a prática da conduta criminosa) e a culpa (posterior ao seu cometimento). Assim, a explicação do crime é de índole conflitual; sua prática sempre dependerá da intensidade da tentação e da intensidade da resposta condicionada de evitação[311].

2) *Teorias da Aprendizagem Social*: tais teorias criminológicas estão muito próximas às teorias sociológicas da aprendizagem por transmissão cultural (ou associação diferencial) e partem da premissa de que o comportamento criminoso é aprendido, através da aquisição de pautas, valores e modelos criminais através de processo de aprendizagem evolutivo, que se baseia na observação e imitação do comportamento delitivo alheio (aprendizagem observacional ou vicária). O crime se aprende e representa resposta normal a situações e experiências vitais do indivíduo. As teorias da aprendizagem propõem, pois, análise direta do comportamento humano e tentam

310. FIGUEIREDO DIAS, Jorge; COSTA ANDRADE, Manuel da. *Op. cit.*, p. 210.

311. FIGUEIREDO DIAS, Jorge; COSTA ANDRADE, Manuel da. *Op. cit.*, p. 212. Segundo Antonio García-Pablos de Molina: "O modelo explicativo da criminalidade de Eysenck há suscitado uma viva controvérsia. Seguidores e detratores do mesmo hão tratado de verificar empiricamente as dimensões da personalidade em criminosos e em grupos de controle, os feitos da concretas variáveis (assim, o efeito *feedback* sobre a extroversão), e, inclusive, o comportamento destas em determinados delitos ou condutas antissociais diferenciadas (v.g., vagabundos e ociosos). Existe já uma abundante e prolixa literatura científica que valora e revisa a obra de Eysenck. Críticas severas para a metodologia e conclusões do autor, ou confirmações – parciais, algumas veezes, totais, outras – do modelo eysenckiano" (GARCÍA-PABLOS DE MOLINA, Antonio. *Tratado de criminologia*. Buenos Aires: Rubinzal-Culzoni Editores, t. II, 2009, pp. 262-263).

explicá-lo em função dos mecanismos próprios de todo processo aquisitivo, especialmente na aquisição dos comportamentos criminais e não na condicionalidade do indivíduo ou nos *déficits* do processo de socialização[312].

Segundo Albert Bandura, seu principal defensor, o homem não nasce criminoso, mas aprende a sê-lo e a autuar como tal, seja por suas vivências diárias, seja por sua interação com os demais, onde os aspectos biológicos e psicológicos podem predispor a conduta criminosa, mas sua ativação definitiva se deve ao entorno social e ambiental. Para ele, o processo de aprendizagem da conduta criminal é observacional (ou vicarial), ou seja, é aquele necessário para a sobrevivência humana, já que encurta e abrevia o processo de aprendizagem e permite assumir a experiência dos demais como própria, sem necessidade de se valer da experiência pessoal do sistema ensaio-erro[313]; é através da observação dos condutas dos demais, de seus êxitos e erros, seus prêmios e sanções, que o observador adquire experiência própria, uma aprendizagem. Assim, "atendendo aos êxitos e aos fracassos dos demais, o indivíduo modifica seus próprios pensamentos, sentimentos e ações"[314].

3) *Teorias do Processo Cognitivo* (ou Desenvolvimento Moral): para as teorias cognitivas, o comportamento criminoso não é decorrência do defeituoso processo de condicionamento social e nem à aprendizagem das pautas delitivas, mas, sim, decorrência de certos processos cognitivos, ou seja, o modo de perceber o mundo, o contexto subjetivo, o grau de desenvolvimento e evolução moral (normas e valores), além de outras variáveis cognoscitivas da personalidade criminosa, já que o comportamento humano se rege por chaves muito mais complexas e organizadas, não se tratando o homem de máquina

312. v. GARCÍA-PABLOS DE MOLINA, Antonio. *Op. cit.* p. 270. Para Vicente Garrido, Per Stangeland e Santiago Redondo, as Teorias da Aprendizagem constituem conjunto de conhecimentos de grande transcendência para a Criminologia atual, devido ao importante apoio empírico que hão recebido por parte da investigação e também por suas amplas implicações aplicadas (GARRIDO, Vicente; STANGELAND, Per; REDONDO, Santiago. *Op. cit.*, p. 354).

313. v. GARCÍA-PABLOS DE MOLINA, Antonio. *Criminologia. Uma introdução a seus fundamentos teóricos.* Trad. Luiz Flávio Gomes. São Paulo: Ed. RT, 1992, p. 190.

314. GARCÍA-PABLOS DE MOLINA, Antonio. *Tratado de criminología.* Buenos Aires: Rubinzal-Culzoni Editores, t. II, 2009, pp. 275-276.

de reflexos e hábitos e sua conduta não pode se explicar como mera concatenação de estímulos e respostas; o sentido de suas ações é inseparável de certos processos mentais[315].

Segundo tal teoria, sustenta-se que os processos cognitivos ou de desenvolvimento moral são valiosos determinantes internos da conduta – de difícil acesso e avaliação –, mas de indiscutível interesse no momento de interpretação e compreensão do complexo comportamento humano.

O seu desenvolvimento teórico-científico deu lugar, entre outras, a duas importantes suborientações cognitivas: a) *Psicologia da Gestalt* (Max Wertheimer, Wolfgang Köhler, Kurt Koffa, Kurt Levin, etc.) – todo fenômeno psíquico é unidade incindível, unidade vital, complexo ou estrutura que não pode se decompor analiticamente sem perder sua essência, o que também ocorre com o crime, a pugnar por compreensão global e total que não o fragmentem ou isolem da realidade; o criminoso não reage a estímulos específicos, mas à configuração ou organização total dos objetos que o rodeiam, como genuínas estruturas ou elementos mentais que devem ser contemplados como experiências unitárias; b) *Teoria do desenvolvimento moral e intelectual* (Jean Piaget, Lawrence Kohlberg, June Tapp, etc.) – relaciona o comportamento criminoso com as fases menos evoluídas, menos maduras do desenvolvimento moral e intelectual (cognitivo) do indivíduo; há etapas no processo de formação do raciocínio moral dos indivíduos (pré-moral, convencional e moralidade autônoma), durante os quais se perfilam suas decisões e juízos sobre o conceito de justo e injusto, daí que o crime é decorrência da forma como a pessoa organiza seus raciocínios em torno das leis e normas, a gerar padrões de condutas criminosas. Assim, em geral, os criminosos se encontram nos níveis mais baixos de tal processo de desenvolvimento moral e intelectual, em razão do estancamento ou interrupção do processo evolutivo.

4) *Teorias Fatorialistas*: tais teorias, através de metodologia diferencial fatorialista, tratam de identificar traços da personalidade relacionados com o comportamento criminoso, as dimensões da

315. cfr. GARCÍA-PABLOS DE MOLINA, Antonio. *Op. cit.* p. 281-282.

personalidade do criminoso de validez transituacional, independentes de outras variáveis e dotados de poder preditivo, isto é, verificar até que ponto o comportamento delitivo se acha associado a determinadas características estáveis da personalidade do criminoso (traços ou variáveis da personalidade)[316].

Seus teóricos estão conscientes de suas limitações e perspectivas e buscam respaldo metodológico em instrumentos de medição objetivos, inserindo seus resultados em modelos teóricos complexos, que ponderam a situação e a interpretação que desta faz o sujeito (variáveis cognitivas) e revisam todas suas explicações, a questionar, p. ex., a natureza e a operatividade dos traços e a busca de dimensões válidas da personalidade de caráter transituacional que operem independentemente das restantes variáveis, apontando certos traços da personalidade de maior importância etiológica na conduta criminosa (*v.g.*, extroversão, neurose, autocontrole, impulsividade, ansiedade, inteligência, autoestima, nível de tolerância à frustração, etc.)[317].

5.1.2.3. Enfoque psicoanalítico (psicanálise)

Já o enfoque criminológico *Psicoanalítico* (Psicanálise)[318] aborda a conduta criminosa como comportamento funcional simbólico, expressão de conflitos psíquicos profundos, pretéritos, de desequilíbrios da personalidade que só podem ser revelados introspectivamente, mediante o aprofundamento no inconsciente individual através do exame da estrutura psicodinâmica da personalidade, seus conflitos e frustrações, o processo de motivação e de interpretação à luz do inconsciente de seu autor[319]. É, pois, "uma ponte ou instrumento de comunicação entre o enfoque psiquiátrico e o psicológico"[320].

316. v. GARCÍA-PABLOS DE MOLINA, Antonio. *Criminologia. Uma introdução a seus fundamentos teóricos*. Trad. Luiz Flávio Gomes. São Paulo: Ed. RT, 1992, p. 193.
317. cfr. GARCÍA-PABLOS DE MOLINA, Antonio. *Tratado de criminología*. Buenos Aires: Rubinzal-Culzoni Editores, t. II, 2009, pp. 296-300.
318. Sobre o enfoque psicoanalítico: VELO, Joe Tennyson. *Criminologia analítica. Conceitos de psicologia analítica para uma hipótese etiológica em criminologia*. São Paulo: IBCCrim, 1998.
319. v. GARCÍA-PABLOS DE MOLINA, Antonio. *Criminologia. Uma introdução a seus fundamentos teóricos*. Trad. Luiz Flávio Gomes. São Paulo: Ed. RT, 1992, p. 173.
320. cfr. GARCÍA-PABLOS DE MOLINA, Antonio. *Tratado de criminologia*. Buenos Aires: Rubinzal-Culzoni Editores, t. II, 2009, p. 219.

As teorias psicoanalíticas se propõem a explicar o crime como ato individual e, através de análise introspectiva, revelar as ocultas motivações do criminoso, bem como analisar a psicologia da sociedade punitiva, colocando em relevo as razões que levam a sociedade a produzir o crime e a puni-lo, conhecendo suas primeiras manifestações teóricas nas obras dos fundadores da Psicanálise (Sigmund Freud, Alfred Adler e Carl Jung)[321].

E, segundo Jorge de Figueiredo Dias e Manuel da Costa Andrade, profundas as relações existentes entre psicanálise e ciências criminais, pois "enquanto teoria (que se pretende geral) do comportamento humano, não poderia a psicanálise deixar de se interessar pelo comportamento desviante, renovando o quadro das hipóteses explicativas e dos meios de resposta. Como antropologia cultural, portadora de novos modelos de reflexão sobre a civilização em geral, a religião, a moral e o direito, a psicanálise viu-se igualmente confrontada com a necessidade de criticar o direito penal tradicional. Convirá, contudo, acentuar que as relações e as influências entre a psicanálise e as ciências criminais não têm apenas um sentido. É também conhecido o peso que as representações específicas do universo criminal têm na teoria psicanalítica, na sua linguagem e na sua simbologia. Recorde-se, a titulo de exemplo, a presença de categorias jurídico-criminais num conceito nuclear da psicanálise como é o do *complexo de Édipo: crime originário, parricídio, incesto, culpa, castigo, etc.*"[322].

---

321. v. FIGUEIREDO DIAS, Jorge; COSTA ANDRADE, Manuel da. *Op. cit.*, p. 184.
322. FIGUEIREDO DIAS, Jorge; COSTA ANDRADE, Manuel da. *Op. cit.*, p. 186. No mesmo sentido, observa Antonio García-Pablos de Molina que: "Em efeito, nascida no seio da clínica – e como terapia para certas doenças psíquicas concretas (histerias e neuroses) –, pronto se converteu em uma teria geral; e, inclusive, em mais que uma teoria ou modelo: em uma autêntica 'cosmovisão'. A análise imaginativa da estrutura e dinâmica da personalidade, do processo de desenvolvimento desta, de seus conflitos, frustrações e motivos profundos, permitiu aos psicanalistas elaborar um vocabulário e instrumental muito valioso (...). O certo é que, em qualquer caso, as concepções psicoanalíticas hão exercido uma poderosa influência na Criminologia, provavelmente superior a do resto das teorias psicológicas e psiquiátricas. Assim como as relações da Psicoanálise e o Direito Penal são, desde sempre, pouco cordiais e algum autor considera 'trágico' o enfrentamento do primeiro e a justiça penal, a Criminologia contemplou e segue contemplando com interesse as sugestivas hipóteses da Psicanálise, tanto no

A história do pensamento psicanalítico é repleta de fraturas, que se refletiram em múltiplas linhas doutrinárias (pluralidade de tendências e orientações), que se manifestaram, desde seus primórdios, entre Freud – o pai da Psicanálise – e seus colaboradores mais próximos (p. ex., Alfred Adler e Carl Jung), opositores do determinismo monista freudiano. Assim, Adler substituiu a tônica freudiana da libido e do complexo de Édipo pela vontade de poder e o complexo de inferioridade; enquanto Jung retira dos instintos sua carga exclusivamente sexual e introduz novos conceitos psicanalíticos. Tais divergências foram se alargando e multiplicando à medida em que crescia o afastamento da posição psicanalítica ortodoxa freudiana[323].

Em termos simplórios, os tópicos centrais do pensamento ortodoxo freudiano – que revelou o inconsciente como causa mais extensa e poderosa da vida psíquica – se baseia na representação da personalidade como estrutura dividida em três instâncias qualitativas e funcionalmente distintas e das quais depende o equilíbrio ou estabilidade mental e suas disfunções: a) *Id* – estrutura básica e primária, camada inferior e inteiramente inconsciente, irracional e desorganizada, que contêm os impulsos inatos e instintos, situada na fronteira entre a vida psíquica e fisiológica, comandada pelo princípio do prazer (libido); b) *Superego* – corresponde à consciência, a funcionar como agente censor sobre os desejos e pulsações instintivas do *Id*, sua origem é decorrente da interiorização e identificação da figura paterna, com suas exigências morais inibitórias (introjeção); c) *Ego* – camada intermediária e em contato com a realidade externa, sujeita às exigências contraditórias do *Id* e do *Superego* e às limitações do real (ordem moral e social), tentando estabelecer um compromisso (equilíbrio e estabilidade) entre as pulsações inconscientes (*id*) e as censuras conscientes (*superego*), mediante a sublimação ou repressão[324].

---

plano etiológico-explicativo como no terapêutico" (GARCÍA-PABLOS DE MOLINA, Antonio. *Op. cit.*, p. 220).

323. Sobre a questão: FIGUEIREDO DIAS, Jorge; COSTA ANDRADE, Manuel da. *Op. cit.*, pp. 187-188; GARCÍA-PABLOS DE MOLINA, Antonio. *Op. cit.*, pp. 221-224.

324. v. FIGUEIREDO DIAS, Jorge; COSTA ANDRADE, Manuel da. *Op. cit.*, p. 189; GARCÍA-PABLOS DE MOLINA, Antonio. *Op. cit.*, p. 230.

Assim, segundo a psicanálise ortodoxa, o crime tem raízes nos desequilíbrios, desajustes, desarmonias, disfunções e conflitos íntimos na estrutura da personalidade, através de processos patológicos, caracterizando-se como resposta simbólica ou comportamento substitutivo. Em termos gerais "o crime exprime uma perda do poder inibitório do *Superego* em relação ao *Ego*, que, fica, assim, livre para obedecer as exigências do *Id*. O crime significa, noutros termos, uma fuga à vigilância do 'juiz interior' (*inner Richter*) por parte do delinquente que vive em cada homem (*Verbrecher in uns*). (...) Seja qual for a natureza que o crime revista, ele terá sempre a mesma função: dar satisfação, normalmente de forma simbólica, aos instintos libidinosos"[325].

Já a teoria psicanalítica pós-freudiana heterodoxa oferece novas abordagens ao fenômeno da conduta criminosa[326].

Assim, Alfred Adler, com sua psicologia individual, trabalha com três princípios que determinam a conduta humana: a) o sentimento de inferioridade (condicionado por razões genéticas, orgânicas ou situacionais); b) a ambição de poder (serve para compensar o complexo de inferioridade); c) sentimento de comunidade (exerce a função moderadora de ambas). Daí que o criminoso é alguém débil, que padece de déficit primário de cooperação (comunidade) com os demais indivíduos. A originalidade do pensamento adleriano reside no significado que atribui ao "complexo de inferioridade" – base das reações neuróticas –, que gera condutas criminosas através

---

325. FIGUEIREDO DIAS, Jorge; COSTA ANDRADE, Manuel da. *Op. cit.*, p. 194. Observa Antonio García-Pablos de Molina: "Conflito mental, repressão (neuroses) e delito como resposta simbólica ou comportamento substitutivo são os três escalões do processo dinâmico básico que esgrime a psicanálise. O conflito mental, que se produz entre a estrutura primária do indivíduo (libido) e os requerimentos à conformidade (moralidade convencional) da comunidade – ou entre os três níveis do psiquismo daquele: o id, o ego e o superego –, reprime no inconsciente impulsos e complexos do indivíduo. Estes tratam de aflorar ao mundo consciente, vencendo o obstáculo do censor que lhe retinha, de modo que todos os atos, incluindo os delitivos, são respostas substitutivas ou comportamentos simbólicos que direta ou indiretamente expressam a realidade do inconsciente, as ideias, tendências e sentimentos reprimidos" (GARCÍA-PABLOS DE MOLINA, Antonio. *Op. cit.*, p. 222).

326. Sobre a questão: GARCÍA-PABLOS DE MOLINA, Antonio. *Op. cit.*, pp. 240-247.

de conhecidos comportamentos compensatórios (o criminoso é um complexado), que necessita chamar a atenção dos demais e afirmar sua imagem perante si mesmo e os outros. "A atitude arrogante de muitos criminosos não faz senão expressar – diz Adler – um complexo de inferioridade inconsciente dos mesmos; este lhe impele a demonstrar que são superiores a suas vítimas e às próprias autoridades; e inclusive a atribuir-se fatos delitivos nos quais nunca participou"[327].

Para Carl Jung, com sua psicologia analítica, a ideia de "inconsciente coletivo", ou seja, o conjunto de vivências da humanidade acumuladas ao longo da história (legado cultural), que é revivido por cada homem em sua pessoa e que se transmitem por herança, é importante elemento da conduta criminosa por entender que, ao longo dos séculos, acumula imagens gerais e arquétipos, modelos culturais e pautas de condutas inconscientes, mas decisivas na explicação da conduta individual, inclusive criminosa.

Já Erich Fromm, com seu pensamento socialista marxista, aborda a questão das condutas anormais e antissociais através do viés psicanalítico sociológico, sustentando a crise da civilização ocidental, cujas manifestações (estandardização, submissão, anonimato, etc.) seriam formas coletivas de evasão, fuga da liberdade, pois a liberdade alcançada pelo homem ocidental é liberdade de ataduras. O homem moderno se acha imerso em profunda contradição: há se liberado das cadeias históricas que o escravizavam, mas, por outro lado, há cobrado clara consciência de suas limitações como pessoa e sensação de solidão moral que – paradoxalmente – lhe incitam a alienar-se, subordinando sua própria vida a poderes exteriores e superiores a ele. O medo à liberdade explica tais mecanismos de defesa (evasão, fuga). Assim, o sistema penal se dirige menos aos criminosos, reais ou potenciais, do que aos cidadãos conformistas, que, mais do que a prevenção especial ou geral, aspira a função educativa; o sistema penal é meio privilegiado, através do qual os agentes da autoridade mobilizam, a serviço da ordem, o efeito que a imagem do pai exerce sobre as massas. "A justiça penal – escreve – tem o papel do pau encostado à parede, que mostra à criança rebelde que um pai

327. GARCÍA-PABLOS DE MOLINA, Antonio. *Op. cit.*, p. 342.

é um pai e uma criança é uma criança. (...) a justiça criminal é o meio através do qual a classe dominante se apresenta às massas como a figura do pai e, por isso, um requisito indispensável da sociedade de classes"[328].

Entretanto, sobre o enfoque psicanalista, para além das críticas metodológicas[329], adverte Antonio García-Pablos de Molina, que, "desde uma perspectiva político-criminal, as teses psicoanalíticas padecem de uma limitada praticidade. Isto é, resulta problemático inserir as mesmas em qualquer programa político-criminal realista e eficaz de prevenção do delito. Mais ainda se se repara nas características da terapia psicoanalítica (duração, custo, resultados, etc.) e suas limitações"[330].

5.2. Teorias sociológicas (sociologia criminal)

Como já visto (Capítulo III, Item 5), as teorias sociológicas pretendem explicar o processo criminal como fenômeno social (sociedade criminógena)[331], seja através de visões etiológicas (causas) ou

---

328. FIGUEIREDO DIAS, Jorge; COSTA ANDRADE, Manuel da. *Op. cit.*, p. 203, nota 53.
329. Sobre a questão: GARCÍA-PABLOS DE MOLINA, Antonio. *Op. cit.*, pp. 248-251.
330. GARCÍA-PABLOS DE MOLINA, Antonio. *Op. cit.*, p. 252. Segundo Vicente Garrido, Per Stangeland e Santiago Redondo, diversos são os problemas a envolver a Psicanálise e sua aproximação ao fenômeno criminal. Inicialmente, é difícil a comprovação empírica de conceitos como o "ego" e o "superego", por não serem observáveis e quantificados na realidade. Por sua vez, a explicação psicoanalítica seria circular, pois o estudo começa com a consequência (conduta delitiva) para, depois, elaborar explicações sobre o aparecimento da conduta, ou seja, o efeito (delinquência) se toma como evidência da causa presumida (conflitos inconscientes); finalmente, a evidência recolhida como material de elaboração e de contrastação da teoria é muito escassa e centrada em poucos casos, o que impede sua generalização a diferentes tipos de delinquentes (GARRIDO, Vicente; STANGELAND, Per; REDONDO, Santiago. *Op. cit.*, p. 338).
331. Para Jorge de Figueiredo Dias e Manuel da Costa Andrade, "a expressão sociedade criminógena nada acrescenta à expressão mais tradicional de sociologia criminal à qual se poderiam continuar a reconduzir as explicações sociológicas do crime. A sua utilização tem, contudo, duas vantagens significativas: por um lado, torna mais explícita a intencionalidade crítica que – em maior ou menor grau – é conatural a toda interpretação sociológica do crime; em segundo lugar e complementarmente, sugere mais diretamente a pluralidade de dimensões e de planos que hoje se abrem à sociologia criminal e obrigam a redimensionar em novos moldes o seu conteúdo e alcance, bem como as suas implicações político

de visões interacionistas (reações sociais). A moderna e progressiva inclinação criminológica à Sociologia, deve-se, em boa parte, aos êxitos práticos e utilitários de seus modelos e das informações que subministram para efeitos político-criminais, já que "somente estas teorias partem da premissa de que o crime é um fenômeno social muito seletivo, estreitamente unido a certos processos, estruturas e conflitos sociais, e tratam de isolar suas variáveis"[332].

As *visões sociológicas etiológicas* (causas) do fenômeno criminal apresentam considerável continuidade das teorias individuais, já que não questionam e aceitam a ordem social como um dado e que o crime pode se caracterizar como algo intrinsecamente mau (o criminoso é diferente dos demais) e é sempre resultante de fatores que não deixam outra alternativa de comportamento, mas, diferentemente das teorias individuais, sua estrutura não radica na personalidade do criminoso e nem na sua biografia, mas nas *estruturas sociais* que o envolvem (teoria ecológica, teoria da subcultura, teoria da anomia, etc.). O crime seria resultado de condições ambientais, da inserção em determinadas culturas ou subculturas, do pertencimento a determinada classe social, etc., e suas propostas político-criminais aspiram modificar e melhorar as condições coletivas de vida[333].

Já as *visões sociológicas interacionistas* (reações sociais) pretendem analisar o fenômeno criminal através da análise da racionalidade (estratégias de legitimação e defesa) que preside a *ordem social* – ordem normativa objetivada e heterônoma, resultante da abertura do homem ao mundo e à vida e que permite a interação social – , a indagar quais as funções que o fenômeno criminal desempenha a serviço da sociedade (ordem social) e a projeção que esta faz sobre os criminosos; defende a atitude político-criminal da não intervenção, que traduz a acomodação da sociedade à mais ampla diversidade de condutas e atitudes, ao invés de forçar a adaptação de grande número de indivíduos aos padrões sociais supostamente comuns[334].

– criminais" (FIGUEIREDO DIAS, Jorge; COSTA ANDRADE, Manuel da. *Op. cit.*, p. 243).

332. GARCÍA-PABLOS DE MOLINA, Antonio. *Criminologia. Uma introdução a seus fundamentos teóricos.* Trad. Luiz Flávio Gomes. São Paulo: Ed. RT, 1992, p. 194.
333. cfr. FIGUEIREDO DIAS, Jorge; COSTA ANDRADE, Manuel da. *Op. cit.*, pp. 244-245.
334. cfr. FIGUEIREDO DIAS, Jorge; COSTA ANDRADE, Manuel da. *Op. cit.*, pp. 246-249.

5.2.1. Teorias sociológicas etiológicas

5.2.1.1. Teoria ecológica

A *Teoria Ecológica* foi elaborada e difundida pela Escola de Chicago (Capítulo III, Item 4.4.1), cuja temática central foi a sociologia da grande cidade, a análise do desenvolvimento urbano, da civilização industrial e, correlativamente, a morfologia do fenômeno criminal nesse novo meio[335].

Seus principais defensores (Robert E. Park, Ernest Burgess, Roderick Mckenzie, Frederick Thrasher, Clifford R. Shaw, Henry D. McKay, etc.) sustentavam o paralelismo entre a criação das grandes cidades e a criminalidade (a cidade produz crime), podendo-se empiricamente verificar, em decorrência da desorganização social, a existência de zonas ou áreas bem definidas onde a criminalidade se concentra (*gangland* ou *delincuency areas*).

A *desorganização social* (Shaw e McKey) se caracteriza como o afrouxamento da influência das regras sociais de conduta existentes

335. v. GARCÍA-PABLOS DE MOLINA, Antonio. *Op. cit.*, p. 199; SHECAIRA, Sérgio Salomão. *Op. cit.*, pp. 154-160; GARCÍA-PABLOS DE MOLINA, Antonio. *Tratado de criminología*. Buenos Aires: Rubinzal-Culzoni Editores, t. II, 2009, pp. 319-321; Sobre a relação histórica entre a Escola de Chicago e a Teoria Ecológica, observam Jorge de Figueiredo Dias e Manuel da Costa Andrade: "Para uma melhor compreensão do parecimento histórico da teoria ecológica do crime deverão recordar-se (...) as implicações do crescimento vertiginoso do espaço urbano povoado peelo processo de industrialização. Ele colocou a cidade e os seus modelos de convivência e interação no centro das preocupações dos teóricos e moralistas dos fins do século XIX e princípio do século XX. Pelas suas dimensões sem precedentes, pela sua heterogeneidade étnica e cultural, pelo anonimato e atomismo da sua interação, a cidade moderna caracteriza-se pela ruptura dos mecanismos tradicionais de controlo (família, vizinhança, religião, escola) e pela pluralidade, praticamente sem limites, das alternativas de conduta. Nesta perspectiva, o processo de urbanização mais não tem feito que justificar a perplexidade de Disraeli que, já em 1845, afirmava: 'O cristianismo proclama o mandamento do amor ao próximo; (...) mas na moderna sociedade não existe qualquer próximo". O mundo da cidade surge, assim, em radical contraste com a comunidade rural tradicional, de natureza intrinsecamente coercitiva e com um monismo rígido de modelos de ação. (...) Chicago oferece um exemplo expressivo deste processo de crescimento, devido às sucessivas avalanches de imigrantes nas últimas décadas do século XIX e nas primeiras do século XX" (FIGUEIREDO DIAS, Jorge; COSTA ANDRADE, Manuel da. *Op. cit.*, pp. 269-270).

sobre os membros individuais do grupo social e, do ponto de vista institucional (social), a impossibilidade de definir e impor modelos coletivos de ação, a corresponder, para o indivíduo, a condição de total liberdade para a expressão de suas inclinações. Tal desorganização distingue-se "pela diversidade de valores culturais, códigos morais e modelos de conduta, muitos de natureza criminal. O que impede as instituições tradicionais de manter a solidariedade social, promover a defesa dos valores convencionais e isolar os recém-chegados, sobretudo os jovens, do contacto e da influência das soluções delinquentes. Isto é, a desorganização social provoca a falta de controlo dos adultos e dos valores convencionais sobre os jovens"[336]. A deterioração dos grupos primários de controle social informal (família, etc.), a modificação qualitativa (superficialidade) das relações interpessoais, a alta mobilidade e consequente perda de raízes geográficas e culturais, a crise dos valores tradicionais e familiares, a superpopulação, a proximidade com tentadoras áreas de riqueza, etc., criam meio social desorganizado e criminógeno[337]. Tal fenômeno organizacional, entretanto, é processo dinâmico de mudança, alternando-se, por isso, com fases de organização[338].

Tal desorganização social gera distribuição de criminalidade por diversas áreas da cidade (*delincuency areas*) – processo que obedece a tendência gradativa (*gradient tendency*)[339] –, que se apresentam invariavelmente ligadas à degradação física, à segregação econômica, étnica-racial e à doença, independentemente da renovação cíclica de seus ocupantes, e cuja explicação se encontra na própria estrutura da vida comunitária, especialmente nas relações de vizinhança[340].

---

336. FIGUEIREDO DIAS, Jorge; COSTA ANDRADE, Manuel da. *Op. cit.*, p. 277.
337. cfr. GARCÍA-PABLOS DE MOLINA, Antonio. *Criminologia. Uma introdução a seus fundamentos teóricos.* Trad. Luiz Flávio Gomes. São Paulo: Ed. RT, 1992, pp. 200-201; SERRANO MAÍLLO, Alfonso. *Op. cit.*, pp. 84-87; SHECAIRA, Sérgio Salomão. *Op. cit.*, pp. 176-179.
338. v. FIGUEIREDO DIAS, Jorge; COSTA ANDRADE, Manuel da. *Op. cit.*, p. 274.
339. Sobre a *gradient tendency*: SERRANO MAÍLLO, Alfonso. *Op. cit.*, pp. 81-83; SHECAIRA, Sérgio Salomão. *Op. cit.*, pp. 179-181.
340. v. FIGUEIREDO DIAS, Jorge; COSTA ANDRADE, Manuel da. *Op. cit.*, p. 277.

Em que pesem as inúmeras críticas recebidas[341], o fato é que a teoria criminológica ecológica viabilizou "algumas análises sobre a distribuição espacial do delito: modelos de distância espacial vitima-delinquente em relação ao lugar do crime; métodos de diferenciação e fatorização de áreas de alta e baixa taxa delitiva, etc.. Pelo que parece, o fator 'classe social da àrea' provou sua validez em numerosas investigações. Em todo caso, o fator espacial é interessante não só para 'explicar' o delito (sua gênese, distribuição), senão como peça fundamental dos planos de prevenção: para 'preveni-lo', de acordo com uma nova política arquitetônica e urbanística. Os enfoque macrossociológicos de áreas que ensejam assim estudos microssociológicos que tratam de verificar a correlação existente entre determinados espaços concretos e certas manifestações da criminalidade urbana, de acordo com uma análise mais precisa e situacional"[342].

5.2.1.2. Teoria da anomia (estrutural-funcionalista)

A *Teoria da Anomia*, em suas mais diversas configurações, pressupõe a normalidade e a funcionalidade do fenômeno criminal; este seria normal em todas as sociedades, já que sua origem não seria patológica (individual ou social), mas, sim, decorrência do normal e regular funcionamento da ordem social e inevitavelmente unido ao desenvolvimento do sistema social e dos demais fenômenos corriqueiros da vida cotidiana. Um fenômeno inseparável do sistema social. Ademais, seria socialmente funcional por não caracterizar, necessariamente, algo nocivo ou prejudicial à sociedade, mas funcionalmente necessário para a estabilidade e para as mudanças sociais[343].

Ou seja, segundo tal orientação, a gênese (ou etiologia) do fenômeno criminal está diretamente vinculada com a estrutura e o grau

341. v. GARCÍA-PABLOS DE MOLINA, Antonio. *Tratado de criminologia*. Buenos Aires: Rubinzal-Culzoni Editores, t. II, 2009, pp. 340-343; FIGUEIREDO DIAS, Jorge; COSTA ANDRADE, Manuel da. *Op. cit.*, p. 279-286; SHECAIRA, Sérgio Salomão. *Op. cit.*, pp. 183-199.
342. GARCÍA-PABLOS DE MOLINA, Antonio. *Criminologia. Uma introdução a seus fundamentos teóricos*. Trad. Luiz Flávio Gomes. São Paulo: Ed. RT, 1992, p. 203.
343. cfr. GARCÍA-PABLOS DE MOLINA, Antonio. *Op. cit.*, p. 206.

de desenvolvimento do próprio sistema social[344] e, assim, procura descobrir as tensões socialmente estruturadas que induzem a procura de soluções através de condutas criminosas (ou desviadas); de indagar como é que o sistema social produz o crime, respondendo que o produz de maneira normal e esperada como resultado de seu próprio funcionamento[345]. Tratam-se de teorias denominadas *estruturais-funcionalistas*, que deslocam o centro de atenção e análise para o funcionamento do sistema social[346].

Sociologicamente, o termo *anomia* (ausência de normas) significa "propriedade de um sistema social, e não o estado de espírito deste ou daquele indivíduo dentro do sistema. Refere-se a uma ruptura dos padrões sociais que comandam a conduta, significando também pouca coesão social. Quando se instalou um alto grau de anomia, as regras que dantes governavam a conduta perderam a

---

344. v. GARCÍA-PABLOS DE MOLINA, Antonio. *Tratado de criminologia*. Buenos Aires: Rubinzal-Culzoni Editores, t. II, 2009, p. 368.
345. FIGUEIREDO DIAS, Jorge; COSTA ANDRADE, Manuel da. *Op. cit.*, p. 314.
346. De maneira geral, segundo Ana Lúcia Sabadell: "os funcionalistas consideram a sociedade como uma grande máquina. Esta distribui papéis e recursos (...) aos seus membros, que são identificados como as 'peças da máquina'. A finalidade da sociedade é a sua reprodução através do funcionamento perfeito dos seus vários componentes. Isso pressupõe que os indivíduos sejam integrados no sistema de valores da sociedade e que compartilhem os mesmos objetivos, ou seja, que aceitem as regras sociais vigentes e se comportem de forma adequada às mesmas. Toda sociedade prevê, porém, mecanismos de reajuste e de redistribuição de recursos e funções, permitindo uma mudança paulatina dentro dos limites estabelecidos pela própria sociedade (...) que permitem mudar parcialmente o funcionamento do sistema sem afetar seu equilíbrio em geral. Cada situação de crise e de conflito que escape a estes mecanismos é considerada como uma disfunção. Frente a isto, a sociedade deve reagir (...). Para os funcionalistas, as funções sociais são atividades das estruturas sociais dentro do processo de manutenção do sistema. As disfunções são atividades que se opõem ao funcionamento do sistema social. Toda mudança social é uma disfunção, uma falha do sistema, que não consegue mais integrar as pessoas em suas finalidades e valores" (SABADELL, Ana Lúcia. *Op. cit.*, pp. 67-68). Para Antonio García-Pablos de Molina: "Ao funcionalismo interessa o 'sistema' desde um ponto de vista dinâmico e operativo; isto é, não como marco de valores (axiologicamente), mas como estrutura em bom estado de funcionamento. Desde tal perspectiva 'funcional', o indivíduo e o Direito são meros 'subsistemas' subordinados àquele. O critério da funcionalidade prevalece sobre as valorações ético-políticas, individuais ou coletivas. Em consequência, o diagnóstico funcionalista sobre a criminalidade relaciona esta, suas taxas e movimento, com a estrutura social (organização e estado de desenvolvimento do tipo social dominante), prescindindo por completo das características biopsicológicas do indivíduo" (GARCÍA-PABLOS DE MOLINA, Antonio. *Op. cit.*, p. 392).

sua atração e a sua força. Acima de tudo o mais, estão carecidas de legitimidade"[347]. Assim, anomia é empregada para designar certos estados de vazio ou carência de normas em uma sociedade, que produzem, entre outros efeitos, condutas desviadas em seus membros e tal situação de crise estaria diretamente vinculada com a estrutura, organização e grau de desenvolvimento do tipo social[348].

A ideia de anomia surge com Émile Durkheim – particularmente desenvolvida em sua obra *O suicídio* (1897)[349] –, para quem o termo pretende expressar a crise, a perda de efetividade ou o desmoronamento das normas e valores vigentes em determinada sociedade, como consequência do rápido e acelerado desenvolvimento da mesma e das profundas alterações sociais que debilitam a consciência coletiva; trata-se de situação generalizada de desregramento social. Assim, "uma sociedade anômica é uma sociedade carecida de ordem normativa e incapaz, por isso, de controlar a força centrífuga e desintegradora dos instintos, das ambições e dos interesses individuais. Como expressivamente escreve Durkheim, numa sociedade anômica 'já não se sabe o que é possível e o que não o é, o que é justo e o que é injusto, quais as reivindicações e as esperanças legítimas, quais as exageradas (...) Os desejos, não podendo ser refreados por uma opinião desorientada, já não sabem onde estão os limites que não devem ultrapassar. Aliás, encontram-se nesse mesmo momento num estado de exaltação natural (...). O estado de desregramento ou de anomia é ainda acentuado pelo fato das paixões serem menos disciplinadas, na altura exata em que teriam necessidade de uma disciplina mais forte'"[350].

Posteriormente, a ideia de anomia é acolhida e desenvolvida por Robert Merton – que a converte em teoria geral da criminalidade[351] –, para quem a anomia não é apenas o desmoronamento ou

347. FIGUEIREDO DIAS, Jorge; COSTA ANDRADE, Manuel da. *Op. cit.*.
348. cfr. GARCÍA-PABLOS DE MOLINA, Antonio. *Op. cit.*, p. 369.
349. Sobre a questão: GARCÍA-PABLOS DE MOLINA, Antonio. *Op. cit.*, pp. 369-376; FIGUEIREDO DIAS, Jorge; COSTA ANDRADE, Manuel da. *Op. cit.*, pp. 316-320; SABADELL, Ana Lúcia. *Op. cit.*, pp. 71-74.
350. FIGUEIREDO DIAS, Jorge; COSTA ANDRADE, Manuel da. *Op. cit.*, pp. 316-317.
351. v. GARCÍA-PABLOS DE MOLINA, Antonio. *Criminologia. Uma introdução a seus fundamentos teóricos.* Trad. Luiz Flávio Gomes. São Paulo: Ed. RT, 1992, p. 208; ALBRECHT, Peter-Alexis. *Op. cit.*, p. 48.

crise de valores e normas sociais em detrimento de circunstâncias sociais, mas, antes de tudo, é o sintoma ou expressão do vazio que se produz quando os meios socioestruturais existentes não mais servem para satisfazer as expectativas culturais de uma sociedade (*disfunção estrutural*).

Segundo Merton, a *estrutura cultural* impinge aos indivíduos os objetivos e as metas a serem alcançadas por todos (p. ex., riqueza, sucesso, prestígio, etc.) (*expectativas culturais*), enquanto a *estrutura social* restringe a certos grupos da população o acesso efetivo, por vias institucionais lícitas, as tais aspirações culturais (*meios socioestruturais*), surgindo a conduta desviada (criminosa) como reação normal dos indivíduos ao desequilíbrio do sistema e às contradições da estrutura social; ou seja, "a conduta irregular pode ser considerada sociologicamente como o sintoma da discordância entre as expectativas culturais preexistentes e os caminhos ou vias oferecidas pela estrutura social para a satisfação daquelas"[352].

Por sua vez, ele divide as respostas individuais (adaptação) à tensão expectativas culturais x meios socioestruturais em cinco tipos, que se distinguem pela adesão ou rechaço: a) *conformidade* – resposta positiva tanto aos fins quanto aos meios institucionais, ou seja, comportamento conforme; b) *inovação* – adesão aos fins culturais sem o respeito aos meios institucionais (conduta criminosa); c) *ritualismo* – respeito apenas aos meios institucionais, sem perseguir os fins culturais; d) *apatia* (ou evasão) – negação tanto dos fins culturais, como dos meios institucionais; e) *rebelião* – afirmação substitutiva de fins culturais alternativos, através de meios também alternativos[353].

---

352. GARCÍA-PABLOS DE MOLINA, Antonio. *Op. cit.*, p. 209. Sobre a questão: GARCÍA-PABLOS DE MOLINA, Antonio. *Tratado de criminología*. Buenos Aires: Rubinzal-Culzoni Editores, t. II, 2009, pp. 376-386; FIGUEIREDO DIAS, Jorge; COSTA ANDRADE, Manuel da. *Op. cit.*, pp. 321-328; SABADELL, Ana Lúcia. *Op. cit.*, pp. 74-78.

353. Sobre a questão: BARATTA, Alessandro. *Op. cit.*, pp. 61-62; HASSEMER, Winfried. *Op. cit.*, pp. 63-66; FIGUEIREDO DIAS, Jorge; COSTA ANDRADE, Manuel da. *Op. cit.*, pp. 325-328; GARCÍA-PABLOS DE MOLINA, Antonio. *Op. cit.*, pp. 380-386; GARRIDO, Vicente; STANGELAND, Per; REDONDO, Santiago. *Op. cit.*, p. 234.

Já Richard Cloward e Lloyd Ohlin complementam a explicação anômica – apesar de suas ideias ultrapassarem tal dimensão[354] –, ressaltando a direção e a conotação da pressão social (expectativas culturais-meios institucionalizados), segundo o plano da pirâmide social em que se encontra o indivíduo afetado e, assim, o grau de intensidade com que o indivíduo sente e experimenta tal tensão não é uniforme, mas, ao contrário, reparte-se de maneira desigual, conforme a posição que ocupa na pirâmide social, especialmente mais intensa no caso da juventude e nas classes sociais menos privilegiadas[355].

Para a teoria funcionalista, a pena criminal – como qualquer outra instituição social – não se justifica em razão de supostos fins ideais que se atribuam a ela (retribuição, ressocialização, etc.), mas pelas funções que efetivamente ela cumpre na conservação do sistema social e na confiança dos indivíduos no bom funcionamento deste (estabilidade do sistema social), tem, por isso, um condicionamento estrutural, não axiológico (valores)[356].

Inúmeras as críticas levantadas contra a visão funcionalista[357]; entretanto, tal visão teve o inegável mérito de apresentar o fenômeno criminal como fenômeno social e normal – como mais uma manifestação de conduta socialmente desviada – e que, por sua vez, cumpre importantes funções positivas na estabilização do sistema e na mudança social, bem como formularam teoria geral, segundo a qual o comportamento desviado é uma função do tipo social dominante e de seu estado de desenvolvimento, ou seja, que o normal funcionamento de uma sociedade produz criminalidade e a natureza desta depende da estrutura e desenvolvimento de cada tipo de sociedade[358], a servir, ademais, como ponto de partida para outras teorias criminológicas[359].

---

354. cfr. FIGUEIREDO DIAS, Jorge; COSTA ANDRADE, Manuel da. *Op. cit.*, pp. 330-338
355. v. GARCÍA-PABLOS DE MOLINA, Antonio. *Criminologia. Uma introdução a seus fundamentos teóricos.* Trad. Luiz Flávio Gomes. São Paulo: Ed. RT, 1992, p. 210.
356. cfr. GARCÍA-PABLOS DE MOLINA, Antonio. *Tratado de criminología.* Buenos Aires: Rubinzal-Culzoni Editores, t. II, 2009, p. 394.
357. v. GARCÍA-PABLOS DE MOLINA, Antonio. *Op. cit.*, pp. 397-400.
358. v. GARCÍA-PABLOS DE MOLINA, Antonio. *Op. cit.*, p. 397.
359. cfr. FIGUEIREDO DIAS, Jorge; COSTA ANDRADE, Manuel da. *Op. cit.*, p. 331; GARCÍA-PABLOS DE MOLINA, Antonio. *Op. cit.*, p. 386.

5.2.1.3. *Teoria da subcultura*

A *Teoria Subcultural*[360] suge nos EUA, nos anos 40/50, para explicar fundamentalmente a conduta desviada de certas minorias sociais, especialmente a criminalidade juvenil organizada em bandos.

A ideia de *subcultura* pressupõe a existência de sociedade plural, configurada com diversos sistemas de valores divergentes, em volta dos quais os grupos desviados se organizam; ou seja, trata-se de ordem social fragmentada, conflitiva e constituída por complexo mosaico de grupos e subgrupos que compartilham códigos de valores diversos, nem sempre coincidentes com os valores sociais oficiais e majoritários, onde cada grupo ou subgrupo faz valer o seu código frente aos demais[361].

Daí que o fenômeno criminal não seria produto da desorganização social ou da ausência ou vazio de valores ou normas, mas reflexo e expressão de outros sistemas normativos (normas) e axiológicos (valores), qual seja, dos sistemas subculturais, a ter, portanto, substrato ou respaldo normativo; tanto as condutas regulares como as desviadas seriam definidas em relação aos respectivos sistemas de normas e valores oficiais e subculturais, ambas, pois, contariam com estrutura e significação semelhantes[362].

---

360. Jorge de Figueiredo Dias e Manuel da Costa Andrade preferem o termo plural "teorias da subcultura", que "justifica-se pela circunstância de serem várias as tentativas de explicação, da delinquência em geral e da delinquência juvenil em especial, assentes no conceito genérico de subcultura delinquente. Tentativas que, obedecendo embora às linhas fundamentais dum modelo teórico comum, revelam grandes divergências em aspectos relevantes como, v.g., o conteúdo da subcultura delinquente, a sua gênese e origem, função, relações com a cultura dominante, processos psicológicos de atuação sobre os delinquentes individuais, etc." (FIGUEIREDO DIAS, Jorge; COSTA ANDRADE, Manuel da. *Op. cit.*, p. 288).
361. v. GARCÍA-PABLOS DE MOLINA, Antonio. *Op. cit.*, p. 402.
362. v. GARCÍA-PABLOS DE MOLINA, Antonio. *Criminologia. Uma introdução a seus fundamentos teóricos*. Trad. Luiz Flávio Gomes. São Paulo: Ed. RT, 1992, p. 221. Segundo Jorge de Figueiredo Dias e Manuel da Costa Andrade: "em vez da ideia de desorganização social, parte-se da ideia aparentemente paradoxal da integração nos valores últimos do sistema cultural dominante, ou seja, na procura de sucesso e status. Só que – acentua-se – este é um caminho que inevitavelmente condena muitos à frustração, provoca atitudes colectivas de ambivalência em relação à cultura dominante e induz à procura de alternativas subculturais" (FIGUEIREDO DIAS, Jorge; COSTA ANDRADE, Manuel da. *Op. cit.*, p. 292).

A subcultura criminal, desde a ótica dos próprios desviados, contempla o fenômeno criminal como decisão simbólica de rebeldia aos valores oficiais da classe média ou como resultado da interiorização e da obediência a código moral ou cultural que torna a conduta desvida imperativa e seria produto do limitado acesso das classes baixas aos objetivos e metas culturais da classe média. As subculturas criminais institucionalizariam particulares formas de ver o mundo, diferentemente da sociedade oficial, e seu código normativo-axiológico contaria com certa autonomia – ainda que não se afaste inteiramente da cultura dominante (ambivalência ou polaridade negativa) –, bem como contaria com organização interna que regula as relações de seus membros, cujo processo de interação é caracterizado pelo sentimento de solidariedade de grupo, conferindo a seus membros *status* negado pela sociedade majoritária e sentimento de pertencimento e identidade[363].

Para Albert K. Cohen – que centrou seu trabalho na explicação da delinquência juvenil norte-americana –, em seu *Delinquent Boys* (1955), o crime resulta da identificação dos jovens das classes trabalhadoras com os valores e as regras de conduta emergentes da subcultura delinquente; é a resposta coletiva de protesto às experiências de frustração nas tentativas de aquisição de *status* no contexto normativo-axiológico da sociedade respeitável e da sua cultura[364]. Como a estrutura social impede aos jovens das classes inferiores o acesso ao bem-estar pelas vias legais, estes experimentam um conflito cultural ou estado de frustração, que determina sua integração em subcultura separada da cultura oficial e que possui sistema de valores diretamente colidente aos daquela, a justificar, assim, a correção dos comportamentos desviados pelo só fato de serem proibidos pela cultura oficial.

Segundo Cohen, a subcultura delinquente se caracteriza por ser: a) *gratuita* (ou não utilitária) – as condutas criminosas não perseguem a obtenção de benefícios econômicos ou outros fins racionais;

---

363. cfr. GARCÍA-PABLOS DE MOLINA, Antonio. *Tratado de criminología*. Buenos Aires: Rubinzal-Culzoni Editores, t. II, 2009, pp. 402-404; FIGUEIREDO DIAS, Jorge; COSTA ANDRADE, Manuel da. *Op. cit.*, pp. 290-293.

364. v. FIGUEIREDO DIAS, Jorge; COSTA ANDRADE, Manuel da. *Op. cit.*, p. 293.

comete-se o crime pelo próprio crime, pelo prazer, audácia, prestígio e satisfação de delinquir; b) *maliciosa* (má) – revela evidente prazer em agredir ou molestar as pessoas e desafiar a ordem social dominante, a satisfação derivada da só desconformidade dos demais; c) *negativa* (destrutiva) – representa a subversão e a inversão total das normas e valores da cultura dominante; orgulha-se das condutas desviadas por serem incorretas, segundo os modelos da classe média[365].

Tal autor sustenta que o problema central das subculturas criminais está no dualismo normativo (valores da classe média x valores da subcultura) e na atitude de ambivalência, já que os jovens das classes baixas participam, em boa medida, de ambos os sistemas de valores, mas ao enfrentarem os valores da classes média se encontram em desvantagem, pois os mesmos não se aplicam ao seu *status* e diminuem a estima de si mesmos; produz-se conflito quando tais jovens se identificam com a estima social dominante e, ao mesmo tempo, interiorizam os valores de sua própria classe (ou subcultura), levando-os a tomar consciência de suas limitações no jogo competitivo e a desenvolver atitudes ambivalente a respeito dos valores de uma ou outra classe. Tal conflito admitiria três atitudes: *adaptação* (*college boys*), *transação* ou *pacto* (*corner boy*) e *rebelião* frente aos valores da classe dominante (*delinquent boys*). Assim, a opção criminal (subcultura delinquente) seria mecanismo dirigido à compensação da angústia dos jovens, que, para conseguir a estima social, lançam-se contra os valores da classe dominante que foram por eles internalizados[366].

Posteriormente, Richard Cloward e Lloyd Ohlin desenvolvem a ideia de subcultura, sustentando que a subcultura criminal é aquela em que certas formas de atividade criminosa são requisito indispensável para o desempenho de seus papéis dominantes, admitindo que tal subcultura tem origem na frustração experimentada pelos jovens das classes baixas ao tentar, sem êxito, o *status* ou estima da cultura

365. Sobre a questão: GARCÍA-PABLOS DE MOLINA, Antonio. *Op. cit.*, pp. 406-407; FIGUEIREDO DIAS, Jorge; COSTA ANDRADE, Manuel da. *Op. cit.*, pp. 293-294.
366. cfr. GARCÍA-PABLOS DE MOLINA, Antonio. *Op. cit.*, pp. 408-409; FIGUEIREDO DIAS, Jorge; COSTA ANDRADE, Manuel da. *Op. cit.*, pp. 295-298.

dominante. Assim, quando o fracasso na tentativa de melhora da posição social é atribuído ao tipo de sociedade ou organização social e não a si mesmo, aparece o sentimento de injusta privação referido às normas e valores oficiais, a gerar a união do jovem a outros com ideias ou sentimentos semelhantes, integrando-os em subcultura criminal, cujo respaldo do grupo lhes fará superar o sentimento de desonra, o temor ou a má consciência (culpa) por seus comportamentos delitivos, concedendo-lhes a oportunidade de conseguir, na subcultura criminal, o êxito pessoal e a plena satisfação decorrentes da aprovação que recebem de seus iguais[367].

Entretanto, a significativa aportação de tais autores à teoria da subcultura advém do conceito de *oportunidade diferencial* ou *ilegítimas* (*differencial opportunies*), pois não basta a identificação de tensões e pressões estruturais ao desvio social para compreender a gênese da conduta desviada. É necessário explicar porque os jovens das classes inferiores se orientam até os modelos criminais. Assim, utilizando-se de elementos da teoria anômica (v. supra), sustentam que a origem das condutas desviadas depende do tipo de ambiente social em que ocorrem, da efetiva organização social da subcultura e do maior ou menor número de oportunidades (legítimas ou ilegítimas) que este confere a seus membros. São as oportunidades ilegítimas que determinam o processo de formação e manutenção de subcultura delinquente; se a área em que reside o indivíduo proporciona a este a oportunidade de êxito pessoal através de atitudes relacionadas com o crime, tais oportunidades ilegítimas é que por ele serão, inegavelmente, utilizadas. Tal estrutura de oportunidades ilegítimas é que determinará o aparecimento de tipos de subculturas delinquentes diversas, a saber: a) *subcultura criminal* (*criminal gangs*) – legitima e apoia a atividade criminosa como meio de obtenção de lucro econômico, só aparecendo em áreas organizadas e estabilizadas, ocupadas pela triunfante criminalidade adulta, que oferecerá aos jovens aprendizagem, carreira e vínculos com o mundo criminoso, além de articular mecanismos de controle do comportamento do jovem para limitar o emprego de meios ilegais que coloquem em risco desnecessário seu próprio benefício; b) *subcultura de conflito* (*conflict gangs*)

367. v. GARCÍA-PABLOS DE MOLINA, Antonio. *Op. cit.*, pp. 412-413.

– caracteriza a revolta contra a ordem normativa vigente e se exprime através de atos de violência de rua, como forma de alcançar a respeitabilidade, a ocorrer em áreas desorganizadas, com grande mobilidade social e geográfica, com altas taxas de precariedade nos componentes da vida social e, especialmente, com falta de estrutura estável de oportunidades ilegítimas, onde a criminalidade adulta é ocasional e desorganizada, não oferecendo possibilidade de carreira criminal aos jovens. Os atos de jovens desviados se caracterizam pelo conflito violento e permanente com outros bandos, como forma de adquirir *status* e reputação; c) *subcultura de evasão* (*retreatist gangs*) – configurada por jovens que não conseguiram o êxito social nem através de procedimentos ilícitos, sendo produto de duplo fracasso (*double failure*) e a surgir do difícil acesso a oportunidades ilícitas, decorrentes das proibições internalizadas pelo jovem ou pela própria organização social de seu entorno. Exprime-se, geralmente, através do consumo de drogas, como forma de permanecer insensível e indiferente ao mundo convencional do qual se evade e pressupõe o abandono dos interesses próprios dos adultos[368].

A teoria subcultural teve o importante papel de aclarar o fato de que muitos jovens delinquentes compartilham os valores e metas da sociedade oficial e que é a ausência de vias legítimas, para alçar os mesmos, o fator determinante no desvio criminal, a possibilitar, assim, a criação de programas de prevenção do crime e de reabilitação dos criminosos, mediante atuação incisiva dos poderes públicos que possibilite e amplie oportunidades legítimas de êxito aos jovens, restringindo as ilegítimas[369].

5.2.2. Teorias sociológicas interacionistas

5.2.2.1. Teoria da aprendizagem

Para a *Teoria da Aprendizagem*, o fenômeno criminal é decorrência das interações entre o indivíduo e a sociedade, especialmente

---

368. cfr. GARCÍA-PABLOS DE MOLINA, Antonio. *Op. cit.*, pp. 414-416; FIGUEIREDO DIAS, Jorge; COSTA ANDRADE, Manuel da. *Op. cit.*, pp. 333-3335; GARRIDO, Vicente; STANGELAND, Per; REDONDO, Santiago. *Op. cit.*, pp. 237-238.
369. Sobre o desenvolvimento e as cíticas à teoria subcultura: GARCÍA-PABLOS DE MOLINA, Antonio. *Op. cit.*, pp. 417-426.

a aprendizagem, ou seja, o comportamento criminoso é produto de processo social de aprendizagem social e, portanto, normal; a conduta criminosa é aprendida do mesmo modo que se aprende as condutas lícitas ou meritórias, em sua interação com outras pessoas e grupos, mediante complexo processo de comunicação. Assim, aprende-se não só as condutas criminosas como os valores criminais, as técnicas comissivas e os mecanismos subjetivos de racionalização e autojustificação do comportamento desviado. Segundo tal teoria, o homem atua segundo as reações que sua própria conduta recebe dos demais, de forma que a conduta individual se acha permanentemente modelada pelas experiências vitais cotidianas; portanto, a conduta criminosa é uma adquirida resposta habitual a situações reais que o sujeito aprende em sua interação social; o criminoso aprende normas, valores e condutas associadas à criminalidade[370].

Suas formulações mais conhecidas são: a) *teoria da associação diferencial* (Edwin H. Sutherland e Donald Cressey); b) *teoria da identificação diferencial* (Daniel Glaser); c) *teoria do reforço diferencial* (Clarence R. Jeffery) e do *condicionamento operante* (Robert Burgess e Ronald Akers); d) *teoria da neutralização* (Gresham Sykes e David Matza)[371].

A *teoria da associação diferencial*, formulada por Edwin H. Sutherland, ao estudar a criminalidade de colarinho branco e a delinquência econômica profissional, sustenta que a conduta desviada não pode se referir à disfunção ou inadaptação dos indivíduos das classes baixas (*lower class*), mas à aprendizagem efetiva dos valores criminais, que pode ocorrer em qualquer cultura. Segundo tal autor, no seio da sociedade existem diversas associações estruturadas em torno de diversos interesse e metas (organização social diferencial) e o vínculo de união que integra seus indivíduos se caracteriza pelos interesses e projetos comuns, que se comunicam livremente entre os membros, a ocorrer que, diante das divergências entre os interesses dos grupos, alguns dão respaldo a modelos

370. v. GARCÍA-PABLOS DE MOLINA, Antonio. *Op. cit.*, pp. 428-429.

371. Sobre as teorias: GARCÍA-PABLOS DE MOLINA, Antonio. *Op. cit.*, pp. 430-451; GARRIDO, Vicente; STANGELAND, Per; REDONDO, Santiago. *Op. cit.*, p. 354-383.

de condutas criminosas, a posições neutras ou confirmatórias dos valores dominantes. Assim, a associação diferencial é consequência do princípio da aprendizagem através de associações ou contatos em sociedade plural e conflitiva. Para Sutherland, a conduta criminosa se aprende, como qualquer outra, em processo de interação com outras pessoas (processo de comunicação), cuja parte decisiva reside no seio das relações mais íntimas do indivíduo no contato interpessoal, cuja aprendizagem inclui as técnicas de cometimento do crime e dos móveis, impulsos, atitudes e racionalização da conduta criminosa, tornando-se criminosa a pessoa cujas definições desfavoráveis à lei superem as desfavoráveis. As associações ou contatos diferencias podem ser distintos segundo a frequência, duração, prioridade e intensidade.

Por sua vez, Donald Cressey – discípulo de Sutherland –, especifica que o fundamental na associação diferencial não é a correlação entre o número de contatos pessoais do indivíduo com modelos delitivos e sua aprendizagem, mas, sim, o fato de que prevaleçam as definições favoráveis à criminalidade, ou seja, não é a quantidade de associações, mas a qualidade do modelo o que fundamentalmente importa. Ademais, o predomínio dos modelos criminosos não significa que seus propagadores sejam criminosos, como, p. ex., ocorre nos maus conselhos ou na admiração social de certos crimes impunes.

Segundo a *teoria da identificação diferencial*, teorizada por Daniel Glaser, a aprendizagem do crime é decorrência mais da identificação com as pautas criminais do que através da associação ou contatos com criminosos. Segundo Glaser, a criminalidade não se produz por interação direta com grupos sociais e suas subculturas, pela aceitação de seus correspondentes modelos de condutas desviadas, mas, sim, através de sutis mecanismos de identificação com determinadas pessoas, que proporcionam ao indivíduo suas próprias pautas de conduta, ou seja, equivale à eleição de outras pessoas ou grupos sociais com os quais o indivíduo se identifica, não sendo necessários contatos físicos e nem que pertença a seu entorno pessoal, basta que eleja e tome dos mesmos, como seus, os valores, as atitudes e os modelos; assim, o indivíduo não se associa, mas se identifica com os modelos criminosos, seja através de relação positiva com as pautas criminosas, seja através de reação negativa contra as forças que as enfrentam.

Para a *teoria do reforço diferencial* (Clarence R. Jeffery), o crime é comportamento aprendido, mas o mecanismo de aquisição melhor se ajusta ao modelo do "condicionamento operante" (aprendizagem através das consequências da conduta), seja através de situações não sociais que reforcem ou impliquem descriminação a favor da conduta criminosa, seja no marco da interação social quando a conduta dos demais produz semelhante impacto.

Já para a teoria do *condicionamento operante* (Robert Burgess e Ronald Akers), as pautas de conduta humana se adquirem través do impacto condicionante e modelador que exerce o comportamento dos demais, a conduta do indivíduo se reforça quando obtém gratificações positivas ou evita os castigos; daí, para que persista comportamento criminoso, dependerá o grau de vantagens ou desvantagens associadas a tal comportamento e a outros comportamentos alternativos. A aprendizagem seria decorrente dos processos de interação interpessoal do indivíduo, bem como decorreria do próprio meio ou entorno (fatores e situações não sociais) do mesmo.

Por fim, a *teoria da neutralização* (Gresham Sykes e David Matza) sustenta que a conduta criminosa é aprendizagem baseada na experiência; porém, os criminosos também compartilham dos valores e normas convencionais da sociedade, de maneira que não aprendem os valores e técnicas criminais, mas, sim, aprendem determinadas técnicas capazes de neutralizar aqueles, racionalizando e autojustificando, assim, a conduta desviada dos padrões convencionais. Os criminosos compartilham os mesmos valores dominantes, mas desenvolve rica gama de mecanismos de autojustificação de sua conduta, que lhes permite se afastar temporalmente daqueles e participar dos valores subterrâneos dessa mesma sociedade; a conduta criminosa procede da neutralização dos valores e modelos socialmente aceitos, cujas técnicas de neutralização seriam: a exclusão da própria responsabilidade; a negação da ilicitude e nocividade de seu comportamento; a desqualificação daqueles que hão de perseguir e condenar tais comportamentos; apelação à suposta inexistência ou desqualificação das vítimas e a invocação de instâncias e motivos éticos e morais supostamente superiores.

5.2.2.2. Teoria do controle

A *Teoria do Controle* enfrenta o fenômeno criminal através de ótica diferente, ao indagar porque muitos indivíduos não delinquem, quando todo indivíduo conta com o potencial necessário para violar as leis e a sociedade lhes oferece numerosas oportunidades para fazê-lo. Para seus defensores, mediante análise sociológica, ao contrário da teoria clássica, o indivíduo evita o crime porque é o primeiro interessado em manter comportamento conforme as pautas e expectativas da sociedade, porque tem razão atual, efetiva e lógica para obedecer as leis, pois o cometimento do crime lhe traria mais inconvenientes do que vantagens, e, assim, o medo do castigo não seria o principal fator a impedir a conduta criminosa, mas apenas mais um dos vínculos do indivíduo com a ordem social.

Suas principais formulações são: a) *teoria do enraizamento social* (Travis Hirschi); b) *teoria da conformidade diferencial* (Scott Briar e Irving Piliavin); c) *teoria da contenção* (Walter C. Reckless); d) *teoria do controle interior* (Albert J. Reiss); e) *teoria da antecipação diferencial* (Daniel Glaser)[372].

A *teoria do enraizamento social*, formulada por Travis Hirschi, sustenta que todo indivíduo é infrator em potencial e somente o medo ao dano irreparável que a conduta criminosa pode ocasionar às suas relações interpessoais (pais, amigos, vizinhos, etc.) e institucionais (escola, trabalho, etc.) pode freiá-la; portanto, a causa do fenômeno criminal é o debilitamento nos indivíduos – especialmente os jovens – dos laços e vínculos que os unem à sociedade; quando os indivíduos carecem do enraizamento social ou do interesse e sensibilidade pelos demais, carecem, também, do indispensável controle dissuasório, a encontrar rapidamente o caminho do crime, independentemente do estrato social a que pertençam. Segundo Hirschi, quatro são os fatores que decidiriam o enraizamento ou vínculo dos indivíduos à sociedades: a) apego e consideração aos demais (*attachment*); identificação e compromisso com os valores sociais convencionais (*commitment*); participação em atividades sociais (*involvement*); crença nos códigos morais (*believe*).

372. Sobre as teorias: GARCÍA-PABLOS DE MOLINA, Antonio. *Op. cit.*, pp. 452-462.

Segundo a *teoria da conformidade diferencial* (Scott Briar e Irving Piliavin), existe a possibilidade de que estímulos passageiros afetem, em maior ou menor medida, a tabela de valores e a conduta dos indivíduos enquanto estiverem expostos a eles, a recuperar posteriormente suas referências ou padrões; bem como existe grau variável de compromisso e aceitação dos valores e regras convencionais, que vão desde o medo do castigo até a representação mental das consequências do crime na própria imagem pessoal, nas relações interpessoais, em seu *status*, etc. Daí que, em situações equiparáveis, pessoa com elevado grau de compromisso ou conformidade aos valores e normas convencionais seja menos provável que se envolva em atividades criminosas do que outro indivíduo com inferior nível de conformismo, ou vice-versa, quando determinado estímulo ofereça garantias ou grandes chances de êxito, inclusive a indivíduo com alto grau de conformidade, que poderá sucumbir à tentação. Para tais autores, os indivíduos tratam de manter relações positivas com os demais e de obter a aprovação das pessoas próximas; depois, seu próprio interesse em ajustar-se às pautas de comportamento condiciona a sua escolha de amizades, optando pelas que se manifestem por semelhantes valores, constituindo-se, assim, os vínculos sociais que reclamam e impõem a conformidade aos valores e normas convencionais.

Para a *teoria da contenção*, elaborada por Walter C. Reckless, a explicação do fenômeno criminal deve levar em consideração as características pessoais do infrator; sem isto, não se pode explicar o indivíduo que vive em área pobre e com elevadas taxas de criminalidade e que resiste ao crime. Segundo tal teoria, concorrem no indivíduo determinadas qualidades pessoais que o isolam e protegem do crime, apesar da sociedade produzir série de estímulos e pressões que o impulsionam à conduta criminosa. Tais estímulos e pressões sociais são contrarrestados por mecanismos internos (personalidade) e externos (coação normativa) de contenção que o isolam positivamente. Tais mecanismos de contenção – especialmente os internos – funcionariam como diques contra o potencial desvio do indivíduo às normas legais, isolando-o dos estímulos e pressões criminógenos.

Em estreita relação com a teoria anterior, a *teoria do controle interior*, de Albert J. Reiss, rechaça os tradicionais submodelos explicativos do fenômeno criminal, sustentando que a delinquência é resultado de relativa falta de normas e regras interiorizadas, do desmoronamento de controles erigidos com anterioridade e/ou de conflito entre regras e técnicas sociais. O desvio social é entendido como consequência de controles pessoais e sociais débeis, o reconhecimento e internalização do grupo delinquente, como instância de controle, leva à negação de todas as demais normas sociais e, assim, a conduta criminosa é decorrente do fracasso do grupo primário de controle (família), que não proporcionou à criança papéis sociais adequados e não os fez compatíveis com suas necessidades, com ajuda do controle social, a criar pessoa com *ego* ou *superego* pouco pronunciado e, respectivamente, de base moral ou controle interior escassos.

Finalmente, a *teoria da antecipação diferencial*, formulada por Daniel Glaser, que tenta conciliar a teoria do controle social e da associação diferencial, sustenta que o indivíduo se inclina pelo crime se, de sua sua prática, derivam mais vantagens do que desvantagens, levando em consideração seus vínculos com a ordem social, as relações com os demais e a experiência precedente; são as expectativas que decidem o comportamento criminoso futuro, são as consequências que o autor antecipa que determinarão seu cometimento ou não. Tais expectativas (ou antecipação) descansam em três fatores: a) os *vínculos sociais* que uma pessoa desenvolve ao longo de sua vida; a *aprendizagem diferencial* dos modelos, gostos e aptidões que determinarão a satisfação individual com o comportamento desviado ou conforme; a *valoração individual*, segundo suas percepções e experiência pessoal dos riscos e perspectivas derivados da conduta lícita ou ilícita.

5.2.2.3. Teoria do labeling approach

A *Teoria do Labeling Approach* (ou do etiquetamento) surge nos EUA, nos anos 60, com a intenção de aportar novo enfoque ou perspectiva ao fenômeno criminal, sem preocupação etiológica, ou seja, sem intenção de explicar as causas (etiologia) de tal fenômeno, a apresentar explicação científica aos *processos de criminalização*, problematizando a própria definição de criminalidade[373].

Como já visto (Capítulo III, Item 4.4.2), tal teoria parte do princípio de que a conduta desviada não é qualidade ontológica da ação

373. cfr. GARCÍA-PABLOS DE MOLINA, Antonio. *Op. cit.*, pp. 465-466.

humana; não existe ato delitivo em si mesmo, este é resultado da reação social que a conduta provoca, e que o criminoso é apenas alguém estigmatizado (etiquetado), como tal, nesta resposta. Ato delitivo ou desviado é aquele que se define ou etiqueta, como tal, pelo sistema de controle social informal ou formal (natureza definitorial)[374]. Assim, o importante é o estudo e a análise dos processos de interação social em que os indivíuos são estigmatizados como criminosos (*processo de etiquetamento*).

É ponto fulcral, na teoria, a distinção – criada por Edwin M. Lemert – entre *delinquência primária* e *delinquência secundária*. A *delinquência primária* está ligada à explicação etiológica de como surge o comportamento criminal e remete a contexto poligenético de fatores sociais, culturais e psicológicos e, assim, não tem importância decisiva na perspectiva da reação social da teoria do *labeling approach*[375]. Já a *delinquência secundária* está ligada à resposta social estigmatizante à delinquência primária, que gera mudança na identidade social do indivíduo estigmatizado, que, portanto, apresenta tendência a desempenhar o papel social que lhe foi etiquetado pela reação social, voltando a delinquir como forma de resposta de "defesa, ataque, adaptação aos problemas manifestos ou latentes criados pela reação social à *deviance* primária. De forma mais explícita escreve ainda Lemert: 'A *secondary deviance* refre-se a uma classe especial de respostas socialmente definidas a problemas criados

374. Segundo Winfried Hassemer: "alguns representantes desta orientação, menos radicais, reconhecem que o mecanismo de etiquetamento não se encontra só no âmbito do controle social formal, mas também no informal. Este é o caso dos processos de interação simbólica em que a família define, desde cedo, a ovelha negra entre os irmãos ou os mestres e escolares ao estudante difícil ou marginal e com isso os estigmatizam com o signo social do fracassado, fato que, com posteridade, é reforçado e aprofundado por outras instâncias do controle social (...). A direção moderada do interacionismo simbólico admite que a justiça social se integra na mecânica do controle social geral da conduta desviada. Esto não constitui exculpação do fato da definição seletiva da criminalidade, mas, sem embargo, comporta o reconhecimento de que o sistema penal não leva a cabo o processo de estigmatização à margem ou, inclusive, contra os processos gerais de controle social" (HASSEMER, Winfried. *Op. cit.*, p. 82). No mesmo sentido: BARATTA, Alessandro. *Op. cit.*, pp. 94-96.

375. v. FIGUEIREDO DIAS, Jorge; COSTA ANDRADE, Manuel da. *Op. cit.*, p. 350; GARCÍA-PABLOS DE MOLINA, Antonio. *Op. cit.*, p. 479; BARATTA, Alessandro. *Op. cit.*, p. 89.

pela reação social à *deviance*. Trata-se fundamentalmente de problemas sociais provocados pela estigmatização, punição, segregação e controlo social, factos que têm o efeito comum de diferenciar o ambiente simbólico e interacional a que uma pessoa responde, comprometendo drasticamente a sua socialização. Tais factos convertem-se em eventos centrais na existência de quem os experimenta, alterando a sua estrutura psíquica, criando uma organização especial de papéis sociais e de atitudes para consigo. As ações que têm referência estes papéis e atitudes para consigo constituem a *deviance* secundária'"[376].

Para a teoria do etiquetamento não interessam as causas da delinquência primária, senão os processos de criminalização do controle social – que definem o desvio –, a analisar os seus mecanismos e o seu funcionamento, os efeitos do etiquetamento e sua consequente estigmatização nos indivíduos e sua posterior adoção do *status* criminal (delinquência secundária), a apresentar, em síntese, três níveis explicativos do fenômeno criminal, a saber: a) *os processos de definição* (criminalização primária); b) *os processos de seleção ou atribuição criminal*; c) *os impactos do etiquetamento* (criminalização secundária)[377].

Os *processos de definição* (criminalização primária) da conduta criminal estão ligados à gênese da lei penal; como o crime carece de substrato ontológico (não existe crime *per sei* ou *in se*), o caráter delitivo de uma conduta necessita de determinados processos sociais que o definam ou o atribuam como tal. A criminalidade, assim, é criada pelas instâncias do controle social formal, que não detectam, reconhecem ou declaram o caráter ou natureza criminal do comportamento, mas que o geram, o criam ou o produzem ao etiquetá-lo conforme (natureza definitorial ou constitutiva). Tal processo de definição legal (produção das leis) está localizado nas relações conflituais de poder existentes entre os diversos grupos sociais, conflito que será resolvido a favor de quem tem maior poder; portanto, a lei definirá determinadas condutas como criminosas porque tal definição interessa a certos grupos sociais poderosos. É,

376. FIGUEIREDO DIAS, Jorge; COSTA ANDRADE, Manuel da. *Op. cit.*.
377. Sobre a questão: GARCÍA-PABLOS DE MOLINA, Antonio. *Op. cit.*, pp. 479-495.

pois, a própria sociedade quem "cria os delitos ao aprovar as leis, de igual modo que é a sociedade, também, a que cria ou suprime o desvio ao definir em cada momento que condutas devem estimar-se normais ou desviadas"[378].

Quanto aos *processos de seleção* ou *atribuição criminal*, estes estão ligados à concreta e seletiva atuação criminalizadora das instâncias do controle social formal no momento da aplicação da lei penal. A lei é apenas marco abstrato e que necessita ser aplicada concretamente pelo sistema penal, ocasião em que se abre função criadora, com ampla margem discricionária, aos agentes do controle social (p. ex., policiais, promotores, juízes, etc.), que efetivamente selecionarão os comportamentos delitivos que serão etiquetados como tal (processo de seleção). A conduta criminosa é ubíqua, normal e corriqueira e se distribui em igual medida entre todos os grupos sociais, conforme comprovam as pesquisas de cifra negra; entretanto, nem todos os indivíduos são selecionados e definidos como criminosos pelo sistema de controle social formal. É, nesse momento, que entra em jogo a influência de diversos elementos socioestruturais variáveis que afetam a decisão dos agentes de controle e, pois, o grau de probabilidade de que determinada conduta seja definida como normal ou criminosa. Assim, *v.g.*, podem influenciar na seleção oficial das condutas, a pessoa do infrator (classe social, raça, sexo, religião, etc.), a pessoa da vítima (classe social, raça, sexo, religião, conduta, etc.), elementos estruturais do sistema (organização, preparação, eficiência, profissionalidade, concepções e esteriótipos funcionais, etc.), entre outras pressões exógenas (fatores políticos, ideológicos, ambientais, econômicos, etc.) que influenciariam decisivamente na atitude oficial seletiva; portanto, segundo a teoria do *labeling approach*, "a criminalidade é como um 'bem negativo' que a sociedade reparte através de certos mecanismos e processos conforme aos mesmos critérios de distribuição dos bens positivos: rol, *status* social, et cetera, mas em relação inversa e em prejuízo das classes sociais menos favorecidas"[379], cujos integrantes estão mais expostos que os das classe

378. GARCÍA-PABLOS DE MOLINA, Antonio. *Op. cit.*, p. 495.
379. GARCÍA-PABLOS DE MOLINA, Antonio. *Op. cit.*, p. 493.

privilegiadas ao risco de serem definidos e selecionados como criminosos pelas instâncias do controle social[380].

Já em relação aos *impactos do etiquetamento* (criminalização secundária), os mesmos estão ligados aos concretos efeitos da estigmatização na pessoa do etiquetado e à alteração substancial de sua identidade. O processo de etiquetamento produz estigmas no indivíduo, que se converte em proscrito social e que recebe condenação pública, através de cerimônias de degradação que o isolam e o marginalizam dos demais, a gerar trato social discriminatório e que o privam de inúmeros benefícios sociais (repercussões negativas no âmbito familiar, vizinhança, social, trabalhista, etc.). Ademais, o processo de etiquetamento como criminoso tende a se consolidar através de sutil mecanismo psicossocial de redefinição da personalidade, de interpretação biográfica retrospectiva, ou seja, o passado e o presente do indivíduo passam a ser examinados desde a perspectiva do novo *status* (criminoso) que lhe foi atribuído. Tal leitura permitirá reconstruir a personalidade total do criminoso, encontrando em seu passado antecedentes e presságios de sua atual condição, que, desse modo, se ratifica e consolida. O processo de etiquetamento catalisa a resposta e as expectativas sociais (esteriótipos), a antecipar decisivamente o comportamento futuro do etiquetado (*self-fulfilling prophecy*) e a modificar o processo de interação e de reação à sua conduta previsível, limitando suas oportunidades reais e consolidando seu *status* de criminoso[381]. Por sua vez, o etiquetamento gera efeitos na própria autoidentidade do indivíduo (*self-identity*), que passa

380. Tal perspectiva explicaria, p. ex., a situação em que dois grupos de jovens se envolvessem em brigas; enquanto o grupo de jovens de classe média não teria sua conduta abarcada pelo sistema penal, considerando-a como mera afirmação da identidade masculina juvenil, o grupo de jovens da classe baixa teria sua conduta criminalizada como forma de baderna, de agressividade e violência criminosa.

381. Exemplifica Antonio García-Pablos de Molina: "De um jovem etiquetado já de 'delinquente', por exemplo, todos (família, professores, vizinhos, autoridades, etc.) esperam uma futura atividade criminal. Será o primeiro em resultar detido e acusado si se produz algum delito. Os pais dos outros jovens o isolarão de seus filhos para evitar o contágio, sentindo-se em todos os demais âmbitos das relações interpessoais o estigma do novo status social 'negativo', com que tais jovens, desde logo, verão coartadas suas possibilidades de participar efetivamente em atividades e grupos convencionais" (GARCÍA-PABLOS DE MOLINA, Antonio. *Op. cit.*, p. 482).

a assumir a nova imagem estigmatizada, identificando-se profundamente com ela e redefinindo ou reestruturando sua personalidade conforme o novo *status* adquirido, aceitando irreversivelmente o etiquetamento e organizando estilo de vida em torno do crime (delinquência secundária).

Em que pese a teoria do *labeling approach* ter sido duramente criticada e caído em desuso nos anos 70[382], o fato é que contribuiu original e decisivamente para análise realista e dinâmica do fenômeno criminal, questionando os mecanismos sociais de seleção e etiquetamento e pondo em relevo a necessidade e a importância da análise da reação e da interação social, bem como chamou a atenção sobre seu impacto criminógeno (delinquência secundária)[383], razão pela qual tal pensamento foi recentemente retomado, com novos esforços teóricos e empíricos[384].

---

382. cfr. SERRANO MAÍLLO, Alfonso. *Op. cit.*, p. 258.
383. v. GARCÍA-PABLOS DE MOLINA, Antonio. *Op. cit.*, p. 496-497. Para Jorge de Figueiredo Dias e Manuel da Costa Andrade: "Será ocioso sublinhar a originalidade e a validade do contributo científico do *labeling approach,* numa perspectiva de compreensão global do problema criminal. A ele ficou a dever-se o alargamento considerável do criminologicamente relevante, estendendo o campo criminológico até às instâncias de controlo; o que implica que a ele ficou a dever-se, em segundo lugar, a primeira tentativa sistemática do que designamos por sociologia da sociedade punitiva; deve-se-lhe, em terceiro lugar, a introdução de novas técnicas de investigação e de uma nova linguagem, bem como a descoberta de novas variáveis criminógenas; e deve-se-lhe, por último, o ter provocado uma das revoluções mais profundas no pensamento político-criminal" (FIGUEIREDO DIAS, Jorge; COSTA ANDRADE, Manuel da. *Op. cit.*, p. 355).
384. v. SERRANO MAÍLLO, Alfonso. *Op. cit.*, pp. 258-272.

Capítulo IV

Introdução à política criminal

SÚMARIO • 1. Definição; 2. Cientificidade; 2.1 Métodos; 2.1.1 Interdisciplinar; 2.1.2 Axiológico-dedutivo; 2.1.3 Histórico e comparativo; 3. Finalidades; 3.1 Estudo do fenômeno criminal; 3.2 Orientação à atividade legislativa; 3.3 Orientação ao trabalho dogmático; 3.4 Crítica à legislação penal; 3.5 A prevenção; 3.5.1 Prevenção geral e especial; 3.5.2 Prevenção primária, secundária e terciária; 3.5.2 Modelos prevencionistas; 4. Limites; 5. Princípios político-criminais; 5.1 Princípio da humanidade; 5.2 Princípio da intervenção mínima; 5.2.1 Subsidiariedade; 5.2.2 Fragmentariedade; 5.3 Princípio da eficiência; 5.4 Princípio do fato; 5.4.1 Direito penal do autor; 6. Posturas político-criminais; 6.1 O abolicionismo; 6.1.1 Críticas; 6.2 A terceira velocidade; 6.2.1 Críticas; 6.3 A intervenção mínima garantista

A *Política Criminal* é a ciência que estuda o fenômeno criminal enquanto *valor* e que implica, no horizonte político-legislativo, atitude racional-valorativa e a formulação e concretização de propostas de prevenção e combate ao crime, dentro de níveis socialmente aceitáveis, mediante sistema instrumental ordenado de estratégias e táticas, de acordo com metas e objetivos previamente definidos de controle do crime[385]; portanto, à Política Criminal corresponde transformar as informações criminológicas sobre a realidade do crime, de base empírica, em opções, alternativas e programas científicos desde ótica valorativa (aspecto decisório)"[386], ou seja, transformar a experiência criminológica empírica em opções e estratégias concretas assumíveis pelo legislador e pelos poderes públicos.

---

385. cfr. ZIPF, Heinz. *Op. cit.*, p. 01-21.
386. GARCÍA-PABLOS DE MOLINA, Antonio. *Op. cit.*, p. 248. Observa, ainda, o autor espanhol, que: "A Política Criminal pondera os resultados neutros que aporta a Criminologia, elaborando opções e programas" (*Op. cit.*, p. 247, nota 52).

Para melhor compreender o assunto, inicialmente necessário entender o que é *política*. Inúmeras são as tentativas conceituais de política; entretanto, todas as definições parecem compartilhar de mesmo núcleo central, qual seja, a questão do *poder*[387].

> Nesse sentido, afirmam Norberto Bobbio, Nicola Matteucci e Gianfranco Pasquino que o conceito de política, entendida como forma de atividade ou de práxis humana, está estreitamente ligado ao de poder. Este tem sido tradicionalmente definido como 'consistente nos meios adequados à obtenção de qualquer vantagem' (Hobbes) ou, analogicamente, como 'conjunto dos meios que permitem alcançar os efeitos desejados' (Russell). Sendo um destes meios, além do domínio da natureza, o domínio sobre os outros homens, poder é definido por vezes como uma relação entre dois sujeitos, dos quais um impõe ao outro a própria vontade e lhe determina, malgrado seu, o comportamento. Mas, como o domínio sobre os outros homens não é geralmente fim em si mesmo, mas um meio para obter 'qualquer vantagem' ou, mais exatamente, 'os efeitos desejados', como acontece com o domínio da natureza, a definição de poder como tipo de relação entre sujeitos tem de ser completada com a definição do poder como posse dos meios (entre os quais se contam como principais o domínio sobre os outros e sobre a natureza) que permitem alcançar justamente uma 'vantagem qualquer' ou os 'efeitos desejados'. O poder político pertence à categoria do poder do homem sobre outro homem (...). Esta relação de poder é expressa de mil maneiras, onde se reconhecem fórmulas típicas de linguagem política: como relação entre governantes e governados, entre soberano e súditos, entre Estado e cidadãos, entre autoridade e obediência, etc. Há várias formas de poder do homem sobre o homem; o poder político é apenas uma delas[388].

Especificamente quanto ao *poder político*, o mesmo se baseia na posse dos instrumentos, mediante os quais se exerce a força física; é o poder coator e condicionante da conduta dos demais. É o poder

387. Sobre o poder: JOUVENEL, Bertrand de. *O Poder: história natural de seu crescimento*. Trad. Paulo Neves. 1a ed. São Paulo: Ed. Peixoto Neto, [s.d.].
388. BOBBIO, Norberto; MATTEUCCI, Nicola; PASQUINO, Gianfranco. *Dicionário de Política*. 5a ed. Trad. Carmen C. Varrialle *et alli*. Brasília-São Paulo: Ed. UNB-Imprensa Oficial do Estado, v. 2, 2000, pp. 954-955.

supremo ao qual todos estão, de alguma forma, subordinados e ao qual os grupos sociais recorrem, em *extrema ratio*, para se defenderem de ataques externos ou para para impedirem a desagregação e eliminação dos próprios grupos; entretanto "embora a possibilidade de recorrer à força seja o elemento que distingue o poder político das outras formas de poder, isso não significa que ele se resolva no uso da força; tal uso é uma condição necessária, mas não suficiente para a existência do poder político. (...) O que caracteriza o poder político é a exclusividade do uso da força em relação à totalidade dos grupos que atuam num determinado contexto social, exclusividade que é o resultado de um processo que se desenvolve em toda a sociedade organizada, no sentido da monopolização da posse e uso dos meios com que se pode exercer a coação física. (...) Na hipótese hobbesiana, que serve de fundamento à teoria moderna do Estado (...), ocorre quando os indivíduos renunciam ao direito de usar cada um a própria força, que os tornava iguais no estado da natureza, para o confiar a uma única pessoa, ou a um único corpo, que doravante será o único autorizado a usar a força contra eles. (...) Não há grupo social organizado que tenha podido até hoje consentir a desmonopolização do poder coativo, o que significaria nada mais nada menos que o fim do Estado e que, como tal, constituiria um verdadeiro e autêntico salto qualitativo, à margem da história, para o reino sem tempo da utopia"[389].

Assim, a política tem como uma de suas finalidades[390] a ordem pública nas relações internas, que se caracteriza como o resultado imediato da organização do poder coativo, historicamente mono-

389. BOBBIO, Norberto; MATTEUCCI, Nicola; PASQUINO, Gianfranco. *Op. cit.*, pp. 956-957.

390. Segundo Norberto Bobbio, Nicola Matteucci e Gianfranco Pasquino: "A respeito do fim da Política, a única coisa que se pode dizer é que, se o poder político, justamente em virtude do monopólio da força, constitui o poder supremo num determinado grupo social, os fins que se pretende alcançar pela ação dos políticos são aqueles que, em cada situação, são considerados prioritários para o grupo (ou para a classe nele dominante). (...) Isto que dizer que a Política não tem fins perpetuamente estabelecidos, e muito menos um fim que os compreenda a todos e que possa ser considerado como o seu verdadeiro fim: os fins da Política são tantos quantas as metas que um grupo organizado se propõe, de acordo com os tempos e circunstâncias" (BOBBIO, Norberto; MATTEUCCI, Nicola; PASQUINO, Gianfranco. *Op. cit.*, p. 957)

polizado pelo Estado, "porque, por outras palavras, esse fim, essa ordem, está totalmente unido ao meio, o monopólio da força: numa sociedade complexa, fundamentada na divisão do trabalho, na estratificação de categorias e classes, e em alguns casos também na justaposição de gentes e raças diversas, só o recurso à força impede, em última instância, a desagregação do grupo, o regresso, como diriam os antigos, ao Estado de natureza"[391].

É a *Ciência Política* que estuda o fenômeno político; que estuda, fundamentalmente, o exercício, a distribuição e a organização do *poder político* em uma sociedade; estuda os fatos (acontecimentos e processos) e as condutas políticas que se expressam de forma real e concreta na interação social, mediante a minuciosa exposição das diversas expressões da ação política. Ou seja, a *Ciência Política* tem por objeto de estudo sistemático os acontecimentos, as instituições e as ideias políticas, tanto em sentido teórico como em sentido prático, referido ao passado, presente e futuro, analisando a origem, a essência, a justificação e os fins do Estado e das demais instituições sociais geradoras do fenômeno do exercício do poder[392], a considerar a vida política como processo sistemático, onde as perguntas (*inputs*) que chegam do ambiente externo (social, econômico, religioso, natural, etc.) se transformam em respostas (*outputs*), quais sejam, as decisões políticas em todos os níveis, que, por sua vez, retroagem ao ambiente circunstante, provocando novas perguntas[393].

Toda sociedade é produto da tensão e da coordenação de forças e poderes múltiplos, onde, através do poder político institucionalizado pelo Estado, os grupos ou poderes sociais atuam politicamente. É nesse poder político-social originário e dinâmico, onde e como, com rupturas ou reformas do passado, se criam o Estado, a Constituição e suas leis básicas, o poder constituído e, com sua somatória, o início do ordenamento jurídico[394]; após tal processo fundamental e fun-

391. BOBBIO, Norberto; MATTEUCCI, Nicola; PASQUINO, Gianfranco. *Op. cit.*, p. 958).
392. v. BONAVIDES, Paulo. *Ciência política*. 18a ed. São Paulo: Malheiros, 2011, pp. 40-41.
393. cfr. BOBBIO, Norberto; MATTEUCCI, Nicola; PASQUINO, Gianfranco. *Op. cit.*, p. 167.
394. cfr. DÍAZ, Elias. *Curso de filosofía del derecho*. Madrid: Marcial Pons, 1998, p. 92. Há muito se discute a gênese e a relação entre Estado e Direito e questão

dacional, a sociedade segue sempre sua atuação dentro do Estado e através do Direito[395].

O moderno Estado, enquanto "unidade efetiva de decisão suprema"[396] de regulação da vida social, ou seja, como resultado da conjunção de forças do poder predominante que integra a comunidade política, sempre surge com determinada base, com determinado conteúdo valorativo e ideário político, ainda que mantendo a dimensão dinâmica de reelaboração e mudança, cujos movimentos se produzem pela ação dos fatos sociais históricos[397]. Assim, os dados materiais e políticos da realidade social são pressupostos necessários para toda atividade normativo-jurídica do Estado, pois o Direito, como produto do obrar e fazer humanos, responde aos estímulos e incitações procedentes das necessidades e dos interesses sentidos e expressados pelo grupo social, razão pela qual o Direito

---

pode ser resumida na pergunta formulada por Gustav Radbruch: "é o direito anterior ao Estado, ou o Estado anterior ao direito ? Dito de outro modo ainda: será o direito que serve de fundamento e de limite à autoridade do Estado, ou será o Estado quem determina e condiciona a autoridade do direito?" (RADBRUCH, Gustav. *Filosofia do Direito*. Trad. Luis Cabaral de Moncada. 6ª ed. Coimbra: Armênio Amado, 1997, p. 347-348). Sobre a questão, formaram-se três grandes correntes doutrinárias: a) a primeira afirma a anterioridade do Estado em relação ao Direito; b) a segunda, diametralmente oposta, afirma a anterioridade do Direito em relação ao Estado; c) a terceira que sustenta a identidade entre o Direito e o Estado, inexistindo, pois, anterioridade de qualquer dos dois elementos. Todas as teorias apresentam inúmeras e importantes objeções recíprocas e diversas foram as tentativas de superá-las (v. RADBRUCH, Gustav. *Op. cit.*; DÍAZ, Elias. *Op. cit.*, p. 91-101; DEL VECCHIO, Giorgio. *Direito, Estado e Filosofia*. Trad. Luis Luisi. Rio de Janeiro: Editora Politécnica, 1952, p. 65-92 (com extensa bibliografia)); mas, independentemente de eventual solução da questão, o fato é que os conceitos de Estado e Direito são conjugados e não se pode compreendê-los separadamente, especialmente após aparição do Estado moderno (v. ATIENZA, Manuel. *Op. cit.*, p. 37); ambos são lados de uma mesma moeda. O Direito deve ser considerado desde o ponto de vista do Estado como o conjunto de normas que deste procede, e, vice-versa, o Estado desde o ponto de vista do Direito como um poder político institucionalizado que é legítimo, pois submetido ao Direito, mas, para além dessa conexão, contemporaneamente também se afirma que o Estado, enquanto poder político institucionalizado, é o grande mediador na relação entre a sociedade e o Direito.

395. cfr. ATIENZA, Manuel. *Op. cit.*, p. 86.
396. RECASENS SICHES, Luis. *Op. cit.*, p. 268.
397. cfr. RECASENS SICHES, Luis. *Op. cit.*, p. 267.

inegavelmente também se orienta até determinados valores e fins políticos[398].

Daí se pode afirmar que o Estado, como ordem normativa, isto é, como direito positivo válido e vigente dentro de determinado território, está baseado, mantido, condicionado e é reformado por um complexo de fenômenos sociais, ou seja, o Estado e o Direito são "expressão normativa de uma série de fatos de vida social; é, em suma, o resultado de conjunto de fenômenos reais de integração coletiva com um especial sentido, a saber: com um *sentido político*; com o sentido de organizar mando supremo de caráter legítimo"[399].

O Direito, então, passa a ser *fator de poder político*, ou seja, como um dos instrumentos do poder social predominante, sem que isso signifique, por si só, como será visto, poder político negativo e ilimitado, pois, dentro de certos limites – maiores ou menores –, as relações de poder político constituem situações de equilíbrio entre diversas forças e contraforças, situações, por sua vez, cambiantes e determinantes de transformações na própria ordem jurídica[400], em verdadeira relação simbiótica, onde "o poder e a norma são duas caras da mesma moeda. O poder nasce de normas e produz normas; a norma nasce do poder e produz outros poderes"[401].

É nesse contexto que o Estado – e a evolução histórica assim o demonstra –, como instância política máxima frente às demais instituições sociais, lhes arrebatou e assumiu exclusivamente o monopólio do desempenho da violência legítima do poder político coativo, pois só assim pode ser em sociedade conflitiva, plural e democrática de nosso tempo. Em última instância, só o poder político estatal pode operar como poderosa instância pública capaz de resolver o conflito criminal (fenômeno criminal) – e as expectativas que este gera – de forma pacífica e institucional; de forma racional e previsível, formalizada, eficaz, com escrupuloso respeito das garantias individuais,

398. cfr. RECASENS SICHES, Luis. *Op. cit.*, p. 76.
399. RECASENS SICHES, Luis. *Op. cit.*, p. 267.
400. cfr. RECASENS SICHES, Luis. *Op. cit.*.
401. BOBBIO, Norberto. *Contribución a la teoría del derecho*. Trad. A. Ruiz Miguel. Madrid: Debate, 1990, p. 301.

quando faltam ou falham os mecanismos primários de autoproteção da ordem social (controle social informal)[402].

Especificamente em relação ao sistema penal, como já analisado sob ótica *dinâmica* ou *sociológica* (Capítulo I, Item 2.2.2.1), o mesmo é um dos instrumentos do controle social formal, através do qual o Estado, mediante sistema normativo (leis penais), castiga com sanções negativas graves (penas) as condutas desviadas mais nocivas e prejudiciais à convivência social (delitos), a garantir, assim, a disciplina e a correta socialização dos membros do grupo social e, consequentemente, a própria manutenção da ordem social[403].

Fundamental, pois, a relação entre o fenômeno criminal e o Estado, pois só este pode exercitar o *ius puniendi* e tal direito – de criar as normas penais e fazê-las aplicar – caracteriza-se como a manifestação mais significativa da soberania estatal[404] e uma das principais parcelas de demonstração e exercício de seu poder[405], até porque, o sistema de controle social formal penal, através das penas que se caracterizam como o instrumento mais importante, mais severo e mais violento de que dispõe o Estado, inegavelmente importa acréscimo do poder que este tem de ordenar e coagir os cidadãos que se vêem submetidos, contra sua vontade, à coação, ao poder e à violência estatal[406], diminuindo-lhes, portanto, a esfera do direito fundamental individual de liberdade (*status libertatis*).

A própria configuração e estrutura do Estado são vitais para a construção e o conteúdo de determinado sistema penal, e mais especificamente, do Direito Penal, pois o "processo de decisão política formadora de um determinado perfil do Estado decorre a construção racional de um correspondente modelo de Direito Penal único em

402. cfr. GARCIA-PABLOS, Antonio. *Derecho penal. Introducción*. Madrid: Universidad Complutense de Madrid, 1995, p. 217.

403. v. GARCIA-PABLOS, Antonio. *Derecho penal. Introducción*. Madrid: Universidad Complutense de Madrid, 1995, pp. 01-02 (com extensa bibliografia).

404. v. GARCIA-PABLOS, Antonio. *Op. cit.*, p. 11.

405. v. LOPES, Maurício Antônio Ribeiro. *Direito penal, Estado e Constituição*. São Paulo: IBCCrim, 1997, p. 130.

406. cfr. HASSEMER, Winfried. *Crítica al derecho penal de hoy*. Trad. Patrícia S. Ziffer, 2ª ed. Buenos Aires: Ad-Hoc, 1998, p. 77.

suas virtudes e implicâncias sobre a vida dos nacionais, sujeitando -os a consequências diretamente proporcionais àquelas ditadas pela escolha do perfil estatal"[407].

Daí se afirmar que o sistema de controle social formal penal, e, pois, o Direito Penal, é instrumento privilegiado de política, ou seja, tema político-valorativo por natureza[408], por regular as relações de sujeição dos indivíduos à autoridade coativa do Estado, enquanto representante da comunidade social, e, portanto, decorrente de determinada escolha político-valorativa penal; assim, "representando o Direito Penal (...) forte aparato de controle social face aos mecanismos repressivos postos à sua disposição, inegável se torna a conclusão de que sobre ele se manifesta com intenso vigor, em todas as suas aptidões e manifestações concretas, a linha mestra da

---

407. RIBEIRO LOPES, Maurício Antônio. *Op. cit.*, p. 49. Nesse sentido, observa José María Escrivá Gregori que: "as diversas situações políticas constituem a sua vez diferentes bases de partida para políticas penais muito distintas. É dizer, a política que o Estado realiza, fundamentalmente através da cominação de sanções penais para certas condutas, dependerá em grande medida do pressuposto político de que o parópio Estado parte. Quando este pressuposto vem plasmado em uma constituição democraticamente elaborada e aprovada, as diferenças com uma política derivada de um regime autocrático levam à promulgação de um novo Código Penal e vice versa" (ESCRIVÁ GREGORI, José María. "Algunas consideraciones sobre derecho penal y constitución". In: *Papers: Revista de Sociología*. Bellaterra: Universidad Autónoma de Barcelona, Servicio de Publicaciones, n. 13, 1980, p. 143). Também afirma Santiago Mir Puig: "todo direito Penal responde a uma determinada Política Criminal, e toda Política Criminal depende da política geral própria do Estado a que corresponde. (...) A Política Criminal de um determinado país entronca diretamente com os princípios de sua organização política. Nos Estados constitucionais, sua Constituição assenta as bases de sua Política Criminal e de seu Direito Penal. Esta é uma das armas essenciais do Estado, e tradicionalmente é competência exclusiva de cada país" (MIR PUIG, Santiago. "Constitución, Derecho Penal y Globalización". In: MIR PUIG, Santiago; CORCOY BIDASOLO, Mirentxu (Dir.). *Nuevas tendencias en política criminal. Una auditoría al código penal español de 1995*. Montevideo-Buenos Aires: Editorial B de f, 2006, p. 116)

408. Segundo Marino Barbeiro Santos:"O fator sociopolítico é um dos que configuram o sistema punitivo de um país. Mas, por sua vez, é o que joga um papel decisivo em sua mudança. Nenhuma parcela do ordenamento jurídico é mais sensível às variações políticas que a penal. Quando muda a Constituição política de um Estado está próxima a transformação de seu sistema punitivo. E vice versa" (BARBERO SANTOS, Marino. *Política y derecho penal en España*. Madrid: Tucar, 1997, p. 17).

ideologia dominante pela sobreposição dos valores desta classe em detrimento dos demais valores"[409].

A vertente político-axiológica do fenômeno criminal fica ainda mais patente e vigorosa diante da *Política Criminal*. É através dela que o Estado determina o conteúdo e a função do sistema penal, a prevenção e a resposta ao fenômeno criminal, por meio da consecução de determinado modelo de regulação e decisão valorativa (*decisão valorativa fundamental político-criminal*), sua configuração e realização práticas e, ainda, sua constante revisão; ou seja, a "obtenção e realização de critérios diretivos no âmbito da justiça criminal"[410], que adotam, inexorável e necessariamente, decisões valorativas de natureza preponderantemente política. É também através dela – e por ela –, que se busca garantir a coesão e a sobrevivência do corpo social (ordem social), respondendo às necessidades e demandas sociais de segurança às pessoas e aos bens jurídicos, reagindo ao fenômeno criminal, mediante escolhas político-criminais que se orientam conforme as correntes políticas existentes em determinado momento sócio-histórico[411].

1. DEFINIÇÃO

Inexiste consenso entre os doutrinadores sobre a exata definição de *Política Criminal*, pois, como adverte Laura Zuñiga Rodríguez, "quem pretenda conceituar o que se entende por Política Criminal se enfrenta com uma série de dificuldades que são inevitáveis. Quiçá, porque como assinala Délmas-Marty, pode ser que a Política Criminal não seja mais que palavras vazias ou demasiado cheias de uma pluralidade de significados"[412]; entretanto, parece ser consensual

409. RIBEIRO LOPES, Maurício Antônio. *Op. cit.*, p. 137. Aliás, a decisão político-valorativa é tão importante e fundamental na Política Criminal, que serve, dentre outros, como um dos princípios de classificação metodológica dos diversos sistemas político-criminais (DELMAS-MARTY, Mireille. *Os grandes sistemas de política criminal*. Trad. Denise Radanovic Vieira. Barueri: Manole, 2004, p. 43).

410. ZIPF, Heinz. *Op. cit*, p. 04.

411. v. DELMAS-MARTY, Mireille. *Op. cit.*, p. 45.

412. ZÚÑIGA RODRÍGUEZ, Laura. *Política criminal*. Madrid: Colex, 2001, p. 21. No mesmo sentido, deixa assentado Rodrigo Cristhian Cardozo Pozo: "O que é a Política Criminal ? Pois em princípio uma boa pergunta. Uma daquelas catalogáveis na coluna de 'inevitáveis' para os tempos que correm no âmbito das ciências

que é parte da Política Geral Estatal, ou seja, "a Política Criminal, como parte da Política em geral de um Estado, tem as características básicas de qualquer atuação política: é um conjunto de estratégias para um determinado fim. Conjunto de estratégias, instrumentos, modelos para conseguir um determinado fim"[413], pois, "se a política é, como lembra Marc Ancel, a arte de governar um Estado, a política criminal pode ser considerada, por sua vez, a arte de dirigir a resistência que toda a sociedade deve opor ao crime considerando-se que toda arte pressupõe o emprego de certos meios para atingir objetivos previamente estabelecidos. A determinação desses meios e, a seguir, a utilização que deles pode ser feita, parece-nos constituir os dois polos essenciais da pesquisa sobre a política criminal"[414].

---

penais. Este, bem é conhecido, se há caracterizado pelo grande acordo existente a respeito da crescente transcendência da Política Criminal, sem prejuízo de não existir semelhante concerto quanto ao conteúdo, limite e funções da mesma. À primeira vista resulta estranho, sem embargo ser muito frequente, que o que deveria ser um conceito assentado, tendo em conta a particular importância que assinalávamos vem cobrando, tenha uma dificuldade tal que resulte já em si complexo reconhecer aquilo que parece ser o 'mínimo' a exigir à Política Criminal: estabelecer quando menos os deslindes mais ou menos consensuais de uma definição. Naturalmente que em uma dinâmica como a que se vem mantendo, a precisão terminológica não pode ser uma de suas características mais destacadas. Está fora de discussão a capital importância que tem a utilização de uma linguagem rigorosa em nossa área de conhecimento, não obstante, está conteste também que isso, no plano da Política Criminal, não se há visto cumprido" (CARDOZO POZO, Rodrigo Cristhian. *Bases de política criminal y protección penal de la seguridad vial*. Tese de Doutorado. Universidad de Salamanca: 2009. Disponível em: <http://gredos.usal.es/jspui/handle/10366/76418>. Acesso em: 20.02.2012). Da mesma forma, afirma Alessandro Baratta: "Política criminal é um conceito complexo. Não obstante a univocidade de seus fins, os instrumentos – dos quais só uma parte se situam no interior do direito penal – permanecem indeterminados em razão de suas definições negativas ('penais' – 'não penais')" (BARATTA, Alessandro. "La política criminal y el derecho penal de la Constitución. Nuevas reflexiones sobre el modelo integrado de las ciencias penales". Trad. Marianela Pérez Lugo e Patricia Chiantera. In: *Nueva doctrina penal*. Buenos Aires: Ed. del Puerto, 1999/B, p. 399).

413. ZÚÑIGA RODRÍGUEZ, Laura. *Política criminal*. Madrid: Colex, 2001, p. 23.

414. ZAFFARONI, Eugenio Raúl; OLIVEIRA, Edmundo. *Op. cit.*, p. 422. No mesmo sentido, afirma Carlos Blanco Lozano: "A Política Criminal se insere, primeiramente, no marco político geral, já que se elabora pelos instâncias públicas competentes ou pelos instrumentos por estes designados, no exercício da atividade política, isto é, de gestão dos interesses comuns e governo dos cidadãos. Em efeito, se por Política se entende a aciência ou arte do governo, por Política Criminal pode

Nestes termos, as definições de Política Criminal podem ser divididas, *grosso modo*, em *concepções restritas* (jurídicas) e *amplas* (sociais)[415].

As *definições restritas* (jurídicas) entendem que o âmbito da Política Criminal está na determinação do conteúdo e da função estatal da Justiça Criminal e, pois, limitado aos mecanismos e estratégias de caráter eminentemente jurídico-penais (Direito Penal) de enfrentamento ao fenômeno criminal. Nesse sentido, *v.g.*, a definição de Heinz Zipf, para quem: "A Política criminal pode definir-se brevemente como obtenção e realização de critérios diretivos no âmbito da justiça criminal"[416], cabendo a ela determinar o conteúdo e a função da Justiça Criminal, a consecução de determinado modelo de regulação e decisão neste campo, sua configuração e realização práticas em virtude de sua função e a constante revisão de suas concepções[417].

Já as *definições amplas* (sociais) estendem o âmbito da Política Criminal para além da visão estritamente jurídico-penal, a levar em consideração a natureza social do fenômeno criminal e, pois, a abarcar todos os métodos, mecanismos e estratégias com que o Estado

---

entender-se a Política a respeito do fenômeno criminal, o que não seria mais que um capítulo da Política Geral do Estado. Neste sentido, Política Criminal seria a arte ou a ciência do governo a respeito do fenômeno criminal, e não poderia opor-se nunca ao Direito Penal, posto que o Direito Penal não poderia ser mais que um aspecto de sua materialização ou instrumentação legal (...). A Política Criminal é a que guia as decisões que toma o poder político, e também proporciona os argumentos para criticar essas decisões. Cumpre, pois, uma função de guia e de crítica" (BLANCO LOZANO, Carlos. BLANCO LOZANO, Carlos. Tratado de política criminal. Barcelona: J M Bosch, t. II, 2007, p. 72).

415. Nesse sentido: ZÚÑIGA RODRÍGUEZ, Laura. *Op. cit.*, pp. 22-24; BORJA JIMÉNEZ, Emiliano. "Sobre el concepto de política criminal: una aproximación a su significado desde la obra de Claus Roxin". In: *Anuario de Derecho Penal y Ciencias Penales.* Madrid: BOE, v. LVI, 2003, pp. 113-150; COBO DEL ROSAL, Manuel; VIVES ANTÓN, Tomás S. *Derecho penal. Parte general.* 5a ed. Valencia: Ed. Tirant lo blanch, 1999, p. 128, nota 38.

416. ZIPF, Heinz. *Op. cit.*, p. 04. No mesmo sentido, p. ex.,: BLANCO LOZANO, Carlos. *Tratado de política criminal.* Barcelona: J M Bosch, t. II, 2007, pp. 71-73; JESCHECK, Hans-Heinrich. *Tratado de derecho penal. Parte General.* Trad. José Luis Manzanares Samaniego. 4a ed. Granada: Editorial Comares, 1993, p. 18; SILVA SANCHEZ, Jesús María. *Aproximación al derecho penal contemporáneo.* Barcelona: Ed. Bosch, 1992, p. 48

417. v. ZIPF, Heinz. *Op. cit.*, pp. 03-04.

– e, consequentemente, a própria sociedade – reagem ao mesmo, caracterizando-se, assim, como forma de política estatal social. Assim, p. ex., para Emiliano Borja Jiménez, a Política Criminal é o "conjunto de medidas, critérios e estratégias, de caráter jurídico, social, educativo, econômico e de índole similar, estabelecidos pelos poderes públicos para prevenir e reagir frente ao fenômeno criminal, com o fim de manter baixo limites toleráveis os índices de criminalidade em uma determinada sociedade"[418], ou a visão de Mirelle Délmas-Marty, para quem a Política Criminal designa campo ampliado, aberto e não delimitado, cujo conteúdo não pode ser exposto de forma exaustiva, a compreender "o conjunto dos procedimentos por meio dos quais o corpo social organiza as respostas ao fenômeno criminal"[419].

As definições amplas parecem ser as mais corretas, pois, como observa Laura Zuñiga Rodríguez, se a Política Criminal é a disciplina que estuda quais são os mecanismos mais idôneos para prevenir e reagir ao fenômeno criminal e que, para selecioná-los, é regida por série de valores e princípios derivados das características de determinado Estado, disto se colige que a Política Criminal não pode simplesmente pertencer ao âmbito da política jurídica ou da política

---

418. BORJA JIMÉNEZ, Emiliano. *Op. cit.*, p. 148.

419. DELMAS-MARTY, Mireille. Op. cit., p. 42. Nesse sentido, observa Diego-Manuel Luzón Peña que o "conceito deve ampliar-se no sentido de que o objeto da política criminal não é só o Direito Penal, mas também o exame de outros âmbitos jurídicos e extrajurídicos que podem contribuir à prevenção de delitos. Por isso, cabe concluir que a política criminal é aquela ciência que trata de determinar conforme a diversos critérios, não só técnico-jurídicos, mas fundamentalmente políticos em sentido amplo (o que permite considerá-la uma disciplina científica em boa medida autônoma em respeito à dogmática penal), em primeiro lugar, as condutas que devem ser consideradas e definidas (tipificadas) como delitos e, em segundo lugar, os meios que é possível, necessário, eficaz y adequado empregar para prevenir delitos, examinando conforme a estes critérios fundamentais os meios jurídico-penais, mas também outros meios no penais, jurídicos e extrajurídicos, que podem contribuir com esta tarefa" (LUZÓN PEÑA, Diego-Manuel. *Curso de derecho penal. Parte general.* Madrid: Ed. Universitas, v. 1, 2006, pp. 98-99). Também para Alessandro Baratta: "Política Criminal, mais que um com conceito complexo, é também um conceito problemático. Em seus modelos mais avançados a política criminal, como noção de gênero, é uma totalidade mais vasta e complexa da espécie 'política penal'. Neste nível de elaboração a linha de distinção entre a política criminal e a política em sentido amplo (política social, econômica, ocupacional, urbanística, etc.) perde sua pureza inicial" (BARATTA, Alessandro. *Op. cit.*, p. 400).

penal, mas que tem que pertencer ao âmbito mais amplo da política social do Estado, pois é missão estatal não só utilizar os instrumentos jurídicos de prevenção e reação ao fenômeno criminal, mas, também, desenhar e utilizar todos os demais mecanismos disponíveis de prevenção e proteção sociais para resistir às situações que podem desencadeá-lo; portanto, Política Social e Política Criminal estão inter relacionadas, porque o êxito da primeira redundará em boa Política Criminal e, ao contrário, o seu fracasso terá efeitos concretos na gênese e no desenvolvimento do fenômeno criminal[420].

Como se sabe, e a Criminologia já o provou empiricamente, existem inúmeras outras medidas jurídicas e extrajurídicas (p. ex., econômicas, sociais, assistenciais, administrativas, médicas, etc.) que previnem e reduzem razoavelmente, a níveis sociais suportáveis, o fenômeno criminal; portanto, "porque excluir, então, do objeto da Política Criminal este conjunto de mecanismos que ficam fora do Direito Penal?"[421]

Assim, adotando-se o critério amplo, pode-se definir sinteticamente a Política Criminal como parte da política geral estatal, que, mediante atitude racional-valorativa, formula e concretiza propostas de prevenção e reação ao fenômeno criminal[422], mediante sistema instrumental ordenado de estratégias e táticas jurídicas e extraju-

---

420. cfr. ZÚÑIGA RODRÍGUEZ, Laura. *Op. cit.*, pp. 63-66. Oberva Heinz Zipf, apesar de utilizar a definição restrita, que: "A evitação geral preventiva do delito conduz ao âmbito da política cultural e da política social. A Política Criminal é considerada geralmente, nesta perspectiva, como parte da política social (MERGEN, 1961, 271; NIGGEMEYER, 1964, 8; MAURACH, 1971, 33). A tal respeito representa uma verdade verdadeira político-criminal o que 'uma boa política social é a melhor política criminal' (MEZGER, 1942, 241). Franz v. Liszt (1905, t. 2, 95) vê na Política Criminal, inclusive, um dos ramos mais importantes da política social" (ZIPF, H., *Op. cit*, p. 158).

421. BORJA JIMÉNEZ, Emiliano. *Op. cit.*, p. 147.

422. Ainda que parte da doutrina prefira afastar a *reação* (*repressão*) ao fenômeno criminal como uma das finalidades da Política Criminal e, pois, como um dos campos de análise científica político-criminal, o fato é que a moderna doutrina tende claramente a incluir na Política Criminal, ao mesmo tempo, os problemas de prevenção e o sistema de repressão, pois a ciência criminal contemporânea se esforça em não separar da repressão a prevenção, e, tanto isto é verdade, que a própria ONU, desde 1955, com a aprovação das Regras Mínimas para Tratamento dos Delinquentes, estabeleceu movimento político-criminal com base na união dos conceitos *"prevenção do crime e de tratamento*

rídicas, de acordo com metas e objetivos previamente definidos de controle.

2. CIENTIFICIDADE

Muito se discute se a Política Criminal seria verdadeira ciência[423]. Para uns a Política Criminal seria uma *arte*, por se tratar de disciplina não dotada de método científico, de racionalidade e de claridade no objeto e no método; portanto, desde esta perspectiva, não seria verdadeira ciência[424]. Para outros seria verdadeira *ciência*, enquanto disciplina de observação, de conjunto de conhecimentos cujo objeto é o fenômeno criminal e os atos de seu enfrentamento[425].

A Política Criminal é verdadeira ciência, pois, como "manifestação de saber", analisa, sistematiza e critica a atividade estatal de prevenção e reação ao fenômeno criminal, desde o âmbito científico da relação "ciência/objeto de estudo," de forma que pode aportar, desde aí, não só a consecução de seu objetivos, mas, também, ao estabelecimento dos mesmos. Desde tal ponto de vista, apresenta-se constituída por conjunto de princípios teóricos que devem conferir plataforma racional à *praxis* da mesma[426].

Trata-se de aproximação científica a esta manifestação de poder que a Política Criminal é, como atividade do Estado, e que se faz desde plataforma racional e teórica; aproximação científica ao modo em que o Estado faz frente ao fenômeno criminal, de forma tal, com o maior grau de racionalidade político-conjunturalmente possível

do delinquente" (v. ZAFFARONI, Eugenio Raúl; OLIVEIRA, Edmundo. *Op. cit.*, pp. 411-412).

423. Por todos, veja-se: CARDOZO POZO, Rodrigo Cristhian. *Bases de política criminal y protección penal de la seguridad vial.* Tese de Doutorado. Universidad de Salamanca: 2009. Disponível em: <http://gredos.usal.es/jspui/handle/10366/76418>.
424. v. ROXIN, Claus. "¿Es la protección de bienes jurídicos una finalidad del derecho penal?". In: HEFENDEHL, Roland (Ed). *La teoría del bien jurídico ¿fundamento de legitimación del derecho penal o juego de abalorios dogmático?* Madrid: Marcial Pons, 2007, p. 457
425. v. DÍAZ ARANDA, Enrique. *Derecho penal.* México: Porrúa, 2003, p. 43.
426. cfr. CARDOZO POZO, Rodrigo Cristhian. *Op. cit.*, pp. 44-46.

a essa resposta estatal, outorgando sustento científico-empírico às medidas que se adotem pelas agências estatais a que correspondam tal função.

Os avanços apresentados na compreensão do fenômeno criminal e da análise das estratégias preventivo-reacionárias serve para livrar a Política Criminal do irracionalismo ou do decisionismo daqueles que detenham o poder político e que esteja sujeito a regras de compreensão consensuadas (método) e, desde o moderno paradigma das ciências orientadas ao fim, em que a legitimidade se mede pela efetividade de resolução das questões apresentadas, a Política Criminal se sujeita a método científico de análise (indutivo da realidade social e dedutivo dos valores constitucionais) em que intervêm conhecimentos do mundo do *ser* (a realidade do fenômeno criminal) e conhecimentos do mundo do *dever ser* (a dimensão valorativa), a sistematizar critérios de eficácia e funcionalidade, mediante a dimensão axiológica[427].

Trata-se, assim, de ciência *valorativo-axiológica*[428] e que, portanto, nos remete à instância de valorações e decisões ideológicas[429] encarregadas de estabelecer os instrumentos adequados para levar a cabo a prevenção e a reação do fenômeno criminal; a Política Criminal se erige como a *teoria das estratégias* para prevenir e combater o fenômeno criminal: partindo dos dados fáticos criminológicos, os valora de acordo com os princípios gerais constitucionalmente estabelecidos, traçando elenco eficaz ou funcional de respostas para a prevenção e reação ao fenômeno[430].

2.1. Métodos

2.1.1. Interdisciplinar

Ainda que muito se discuta qual(ais) o(s) método(s) específico(s) da Política Criminal, parece claro se tratar de setor do conhecimento marcado pelo método da interdisciplinariedade.

427. v. ZÚÑIGA RODRÍGUEZ, Laura. *Op. cit.*, p. 162.
428. cfr. ZIPF, H., *Op. cit*, p. 13.
429. v. GARCIA-PABLOS, Antonio. *Op. cit.*, p. 403.
430. v. ZÚÑIGA RODRÍGUEZ, Laura. *Op. cit.*, p. 161

Como já visto, a moderna epistemologia sugere o enfoque científico "circular"[431], estabelecido mediante sistema de retroalimentação dos conhecimentos, onde "cada conclusão 'particular' se corrige e enriquece ao contrastar-se com as obtidas em outros âmbitos e disciplinas, propiciando-se a necessária síntese livre de contradições"[432]; portanto, o politólogo criminal é cientista que, como a maioria dos cientistas modernos, trabalha de forma interdisciplinar[433], pois somente através de esforço de síntese e integração das experiências setoriais e especializadas é que cabe formular diagnóstico científico totalizador do fenômeno criminal, para além dos conhecimentos fragmentados, parciais e incompletos que possam aquelas fornecer[434].

Trata-se da *integração* dos conhecimentos criminológicos em um todo sistêmico e coerente, dirigido a objeto de estudo (fenômeno criminal), mediante método claro, sem que, até agora, haja indubitável e totalmente alcançado tal objetivo[435].

---

431. Sobre o sistema científico "circular": MANZANERA, Luis Rodríguez. *Op. cit.*, pp. 40-43.
432. GARCÍA-PABLOS DE MOLINA, Antonio. *Op. cit.*, p. 55. No mesmo sentido, afirma Luis Rodríguez Manzanera que: "Estamos chegando, ou melhor dito, já se chegou, a um momento científico de concorrência interdisciplinária, é dizer, a pessoa que tente chegar ao conhecimento de qualquer objeto seguindo uma só via, uma só ciência, resta eficácia a seu pensamento. Atualmente a investigação científica, para considerar-se como tal, necessita ser interdisciplinar, ou ao menos multidisciplinar. A Medicina é pouco eficaz se não se auxilia da Psicologia e da Sociologia; a Sociologia não funciona adequadamente se não se apoia na Psicologia e no Direito; o Direito é obsoleto se não respeita a realidade social e psicológica; é dizer, atualmente para fazer qualquer trabalho sério, principalmente em Ciências Sociais, se tem que trabalhar interdisciplinarmente" (MANZANERA, Luis Rodríguez. *Op. cit.*, p. 39).
433. v. MANZANERA, Luis Rodríguez. *Op. cit.*.
434. cfr. GARCÍA-PABLOS DE MOLINA, Antonio. *Criminologia. Uma introdução a seus fundamentos teóricos*. Trad. Luiz Flávio Gomes. São Paulo: Ed. RT, 1992, p. 28.
435. Adverte Laura Zuñiga Rodríguez que "todos estes conhecimentos e disciplinas que formam parte da Política Criminal estão vinculados a aspectos bastante controvertidos das relações sociais, como são, as relações entre Sociedade e Estado, entre indivíduo e Sociedade, entre Sociedade e Direito. Por isto, sua rigidez científica é impossível, porque depende de considerações que não estão acabadas, em nas que o homem segue – e seguramente seguirá – traçando novas teorias, porque se trata de relações humanas em Sociedade, sempre mutantes, cambiantes, em contínua transformação" (ZUÑIGA RODRÍGUEZ, Laura. *Op. cit.*, p. 22).

É interdisciplinar, a significar a íntima relação, as estreitas conexões, a interdependência entre os saberes que estudam o fenômeno criminal e não só a adição e junção de diversas disciplinas, a designar certa coordenação e, inclusive, integração e dependência mútua entre as diversas ciências ou disciplinas concorrentes, onde cada uma complementa e explica as demais e a ausência de alguma é notável pela diminuição de qualidade do conjunto[436].

2.1.2. *Axiológico-dedutivo*

A Política Criminal também trabalha com o método axiológico-dedutivo, qual seja, aquele que parte de determinados valores (*axiomas*) como verdadeiros e, à partir deles, por meio de encadeamento lógico-racional, chegar a proposições mais específicas ou particulares.

Tal método trata de apresentar critérios materiais (axiológicos) que conformarão racionalidade própria à Política Criminal e, pois, apresentarão critérios diretivos e de correção que, de algum modo, vincularão as valorações e decisões estratégicas de prevenção/reação ao fenômeno criminal, através de catálogo de fins e interesses pré-determinados, representados por código de valores e princípios que, como será visto, gozam proteção constitucional; entretanto, como observa Jesús-María Silva Sanchez, o decisivo não é a acolhida de tais valores e princípios, mas, sim, a definição objetiva dos critérios racionais de valoração dos interesses presentes à partir dos quais se pode legitimar a atuação estatal político-criminal[437], já que é por demais sabido que não é possível, no âmbito político-criminal, que se colham aleatoriamente as ideias e sentimentos de uma comunidade, sob pena de aprisionamento às paixões irracionais. É necessário, para este objetivo, que esses parâmetros valorativos não só estejam positivados, mas sejam amplamente justificados cultural e cientificamente[438].

---

436. cfr. MANZANERA, Luis Rodríguez. *Op. cit.*, pp. 39-40. Para Laura Zuñiga Rodríguez: “o que sim se pode falar é de um encontro ou síntese dos conhecimentos criminológicos e penais na Política Criminal” (ZUÑIGA RODRÍGUEZ, Laura. *Op. cit.*, p. 160).

437. cfr. SILVA SANCHEZ, Jesús-María. *Política criminal y persona*. Buenos Aires: Ad -hoc, 2000, p. 26.

438. v. STRECK, Lenio Luis; COPETTI, André. “O direito penal e os influxos legislativos pós-constituição de 1988: um modelo normativo eclético consolidado ou em

No âmbito político, isto se dá através da consideração do ideal perseguido pela sociedade e, consequentemente, do modelo de Estado daí decorrente.

A Constituição[439], como a ordem político-jurídica fundamental do Estado, é a "revelação normativa do consenso fundamental"[440] de uma comunidade em relação aos princípios, valores e ideias nucleares fundantes que servem de orientação e vinculação às condutas políticas e jurídicas dessa sociedade e ao Estado, legitimando tal ordem e dando legitimação aos titulares do poder político[441].

Assim, é a Constituição, como ordem político-jurídica fundamental e com suas indicações axiológico-normativas (princípios, valores e ideias nucleares fundantes), que configura o ponto de partida da legitimidade da Política Criminal estatal, reconhecendo-a como legítima, como justificável e dotada de razão de ser, e, pois, habilitando-a como legítima para os atos aos quais o ordenamento jurídico prescreve condições, requisitos e limites; é a Constituição, portanto, a estrutura fundante da Política Criminal; é a Constituição que assenta as bases de solução do problema dos valores na Política Criminal, a oferecer os referenciais e os pressupostos valorativos para estabelecer o objeto que há de ocupar os politólogos penais e os métodos, ou melhor, os valores no método, já que os valores constitucionais são valores de encontro e de referência comum[442].

Por sua vez, o moderno Estado Democrático de direito é Estado "antropologicamente amigo", de respeito ao valor da dignidade

---

fase de transição?". In: FAYET JÚNIOR, Ney (Org.). *Ensaios penais em homenagem ao professor Alberto Rufino Rodrigues de Sousa*. Porto Alegre: Ricardo Lenz Editor, 2003, p. 456.

439. Observa Konrad Hesse que a definição do que seja uma Constituição só pode ser concebida a partir da tarefa e função da Constituição na realidade da vida histórico-concreta, onde aparecem, como objetivos inescusáveis, a *unidade política* e a *ordem jurídica* (HESSE, Konrad. *Temas fundamentais do direito constitucional*. Tradução de Carlos dos Santos Almeida; *et alli*. São Paulo: Saraiva, 2009, p. 78).

440. cfr. CANOTILHO, José Joaquim Gomes. *Direito constitucional e teoria da Constituição*. 4a ed. Coimbra: Almedina, 1997, p. 1376.

441. v. CANOTILHO, José Joaquim Gomes. *Op. cit.*.

442. cfr. ZAPATERO, Luis Arroyo. "Fundamento y función del sistema penal: El programa penal de La Constitución Española". In: REYNA ALFARO, Luiz Miguel. *Derecho Penal y Modernidad* (Coord.). Lima: Ara Editores, 2010, pp. 21-36.

da pessoa humana e de empenho na defesa e garantia da *liberdade*, da *justiça* e da *solidariedade*. É, em suma, Estado de Direitos Fundamentais[443], que se assenta – dentre outras características – em base antropológica constitucionalmente estruturante de respeito e garantia de efetivação dos direitos e liberdades fundamentais (*sistema de direitos fundamentais*), a realçar a autonomia individual através da vinculação dos poderes públicos a conteúdos, formas e procedimentos, e proíbe fundamentalmente, no plano jurídico-objetivo, as ingerências do Estado na esfera jurídica individual[444].

É o marco dos valores superiores constitucionais, objetivados e positivados no conteúdo essencial dos direitos fundamentais, que deve servir de guia político-criminal da intervenção estatal do sistema de controle social formal penal, enquanto fórmula de compromisso dos grandes valores de fundamentação dos sistemas políticos, que reafirmam o valor – e a dignidade – da pessoa humana enquanto fim em si mesma[445].

2.1.3. Histórico e comparativo

A Política Criminal trabalha, ainda, com o *método histórico*, pois, para que melhor se possa compreender o fenômeno criminal – na sua vertente axiológica – e as formas como as instituições estatais o valoram e reagem ao mesmo, indispensável se mostra a observação, pesquisa e análise histórica, mediante o exame das condições de nascimento, desenvolvimento, transformação e desaparecimento das formas político-criminais de tais valorações e prevenção/reação ao fenômeno, a traçar seu panorama histórico, a forma como foram efetivamente praticadas pelo poder instituído na linha do tempo e quais os efeitos efetivamente produzidos, contextualizado-os sociopoliticamente no tempo e no espaço[446].

---

443. v. CANOTILHO, José Joaquim Gomes; MOREIRA, Vital. *Fundamentos da Constituição*. Coimbra: Coimbra Editora, 1991, p. 83.
444. v. CANOTILHO, José Joaquim Gomes. *Op. cit.*, pp. 248 e 288.
445. cfr. ZUÑIGA RODRÍGUEZ, Laura. *Op. cit.*, p. 54.
446. Segundo Heinz Zipf, a Política Criminal nunca se acha em uma *"hora zero"* e nem pode admitir ponto inicial carente de pressupostos, pois está sempre enquadrada em determinado marco cultural e social e se acha em uma tradição à qual pode sentir-se mais ou menos obrigada, mas que não pode negar como fator

Entretanto, não basta a mera análise histórica[447]. É necessário, para melhor contextualização e conhecimento, primeiro, que a análise leve em consideração a comparação[448] com o panorama histórico político-criminal de outros países, colhendo-os sobre o prisma de sua aplicação prática e efetiva; e, segundo, que efetive a pesquisa comparativa e simultânea (atual), no tempo e no espaço, do estado atual e o futuro dos sistemas políticos criminais nacional e estrangeiros, mediante o exame dos sistemas e no contexto geral onde se manifestam, dos meios empregados e dos resultados obtidos, mediante "geografia da política criminal"[449].

---

socialmente relevante. Segundo o autor alemão, "o homem se acha na historicidade, sobre a qual há de construir prosseguindo a criação em cada caso, e de qual não pode desprender-se". Assim, a história se converte na primeira pedra de toque e no material de observação para o especialista em Política Criminal e "faz possível primeiramente uma visão da condicionalidade temporal de toda Política Criminal, é ainda mais importante que demonstre a confirmação e o fracasso de tentativas de soluções isoladas, e com isso forneça à Política Criminal, não um campo de experimentação, mas sim um abundante material de observação para as possibilidades práticas de sua realização" (ZIPF, Heinz. *Op. cit.*, pp. 14-15).

447. Como observa Edmundo Oliveira, "do ponto de vista da política criminal, pesquisa histórica e pesquisa comparativa são frequentemente complementares, mas é importante não confundi-las e, mais importante ainda, não transformar em apenas uma essas três ordens de investigação científica. E, igualmente importante, no prosseguimento de tais pesquisas, não pretender traçar apenas a partir delas a história das instituições ou comparação sistemática das legislações positivas. A diferença exata entre esses campos respectivos pode ser, às vezes, um pouco difícil de estabelecer com precisão. O verdadeiro critério dessa diferença reside no próprio objeto de pesquisa (que será, por natureza, especificamente de política criminal, de história ou de direito comparado) e no modo de abordá-lo (histórico, comparativo ou político-criminal)" (ZAFFARONI, Eugenio Raúl; OLIVEIRA, Edmundo. *Op. cit.*, p. 417).

448. Para Heinz Zipf, a comparação facilita o exame político-criminal vigente nos ordenamentos jurídicos próximos, nas vantagens e desvantagens conhecidas das regulações adotadas para situações conflitantes e fenômenos criminais semelhantes, subministrando base de soluções para o desenvolvimento da Política Criminal, não devendo deter-se na mera visão conjunta das distintas regulações, mas que há de fazer visíveis os fatores sociais e culturais que foram e são decisivos em cada caso para uma determinada regulação nacional e que explicam – ao menos em parte – as diferenças entre os ordenamentos jurídicos, e com a finalidade adicional de pretender contra-arrestar as grandes diferenças de valoração entre os Estados de estrutura cultural e social análoga (ZIPF, Heniz. *Op. cit.*, p. 17).

449. ZAFFARONI, Eugenio Raúl; OLIVEIRA, Edmundo. *Op. cit.*, p. 416.

A observação histórica e comparativa, segundo Edmundo Oliveira, pode dar-se em dois vértices: a) *horizontalmente*: tomar como ponto de estudo a Política Criminal globalmente considerada, tal qual ela é compreendida e praticada em um ou vários países ou num grupo de países, realizando-se esforço para estabelecer as opções essenciais dentro da organização do sistema de prevenção/reação ao fenômeno criminal; b) *verticalmente*: observar não a configuração geral (ou global) ou as orientações essenciais de sistemas comparados, mas, sim, as posições político-criminais tomadas separadamente nos diferentes sistemas de prevenção/reação ao fenômeno criminal em relação a fatos específicos[450].

3. FINALIDADES

A doutrina elenca diversas finalidades que corresponderiam à Política Criminal, sendo a principal (mediata) a prevenção do fenômeno criminal, enquanto as demais funções (imediatas) coadjuvariam a consecução da primeira[451] e seriam: a) estudo da realidade do fenômeno criminal; b) orientação à atividade legislativa criadora; c) orientação ao trabalho dogmático; d) crítica à legislação penal.

3.1. Estudo do fenômeno criminal

A primeira das funções corresponderia ao estudo da realidade do fenômeno criminal, pois "a principal tarefa que deve abordar um especialista em Política Criminal é realizar um estudo científico do fenômeno criminal que tenta prevenir"[452], já que elementar a ideia de que devo conhecer profundamente o fenômeno ao qual viso a prevenir, inclusive porque a prevenção de um fenômeno está diretamente condicionada à forma como o conheço e o entendo.

Tal tarefa conta com a imprescindível análise das informações criminológicas sobre a realidade do crime, de base empírica, que apresentam núcleo de conhecimentos científicos seguros e rigorosos sobre o fenômeno criminal (crime, criminoso, vítima e controle

450. ZAFFARONI, Eugenio Raúl; OLIVEIRA, Edmundo. *Op. cit.*, pp. 419-421.
451. Nesse sentido: ZÚÑIGA RODRÍGUEZ, Laura. *Op. cit.*, p. 163.
452. ZÚÑIGA RODRÍGUEZ, Laura. *Op. cit.*, p. 163.

social) e oferece pautas e critérios para a solução dos conflitos sociais reais e concretos que dele decorrem (Capítulo III, Item 3). Assim, a concepção criminológica determinará a forma de entendimento do fenômeno criminal e orientará o campo de decisão, de ação e a atividade prevencionista político-criminal.

Como afirma Laura Zúñiga Rodríguez, "praticamente toda política criminal responde a uma determinada concepção da criminalidade. Por isso, para afrontar um determinado fenômeno criminal com eficácia, o primeiro que terá que fazer o especialista é estabelecer um método de análise do mesmo, que seja idôneo para entender cabalmente a pluridimensionalidade do fenômeno que se trate. (...) terá que valorar quais são os métodos de análise mais idôneos para compreender cada fenômeno criminal: analisar as distintas arestas da problemática criminal concreta. (...) Os responsáveis em Política Criminal devem informar-se e educar-se para poder encarregar trabalhos de investigação sobre o fenômeno criminal e logo ter a capacidade de valorá-lo"[453] e formular mecanismos, estratégias e táticas eficazes para preveni-lo.

3.2. Orientação à atividade legislativa

Cabe à Política Criminal orientar o legislador na criação de institutos jurídico-penais e extrapenais, que têm como objetivo a prevenção e o controle do fenômeno criminal, e, pois, a manutenção do tecido social, mediante a valoração e a apresentação de múltiplas exigências concretas para a adoção das medidas jurídicas e extrajurídicas que contribuam com sua prevenção e controle e para a criação ou modificação de inúmeras regulações penais[454].

Especificamente no sistema jurídico-penal, é através das valorações político-criminais (concretas perspectivas político-jurídicas) que se indica ao Estado quais condutas desviadas, através da função legislativa, devem ser criminalizadas; quais bens jurídicos sociais fundamentais devem ser penalmente protegidos e contra quais ações; quais as sanções mais idôneas e quais devem adotadas

453. ZÚÑIGA RODRÍGUEZ, Laura. *Op. cit.*, pp. 166-167.
454. cfr. LUZÓN PEÑA, Diego-Manuel. *Op. cit.*, p. 99.

e aplicadas a cada classe de crimes, se aumentadas ou diminuídas, etc.[455]; enfim quais devem ser os elementos estruturais formais e materiais básicos integrantes da definição legal de crime e da aplicação da pena criminal[456].

Daí que, para Heinz Zipf, a Política Criminal não deixa de representar parte de uma teoria da legislação ao somar a profundidade científica das linhas diretrizes político-criminais, as quais o legislador insere no tratamento de problema de regulação concreto para poder planificar previamente todas as repercussões de decisão a ser tomada; a Política Criminal trata, em definitivo, da preparação e prévia meditação, orientadas segundo categorias científicas, da decisão do legislador sobre a configuração futura da lei penal, a fazer visível a totalidade do sistema penal – como parte do extenso sistema de controle social –, enquanto unidade funcional, desde a criação até a aplicação do Direito e desenvolver concepção limitativa da reação ao fenômeno criminal para a sociedade, na zona de tensão entre as esferas normativa (Direito Penal) e empírica (Criminologia)[457].

3.3. Orientação ao trabalho dogmático

Hoje é majoritário o entendimento doutrinário de que a Política Criminal deve penetrar no sistema dogmático penal (Direito Penal)[458] – mantendo a independência e autonomia de cada qual –,

455. Segundo Hans-Heinrich Jescheck, em visão restritiva: "a Política Criminal se ocupa de como deve conformar-se o Direito Penal para cumprir melhor sua missão de proteger a sociedade. A Política Criminal conecta com as causas do delito, se ocupa de como hão de recolher-se corretamente os elementos dos tipos penais para responder à realidade daquele, tenta determinar os efeitos das sanções empregadas no Direito Penal, considera até que limite pode estender-se o legislador o Direito Penal para não restringir a esfera de liberdade do cidadão mais além do absolutamente indispensável, e examina se o Direito Penal material se encontra configurado de maneira que possa realizar-se no processo penal" (JESCHECK, Hans-Heinrich. *Op. cit.*, p. 18).

456. v. SILVA SÁNCHEZ, Jesús-María. *Política criminal y persona.* Buenos Aires: Ad-hoc, 2000, p. 24.

457. cfr. ZIPF, Heinz. *Op. cit.*, pp. 20-21.

458. Tal postura foi defendida de maneira mais completa e sistemática por Claus Roxin, para quem cada categoria do delito – tipicidade, antijuridicidade e culpabilidade – deve ser observada, desenvolvida e sistematizada sob o ângulo de sua função político-criminal (v. ROXIN, Claus. *Política criminal e sistema*

animando, orientando ou confirmando as categorias sistemáticas de elaboração dogmática e suas tendencias interpretativas, mediante a penetração das valorações, dos fins, dos princípios e das exigências político-criminais nas diversas fases de elaboração dogmática do sistema – e das suas concretas categorias – do Direito Penal, a reforçar decisivamente os resultados da interpretação teleológica e valorativa dogmática[459], alcançando soluções acordes com o sistema penal para objetivos político-criminais[460].

É através da Política Criminal que a dogmática jurídico-penal ultrapassa e rompe com a tradição radical positivista de mera exposição e repetição formalista de preceitos legais, segundo a interpretação literal e rigorosa da lei, a transformar-se em atividade criadora do Direito; segundo Santiago Mir Puig, "para poder conceber a Dogmática como algo mais que pura 'reprodução' aclaratória do Direito vigente, é preciso abandonar um delineamento estritamente positivista que 'isole' a missão do jurista e proíba seu contato com os imperativos, inevitavelmente criadores, da Política Criminal"[461].

Neste contexto, afasta-se a ideia de dogmática politicamente reacionária que feche as portas às possibilidades de crítica do sistema jurídico-penal e que, assim, consagraria todo poder político dotado de força suficiente para ditar as normas jurídicas; bem como evita seu isolamento da realidade, com seu encerramento no mundo formal das normas jurídicas, que, dessa forma, deixariam de se caracterizar como instrumento de configuração e ordenação da vida social[462].

Assim, a Política Criminal passa a orientar os limites dogmáticos e a servir de padrão crítico, tanto do direito constituído, como do

jurídico-penal. Trad. de Luís Greco. Rio de Janeiro: Renovar, 2002; ROXIN, Claus. *Derecho penal. Parte general.* Trad. Diego-Manuel Luzón Peña, Miguel Díaz y García Conlledo e Javier de Vicente Remesal. Madrid: Civitas, t. I, 1997).

459. cfr. LUZÓN PEÑA, Diego-Manuel. *Op. cit.*, pp. 100-101.
460. ZIPF, Heinz. *Op. cit.*, p. 05. Para Santiago Mir Puig: "a Dogmática segue sendo inevitável companheira da Política Criminal no indeclinável trabalho de todo jurista: a criação do Direito" (MIR PUIG, Santiago. *El derecho penal en el Estado social y democrático de derecho.* Barcelona: Ariel, 1994, p. 20).
461. cfr. MIR PUIG, Santiago. *Op. cit.*, p. 24.
462. cfr. MIR PUIG, Santiago. *Op. cit.*.

direito constituendo, dos seus limites e da sua legitimação, a oferecer critérios decisivos de determinação e a constituir a pedra angular do discurso legal-social da criminalização/descriminalização; entretanto, deve fazê-lo mediante o respeito dos princípios estruturais do Direito Penal[463] – que, na visão de Claus Roxin, se apresenta como a forma por intermédio da qual as proposições de fins político-criminais se vazam no *modus* da validade jurídica – e do condicionamento dos valores e fundamentos políticos da concepção do Estado e de seu sistema jurídico-constitucional[464].

3.4. Crítica à legislação penal

Outra importante função da Política Criminal é a de crítica à concreta legislação penal, visando aos processos de sua reforma (propostas *de lege ferenda*).

Na prática, o legislador penal nem sempre respeita os valores, princípios e finalidades político-criminais, atentando mais à pretensa eficácia decorrente da realidade das – nem sempre racionais – exigências sociais de reação ao fenômeno criminal[465], podendo levar a desequilíbrios e disfunções do sistema de controle social formal penal, a obrigar, pois, um repensar da questão.

463. Segundo Heinz Zipf: "nada seria mais desacertado que uma 'minoração da finalidade e métodos da dogmática jurídicopenal' (WÜRTENBERGER, 1970, 33). Política Criminal e dogmática jurídicopenal são campos científicos independentes (PETERS, 1932, 13, no 2) e devem manter sua autonomia para poder cooperar de modo ótimo. A ciência do Direito é a ciência da ordenação consciente da vida social (Ernst HIRSCH, 1966, 72); conforme a isto, a Política jurídica representa o esforço sistemático em prol da melhor configuração possível de tal ordenação. A decisão politico-jurídica há de se vazar em um molde dogmático, que se realiza na aplicação do Direito. A dogmática serve à transformação dos objetivos politico-jurídicos na praxis jurídica. Por isto, o Direito Penal representa a forma 'em que as finalidades politico-criminais são trasladadas ao modus da validez jurídica' (ROXIN, 1970, 40). No marco da justiça criminal geral, a Política criminal e a dogmática jurídicopenal têm, por tanto, funções independentes. Se a Política criminal se ocupa dos conceitos de ordenação neste âmbito, a dogmática jurídicopenal sistematiza as regulações adotadas e as prepara para a aplicação do Direito" (ZIPF, Heinz. *Op. cit.*, pp. 08-09).
464. v. FIGUEIREDO DIAS, Jorge de. *Op. cit.*, pp. 34-35.
465. Certeiramente observa Laura Zuñiga Rodríguez, que muitas vezes as leis penais são respostas às demandas sociais de maior criminalização para fenômenos criminais – nem sempre reais – que hão causado alarme social (ZÚÑIGA RODRÍGUEZ, Laura. *Op. cit.*, p. 171).

Após a análise empírico-científica criminológica da legislação e a descoberta de seus reais efeitos na sociedade e no sistema de controle social[466], cabe ao politólogo criminal utilizar tais dados e analisar e valorar *a posteriori* se as leis penais realmente cumpriram idoneamente com os fins preventivos que pretendiam e, em caso negativo, reformular políticas concretas e propor reformas legislativas futuras, ancoradas e fundamentadas na realidade social.

3.5. A prevenção

A finalidade principal (mediata) da Política Criminal, para além das demais (imediatas), é a formulação e a concretização de propostas de prevenção e enfrentamento ao fenômeno criminal, para que este alcance níveis socialmente aceitáveis, não só através da prevenção (*antedelictum* e *postdelictum*), mas, também, mediante o controle de suas consequências (custos sociais e econômicos)[467].

Assim, é a *prevenção* o eixo fulcral de toda Política Criminal moderna[468], pois que "se manifesta em uma série de instrumentos que

---

466. Segundo Diego-Manuel Luzón Peña, em visão mais ampla, "para levar a cabo essa crítica ou as propostas de reforma ou mudança do Direito Penal vigente (ou de outros setores jurídicos e sociais), a política criminal pode acudir a critérios técnicos que lhe proporcione novamente a dogmática (pois só se pode criticar o que previamente se conhece com exatidão), a princípios jurídicos ou políticos, a conhecimentos empíricos das ciências sociais, etc. (...) De outra parte, o emprego de conhecimentos e métodos empíricos – provenientes, p. ex., das ciências sociais, a psicologia, criminologia, etc. – é imprescindível, como reconhece amplamente a doutrina, para que a política criminal elabore e formule adequadamente seus critérios, se bem é certo e deve criticar-se que nem sempre o legislador e a doutrina procedem assim" (LUZÓN PEÑA, Diego-Manuel. *Op. cit.*, pp. 100-101).

467. cfr. ZÚÑIGA RODRÍGUEZ, Laura. *Op. cit.*, p. 38. Observa a autora espanhola, que: "Em um primeiro momento, o fim era repressivo; em um segundo momento o fim se faz preventivo e hoje se considera uma série de fins que transcendem a prevenção do delito e se pensa também em suas consequências: como podem ser os efeitos sobre as vítimas, sobre o delinquente, sobre a família do delinquente e sobre a Sociedade em geral. É dizer, temos avançado até uma concepção muito mais ampla de Política Criminal, para a qual a prevenção transcende o âmbito puramente penal, para conectar com todas as formas de controle social formais e informais" (ZÚÑIGA RODRÍGUEZ, Laura. *Op. cit.*).

468. Para Edmundo Oliveira, é impossível excluir do campo da pesquisa sistemática de política criminal os problemas e os métodos de prevenção do crime

devem associar-se nominal ou faticamente na produção presente ou futura do delito para evitar que este se produza ou se reitere"[469].

Ainda que a noção de prevenção diga respeito a se antecipar a ou a evitar algo, logo surgem desacordos quando se tenta precisar o que se pretende evitar e quais os instrumentos idôneos para a consecução de tal objetivo. Ainda que a prevenção diga respeito ao próprio fenômeno criminal, também se procura evitar as suas causas sociais, biológicas, econômicas, etc. Assim, "a noção da prevenção ao estar fundada nos conhecimentos que portam as ciências da conduta, é uma noção complexa e problemática – como o é a da Política Criminal. O que sim parece evidente é que se trata de uma noção mais ampla e mais pluridimensional que a penal"[470].

Segundo Antonio García-Pablos de Molina, determinado segmento doutrinário entende a prevenção como mero *processo dissuasório*, ou seja, prevenir equivale a dissuadir o criminoso potencial com a ameaça do castigo, contramotivando-o; portanto, a prevenção "é concebida como prevenção criminal (eficácia preventiva da pena) e opera no processo motivacional do infrator (dissuasão)". Já para outro segmento, tal noção é ampliada, compreendendo o efeito *dissuasório mediato* (indireto), que pode ser alcançado através de instrumentos não penais, que alteram o ambiente criminal, mediante a modificação de alguns de seus fatores ou elementos (espaço físico, desenho arquitetônico e urbanístico, atitude das vítimas, efetividade e rendimento do sistema legal, etc.), que, assim, coloca travas ou impedimentos ao criminoso no processo de execução do plano criminal; portanto, tal corrente entende a prevenção como "intervenção seletiva no 'cenário' do crime que 'encarece', sem dúvida, os custos deste para o infrator (*v.g.*, incremento do risco, diminuição dos benefícios, etc.), com o conseguinte efeito inibitório". Por fim, para outro setor doutrinário, a prevenção não é objetivo autônomo da sociedade ou dos poderes públicos, mas efeito último persegudo por

(ZAFFARONI, Eugenio Raúl; OLIVEIRA, Edmundo. *Op. cit.*, p. 412).

469. SILVA SÁNCHEZ, Jesús-María. *Política criminal y persona*. Buenos Aires: Ad-hoc, 2000, p. 22. Segundo Laura Zuñiga Rodríguez, "praticamente todos os governos atuais desenham sua Política Criminal sobre modelos preventivos" (ZÚÑIGA RODRÍGUEZ, Laura. *Op. cit.*, p. 41).

470. ZÚÑIGA RODRÍGUEZ, Laura. *Op. cit.*, pp. 41-42.

programas de ressocialização e reinserção do criminoso condenado. "Trata-se, pois, não tanto de evitar o delito, senão de evitar a reincidência do infrator. O conceito de prevenção equipara-se, assim, ao de prevenção especial e é muito menos ambicioso"[471].

Nesse contexto, para tal autor, "em sentido estrito, sem embargo, prevenir o delito é algo mais – e também algo distinto – que dificultar seu cometimento ou dissuadir o infrator potencial com a ameaça do castigo. Desde o ponto de vista 'etiológico', o conceito de prevenção não pode se desvincular da gênese do fenômeno criminal, isto é, reclama uma intervenção dinâmica e positiva que neutralize suas raízes, suas 'causas'. A mera dissuasão deixa essas raízes intactas. De outro lado, a prevenção deve ser contemplada, antes de tudo, como prevenção 'social', isto é, como mobilização de todos os setores comunitários para enfrentar solidariamente um problema 'social'. A prevenção do crime não interessa exclusivamente aos poderes públicos, ao sistema legal, senão a todos, à comunidade inteira"[472].

3.5.1. Prevenção geral e especial

Através da visão restritiva político-criminal, a prevenção do fenômeno criminal é analisada com base na discussão da finalidade das penas criminais; assim, através das chamadas *teorias relativas da pena* (teorias da prevenção), a prevenção pode ser classificada

471. GARCÍA-PABLOS DE MOLINA, Antonio. *Criminologia. Uma introdução a seus fundamentos teóricos.* Trad. Luiz Flávio Gomes. São Paulo: Ed. RT, 1992, pp. 252-253.

472. GARCÍA-PABLOS DE MOLINA, Antonio. *Op. cit.*, p. 252-253. No mesmo sentido, para Laura Zuñiga Rodríguez: "Uma prevenção que pretenda verdadeiramente evitar a criminalidade *antedelictum*, tem que ser necessariamente etiológica, é dizer, perguntar-se pelas causas, a gênese do fenômeno criminal. A mera dissuasão ou intimidação deixa intacta as causas do delito, pelo que uma prevenção mais ampla, que pretenda impedir o fenômeno criminal desde suas raízes, obrigatoriamente tem que ser etiológica. (...) Como pode constatar-se, a forma de entender o fim da Política Criminal, isto é a prevenção da delinquência – e a partir daí também as respostas – está condicionada pela forma de entender a criminalidade, se é um problema meramente jurídico como se há entendido tradicionalmente desde o prisma do positivismo, de descumprimento das normas, ou é um problema social, é dizer, pluridimensional, onde toda a Sociedade está implicada nele" (ZÚÑIGA RODRÍGUEZ, Laura. *Op. cit.*, pp. 41-44).

em *prevenção geral* (negativa ou positiva) e *especial* (negativa ou positiva).

O *princípio da prevenção geral* parte da ideia que a pena – e consequentemente o próprio Direito Penal[473] – tem a finalidade de influenciar psicologicamente a sociedade para que, sob sua ameaça e sob sua execução, se instrua sobre as proibições penais legais e se afaste de sua violação; tem, pois, como ponto fulcral, a finalidade das sanções penais (penas e medidas de segurança) como instrumento político-criminal destinado a atuar psicopedagogicamente sobre a generalidade dos integrantes da sociedade, afastando-os da prática de crimes mediante a ameaça penal estabelecida pela lei penal, da realidade de sua aplicação e da efetividade de sua execução[474], a trabalhar com as considerações de psicologia profunda e psicanalítica[475] de que muitas pessoas só contém seus impulsos antijurídicos ante o reconhecimento de que a decisão em favor do crime só lhes trará mais sofrimentos, danos e desvantagens pessoais.

De acordo com tal teoria, "o Direito Penal representa uma solução ao problema da criminalidade, enquanto que, através da cominação penal, anuncia frente a que tipo de ação injusta pensa reagir e, através da execução da pena imposta, no caso em que isso seja necessário, diz com claridade que está disposto a cumprir dita cominação.

---

473. Assim, "todo o direito penal e sua ciência devem ser perspectivados a partir das valorações político-criminais imanentes ao sistema; as quais, por seu turno, se exprimem por excelência nas consequências jurídicas próprias deste ramo de direito. Deve, nesta acepção, afirmar-se que o direito penal e sua ciência se orientam "para o resultado' (s.c. para a consequência jurídica) e devem, a partir dele, ser definitivamente adquiridos e fixados" (FIGUEIREDO DIAS, Jorge de. *Direito Penal. Parte Geral.* Coimbra: Coimbra Editora, 2007, p. 05). No mesmo sentido: ROXIN, Claus. *Derecho penal. Parte general.* Tradução de Diego-Manuel Luzón Peña, Miguel Díaz y García Conlledo e Javier de Vicente Remesal. Madrid: Civitas, t. I, 1997, p. 41.

474. FIGUEIREDO DIAS, Jorge de. *Op. cit.*, p. 50.

475. Nesse sentido: FIGUEIREDO DIAS, Jorge de. *Op. cit.*, p. 51; ROXIN, Claus. *Op. cit.*, pp. 90-91. Este último ressalta que Sigmund Freud, na obra *Totem e tabu*, encontrou um dos 'fundamentos do ordenamento penal humano' nas necessidades da prevenção geral ao escrever: "quando alguém há conseguido satisfazer o desejo reprimido, deve sentir-se o mesmo desejo em todos os membros da sociedade; para manter apaziguada esta tentação, é necessário que o que realmente invejado, seja privado do fruto de seu atrevimento" (*apud Op. cit.*, p. 91).

Desse modo, o homem racional e calculador se encontra baixo uma coação que não atua fisicamente, como uma cadeia à que deveria permanecer atado para evitar com toda a segurança o delito, senão que psiquicamente, fazendo-lhe pensar que não vale a pena cometer o delito que se castiga"[476].

Tal atuação geral da lei e da pena pode assumir, segundo a doutrina, "dupla perspectiva"[477]; ora como instrumento de intimidação ou coação dos demais através do sofrimento impingido pela pena ao criminoso e cujo receio conduzirá ao não cometimento de crimes pelos demais (*teoria da prevenção geral negativa*); ora como instrumento estatal de mantença e reforço da confiança da sociedade na vigência e eficácia do ordenamento jurídico-penal e sua inquebrantabilidade mediante a aplicação da pena (*teoria da prevenção geral positiva*).

Já o *princípio da prevenção especial* parte da perspectiva de que a pena criminal é instrumento de atuação preventiva que deve agir não sobre a coletividade, mas sobre a pessoa individual do criminoso, a evitar que o mesmo, no futuro, volte a praticar novas condutas criminosas (reincidência), a não incidir a prevenção, pois, no momento da cominação *in abstracto* da pena (lei penal), mas, posteriormente, no momento de sua efetiva imposição e execução práticas[478].

Segundo tal visão, o interesse preventivo político-criminal não é o de intimidação geral dos membros do corpo social e nem o de restaurar ou manter a confiança na ordem jurídica violada, mas a defesa da sociedade através da intervenção direta sobre os indivíduos que violaram as normas jurídico-sociais, causando dano à ordem social. Tal intervenção individual incide na pessoa do delinquente, através da pena, com a finalidade de ressocializar ou reeducar o criminoso, intimidar os que não necessitem de ressocialização ou neutralizar e inocuizar os incorrigíveis, a evitar-se, assim, a prática de novos crimes[479].

476. HASSEMER, Winfried. *Op. cit.*.
477. FIGUEIREDO DIAS, Jorge de. *Op. cit.*, p. 50.
478. cfr. FIGUEIREDO DIAS, Jorge de. *Op. cit.*, p. 54; MIR PUIG, Santiago. *Derecho penal. Parte general.* 5a ed. Barcelona: Reppertor, 1998, p. 53.
479. v. BITENCOURT, Cezar Roberto. *Falência da pena de prisão. Causas e alternativas.* São Paulo: Ed. RT, 1993, p. 122.

A prevenção especial atuaria sob duas perspectivas diferentes. Na primeira, a prevenção especial está diretamente ligada à função preventiva de intimidação (atemorização) individual do delinquente até o ponto em que o mesmo não repetiria, no futuro, a prática de novos crimes ou como meio de pura defesa social, através da separação ou segregação do criminoso da sociedade agredida, neutralizando (inocuizando) sua periculosidade social (*teoria da prevenção especial negativa*). Já na segunda perspectiva, a prevenção especial está ligada à ideia de reforma interior (moral) do criminoso, mediante sua ressocialização para a aceitação ou adesão aos valores e normas sociais, ou no tratamento de suas tendências individuais antissociais que o levam à prática de condutas criminosas; ambas com o propósito de sua reinserção social (*teoria da prevenção especial positiva*)[480].

Entretanto, como já analisado, a prevenção político-criminal do fenômeno não se restringe ao uso e às finalidades da pena criminal, pois, ao se buscar o seu controle e sua minimização, abre-se grande leque de opções e estratégias que ultrapassam a visão restritiva de Política Criminal e que, pois, englobam inúmeras atividades estatais de natureza político-social (p. ex., educação, saúde, distribuição de renda, serviços públicos essenciais, etc.), razão pela qual não parece o mais correto limitar a prevenção político-criminal à finalidade das penas criminais.

3.5.2. Prevenção primária, secundária e terciária

Por outra parte, mediante visão ampla e de acordo com o que se pretende evitar (prevenir), as causas mais próximas ou mais enraizadas do fenômeno criminal, a maior ou menor relevância etiológica dos programas preventivos, seus destinatários, instrumentos ou mecanismos utilizados e seus âmbitos e fins perseguidos, também se distingue entre *prevenção primária, secundária e terciária*[481].

480. Sobre a questão: FIGUEIREDO DIAS, Jorge de. *Op. cit.*, pp. 54-58; MIR PUIG, Santiago. *Op. cit.*, pp. 53-56; BITENCOURT, Cezar Roberto. *Op. cit.*, pp. 121-132.

481. cfr. GARCÍA-PABLOS DE MOLINA, Antonio. *Op. cit.*, pp. 253-254; ZÚÑIGA RODRÍGUEZ, Laura. *Op. cit.*, pp. 42-44.

A *prevenção primária* diz respeito às causas (raízes) do fenômeno criminal, neutralizando-as antes que o fenômeno se manifeste, a resolver as situações carenciais e os conflitos sociais criminógenos, procurando socialização proveitosa nos termos dos objetivos histórico-sociais. Tal prevenção está diretamente vinculada às estratégias de política social e econômica (p. ex., educação, socialização, habitação, trabalho, bem estar, qualidade de vida, distribuição de riquezas e de oportunidades, etc.), que visam ao próprio desenvolvimento da pessoa em sociedade e sua capacidade de superar, de forma produtiva, eventuais conflitos sociais. A prevenção primária opera sempre a médio e longo prazo e são dirigidas a toda sociedade, especialmente aos grupos sociais mais fragilizados e vulneráveis.

Por sua vez, a *prevenção secundária* não diz respeito às causas (etiologia) do fenômeno criminal, mas, sim, ao posterior momento de sua exteriorização e manifestação, a se ligar não com a política social, mas com a política estatal penal e o sistema criminal, onde predomina o modelo punitivo (p. ex., prevenção policial, controle dos meios de comunicação, ordenação urbana e arquitetônica, instrumentos de autoproteção, etc.). Tal prevenção opera a curto e médio prazo e se orienta seletivamente a determinados grupos e subgrupos sociais com maior risco de protagonizar o fenômeno criminal.

Já a *prevenção terciária* se refere exclusivamente à população carcerária e tem, como objetivo único, evitar a reincidência criminal, estando, pois, diretamente ligada ao fim de prevenção especial da pena (ressocialização), a atuar, portanto, após o cometimento do crime e a cominação da pena. Possui nítido caráter punitivo e opera especialmente no âmbito penitenciário, com medidas assistenciais durante e após o cumprimento da condenação criminal, a ajudar os condenados a se reintegrarem à sociedade.

3.5.3. Modelos prevencionistas

Em que pese a complexidade e a existência de inúmeros modelos, segundo Antonio García-Pablos de Molina, tradicionalmente a função político-criminal prevencionista apresenta dois grandes modelos semelhantes (*modelos clássico* e *neoclássico*), que supõem que o meio adequado para a prevenção do fenômeno criminal deve ter natureza eminentemente penal e que o mecanismo dissuasório é expressão da essência da prevenção[482].

O *modelo prevencionista clássico* entende que o Direito Penal é a resposta primária, natural e mais eficaz ao fenômeno criminal, a depender fundamentalmente a capacidade dissuasória da gravidade do castigo (pena). Tal modelo pressupõe que o fenômeno criminal se explica pela debilidade da ameaça penal; quanto mais rigorosa a pena criminal, menor a incidência do fenômeno. Crime e pena, pois, constituem os elementos de equação linear.

Trata-se de modelo fadado ao insucesso, já que a capacidade de prevenção de determinado meio não depende exclusivamente de sua natureza (penal ou extrapenal), mas, sim, dos efeitos que produz e o meio estritamente penal produz elevados custos sociais e pouca efetividade. Na verdade, a pena criminal não dissuade, apenas atemoriza e intimida, e reflete o fracasso das soluções político-criminais ao fenômeno criminal, além de ter efeitos criminógenos. Mais Direito Penal não significa, necessariamente, menos crimes.

Por outro lado, tal modelo prevencionista revela análise demasiadamente simplista do fenômeno criminal, em sua face motivacional e dissuasória, já que parte de modelo intelectual irreal, ingênuo e padronizado do criminoso, como pessoa racional e fria, que apresenta decisão refletida e racional e que pondera matematicamente os prejuízos da gravidade da pena e as vantagens decorrentes da prática do crime.

Ademais, também não leva em consideração a complexidade do mecanismo dissuasório, onde intervêm inúmeras e diversas variáveis, que interatuam de maneira nem sempre uniforme, onde a gravidade e rigor da pena é apenas uma delas, de modo que seu concreto efeito dissuasório e contramotivador é dependente, em cada caso concreto, da interação com as demais variáveis.

Já o *modelo prevencionista neoclássico* entende que o efeito dissuasório está efetivamente associado não à gravidade da pena

---

482. v. GARCÍA-PABLOS DE MOLINA, Antonio. *Op. cit.*, pp. 257-262.

criminal, mas, sim, ao efetivo funcionamento do sistema penal, a pressupor que o fenômeno criminal é decorrência do seu fracasso ou fragilidade, de seus baixos rendimentos. A melhora da infraestrutura do sistema penal é a forma mais adequada e eficaz de prevenção, ou seja, um sistema penal eficaz e em perfeito funcionamento leva ao desestímulo em delinquir.

Tal modelo também seria impróprio para o fim que se pretende, já que, apesar de sua relevância, funcionaria apenas a curto prazo e deixaria intactas as causas (etiologia) do fenômeno criminal, a atuar tardiamente, quando o conflito já se instalou na sociedade, operando, assim, apenas sintomatologicamente, e não resolvendo em si mesmo o fenômeno.

Como criminologicamente comprovado, não existe exata correlação entre maior ou menor efetividade do sistema criminal e aumento ou diminuição do fenômeno criminal, por se tratar de problema mais complexo, a obrigar a ponderação de inúmeras outras variáveis, até porque o incremento da efetividade do sistema gera o aumento da criminalidade "oficial", mediante maior apuração dos crimes e a redução da distância entre os números criminais oficiais e os reais (cifra negra). Não há, portanto, maior evitação de crimes e nem a produção de menos crimes, há, apenas, maior detectação de crimes.

Diante de tais insuficiências dos modelos clássico e neoclássico, em que político-criminalmente se contempla o fenômeno criminal em termos de mera "dissuasão", onde há desinteresse da imprescindível análise etiológica do fenômeno criminal e dos programas de prevenção primária e, portanto, no fortalecimento apenas do sistema controle social formal (sistema penal), Antonio García-Pablos de Molina apresenta algumas bases de modelo prevencionista mais realista e moderno[483].

Para o autor espanhol, uma moderna política criminal de prevenção ao fenômeno criminal deve, necessariamente, levar em consideração: a) seu objetivo final não deve ser o de erradicar o fenômeno criminal, mas, sim, controlá-lo razoavelmente, ante sua

483. cfr. GARCÍA-PABLOS DE MOLINA, Antonio. *Op. cit.*, pp. 275-277

normalidade e a de seus protagonistas; b) o eficaz controle do fenômeno criminal não justifica o emprego de todo e qualquer tipo de programa, nem legitima o elevado custo social que determinadas intervenções requerem; c) prevenir é mais do que apenas dissuadir – criar obstáculos ou intimidar – o potencial criminoso, a significar intervir na causas (etiologia) que o fenômeno criminal exterioriza, a dever prevalecer os programas de prevenção primária, que são socialmente mais úteis que os de prevenção secundária ou terciária; d) a prevenção deve ser contemplada, principalmente, como prevenção "social" e "comunitária", já que o fenômeno criminal diz respeito a problema social; deve haver a mobilização de todos os seus integrantes para sua solução e não apenas do sistema penal legal; e) a prevenção do fenômeno criminal pressupõe definição mais complexa e aprofundada do "cenário criminal" e dos fatores que nele interatuam, a requer estratégia coordenada e pluridirecional, onde são levadas em consideração todas as variáveis e fatores que configuram o fenômeno, mediante a sua orientação seletiva; f) também deve levar em consideração "produzir" ou "gerar" menos criminalidade, através de política séria e honesta de prevenção, mediante esforço autocrítico e de revisão aos valores oficias sociais proclamados e praticados, já que parte das condutas criminosas correspondem a valores (oficias ou subterrâneos) sociais.

4. LIMITES

Diante das finalidades da Política Criminal, inegável que ao campo político-criminal se abre horizonte, praticamente infinito, de possibilidades de ações, atuações, projetos, medidas, estratégias e táticas de reação estatal ao fenômeno criminal, cuja tendência utilitarista é a de maximização da eficiência do sistema de controle social formal, especialmente do sistema penal (*eficientismo penal*), em que a segurança dos cidadãos, mediante o controle do fenômeno criminal, constitui a promessa política central do Estado, decorrente do pacto social, como portador imparcial do monopólio do uso da violência legítima[484].

484. Nesse sentido: BARATTA, Alessandro. *Op. cit.*, pp. 411-412.

Entretanto, tal tendência legítima ao eficientismo pode levar – e geralmente assim ocorre – a graves e nefastos efeitos sociais colaterais, a gerar "modelo totalitário de política criminal", pois, em últimos termos, o eficientismo "tenta fazer mais eficaz e rápida a resposta punitiva, limitando ou suprimindo garantias substanciais e processuais que hão sido estabelecidas na tradição do Direito Penal liberal, nas Constituições e nas Convenções Internacionais. (...) Com a pretensão de aumentar a eficácia do sistema penal, o eficientismo está sempre disposto a fazer concessões a respeito das garantias individuais e dos princípios de limitação do poder punitivo, que constitui o principal índice da normalidade do Direito Penal. O eficientismo se encontra, então, em contradição direta com os elementos constitutivos do pacto social e do sistema dos direitos fundamentais"[485].

Assim, o programa político-criminal de enfrentamento ao fenômeno criminal se caracteriza como faca de dois gumes; legitima-se com sua função de proteção das liberdades dos cidadãos e, pois, da conservação e proteção da ordem social, e ao mesmo tempo, com seu exercício, representa grave ingerência nas liberdades e garantias dos cidadãos, a gerar relação tensional onde a maior eficácia preventiva representa maior restrição às liberdades e garantias.

Trata-se do binômio dialético *eficiência x garantia*, onde se apresenta o conflito: maior eficiência = menores garantias; maiores garantias – menor eficiência.

---

485. BARATTA, Alessandro. *Op. cit.*, pp. 415-417. Segundo Jesús-María Silva Sánches, "quando se fala de eficiência em Direito Penal, parece pensar-se ante tudo nisto: não precisamente na conduta que aportando benefícios para todos não prejudica a ninguém (não é vetada por ninguém), mas naquela conduta cujos benefícios globais (sociais) superam aos custos, com independência de que estes custos recaiam sobre alguém em concreto e, nessa medida, lhe prejudiquem. (...) uma questão central em relação com o princípio da eficiência é a de como incluir no cálculo custo-benefício princípios de liberdade, dignidade ou proporcionalidade. (...) o enfoque mais direto da questão consistiria em examinar o sistema penal de controle em seu conjunto – *criminal law enforcement system* – (organização da polícia, aspectos orgânicos, processuais, substantivos, penitenciários, do ordenamento jurídico-penal) e determinar, mediante os correspondentes cálculos, seu grau de eficiência" (SILVA SÁNCHES, Jesús-María. *Política criminal y persona*. Buenos Aires: Ad-hoc, 2000, pp. 38-39).

Para Rafael Alcácer Guirao, pode-se afirmar, em longos traços, que o binômio prevenção/garantia corresponde a duas tradições éticas opostas. A orientação preventiva se enquadraria na tradição utilitarista, que aspira a maximizar o bem estar da coletividade, podendo menoscabar, então, em benefício de tal objetivo, a liberdade do indivíduo concreto; a orientação garantística, de outro lado, seguiria a tradição kantiana, que considera prioritária a liberdade individual frente a qualquer aspiração ao bem comum, proscrevendo toda funcionalização da liberdade em benefício dos fins sociais. Segundo o autor, "expressado em termos metaéticos: a prevenção partiria de uma *racionalidade teleológica*, cujo único critério de correção seria a consecução dos fins assinalados, e a atenção às garantias de uma *racionalidade deontológica*, cujo critério de correção parte da adequação da ação individual ou social a determinados valores ou princípios, com independência a respeito da satisfação de resultados, e que se incorporaria, então, como um contrapeso limitador à racionalidade instrumental, que só dentro de tais margens poderá fazer efetiva a satisfação dos fins"[486].

A tensão entre tais racionalidades (teleológica e deontológica) ocorre porque a opção por uma, em detrimento da outra, levaria à irracionalidade ou ilegitimidade da opção político-criminal, pois um modelo deontológico puro de ações político-criminais sociais se apresentaria como irracional desde a racionalidade instrumental, em virtude de sua não atenção aos resultados, e o modelo teleológico puro seria, por sua vez, irracional desde a perspectiva deontológica, ante a ausência de limites na perseguição aos resultados. A única via de legitimação político-criminal passa pelo equilíbrio razoável entre os critérios teleológicos e deontológicos, de modo que a atuação político-criminal estatal venha determinada por ponderação, em diferentes possibilidades graduais, entre ambas as posturas, a se alcançar, pois, uma síntese[487].

Daí de fundamental importância estabelecer rígidos limites às ações e estratégias político-criminais estatais, para que, sob

---

486. ALCÁCER GUIRAO, Rafael. "Prevención y garantías: conflicto y síntesis". In: *Doxa. Cuadernos de Filosofía del Derecho*. Alicante: Universidad de Alicante, n. 25, 2002, p. 140.

487. v. ALCÁCER GUIRAO, Rafael. *Op. cit.*, pp. 140-141.

eventuais pretextos eficientistas (racionalidade teleológica), não se vulnere o próprio pacto social originário, que delegou e autorizou ao Estado o monopólio da violência legítima, através de indevidas ingerências nos direitos e garantias fundamentais dos cidadãos.

A eficiência do sistema penal deve estar aberta à sociedade, e por ela condicionada e limitada, mediante a autêntica integração em seu conteúdo dos direitos e garantias individuais, reconhecendo e levando em consideração o valor que, no contrato social, se há assinalado a todos e a cada um dos direitos e garantias individuais (*garantismo*) (racionalidade deontológica), através da análise eficientista de quais benefícios se associam à sua vigência e que custos implicam sua privação, a estabelecer-se, dessa forma, os limites que descrevem o âmbito do indisponível para o consenso social, sempre se observando que a eficiência não é fim em si mesma, "mas que se limita a ser um meio com a pessoa como horizonte"[488].

Assim, "o programa da Política Criminal não se pode formular exclusivamente em termos de eficácia e tampouco valorar por sua só funcionalidade, por sua idoneidade para fazer efetivo um programa penal determinado. A eficácia não pode entender-se como busca resoluta de êxitos preventivos procurando o utópico objetivo de uma sociedade sem delitos, porque, ademais, isto é impossível. A Política Criminal se baseia em um catálogo de interesses pré-determinado constitucionalmente, mas também em uma série de direitos e em um

---

488. SILVA SÁNCHES, Jesús-María. *Op. cit.*, pp. 87-88. Observa Alessandro Baratta que: "Não se pode ignorar aquela parte da insegurança urbana devida efetivamente a comportamentos delituosos; sem embargo, a necessidade de segurança dos cidadãos, não é somente uma necessidade de proteção da criminalidade e dos processos de criminalização. A segurança dos cidadãos corresponde à necessidade de estar e de sentir-se garantidos no exercício de todos os próprios direitos: direito à vida, à liberdade, ao livre desenvolvimento da personalidade e das próprias capacidades; direito a expressar-se e a comunicar-se, direito à qualidade de vida, assim como o direito a controlar e a influir sobre as condições das quais depende, em concreto, a existência de cada um. A relação existente entre garantismo negativo e positivo equivale à relação que existe entre a política do direito penal e a política integral de proteção dos direitos. O todo se serve de cada um dos elementos que cada vez o conforma, mas cada um destes elementos necessita do todo" (BARATTA, Alessandro. *Op. cit.*, pp. 423-424).

código de valores que gozam de idêntica proteção constitucional, e será legítima quando seja capaz de dotá-los de vigência"[489].

Neste contexto, ao mesmo tempo em que habilita (legitima) o sistema penal no seio de determinada comunidade sociopolítica, a Constituição também o (de)limita, restringe sua existência e o circunscreve a esfera fático-jurídica que não pode, sob nenhum aspecto, ser ultrapassada.

Como ordem político-jurídica fundamental do Estado, a "revelação normativa do consenso fundamental"[490] de uma sociedade quanto aos princípios, valores e ideias nucleares fundantes que servem de orientação e vinculação às condutas políticas e jurídicas dessa sociedade e ao Estado, a Constituição, enquanto a "norma das normas" – o ápice do sistema normativo que nela encontra fundamento e legitimidade –, vincula política e juridicamente os titulares do poder estatal e limita seu poder, sempre mediante o respeito, a garantia e a proteção dos direitos fundamentais dos cidadãos[491], já que a forma mais moderna de Estado – Estado Democrático de direito –, conforme observa José Joaquim Gomes Canotilho, se assenta, dentre outras características, em base antropológica constitucionalmente estruturante de respeito e garantia de efetivação dos direitos e liberdades fundamentais (sistema de direitos fundamentais), a realçar a autonomia individual através da vinculação dos poderes públicos a conteúdos, formas e procedimentos, e proíbe fundamentalmente, no plano jurídico-objetivo, as ingerências do Estado na esfera jurídica individual[492].

O sistema de controle social formal do sistema penal, como faceta indissolúvel e expressão do monopólio do poder estatal, por ser parte integrante do sistema jurídico, bem como por se caracterizar como o meio jurídico coercitivo mais importante, severo e violento de que dispõe o Estado para garantir a observância de suas normas e, consequentemente, a teia e a convivência social, inegavelmente importa considerável acréscimo do poder de ordenar e coagir os

---

489. ZÚÑIGA RODRÍGUEZ, Laura. *Op. cit.*, p. 47.
490. CANOTILHO, José Joaquim Gomes. *Direito constitucional e teoria da Constituição.* 4a ed. Coimbra: Almedina, 1997, p. 1376.
491. CANOTILHO, José Joaquim Gomes. *Op. cit.*, pp. 1378-1379.
492. CANOTILHO, José Joaquim Gomes. *Op. cit.*, p. 248 e 288.

cidadãos que se veem submetidos, contra sua vontade, à violência estatal[493], diminuindo-lhes a esfera do direito fundamental individual de liberdade (*status libertatis*), deve ser limitado – como todos os demais poderes estatais –, sob pena de se tornar constitucionalmente ilegítimo .

Assim, a Carta Política impõe conjunto de limites formais e materiais ao sistema penal, especialmente à Política Criminal, através de determinados valores, princípios e regras jurídicas[494], que constituem um dos componentes essenciais da decisão política fundamental constituinte, a servir de orientação e vinculação a todas as experiências político-criminais concretas surgidas no sistema penal em que se formulam.

Portanto, nos dizeres de Laura Zúñiga Rodríguez, enquanto fundamento e limite, "será o sistema de valores e princípios contidos na Constituição sem dúvida o ponto de referência básico e fundamental das valorações político-criminais que devem guiar qualquer programa de luta contra a criminalidade. Precisamente, é com referência à Constituição, em suas conexões técnico-jurídicas e valorativas com o sistema penal, como se há de estabelecer o conceito de delito, o fim das consequências e o sentido da dogmática e do sistema. O labor que corresponde à Política Criminal como guia ao legislador para estabelecer quando utilizar a ferramenta penal e quando devem privilegiar outros instrumentos de controle penal menos ofensivos, supõe que os princípios valorativos que regem as valorações político-criminais ingressam no sistema penal, ancorados na Constituição. (...) as valorações político-criminais que regem a intervenção do

493. cfr. HASSEMER, Winfried. *Crítica al derecho penal de hoy*. Trad. Patrícia S. Ziffer. 2ª ed. Buenos Aires: Ad-Hoc, 1998, p. 77.

494. Observa Teresa Aguado Correa que, desde o momento em que as Constituições, em sua parte substantiva, regulam os direitos e liberdades fundamentais implícita ou explicitamente, contemplam os limites do poder punitivo e os princípios fundamentais informadores do sistema penal, sendo indiscutível que da Constituição se derivem os princípios e regras essenciais que devem ser respeitadas tanto no processo de incriminação como na imputação do comportamento e no fim da pena, tanto que, em alguns casos, o arcabouço constitucional contempla tais princípios – ou regras – como direitos fundamentais (AGUADO CORREA, Teresa. *El principio de proporcionalidad en derecho penal*. Madrid: Edersa, 1999, p. 39).

Estado em matéria de prevenção da criminalidade, precisamente se funda em que se trata dos próprios princípios que dão fundamento ao Estado social e democrático de Direito. Assim se toma consciência de seu caráter normativo desde o ponto de vista axiológico e imperativo enquanto mandato ao legislador e ao intérprete, pela mesma força da Norma Fundamental (...). Os princípios constitucionais, assim concebidos operam, de um lado, como pilares sobre os quais se apoia a construção dogmática penal e, de outro, como limites garantísticos de seleção na estratégia da luta contra a criminalidade. Se trata de princípios guias generalíssimos, idôneos para estabelecer programas políticos criminais demarcados no respeito dos direitos fundamentais"[495].

5. PRINCÍPIOS POLÍTICO-CRIMINAIS

Como visto, as limitações constitucionais controlam o exercício da violência legítima do Estado e evitam e previnem possíveis abusos em seu uso, decorrentes de visão político-criminal meramente eficientista (racionalidade teleológica), com a perniciosa consequência de abalo e desrespeito aos direitos e liberdades fundamentais dos cidadãos, razão pela qual seu reconhecimento, observância e fiel acatamento resultam de "transcendental relevância" para o correto

495. ZÚÑIGA RODRÍGUEZ, Laura. *Op. cit.*, pp. 50-51. No mesmo sentido, observa Luis Arroyo Zapatero, que o fenômeno criminal ocorre em uma sociedade, razão pela qual deve se conhecer cientificamente o problema penal (as normas penais, as condutas puníveis, os bens jurídicos protegidos, o porque e como as normas se estabelecem e aplicam, etc.) sempre com vistas à sociedade e seu marco sócio-histórico-cultural. E, por que vivermos em uma sociedade plural, dotada de regras de convivência política desenvolvidas em valores-marco sobre os quais existam um amplo consenso, com regras e valores que se formulam na Constituição, vem a mesma, assim, assentar as bases de solução do problema dos valores na ciência jurídico-penal. Assim, é a Constituição que nos oferece pressupostos valorativos para estabelecer o objeto que há de ocupar os penalistas e os métodos, ou melhor, os valores no método, já que os valores constitucionais são valores de encontro e de referência comum. Daí que a Constituição e seus valores são referenciais comuns para a definição do objeto das Ciências Penais e para a decisão entre valores e metodologias e o que permite afirmar, com amplo consenso, que é com referencia à Constituição, em suas conexões técnico-jurídicas e valorativas com o sistema penal, como se há de estabelecer o dever ser do conceito e do método do Direito Penal, o conceito de delito, o fim das consequências jurídicas, o sentido da dogmática, do sistema, etc. (ZAPATERO, Luis Arroyo. *Op. cit.*, pp. 21-36).

desenvolvimento das funções que, na regulação da vida social, constitucionalmente se impõem do sistema de controle social formal penal[496].

Assim, são estabelecidos alguns princípios constitucionais limitadores que devem obrigatoriamente serem observados pelo Estado na formulação dos concretos programas político-criminais e nas suas consequentes ações e estratégias.

5.1. Princípio da Humanidade

A ideia humanitária compreende todas aquelas *rationes* que derivam dos bons sentimentos para com o gênero humano e que vêm ao auxílio do homem e se dedicam a instalar e promover o seu bem-estar, com consequentes avanços e reformas sociais; ou seja, compreende todas as ideias e atitudes gerais de benevolência para com os homens.

Daí decorre que o moderno Estado Democrático de direito é "um Estado de direitos fundamentais. (...) o Estado de direito é um estado 'antropologicamente amigo', ao respeitar a 'dignidade da pessoa humana' e ao empenhar-se na defesa e garantia da *liberdade*, da *justiça* e da *solidariedade*"[497].

Por direitos fundamentais se entendem, com base na concepção liberal que está intrinsecamente ligada à teoria liberal do Estado[498],

496. cfr. POLAINO NAVARRETE, Miguel. *Op. cit.*, p. 310.

497. CANOTILHO, José Joaquim Gomes; MOREIRA, Vital. *Fundamentos da Constituição*. Coimbra: Coimbra Editora, 1991, p. 83.

498. Há grande variedade de complexas concepções filosófico-jurídica dos direitos fundamentais (cfr. PÉREZ LUÑO, Antonio Henrique. *Op. cit.*; MENDES, Gilmar Ferreira; BRANCO, Paulo Gustvo Gonet. *Curso de direito constitucional*. 6a ed. São Paulo: Saraiva, 2011; CANOTILHO, José Joaquim Gomes. *Op. cit.*; CANOTILHO, José Joaquim Gomes; MOREIRA, Vital. *Op. cit.*; BONAVIDES, Paulo. *Curso de direito constitucional*. 11a ed. São Paulo: Malheiros, 2001; MIRANDA, Jorge. *Manual de direito constitucional*. Coimbra: Coimbra Editora, t. IV, 1988; ALEXY, Robert. *Teoria dos direitos fundamentais*. Tradução de Virgílio Afonso da Silva. 2a ed. São Paulo: Malheiros, 2011; PIOVESAN, Flávia. *Direitos humanos e o direito constitucional internacional*. São Paulo: Max Limonad, 1996; COMPARATO, Fábio Konder. *A afirmação histórica dos direitos humanos*. São Paulo: Saraiva, 1999; AFONSO DA SILVA, Virgílio. *Direitos fundamentais: conteúdo essencial, restrições e eficácia*. 2a ed. São Paulo: Malheiros, 2010; DIMOULIS, Dimitri; MARTINS, Leonardo. *Teoria geral dos direitos fundamentais*. 3a ed. São Paulo: RT, 2011; VALE,

que são direitos individuais de defesa do cidadão frente ao *Leviathan* estatal, a tratar, pois, de direitos público-subjetivos das pessoas, contidos em dispositivos constitucionais, e que, portanto, encerram caráter normativo supremo dentro do Estado, a ter como finalidade limitar o exercício do poder estatal em face da liberdade individual[499]. Os direitos fundamentais representam parte integrante do conjunto da ordem constitucional, enquanto um dos componentes essenciais da decisão política constituinte, pondo-se como fundamento e limite de todas as normas que organizam o funcionamento das estruturas básicas do Estado e da sociedade[500]. São, pois, a parte da Constituição que mais profunda e diretamente incide sobre as posições jurídicas dos cidadãos e que mais conforma a ordem jurídica infraconstitucional[501].

Assim, "centrar a política criminal no objetivo final de respeito aos direitos humanos significa ter como princípio reitor o princípio da humanidade. Na base de toda Política Criminal está o homem: o homem delinquente/o homem vítima"[502], entendido como "a pessoa responsável de seu comportamento social, mas inserida necessariamente em um determinada estrutura cultural e social, chamada à realização de sua individualidade no entorno social em grande medida previamente dado, e que no entrelaçamento social deve configurar sua vida com responsabilidade frente ao próximo"[503].

André Rufino do. *Estrutura das normas de direitos fundamentais.* São Paulo: Saraiva, 2009; CANOTILHO, José Joaquim Gomes. *Estudos sobre direitos fundamentais.* Coimbra: Coimbra Editora, 2004; FERRAJOLI, Luigi. *Los fundamentos de los derechos fundamentales.* Tradução de Perfecto Andrés Ibañez; *et alli.* Madrid: Trota, 2001; portanto, tais concepções, de modo extremamente simplificado, podem ser divididas em concepções liberais e concepções sociais, que, para José Joaquim Gomes Canotilho e Vital Moreira, são "as mais estruturadas (inclusivamente sob o ponto de vista filosófico e ideológico) e que mais se aproximam de uma teoria global dos direitos fundamentais, sendo a elas que se reconduzem em última análise quase todas as outras (as quais em geral são parcelares, limitando-se a explicar determinados aspectos dos direitos fundamentais); são também aquelas duas teorias, nas diversas variantes de cada uma, que protagonizam a maior parte da discussão teórica dos direitos fundamentais" (CANOTILHO, José Joaquim Gomes; MOREIRA, Vital. *Op. cit.*, p. 101). .

499. v. DIMOULIS, Dimitri; MARTINS, Leonardo. *Op. cit.*, p. 49.
500. v. PÉREZ LUÑO, Antonio Henrique. *Op. cit.*, p. 213.
501. v. PÉREZ LUÑO, Antonio Henrique. *Op. cit*, p. 93.
502. ZÚÑIGA RODRÍGUEZ, Laura. *Op. cit.*, p. 179.
503. ZIPF, Heinz. *Op. cit.*, p. 40.

O princípio da humanidade é fundamento de toda Política Criminal[504], outorgando-lhe dimensão axiológica de respeito ao conteúdo essencial aos direitos fundamentais, centrados na dignidade da pessoa humana – na atenção e compreensão ante sua natureza[505] –, a afastar todas as ações, opções e instrumentos que possam parecer idôneos, oportunos, necessários e, pois, eficientes no combate ao fenômeno criminal, mas que não respeitem tal conteúdo humanitário essencial[506]. Tal princípio, portanto, "introduz um calibre humano a todo o sistema penal: ao legislador, quem não pode estabelecer leis contra os direitos fundamentais (legalidade substancial); ao juiz, quem não pode aplicar medidas ou sanções desumanas; e ao executor da sanção, quem não pode fazer efetivas as sanções de maneira desumana. Daí que este princípio seja transversal a todos os subsistemas penais"[507].

---

504. Nesse sentido: ZIPF, Heinz. *Op. cit.*, p. 41; ZÚÑIGA RODRÍGUEZ, Laura. *Op. cit.*, p. 179; HASSEMER, Winfried; MUÑOZ CONDE, Francisco. *Op. cit.*, p. 172; JESCHECK, Hans-Heinrich. *Op. cit.*, p. 23; BATISTA, Nilo. *Op. cit.*, p. 99; SILVA SANCHEZ, Jesús-María. *Aproximación al Derecho Penal Contemporáneo*. Barcelona: Ed. Bosch, 1992, p. 261. Segundo Antonio García-Pablos de Molina, o princípio da humanidade e salvaguarda da dignidade humana deve ser contemplado desde dupla perspectiva: como signo e emblema que há marcado historicamente a evolução do sistema penal desde o Iluminismo até nossos dias e como limite políticocriminal ao *ius puniendi* (GARCÍA-PABLOS, Antonio. *Derecho penal. Introducción*. Madrid: Universidad Complutense, 1995, p. 292).
505. cfr. SILVA SANCHEZ, Jesús-María. *Op. cit.*, p. 261.
506. Adverte Hans-Heinrich Jescheck que o sistema penal não permite sua mera equiparação com o sistema assistencial, já que o primeiro serve à justiça distributiva e deve refletir a responsabilidade do autor pela infração jurídica, fazendo com que este conheça a merecida resposta que a comunidade lhe dá e que isto não pode ocorrer sem dano e sofrimento, particularmente no que diz respeito à pena privativa de liberdade (prisão), a não ser que se queira inverter a hierarquia dos valores morais e tomar a infração como motivo de recompensa, o que conduziria ao reino da utopia. Entretanto, dentro destes limites traçados pela natureza de sua missão, todas as relações humanas que jogam um papel no sistema penal devem descansar no princípio da humanidade (JESCHECK, Hans-Heinrich. *Op. cit.*, p. 23). Assim, segundo Nilo Batista, a pena não visa a fazer sofrer o condenado e nem pode desconhecer o apenado enquanto pessoa humana (BATISTA, Nilo. *Op. cit.*, p. 99).
507. ZÚÑIGA RODRÍGUEZ, Laura. *Op. cit.*, p. 180. Observa Heinz Zipf que: "Ainda que a ideia de humanidade está reconhecida unanimemente na Política Criminal, não deve, sem embargo, deixar de advertir-se que também esta ideia pode entrar em conflito com outras pretensões político-criminais" (ZIPF, Heinz. *Op. cit.*, p. 42).

5.2. Princípio da intervenção mínima

Para a racionalização e diminuição dos custos sociais da dolorosa incidência do sistema penal, como forma de exercício do controle social formal estatal, a atuação político-criminal deve estar circunscrita a limites que afetem não só suas condições de exercício, mas seu próprio conteúdo e extensão, o que vem expressado graficamente pelo princípio da intervenção mínima[508].

Como já visto (Capítulo I, Item 2.2.2), o sistema de controle social formal penal não equaciona toda e qualquer relação tensional surgida no seio da vida sócio-comunitária; por manejar a sanção mais grave, violenta e intervencionista de que dispõe a sociedade (as penas criminais), deve ser reservado apenas aos conflitos de convivência mais graves e intensos, que coloquem em grave risco a manutenção da teia e da ordem social, a restar às demais formas de conflito a solução por intermédio de instrumentos de controle – informais ou formais – menos gravosos[509].

Assim, político-criminalmente o sistema penal deve se preocupar em proteger apenas os bens jurídicos mais importantes, valiosos e indispensáveis para a convivência social (*v.g.*, vida, patrimônio, saúde, etc.), e somente contra os ataques mais intoleráveis de que posam ser objeto e, ainda, entrar em funcionamento unicamente quando não existam outros meios de controle – informal e formal – mais eficazes para sua salvaguarda[510]. Daí se afirmar que o sistema

---

508. Nesse sentido: GARCÍA-PABLOS, Antonio. *Op. cit.*, p. 272.
509. v. FRANCO, Alberto Silva. "Do Princípio da Intervenção Mínima ao Princípio da Máxima Intervenção". In: *Revista Portuguesa de Ciência Criminal*. Coimbra: Coimbra Editora, ano 6, fasc. 2, abril-junho, 1996, p. 175.
510. cfr. FRANCO, Alberto Silva. *Op. cit.*, p. 176; GARCÍA-PABLOS, Antonio. *Op. cit.*, p. 272. FIANDACA, Giovanni; MUSCO, Enzo. *Derecho Penal. Parte General*. Trad. de Luis Fernando Niño. Bogotá: Temis, 2006, p. 56; Segundo Jorge de Figueiredo Dias: "a restrição da função do direito penal à tutela de bens jurídico-penais, por uma lado, e o caráter subsidiário desta tutela em sintonia com o princípio da necessidade, por outro, conduzem à justificação de uma proposição político-criminal fundamental: a de que, para um eficaz domínio do fenômeno da criminalidade dentro de cotas socialmente suportáveis, o Estado e seu aparelho formalizado de controlo do crime devem intervir o menos possível; e devem intervir só na precisa medida requerida pelo asseguramento das condições essenciais de funcionamento da sociedade. A esta proposição se dá o nome de princípio da não-intervenção moderada – corrigindo em parte o princípio da não-intervenção radical avançado

penal é a *ultima ratio* e não a primeira solução (*prima ratio*) do problema representado pelo fenômeno criminal[511].

O princípio político-criminal da intervenção mínima é exigência ética dirigida ao Estado e decorre politicamente do pacto social original[512], onde os homens abriram mão, em favor da organização social (Estado), apenas de parte mínima indispensável de sua liberdade, onde qualquer sanção que ultrapasse tal delegação e a finalidade de manutenção da ordem social se configura como abusiva e injusta; no Estado Democrático de direito, o sistema penal "não pode ter uma dimensão expansionista: deve ser necessariamente mínima, expressando apenas e exclusivamente, a ideia de proteção de bens jurídicos vitais para a livre e plena realização da personalidade de cada ser humano e para a organização, conservação e desenvolvimento da comunidade social em que ele está inserido"[513].

---

por Schur –, que assim se arvora em trave-mestra de todo um programa político-criminal" (FIGUEIREDO DIAS, Jorge de. *Op. cit.*, p. 131).

511. v. GARCÍA-PABLOS, Antonio. *Op. cit.*, p. 272. Segundo o autor espanhol, o sistema penal deve fazer presença nos conflitos sociais só quando seja estritamente necessário e imprescindível, nada mais; porque não se trata de proteger todos os bens jurídicos de qualquer classe de perigo que os ameace, nem de fazê-lo utilizando os recursos mais poderosos e devastadores do Estado, mas de programar um controle razoável da criminalidade, selecionando os objetos, meios e instrumentos. O sistema penal é a *ultima ratio*, não a solução ao problema do crime (GARCÍA-PABLOS, Antonio. *Op. cit.*, p. 272).

512. Para Santigo Mir Puig: "Existe acordo na doutrina atual em proclamar o princípio da intervenção mínima do Direito Penal. (...) Tudo parece indicar que a tendência que se considera desejável para o Direito Penal do presente e futuro é sua progressiva restrição. Isso enlaçaria com a tradição liberal que arranca a Beccaria e que postula a humanização do Direito Penal: se parte da ideia de que a intervenção penal supõe uma intromissão do Estado na esfera de liberdade do cidadão, que só resulta tolerável quando é estritamente necessária – inevitável – para a proteção do mesmo cidadão. Por trás disso se acha a convicção de que é preciso defender o cidadão do poder coativo do Estado. É evidente a coerência do princípio da intervenção mínima do Direito Penal com um delineamento liberal ou neoliberal" (MIR PUIG, Santiago. *El derecho penal en el Estado social y democrático de derecho*. Barcelona: Ariel, 1994, p. 151).

513. FRANCO, Alberto Silva. *Op. cit.*, p. 176. Observa o mestre brasileiro que: "O Direito Penal Mínimo é, sem nenhuma margem de dúvida, a correta representação do Direito Penal de um Estado Democrático de Direito, laico, pluralista, respeitador do direito à diferença, em suma, de um modelo político-social que tenha o ser humano – e sua dignidade – como centro fulcral da organização estatal" (FRANCO, Alberto Silva. *Op. cit.*, p. 178). No mesmo sentido, deixa assentado Guilherme de Souza Nucci: "Fosse o Direito Penal a primeira opção do legislador

Por outro lado, a utilização do sistema penal como o primeiro – ou único – recurso ao controle do fenômeno criminal, não se mostra, conforme criminologicamente comprovado, o meio mais idôneo e eficaz para sua prevenção e/ou solução.

> Segundo Antonio Gracía-Pablos, é óbvio que a capacidade preventiva de uma determinada estratégia no depende de sua natureza (penal ou não penal), mas de seus efeitos. Mais Direito Penal não significa menos delito; mais leis, penas mais severas, mais polícias, mais cárceres, não significam menos criminalidade. A pena não convence, dissuade, atemoriza. Reflete mais a impotência, o fracasso e a ausência de soluções, que a convicção e a energia necessárias para abordar os problemas sociais. Nenhuma política criminal realista pode prescindir do castigo, mas tampouco degradar a política criminal convertendo-a em mera política penal. A "fuga ao Direito Penal" é uma péssima estratégia, e, desde logo, existe evidência empírica de que a inflação penal e os excessos do rigor punitivo longe de reforçar os mecanismos inibitórios e de prevenir o delito produzem efeitos criminógenos.
>
> De outra parte, se se aceita a caracterização do crime como "problema social" e a importante distinção entre prevenção "primária", "secundária" e "terciária" forçoso é, então, reconhecer que a eficácia preventiva do Direito Penal parece bastante limitada. Intervém tarde no conflito social: não quando este se produz, mas quando e onde se manifesta. E intervém mal, isto é, não instrumenta uma resposta "etiológica", adequada às causas do problema, mas meramente "sintomatologicamente, conforme a seus signos externos. Uma genuína e eficaz prevenção, há de ser programada a médio e longo prazo e não pode entender-se em sua estrita e negativa acepção intimidatória, quase policial, mas positivamente: como prevenção social e comunitária[514].

---

para a composição de conflitos e mediação de interesses contraposto, estar-se-ia vulgarizando a força estatal, privilegiando o império da brutalidade, pois a todos os erros seriam impostas reprimendas máximas. Assim não se dá no dia-a-dia em cenário algum, visto existir a proporcionalidade e a razoabilidade, como mecanismos justos de quantificação da demanda punitiva em face de desvios de toda ordem. Logo, não se poderia acolher, especialmente no contexto penal, o abuso e o exagero para a imposição do respeito à lei" (NUCCI, Guilherme de Souza. *Princípios constitucionais penais e processuais penais*. São Paulo: Ed. RT, 2010, p. 168).

514. GARCÍA-PABLOS, Antonio. *Op. cit.*, pp. 273-274.

Assim, "o princípio da intervenção mínima se acha ligado ao próprio processo histórico de desenvolvimento cultural e é, por certo, uma das diretrizes mais características da Política Criminal contemporânea. Porque hoje parece já óbvio que a tutela eficaz de uma ordem social não pode nem deve garantir-se através de uma presença sem fissuras, asfixiante, do Direito Penal. Que a inflação penal e a hipertrofia penal, ademais, longe de contribuir a um controle racional e eficaz do crime submetem ao ordenamento jurídico ao desprestígio de uma contínua derrota: *pessime republica, plurimae leges*; provocam a insensibilidade dos submetidos ao poder e desvaloram o potencial dissuasório das proibições legais. A eficácia real das leis não depende, naturalmente, do rigor das mesmas, mas de sua aceitação social e efetiva aplicação"[515].

Tal princípio é conformado por dois corolários ou subprincípios, quais sejam, o da *subsidiariedade* e o da *fragmentariedade*.

5.2.1. Subsidiariedade

Ligada à ideia utilitarista de maior bem com o menor custo[516], a subsidiariedade[517] apresenta ao Estado o postulado político-crimi-

---

515. GARCÍA-PABLOS, Antonio. *Op. cit.*, pp. 274-275.

516. Observa Santiago Mir Puig que o sistema penal deixa de ser necessário para proteger a sociedade quando isto pode conseguir-se por outros meios, que serão preferíveis enquanto sejam menos lesivos para os direitos individuais. Trata-se de exigência de economia social coerente com a lógica do Estado social, que deve buscar o maior bem social com o menor custo social. O "princípio da máxima utilidade possível" para as possíveis vítimas deve combinar-se com o de "mínimo sofrimento necessário" para os delinquentes. Isso conduz a fundamentação utilitarista do sistema penal não tendente à maior prevenção possível, mas ao mínimo de prevenção imprescindível (MIR PUIG, Santiago. *Derecho penal. Parte general*. 5a ed. Barcelona: Reppertor, 1998. p. 89).

517. Para Giovanni Fiandaca e Enzo Musco, a subsidiariedade apresenta duas concepções distintas, que ora aumentam ora diminuem seu alcance. Para *concepção restritiva*, recorrer-se ao sistema penal seria injustificado ou supérfluo quando a salvaguarda do bem jurídico pode obter-se com sanções de natureza extrapenal, pois, caso os instrumentos de tutela potencialmente aplicáveis tenham a mesma eficácia, o legislador deverá optar pelo que menos restrinja os direitos fundamentais do indivíduo. Já a *concepção ampla* sustenta que, dentre todas as formas de intervenção, a sanção penal seria a preferível, mesmo diante de outras não tão estigmatizantes, caso resulte útil aos fins de repovação do fenômeno criminal e de enérgica reafirmação da importância do bem

nal do uso cauteloso e comedido dos graves e violentos instrumentos do sistema de controle social formal penal, pois o Estado dispõe de inúmeros outros meios mais eficazes e de menor custo social para o enfrentamento do fenômeno criminal. O sistema penal não é o único setor do sistema de controle – informal e formal – que tutela bens jurídicos e nem o único dotado de recursos coativos; a engenharia socioestatal dispõe de verdadeiro arsenal de outros meios de controle para cumprir, com eficácia, a sua função de garantia e proteção da ordem social.

Assim, através de estratégia político-criminal racional para o controle do fenômeno criminal, que pondere a eficácia dos instrumentos utilizados e seus custos sociais, não será legítima a escolha de meios com especial severidade – como o sistema penal –, se houver a possibilidade do uso, com maior êxito, de outros meios menos devastadores e prejudiciais; a utilização do controle penal, com seus efeitos traumáticos e irreversíveis (nocividade intrínseca), só pode ocorrer *in extremis*, ou seja, quando não se dispõe de outras possíveis técnicas de intervenção social menos prejudiciais ou estas resultam absolutamente ineficazes[518].

A subsidiariedade está a exigir a necessidade de hierarquizar e racionalizar os meios disponíveis para a resposta eficaz e adequada ao problema do fenômeno criminal, em autêntica economia social, que opte sempre a favor de intervenção social menos lesiva ou limitadora dos direitos fundamentais dos cidadãos, onde a política meramente penal ocupe último lugar (*ultima ratio*) nos planos político-criminais do Estado[519].

---

jurídico protegido, pois as demais medidas seriam ineficazes para reforçar nos cidadãos o respeito aos bens jurídicos, já que seriam desacreditadas ante a opinião pública. Por fim, sustentam os autores italianos que "a adoção de uma concepção restritiva do princípio da subsidiariedade, ademais de responder a uma visão mais moderna e laica das funções do Direito Penal, permite associar melhor a tutela penal às outras técnicas de tutela extrapenal e favorecer uma perspectiva de conjunto que coordene e incremente as potencialidades preventivas dos distintos setores do ordenamento" (FIANDACA, Giovanni; MUSCO, Enzo. *Op. cit.*, p. 58).

518. v. GARCÍA-PABLOS, Antonio. *Op. cit.*, p. 276.

519. v. GARCÍA-PABLOS, Antonio. *Op. cit.*, p. 276. Segundo observa o autor, existem meios mais eficazes para previr o delito que as proibições penais, segundo

5.2.2. Fragmentariedade

Por sua vez, a fragmentariedade postula a ideia de que ao sistema penal cabe só parte da função geral de proteção dos bens jurídicos, encomendada de maneira geral ao ordenamento jurídico global, pois o sistema jurídico-penal não protege todos os bens jurídicos, apenas a proteção fragmentária dos bens mais fundamentais ao convívio social (os valores mais importantes da ordem social) e, mesmo assim, somente diante dos ataques mais intoleráveis, desde o ponto de vista da convivência, que possam ameaçá-los[520].

Como observa Maura Roberti, "há que ser consignado que o bem jurídico pode e deve ser disciplinado por outros ramos do Direito e, via de consequência, por eles protegido. Por outro lado, sendo o Direito Penal a forma mais drástica de intervenção na vida social, seu caráter fragmentário, antes de representar um defeito,

---

demonstram as diversas investigações interdisciplinares levadas a cabo durante os últimos lustros. A pena não só tem elevado custo social, mas, em termos de genuína prevenção, é menos eficaz que outros meios de natureza não penal. Assim, deverá preferir-se, antes de tudo, a utilização de meios desprovidos de caráter sancionatório, como, p. ex., uma adequada política social, seguindo-se a utilização – em lógica ordem de prioridade – das sanções não penais, sejam civis (p. ex., nulidade do negócio, reparação do dano, repetição por enriquecimento ilícito, etc.), sejam administrativas (p. ex., multas, sanções disciplinares, privação de concessões, etc.). Somente quando nenhuma destas alternativas seja suficiente, estrá o Estado legitimado para fazer uso do recurso da pena criminal (*iure est civiliter utendum*) (GARCÍA-PABLOS, Antonio. *Op. cit.*, pp. 276-278). No mesmo sentido, observa Diego-Manuel Luzón Peña que o princípio da subsidiariedade não só implica uma dimensão negativa de limite ao *ius puniendi* estatal, mas que também tem, por exigência do Estado Social de Direito, uma parte positiva, que obriga, para evitar o que Claus Roxin denomina "corrida ao Direito Penal", a tomar todas as possíveis medidas positivas de tipo jurídico ou político-social que ajudem a evitar o fenômeno criminal, sem ter que acudir ao sistema penal (LUZÓN PEÑA, Diego-Manuel. *Op. cit.*, p. 83).

520. cfr. GARCÍA-PABLOS, Antonio. *Op. cit.*, p. 279. Para Giovanni Fiandaca e Enzo Musco, a fragmentariedade opera em três níveis distintos: a) alguns tipos penais não tutelam o bem jurídico protegido contra qualquer agressão, mas somente frente a forma específicas de agressão; b) a esfera do penalmente relevante é muito mais limitada do que a esfera do qualificado como "antijurídico" no ordenamento em geral; c) a área do penalmente relevante não coincide com a do moralmente reprovável (FIANDACA, Giovanni; MUSCO, Enzo. *Op. cit.*, p. 60).

se apresenta como uma virtude, na medida em que impõe limite intransponível a um totalitarismo da proteção estatal, este sim prejudicial dentro de um Estado Democrático de Direito. Assim, é que a natureza da fragmentariedade do Direito Penal trata de um limite material do *ius puniendi*, de natureza político-criminal, que tem a sua origem no princípio da intervenção mínima"[521].

A fragmentariedade exige, pois, que a incidência do sistema penal se limite e se circunscreva às ações e omissões que, por sua danosidade e reprovabilidade sociais, mereçam e exijam, para a manutenção da ordem social, a aplicação da sanção penal; não cabe ao sistema penal, conforme sua natureza e função, a instrumentalização de proteção absoluta de todos os bens jurídicos, mas apenas tutela parcial, seletiva e fragmentária dos bens jurídicos mais fundamentais à convivência social e apenas frente a determinadas modalidades mais graves de ataques aos mesmos, pois proteção absoluta e generalizada de todos os bens jurídicos, contra todas as condutas desviadas, seria sufocante e insuportável, a provocar a angústia e insegurança dos cidadãos, a caracterizar típico Estado policial[522].

Assim, "o princípio da fragmentariedade representa um derivado ulterior da concepção do instrumento penal como *ultima ratio*. E mais, precisamente comparado-a com um sistema alternativo fechado e 'totalizante' de tutela, a fragmentariedade termina exaltando a inspiração liberal da concepção moderna de um Direito Penal constitucionalmente orientado"[523].

---

521. ROBERTI, Maura. *A intervenção mínima como princípio no direito penal brasileiro*. Porto Alegre: Safe, 2001, p. 102.
522. cfr. FRANCO, Alberto Silva. *Op. cit.*, p. 175. Segundo Antonio García-Pablos: "Uma proteção penal absoluta e generalizada seria própria do Estado policial e provocaria a angústia e a insegurança dos cidadãos. Em um Estado de Direito não podem ficar todas as atividades sociais baixo a espada de Dâmocles, mas só algumas muito específicas. Criminalizar, por exemplo, todas as lesões dolosas ao patrimônio alheio imagináveis, confundiria o Direito Penal com o Direito Civil: que se castiguem com uma pena só algumas (roubo, furto, estelionato, apropriação indébita, etc.) não é um defeito, mas uma decisão político-criminal acertada, atenta à essência do Direito Penal e à sua efetividade" (GARCÍA-PABLOS, Antonio. *Op. cit.*, p. 280-281).
523. FIANDACA, Giovanni; MUSCO, Enzo. *Op. cit.*, p. 62.

5.3. Princípio da eficiência

Para além da discussão "eficientismo x garantismo" (Capítulo IV, Item 4), legítima e lícita se mostra a racionalidade político-criminal teleológica, que busca a eficiência do sistema de controle social formal criminal, pois, como visto, se a finalidade principal (mediata) da política criminal é a prevenção do fenômeno criminal (Capítulo IV, Item 3.5), somente a valoração positiva de tal consecução pode outorgar sentido às estratégias político-criminais, já que a consecução de sua finalidade é o que estabelece *racionalidade*, *praticabilidade* e *efetividade* ao programa político-criminal[524].

Assim, por *racionalidade* se entende a orientação da concepção fundamental político-criminal e de suas questões de configuração particulares, segundo a missão de prevenção ao fenômeno criminal. Já a *praticabilidade* é o critério decisivo de exigência de que toda a configuração concreta político-criminal seja faticamente aplicável. A *efetividade*, por sua vez, aspira a que toda a regulação político-criminal proposta alcance a meta perseguida, através de via simples e utilizável[525].

Daí afirmar Laura Zuñiga Rodríguez, que "uma Política Criminal que não seja capaz de cumprir esses objetivos será inefetiva e, por tanto, irracional. Se há dito já, como a Política Criminal é uma disciplina programática desenhada em função de seus fins. Se estes não se cumprem, a Política Criminal perde sua razão de ser voltando-se em puro simbolismo"[526].

A eficiência político-criminal deve ser enquadrada dentro das possibilidades de cada Estado, mediante a observação de suas condições sociais, culturais e econômicas e dos recursos humanos e materiais disponíveis, a valorar, com anterioridade, suas próprias possibilidades e demandas do seu meio social.

Por tanto, a eficiência da Política Criminal obriga a constante valoração de suas estratégias e de seus objetivos, indagando-se sobre

524. cfr. ZÚÑIGA RODRÍGUEZ, Laura. *Op. cit.*, p. 180.
525. v. ZIPF, Heinz, *Op. cit.*, p. 45.
526. ZÚÑIGA RODRÍGUEZ, Laura. *Op. cit.*, p. 180.

quais os verdadeiros efeitos de determinada construção ou reforma penal; se houve cumprimento dos efeitos buscados e dos objetivos propostos; quais os custos e os benefícios sociais decorrentes de cada escolha; a idoneidade, a necessidade e a adequação de programa político-criminal determinado; etc.[527].

Dessa forma, tal princípio "faz da Política Criminal um disciplina eminentemente prática (orientada a seus fins) e, como tal, sua legitimidade também se mede por seus acertos e suas falhas"[528], ou seja, por sua eficiência real e concreta, pois, em últimos termos, o sistema penal só pode e deve intervir quando seja minimamente eficaz e adequado para a prevenção do fenômeno criminal, a renunciar à sua atuação quando político-criminalmente seja inoperante, ineficaz, inadequado e contraproducente para sua evitação[529].

5.4. Princípio do fato

Outro princípio que limita a Política Crimina é o *princípio do fato*, que parte do pressuposto de que o indivíduo deve responder pelo que faz (ações ou omissões) e não pelo que é, pois o fenômeno criminal tem, como pressuposto elementar, uma *conduta* desviada (criminosa), pois o sistema de controle social formal penal, como já analisado, regula a coexistência social externa dos indivíduos e não suas consciências ou atitudes internas, ou seja, o seu modo de ser[530].

Assim, o Estado só pode criminalizar fatos, entendidos como condutas que se exteriorizem no mundo físico e, pois, que são suscetíveis de percepção sensorial[531], sendo-lhe vedada a criminalização

527. v. ZÚÑIGA RODRÍGUEZ, Laura. *Op. cit.*, p. 181.
528. ZÚÑIGA RODRÍGUEZ, Laura. *Op. cit.*, p. 181.
529. LUZÓN PEÑA, Diego-Manuel. Op. cit., p. 84.
530. v. COBO DEL ROSAL, Manuel; VIVES ANTÓN, Tomás S.. *Op. cit.*, p. 343; GARCÍA-PABLOS, Antonio. *Op. cit.*, p. 260; BACIGALUPO, Enrique. *Derecho penal. Parte General.* 2a ed. Buenos Aires: Hammurabi, 1999, pp. 214-215; POLAINO NAVARRETE, Miguel. *Derecho penal. Parte general.* 5a ed. Barcelona: Bosch, t. I, 2004, pp. 161-162.
531. v. COBO DEL ROSAL, Manuel; VIVES ANTÓN, Tomás S.. *Op. cit.*, p. 343. Segundo Antonio García-Pablos: "a incriminação direta de atitudes internas ou o castigo de fatos carentes de lesividade, utilizados como meros sintomas do ânimo, são duas formas de violar o postulado" (GARCÍA-PABLOS, Antonio. *Op. cit.*, p. 261).

de atitudes puramente internas (*v.g.*, pensamentos, desejos, ideologias, etc.)[532] – *cogitationis poenam nemo patitur* (ninguém poder ser castigado por seus pensamentos) – e a forma de ser – abstraídas suas condutas materiais – dos indivíduos, a sua personalidade. Exige-se, pois, para a criminalização, fato externo ativo ou omissivo humano, a excluir-se, ainda, a criminalização de fatos utilizados como mero pretexto para a repressão de situações ou condições anímicas[533].

Segundo Manuel Cobo Del Rosal e Tomás S. Vives Antón, tal princípio é vulnerado através da: a) *responsabilidade sem fato*: responsabilização do sujeito que não há realizado fato concreto, mediante a valoração penal de fatos presumidos e a responsabilização por fato de terceiros; b) *responsabilidade por atitudes internas*: responsabilização de fatos carentes de lesividade social, que representem meros sintomas de vontade rebelde e dos que reprimem a mera personalidade antissocial ou desviada[534].

Portanto, a observância do princípio do fato leva à regulação político-criminal em que a punibilidade dos indivíduos se vincula a conduta (ação ou omissão) concreta e sua sanção representa apenas a resposta ao fato individual e não à toda condução da vida de seu autor ou aos perigos que, no futuro, se esperam do mesmo. Dessa forma, "um ordenamento jurídico que se baseie em princípios próprios de um Estado de Direito liberal se inclinará sempre até um Direito Penal do fato"[535].

---

532. Observam Manuel Cobo Del Rosal e Tomás S. Vives Antón que é possível a valoração jurídico-penal dos momentos anímicos, desde que tais momentos não constituam, por si sós, o crime, mas que se limitem a operar como "simples fatores de determinação da direção do atuar externo em direção a consequências juridicamente desaprovadas" (COBO DEL ROSAL, Manuel; VIVES ANTÓN, Tomás S.. *Op. cit.*, p. 344).
533. cfr. COBO DEL ROSAL, Manuel; VIVES ANTÓN, Tomás S.. *Op. cit.*, p. 345. Segundo Enrique Bacigalupo: "No Direito Penal do fato, este é contemplado em primeiro termo: o primário é a lesão da ordem jurídica ou da ordem social; o autor, é dizer, suas características pessoais, só entram em consideração de forma secundária. Isto significa que as características pessoais do autor carecem, por si sós, de entidade para dar por cumpridos os pressupostos para a aplicação de uma pena" (BACIGALUPO, Enrique. *Op. cit.*, p. 214).
534. Detalhadamente sobre a questão: COBO DEL ROSAL, Manuel; VIVES ANTÓN, Tomás S.. *Op. cit.*, pp. 346-351.
535. ROXIN, Claus. *Op. cit.*, p. 177.

5.4.1. Direito penal do autor

Uma Política Criminal que não observe o princípio do fato poderá desandar em inaceitável postura totalitária e policialesca de opressão à liberdade individual moral[536], a configurar o chamado *Direito Penal do autor*[537], que objetiva a perseguição do indivíduo não pelo que ele faz – suas condutas –, mas pelo que ele é.

Aqui, as características pessoais dos indivíduos se constituem, por si sós, de forma primária, como critério de criminalização e como pressuposto de aplicação da pena, e o fato material, de maneira secundária, é levando em consideração, simbolicamente, apenas como função sintomática da personalidade do autor[538]. O que o faz culpável perante o sistema penal não é ter praticado fato concreto, mas, unicamente, ser quem ele é, dado que se converte, portanto, no objeto central da censura político-criminal, que o castiga não pelo que fez, mas por quem é[539].

---

536. Deixa assentado Antonio García-Pablos que o princípio do fato é princípio de origem e significado liberal, a cumprir funções de certeza e de segurança jurídica em interesse dos direitos fundamentais individuais. Observa o autor, ainda, que "os regimes totalitários sempre hão renegado o mesmo, porque necessitam cercear a manifestação do mero pensamento infiel antes que, inclusive, se traduzam em fatos concretos" (GARCÍA-PABLOS, Antonio. *Op. cit.*, p. 261).
537. Sobre o Direito Penal do autor e suas formas: ROXIN, Claus. *Op. cit.*, pp. 176-189.
538. v. BACIGALUPO, Enrique. *Op. cit.*, p. 214. Para Eugenio Raul Zaffaroni, Alejandro Alagia e Alejandro Solkar, em tal postura, o criminalizado é considerado como "um ser inferior e por isso é apenado (...), mas não é sua pessoa a única que se desconhece, pois o discurso do direito penal do autor propõe aos operadores jurídicos a negação de sua própria condição de pessoas. Em um caso se lhe propõe sua autopercepção como procurador de uma onipotência que intervem nas decisões existenciais das pessoas; no outro, como pequena peça destinada a eliminar falhas perigosas de um mecanismo maior. Não é diferente a autopercepção do doutrinador que assume qualquer de ambos discursos, pois em tanto que um é um tradutor da onipotência dos operadores judiciais, no outro é um programador de elementos destinados a neutralizar doenças de um corpo orgânico em que se integra. Em sua coerência completa, o direito penal do autor parece ser produto de um desequilíbrio crítico deteriorante da dignidade humana de quem os padecem e praticam" (ZAFFARONI, Eugenio Raul; ALAGIA, Alejandro; SLOKAR, Alejandro. *Derecho penal. Parte general.* 2a ed. Buenos Aires: Ediar, 2002, p. 66).
539. v. ROXIN, Claus. *Op. cit.*, p. 177.

Tal concepção político-criminal não postula a criminalização de condutas que se traduzam em fatos concretos lesivos ou perigosos à ordem jurídico-social, mas, unicamente, a manifestação de determinadas personalidades antissociais, desvinculadas, pois, de fatos concretos, a possibilitar, assim, toda sorte de arbitrariedades e abusos políticos contra as liberdades fundamentais individuais, mediante a utilização do sistema de controle social formal penal como arma de perseguição e punição dos inimigos reais, potenciais ou imaginários do regime político no poder, assegurando as violações dos direitos fundamentais sob a desculpa das famosas e surpreendentes "razões de Estado".

6. POSTURAS POLÍTICO-CRIMINAIS

Como adverte Meirelle Délmas-Marty, impossível a descrição da infinita diversidade dos elementos que compõem os diversos sistemas de Política Criminal, a serem compreendidos a partir das linhas mestras com os quais são construídos e segundo a forma como seus elementos se reúnem ou se opõem. Ora, se a Política Criminal tem, a princípio, o objetivo permanente de garantir a coesão e sobrevivência da ordem social, respondendo à necessidade de segurança das pessoas e dos bens jurídicos mais fundamentais, parece claro que as escolhas político-criminais – quer se trate de delimitar o fenômeno criminal, que ser trate de definir as respostas a tal fenômeno – orientam-se de formas diversas, conforme tal necessidade social seja apreciada, sentida, compreendida por meio de um ou outro valor fundamental (*atitude de valoração*); as grandes correntes político-ideológicas comandam tais escolhas[540].

De fundamental importância, portanto, não procurar descrever categoricamente tais sistemas político-criminais – diante de sua infinita diversidade –, mas procurar, por meio das principais correntes ou posturas, as linhas diretoras passíveis de fornecer elementos suficientemente confiáveis para a compreensão da sua diversidade e dos valores propostos[541].

540. v. DELMAS-MARTY, Meirelle. *Op. cit.*, pp. 05 e 45.
541. v. DELMAS-MARTY, Meirelle. *Op. cit.*, pp. 44-45.

Assim, *grosso modo*, dentre as inúmeras possíveis, serão apresentadas três grandes posturas político-criminais bem identificáveis em suas linhas diretoras e valores propostos, para melhor ilustração, sempre observando que inexistem, na realidade, construções e sistemas decorrentes de modelos político-criminais absolutamente puros. Na prática, seus elementos se misturam e se fundem em maior ou menor medida.

6.1. O Abolicionismo

A postura político-criminal abolicionista surge na década de 1970, especialmente nos países do norte da Europa (Holanda, Escandinávia)[542] e nos EUA[543], como reação ao fracasso da ideia e do fundamento ressocializador do sistema penal (Direito Penal).

Tal corrente se utiliza teoricamente dos argumentos provindos da corrente, de cunho marxista, da Criminologia Crítica (Capítulo III, Item 4.1.2)[544], que, como já visto, define o sistema penal como produto da estrutura classista e patriarcal da sociedade burguesa e o principal responsável pela existência do fenômeno criminal, através do etiquetamento – seletivo e discriminatório – do *status* criminoso (teoria do *labelling approch*)[545]; portanto, advoga a transformação do modelo social como única via real e profunda de eliminação da criminalidade, a prescindir, para tanto, do ineficaz, seletivo e criminógeno sistema penal[546].

---

542. cfr. ZAFFARONI, Eugenio Raúl. *En Busca de las Penas Perdidas. Deslegitimación y dogmatica juridico-penal.* Buenos Aires: Ediar, 1998, p. 102.
543. cfr. SILVA SÁNCHEZ, Jesús-María. *Aproximación al Derecho Penal Contemporáneo.* Barcelona: Ed. Bosch, 1992, p.18.
544. Para Jesús-María Silva Sánchez, baseando-se dos ensinamentos de Luigi Ferrajoli, seria inexata a conclusão de que o abolicionismo se limitou a utilizar e a se apoiar em um corpo teórico preexistente da criminologia crítica, mas que, por sua parte, também tenha contribuído para o desenvolvimento das investigações de tal corrente criminológica; entretanto, pode-se afirmar que o abolicionismo há feito do pensamento da criminologia crítica sua principal base teórica (SILVA SÁNCHEZ, Jesús-María. *Op. cit.*, pp. 18-20).
545. Sobre a questão: GARCÍA-PABLOS DE MOLINA, Antonio. *Manual de Criminología. Introducción y teorías de la criminalidad.* Madrid: Tirant lo blanch, 1988; TAYLOR, Ian; WALTON, Paul; YOUNG, Jock. *The New Criminology: for a social theory of deviance.* New York: Harper & Row, 1973.
546. cfr. SILVA SÁNCHEZ, Jesús-María. *Op. cit.*, pp. 19-20.

O abolicionismo apresenta diversos modelos teóricos, inexistindo no seio do movimento completa coincidência de métodos, pressupostos filosóficos e táticas para alcançar seus objetivos[547]; entretanto, a doutrina classifica como verdadeiro abolicionismo as teorias que advogam não só a abolição da pena de prisão, mas, também e especialmente, a abolição do próprio sistema de controle social formal penal como um todo e sua substituição por outras formas não punitivas de resolução de conflitos sociais[548].

Tais posturas abolicionistas podem, resumidamente, ser dividas entre: a) *posturas moderadas* (Louk Hulsman e Nils Christie): pretendem substituir o sistema penal por solução privada dos conflitos; solução que pode ter natureza indenizatória, compensatória, terapêutica, educativa, assistencial, etc.; b) *posturas radicais* (Thomas Mathiesen): vinculam o sistema penal à estrutura produtiva capitalista e defendem a abolição não só do sistema penal, mas, também, de todas as demais estruturas sociais repressivas e, consequentemente, a modificação do próprio modelo social como um todo[549].

Assim, o abolicionismo se fundamenta nos pressupostos de que se o sistema penal é arbitrário, não castigando de maneira igualitária todas as infrações delitivas, independentemente do *status* de seus autores, e que quase sempre recai sobre a parte mais débil da sociedade e aos estratos economicamente mais desfavorecidos, o melhor que se pode fazer é acabar, de uma vez por todas, com tal sistema de reação social formal e institucionalizado contra a criminalidade, que tanto sofrimento acarreta sem produzir nenhum benefício proporcional[550].

Daí, segundo Raul Eugenio Zaffaroni, o abolicionismo não pretende renunciar à solução dos conflitos sociais que sejam

---

547. Sobre os diversos modelos teóricos: ZAFFARONI, Eugenio Raúl. *Op. cit.*, p. 103 e sgts.
548. Expressamente nesse sentido: ZAFFARONI, Eugenio Raúl. *Op. cit.*, p. 102. Para Elena Larrauri, "o abolicionista 'verdadeiro' advoga não só pela abolição do cárcere mas tambéms pela abolição do sistema de justiça penal", enquanto, para Wolfgang Naucke, pode-se distinguir entre um abolicionismo *"da diversão"* e o abolicionismo real (*apud* SILVA SÁNCHEZ, Jesús-María. *Op. cit.*, p. 18, nota 08).
549. cfr. ZAFFARONI, Eugenio Raúl. *Op. cit.*, pp. 103-107.
550. v. HASSEMER, Winfried; MUÑOZ CONDE, Francisco. *Op. cit.*, p. 361.

necessários resolver, mas propõe reconstrução dos vínculos solidários de simpatias entre as pessoas, horizontais ou comunitários, que permitam tais soluções sem apelar ao modelo punitivo estatal formalizado abstratamente, ou seja, ao sistema penal[551], a deixar, portanto, nas mãos da própria sociedade a resolução de tais conflitos.

6.1.1. Críticas

Diante de tal postura político-criminal, que, segundo Jesús-María Silva Sánchez, foi o modo mais radical de afrontar a realidade do sistema penal e que se constituiu na manifestação contemporânea essencial do fenômeno de sua crítica[552], diversas e certeiras objeções lhe foram dirigidas pela doutrina.

A primeira crítica foi a de que o abolicionismo é postura utópica e ingênua, já que as alternativas substitutivas ao sistema penal apresentadas são absolutamente incompatíveis com a complexidade e o desenvolvimento das sociedades modernas. Suas propostas foram desenvolvidas com base na análise de sociedades simples com problemas criminais reduzidos (*v.g.*, Holanda e Noruega)[553] e levaram em consideração apenas a ponta do *iceberg* do sistema penal – como os crimes de bagatela (*v.g.*, o problema do uso de drogas) –, a não apresentar propostas alternativas sérias e factíveis quanto ao núcleo do fenômeno criminal, caracterizado pelos crimes violentos e outros delitos graves. Daí afirmar certeiramente Jesús-María Silva Sánchez, que "sua capacidade real de resolução do problema da criminalidade termina onde começa o verdadeiro núcleo do Direito Penal"[554].

551. v. ZAFFARONI, Eugenio Raúl. *Op. cit.*, p. 109.
552. cfr. SILVA SÁNCHEZ, Jesús-María. *Op. cit.*, p. 18.
553. Segundo Günter Kaiser, não se deve considerar casual o fato de que o abolicionismo tenha sido elaborado, sobre tudo, em "países pequeños, en los que el problema de la criminalidad es relativamente reducido, el sistema penal tradicional se muestra conservador y la posibilidad de una resolución autónoma y descentralizada de los conflictos es relativamente alta" (*apud* SILVA SÁNCHEZ, Jesús-María. *Op. cit.*, p. 21).
554. *in* SILVA SÁNCHEZ, Jesús-María. *Op. cit.*, p. 21. Para o autor espanhol, tal afirmação seria facilmente comprovada através do próprio exemplo proposto por

Também se critica a pretensão abolicionista de deixar a resolução dos conflitos sociais nas mãos da própria sociedade, por importar na negação do positivo processo histórico de assunção pelo Estado do monopólio do *ius puniendi*, como única solução racional e razoável contra o *bellum omnium contra omnes* e da arbitrária e insegura vingança privada[555], acrescentando-se que tal proposta alternativa jamais poderia substituir seriamente o sistema penal nos casos, como já visto, de criminalidade violenta, de delitos patrimoniais e socioeconômicos[556]. Ademais, tal posicionamento, desde os anos 80, vem sendo combatido por setores da própria Criminologia Crítica – especialmente na Inglaterra, por Jock Young –, que sustentam a necessidade da superação da fase utópico-idealista, de pretensões meramente acadêmicas e com escassa base empírica, para a fase realista, com assentamento na realidade cotidiana e levando o crime a sério, já que este nem sempre corresponde ao modelo teórico marxista da reação contra as classes dominantes[557].

Ademais, segundo seus críticos, o abolicionismo – além de utópico e ingênuo – apresenta bagagem teórica fraca e limitada[558], não conseguindo demonstrar satisfatoriamente que suas propostas conduzam à diminuição dos custos sociais do crime; a produção

---

Louk Hulsman: Em um andar convivem cinco estudantes e um deles quebra o televisor. Cada um dos demais estudantes reage de forma distinta frente à situação conflituosa: um propõe o castigo (estilo punitivo); outro que o bem seja pago (estilo compensatório); outro que o agente está louco e que merece tratamento (estilo terapêutico); e, por fim, o último que entende que todos devem fazer um exame de consciência para analisar como se há chegado a tal situação (estilo conciliador). Segundo o autor, Louk Hulsman se inclina pelo último estilo. Assim, segue o espanhol, diante de tal exemplo, patente que a postura supra não é minimamente convincente, pois pergunta-se: Ocorreria o mesmo caso se tratasse de um homicídio, de um roubo com violência ou de um estupro ? (SILVA SÁNCHEZ, Jesús-María. *Op. cit.*, p. 22).

555. Para Wolfgang Naucke a ideia abolicionista da supressão do Direito Penal seria utópica, pois conduziria ao surgimento na humanidade de um novo "estado de natureza" de características bondosas, o que iria contra todas as experiências jurídico-penais desde Rousseau (*apud* SILVA SÁNCHEZ, Jesús-María. *Op. cit.*, p. 23, nota 33).
556. Nesse sentido, com extensa bibliografia: SILVA SÁNCHEZ, Jesús-María. *Op. cit.*
557. cfr. YOUNG, Jock. "Il fallimento della criminologia: per un realismo radicale". In: *Dei delitti e delle pene*. Torino: v. IV, n. 3, 1986, pp. 387-415.
558. v. SÁNCHEZ, Jesús-María. *Op. cit.*, p. 24.

de menor dor nesse âmbito; a diminuição da estigmatização; maior respeito às garantias individuais; o afastamento da arbitrariedade e maior segurança jurídica.

Por outro lado, as alternativas abolicionistas representam ingerência mais profunda e intolerável na esfera individual dos cidadãos e caracterizam paternalismo ético, cuja eliminação constitui precisamente um dos objetivos do moderno sistema penal liberal[559]; portanto, quanto à bondosa intenção abolicionista, correta a afirmação de Winfried Hassemer de que "quem pretende abolir o Direito Penal, o único que quer é afugentar o Diabo com Belzebú"[560].

Diante de tais críticas à posição político-criminal abolicionista, pode-se concluir que tal perspectiva não é suficiente para afastar ou informar a existência e a aplicação do sistema penal, ante sua imprescindibilidade – pelo menos por enquanto – para a garantia da coesão e convivência social, sem que isso signifique, claro, que seja imprescindível em sua forma atual, mas, sim, que realize suas necessárias funções da forma mais humana possível[561].

6.2. A terceira velocidade

O termo *"terceira velocidade"* do sistema penal foi empregado originalmente por Jesús-María Silva Sánchez, ao analisar as características e peculiaridades do sistema penal moderno e as mudanças expansionistas das perspectivas político-criminais ocorridas nas sociedades pós-industriais, que se caracterizam, principalmente, pela globalização econômica e pela integração supranacional e que, assim, segundo suas análises, sugerem a ocorrência de fenômenos

559. Segundo Luigi Ferrajoli: "o abolicionismo penal – quaisquer que sejam as tentativas libertárias e humanitárias que possa animá-lo – se configura, em consequência, como uma utopia regressiva que apresenta, sobre o pressuposto ilusório de uma sociedade boa ou de um Estado bom, modelos de fatos desregulados ou autorregulados de vigilância e/ou punição, com relação aos quais é o Direito Penal – tal como há sido cansativamente concebido com seu complexo sistema de garantias pelo pensamento iluminista – o que constitui, histórica e axiologicamente, uma alternativa progressista" (FERRAJOLI, Luigi. "El derecho penal mínimo". In: *Poder y Control*, Barcelona: PPU, n. 0, 1986, p.43).
560. HASSEMER, Winfried. *Fundamentos del derecho penal.* Trad. Francisco Muñoz Conde e Luiz Arroyo Zapatero. Barcelona: Bosch, 1984, p. 400.
561. cfr. GIMBERNAT ORDEIG, Enrique. "¿Tiene un futuro la dogmática jurídico-penal?". In: *Estudios de derecho penal.* 3ª ed. Madrid: Civitas, 1990, p. 140.

expansionistas do sistema penal (*punitivismo*) e o aparecimento e a construção do chamado "Direito Penal de três velocidades"[562].

Tal concepção, *grosso modo*, implica na coexistência de três sistemas penais distintos: a) o da *primeira velocidade*: caracteriza-se com a postura garantista, preservando todas as garantias individuais conquistadas pelo Iluminismo e Liberalismo e que melhor representam o atual Estado Social e Democrático de direito; os delitos regulados por tal velocidade teriam as sanções mais graves do sistema penal, quais sejam, as penas privativas de liberdade; b) o da *segunda velocidade*: consistente em restrição de algumas das garantias clássicas do Direito Penal e Processual Penal; apresenta sanções menos gravosas aos fatos delituosos, quais sejam, penas pecuniárias e restritivas de direito; c) e o da *terceira velocidade*: identifica-se com a ampla relativização das garantias político-criminais, das regras de imputação e critérios processuais nos casos em que são previstas as penas privativas de liberdade e que, assim, guardaria direta relação com o chamado "Direito Penal do Inimigo", difundido por Günther Jakobs[563]; portanto, o Direito Penal do Inimigo seria a materialização da opção político-criminal da terceira velocidade do sistema penal pós-moderno.

Quanto ao Direito Penal do Inimigo, seu desenvolvimento teórico e conceitual ocorreu em três momentos sucessivos, a saber: a) *momento crítico*; b) *momento descritivo*; c) *momento fundamentador/legitimador*[564].

No *momento crítico* (1985), o termo foi empregado por Günther Jakobs como reação a algumas disfunções e tendências político-criminais do sistema penal alemão, que se caracterizariam como verdadeiro Direito Penal do Inimigo, especialmente em relação à criminalização de estados prévios à lesão do bem jurídico,

---

562. v. SILVA SÁNCHEZ, Jesús-María. *La Expansión del Derecho Penal. Aspectos de la política criminal en las sociedades postindustriales.* 2ª ed. Madrid: Civitas, 2001, p. 91.
563. cfr. SILVA SÁNCHEZ, Jesús-María. *Op. cit.*, p. 163.
564. Sobre a evolução histórico-conceitual do Direito Penal do Inimigo na obra de Günther Jakobs, com extenso material bibliográfico: CANCIO MELIÁ, Manuel; GÓMEZ-JARA DÍEZ, Carlos (Coord.). *Derecho penal del inimigo. El discurso penal de la exclusión.* Madrid: Edisofer S.L., 2 v., 2006.

v. .g., com a tipificação de condutas que se encontrariam afastadas do início da execução e da colocação do bem jurídico em perigo, considerando o autor que tal tendência não teria acolhida em um Estado de liberdades, que somente admite um Direito Penal dos Cidadãos[565]. Posteriormente, na *fase descritiva* (1999-2000), o penalista alemão afirma que, até então, não se apresentaria alternativa político-criminal visível ao Direito Penal do Inimigo[566] e, assim, passa a descrever o seu conteúdo conceitual-dogmático, a se caracterizar pelo adiantamento das barreiras de proteção penal sem a respectiva redução das penas em comparação com os momentos mais avançados do *iter criminis*; pela mudança de perspectiva de que o sistema penal não deveria apenas olhar para o passado – ato praticado –, mas, também, para o futuro (função prospectiva); pela transição para legislação penal de luta e combate a inimigo; pelo rebaixamento ou supressão das garantias materiais e processuais. Por fim, na *fase fundamentadora/legitimadora* (2003-)[567], o autor alemão muda radicalmente de postura e passa a fundamentar e legitimar a existência e utilização do Direito Penal do Inimigo, convertendo-o em elemento estrutural da sua teoria do delito e da pena[568].

Resumidamente, o Direito Penal do Inimigo pode ser definido como o ramo do sistema penal (Direito Penal) que trata determinados infratores das normas jurídico-penais como inimigos (*v. g.*, terroristas, traficantes, criminosos econômicos, criminosos sexuais, integrantes do crime organizado, etc.), entendidos, estes, como

---

565. Sobre essa fase: JAKOBS, Günther. "Criminalización en el estadio previo a la lesión de un bien jurídico". In: *estudios de derecho penal*. Trad. Enrique Peñaranda Ramos, Carlos J. Suárez González e Manuel Cancio Meliá. Madrid: Civitas, 1997, p. 293 e sgts.
566. cfr. APONTE, Alejandro. "Derecho penal del enemigo vs. Derecho penal del ciudadano". In: CANCIO MELIÁ, Manuel; GÓMEZ-JARA DÍEZ, Carlos (Coord.). *Op. cit.*, v. 1, p. 174.
567. Importante observar que tal fase ocorre após o atentado terrorista à Cidade de Nova Iorque/EUA, ocorrido em 11 de setembro de 2001, e dos demais que se seguiram na Europa (Espanha, Inglaterra, etc.), o que ocasionou a radicalização e o endurecimento ocidental contra o terrorismo (v. APONTE, Alejandro. *Op. cit.*, p. 186).
568. v. JAKOBS, Günther; CANCIO MELIÁ, Manuel. *Derecho penal del inimigo*. Madrid: Civitas, 2003.

indivíduos que se apartaram definitivamente do ordenamento jurídico e da organização social e que são fontes causadoras de perigo e que, portanto, devem ser neutralizados sem fazer jus às garantias político-criminais dos cidadãos.

Tal sistema político-criminal se opõe ao do Direito Penal do Cidadão, rodeado por garantias materiais e processuais, exatamente porque não reage contra pessoas consideradas cidadãos, mas, sim, contra inimigos, que se encontram excluídos da sociedade e de seu sistema jurídico e, consequentemente, não são reconhecidos como pessoas, não podendo, pois, gozar dos benefícios e garantias jurídicos destinados aos demais. Como fontes de perigo, devem ser neutralizados por não apresentarem a garantia mínima de fidelidade ao ordenamento jurídico e à ordem social[569].

6.2.1. Críticas

Inúmeras e avassaladoras críticas foram – e continuam sendo – dirigidas pela doutrina ao Direito Penal do Inimigo e, pois, à terceira velocidade do sistema penal, a gerar bibliografia praticamente inabarcável[570]; entretanto, parece consenso entre os críticos que tal construção não pode – e não deve – ser admitida no Estado Democrático de direito[571].

Dentre as críticas mais importantes, inicialmente se contesta a impossibilidade de definição, segundo a teoria de Jakobs, sobre quem é o inimigo.

Para o autor alemão, os inimigos seriam aquelas pessoas que se negam a viver como cidadãos e que preferem viver como inimigos da sociedade, da ordem social, desrespeitando e ferindo as normas e demonstrando, com suas ações, que não se comportarão conforme

---

569. Sobre a questão: CANCIO MELIÁ, Manuel; GÓMEZ-JARA DÍEZ, Carlos (Coord.). *Op. cit.*.

570. Veja-se, p. ex., a obra coletiva, em 2 volumes, com mais de seis dezenas de trabalhos: CANCIO MELIÁ, Manuel; GÓMEZ-JARA DÍEZ, Carlos (Coord.). *Op. cit.*

571. Como adverte Heinz Zipf: "(...) não há uma política criminal, em certo modo, sem pressupostos. Todo esboço político-criminal está sempre incorporado ao marco de referencia de uma determinada situação estatal, e em nosso país, ao marco jurídico de ordenação da Lei Fundamental" (ZIPF, Heinz. *Op. cit.*, p. 24), o que inegavelmente também ocorre entre nós, conforme analisado no item 4.5.

o direito, a se caracterizarem como verdadeiras fontes de constante perigo à sociedade por se tratarem de permanentes defraudadores das expectativas (não pessoas)[572].

Diante de tal definição, impossível se estabelecer previamente critério empírico de diferenciação entre cidadãos e inimigos com base na condição pessoal de cada um, já que a diferenciação somente pode se dar através do tratamento que o legislador penal dá a determinados tipos de criminalidade. Vale dizer, cabe ao legislador definir quais crimes caracterizam infratores-cidadãos e quais crimes caracterizam os infratores-inimigos; portanto, a condição de inimigo é algo decidido arbitrária e normativamente pelo legislador e não algo que exista faticamente no mundo e, dessa forma, "a condição de inimigo não é algo que preexista ao Direito Penal e, em consequência, é o Direito Penal do Inimigo o que cria os inimigos do Direito Penal e não o inverso" [573].

Tal sistemática coloca em evidência que há – ou pode haver – inúmeros interesses nebulosos que se escondem atrás da categorização dos inimigos e que tais interesses não correspondem, necessariamente, a perigos à paz social, mas, sim, perigos a determinados setores do poder estatal[574].

Também se critica o fato de que o Direito Penal do Inimigo nada mais seria do que a conhecida construção do Direito Penal do autor

572. v. JAKOBS, Günther; CANCIO MELIÁ, Manuel. *Op. cit.*.
573. cfr. GROSSO GARCÍA, Manuel Salvador. "¿Que és y qué puede ser el "Derecho penal del Enemigo"? Una aproximación crítica al concepto". In: CANCIO MELIÁ, Manuel; GÓMEZ-JARA DÍEZ, Carlos (Coord.). *Op. cit.*, v. 2, pp. 09-13. Segundo Manuel Cancio Meliá:"a identificação de um infrator como inimigo por parte do ordenamento penal, por muito que possa parecer à primeira vista uma qualificação como "outro", não é, em realidade, uma identificação como fonte de perigo, não supõe declará-lo um fenômeno natural a neutralizar, mas, pelo contrário, é um reconhecimento de competência normativa do agente mediante a atribuição de perversidade, mediante sua demonização" (CANCIO MELIÁ, Manuel. "De nuevo: ¿derecho penal del enemigo?". In: CANCIO MELIÁ, Manuel; GÓMEZ-JARA DÍEZ, Carlos (Coord.). *Op. cit.*, v. 1, p. 363).
574. cfr. GROSSO GARCÍA, Manuel Salvador. *El concepto del delito en el nuevo código penal colombiano*. Bogotá: Ed. Gustavo Ibáñez, 2003, pp. 94 e sgts. Sobre a questão: ZAFFARONI, Raúl Eugenio. "La Legitimación del control penal de los "extraños"". In: CANCIO MELIÁ, Manuel; GÓMEZ-JARA DÍEZ, Carlos (Coord.). *Op. cit.*, v. 2, pp. 1118-1147.

(Capítulo IV, Item 5.4.1), por centrar sua regulação especificamente sobre determinado grupo de pessoas (inimigos) e através da valoração de suas características pessoais, em detrimento de fatos objetivos (Direito Penal do fato)[575], a revelar a corrupção político-criminal do sistema penal, que deixa de criminalizar atos concretos e passa a perseguir o ato como mera manifestação de forma de ser do autor, como valor de sintoma de personalidade do agente[576].

Ademais, o Direito Penal do Inimigo não seria compatível com o Estado Democrático de direito, pois, neste, os direitos fundamentais do homem são normas de categoria constitucional e consubstanciam a base do sistema democrático, a delimitar o âmbito de invulnerabilidade do desenvolvimento das pessoas na vida jurídica e social, a evitar o abuso estatal contra seus cidadãos, sem qualquer distinção, inclusive contra as ingerências de natureza político-criminal (Capítulo IV, Item 4).

Ilegítima, pois, a existência de sistema de controle social formal penal que exclui da garantia dos direitos fundamentais parcela de seus destinatários, sob qualquer justificativa; não é permitido ao Estado tratar qualquer de seus naturais diferentemente, uns como cidadãos e outros como inimigos – seres humanos desprovidos dos mais elementares direitos; as modernas constituições democráticas de direito reconhecem a todos o *status* mínimo de *pessoa* (com seus direitos e liberdades), sem que ninguém o tenha que adquirir, e lhes reconhece dignidade (com os direitos invioláveis que lhes são inerentes), que obriga o Estado sempre a tratar a todos como sujeitos de direito e não como objetos[577].

---

575. Afirma categoricamente Francisco Muñoz Conde, que: "a primeira observação que se pode fazer a Jakobs é que seu "Direito penal do inimigo" recorda muito ao "Direito penal de autor" que propugnaram os penalistas nazis; segundo o qual o relevante não era o fato delitivo cometido, mas a "perversão", "inclinação ou tendência ao delito" ou "perigosidade criminal" que pudesse ter seu autor" (MUÑOZ CONDE, Francisco. *De nuevo sobre el "derecho penal del enemigo"*. Buenos Aires: Hammurabi, 2005, p. 37).
576. cfr. ALMEIDA DE MOARES, Alexandre Rocha. *A terceira velocidade do direito penal: o "direito penal do inimigo"*. Disponível: <http://www.dominiopublico.gov.br/download/texto/cp008973.pdf>. Acesso em 06.01.2010, p. 187.
577. v. FEIJOO SÁNCHEZ, Bernardo. "El Derecho Penal del Enemigo y el Estado Democrático de Derecho". In*:* CANCIO MELIÁ, Manuel; GÓMEZ-JARA DÍEZ, Carlos

Inúmeras outras críticas extra e intrassistemáticas foram feitas à construção político-criminal da terceira velocidade do sistema penal (o Direito Penal do Inimigo), todas a rechaçar tal posição, que não pode ser admitida em Estado Democrático de direito, a legitimar as indagações feitas por Francisco Muñoz Conde: "Pode se defender a democracia com meios inadmissíveis em um Estado de Direito e incompatíveis com seus princípios fundamentais ? Pode utilizar o Estado de Direito, sem perder seu nome, dos meios de repressão punitiva que caracterizam um Estado ditatorial e autoritário ? É possível dentro do Estado de Direito a coexistência de dois modelos diferentes de Direito Penal, um respeitoso com as garantias e os direitos fundamentais e outro puramente policial, pra inimigos, que faça tábula rasa dos princípios e garantias característicos do Estado de Direito?"[578].

6.3. A intervenção mínima garantista

Diante das vertentes político-criminais que analisam e enfrentam o fenômeno criminal de maneira extremada – uma que defende a abolição do sistema penal como um todo (*abolicionismo*) e outra que sustenta a sua expansão desenfreada (*terceira velocidade*) –, a se caracterizarem como posturas político-criminais opostas, abre-se-nos nova postura, que remete à máxima aristotélica *virtus est in medio*.

É a posição político-criminal do *Sistema Penal Mínimo e Garantista*, que, segundo Jesús-María Silva Sánchez, não implica volta atrás e nem oferece algo completamente novo, mas que expressa adequada síntese ao presente momento histórico da evolução das ideias penais, a apresentar o estado mais evoluído do desenvolvimento das atitudes político-criminais básicas, mediante a composição dos esforços a favor de melhor sistema penal e a se constituir na plataforma necessária para abordar, de modo realista e progressista, os seus problemas teóricos e práticos[579].

(Coord.). *Op. cit.*, v. 1, p. 816.

578. MUÑOZ CONDE, Francisco. *Op. cit.*, p. 82.

579. cfr. SILVA SÁNCHEZ, Jesús-María. *Aproximación al Derecho Penal Contemporáneo*. Barcelona: J.M. Bosch Editor, 1992, pp. 40-41.

Tal corrente, derivada da tradição e dos ideais ilustrados[580] e partindo da constatação empírica da amarga necessidade da sanção penal (a pena)[581], propõe a mínima intervenção do sistema penal (Capítulo IV, Item 5.2), mediante a redução quantitativa de seus mecanismos punitivos ao mínimo necessário para evitar a violência social informal e, ao mesmo tempo, controlar a violência estatal, maximizando as garantias materiais e formais individuais e limites ao poder punitivo do Estado, levando em consideração a lógica que procura o maior bem estar com o menor custo social possível (Capítulo IV, Item 3.5).

Se o sistema penal é um mal, deve-se admiti-lo apenas nos casos em que seja imprescindível para cumprir os fins político-criminais de proteção social, através da prevenção do fenômeno criminal; nesse contexto, deve ser visto com a *ultima ratio* e não como a solução primária do fenômeno (*prima ratio*), só o utilizando nos casos de extrema necessidade e para a defesa dos bens jurídicos sociais e individuais fundamentais (*princípio da exclusiva proteção de bens jurídicos*) dos ataques mais graves (*princípio da fragmentariedade*) e só quando não ofereçam garantias de êxitos as restantes estratégias de natureza não penal (*princípio da subsidiariedade*), tudo sempre sob a ótica e o respeito das garantias e dos direitos fundamentais constitucionais dos cidadãos (Capítulo IV, Item 4)[582].

---

580. v. FERRAJOLI, Luigi. *Derecho y razón. Teoría del garantismo penal.* Trad. Perfecto Andrés Ibañez *et al.* 2ª ed. Madrid: Editorial Trotta, 1997, p. 33.
581. cfr. SILVA SÁNCHEZ, Jesús-María. *Op. cit.*, p. 38.
582. Para Rogério Zeidan, o sistema penal "mínimo e garantista são ideais que se coadunam, ao representarem a um só tempo o máximo de bem-estar possível para os não desviados e o mínimo de mal-estar possível para os desviados. Limitando-se às situações absolutamente necessárias, com a aplicação de penas mínimas necessárias correspondendo assim não só o máximo grau de tutela de liberdade dos cidadãos frente à potestade punitiva do Estado, senão também a um ideal de racionalidade e de certeza, razão pela qual não terá lugar a intervenção penal sempre que sejam incertos ou indeterminados os seus pressupostos. O garantismo tutela os valores ou direitos fundamentais cuja satisfação, ainda que contra a opinião pública, é o fim justificador do Direito Penal: a imunidade dos cidadãos contra a arbitrariedade, a defesa dos mais fracos mediante regras iguais para todos, a dignidade da pessoa do imputado e, por conseguinte, garantia de sua liberdade mediante o respeito de sua vontade" (ZEIDAN, Rogério. Ius Puniendi, *Estado e direitos fundamentais. Aspectos de legitimidade e limites da potestade punitiva.* Porto Alegre: Safe, 2002, pp. 92-93).

Assim, segundo Santiago Mir Puig, impõe-se fundamento e limite ao *ius puniendi* estatal, o da mais estrita necessidade à utilização do recurso das sanções penais[583], a se evitar, portanto, a ausência de proteção à sociedade aos ataques mais graves aos bens jurídicos mais fundamentais à convivência social (*abolicionismo*), bem como impede a excessiva e deslegitimada intervenção estatal na vida social, que se dá através do abandono e desprezo das incumbências político-sociais derivadas do Estado Democrático de direito (*terceira velocidade*).

Tal visão garantista e de mínima intervenção, nos dizeres de Alberto Silva Franco, "é, sem nenhuma margem de dúvida, a correta representação do Direito Penal de um Estado Democrático de direito, laico, pluralista, respeitador do direito à diferença, em suma, de um modelo político-social que tenha o ser humano – e sua dignidade – como centro fulcral da organização estatal"[584], pois, em concepção democrática do *ius puniendi* e da política criminal estatal, o ponto de partida é dado sempre pelo conceito de pessoa, que a eleva ao valor absoluto e determinado de toda a decisão político-criminal[585].

Tal perspectiva deve sempre estar iluminada, como visto, pela ideia dominante da personalidade humana, isto é, como anotado por Thomas Würtemberger, da personalidade individual, que, em sua dignidade e responsabilidade, é proposta como pedra angular do sistema penal[586].

Assim, diante de tal posição político-criminal, encontramo-nos diante de meio-termo entre as extremadas posições do abolicionismo e do punitivismo e que melhor aborda, de modo realista e progressista, os problemas teóricos e práticos do sistema de controle social formal penal e que melhor se amolda ao Estado Democrático de direito.

---

583. v. MIR PUIG, Santigo. *Introducción a las bases del derecho penal.* 2a ed. Montevideo: B de f, 2002, p. 112.
584. FRANCO, Alberto Silva. *Op. cit.*, p. 175-187.
585. Nesse sentido: LOPES, Mauricio Antonio Ribeiro. *Op. cit.*, p. 156-157.
586. *apud* SCHÜNEMANN, Bernd. *Consideraciones críticas sobre la situación espiritual de la ciencia jurídico-penal alemana.* Trad. Manuel Cancio Meliá. Bogotá: Universidad Externado de Colombia, 1996, p.12.

Capítulo V

Introdução ao direito penal

SÚMARIO • 1. O direito penal; 1.1 Definição; 1.1.1 Direito penal objetivo (*ius poenali*); 1.1.2 Direito penal subjetivo (*ius puniendi*); 1.2 A infração penal e a sanção; 1.2.1 A infração penal; 1.2.1.A Conceito formal; 1.2.1.B Conceito material; 1.2.1.C Conceito analítico; 1.2.1.D Classificação; 1.2.2 A sanção; 1.2.2.1 A pena; 1.2.2.1.A Teorias da pena; 1.2.2.1.A.1 Teorias absolutas; 1.2.2.1.A.2 Teorias relativas; 1.2.2.1.A.2.1 Teorias da prevenção geral; 1.2.2.1.A.2.2 Teorias da prevenção especial (ou individual); 1.2.2.1.A.3 Teorias mistas (ou de união ou ecléticas); 1.2.2.1.A.3.1 A teoria dialética (Claus Roxin); 1.2.2.2 A medida de segurança; 1.2.2.2.A Pena e medida de segurança (monismo e dualismo); 1.2.2.2.A.1 Monismo e dualismo; 1.2.2.2.B Justificação; 1.2.2.2.C Finalidades; 1.3 Finalidade; 1.3.1 A exclusiva proteção de bens jurídicos; 1.4 Princípios penais; 1.4.1 Princípio da legalidade; 1.4.1.1 Corolários; 1.4.1.1.A Corolário da reserva legal (*lex scripta*); 1.4.1.1.B Corolário da taxatividade (lex certa); 1.4.1.1.C Corolário da irretroatividade (*lex praevia*); 1.4.1.1.D Corolário da proibição da analogia (*lex stricta*); 1.4.2 Princípio da culpabilidade; 1.4.3 Princípio da humanidade das penas; 1.4.4 Princípio da individualização da pena; 1.4.5 Princípio da lesividade (ou ofensividade); 1.4.6 Princípio da proporcionalidade; 2. A ciência do direito penal (ou dogmática jurídicopenal); 2.1 Método; 2.1.1 Analítico; 2.1.2 Exegético (ou hermenêutico); 2.2 Funções; 2.2.1 Interpretação; 2.2.1.1 Técnicas de interpretação; 2.2.1.1.A Gramatical; 2.2.1.1.B Histórica; 2.2.1.1.C Sistemática; 2.2.1.1.C Teleológica; 2.2.2 Sistematização; 2.2.3 Crítica; 2.3 Desenvolvimento histórico; 2.3.1 Classicismo; 2.3.2 Positivismo; 2.3.2.1 Positivismo naturalista; 2.3.2.2 Positivismo jurídico; 2.3.2.2.A Tecnicismo jurídico; 2.3.2.2.B Normativismo; 2.3.3 Neokantismo; 2.3.4 Ontologismo (ou finalismo); 2.3.5 Irracionalismo; 2.3.6 Funcionalismo (ou teleologismo); 2.3.6.1 O sistema teleológico-funcional de Claus Roxin; 2.3.6.2 O funcionalismo-sociológico de Günther Jakobs

Como visto, com base na teoria tridimensional realiana, a análise do fenômeno criminal enquanto *norma* é incumbência do *Direito Penal*, que delimita, interpreta, analisa e critica teórico-sistematicamente as normas jurídico-legais que definem o crime (*ius poenali*), seus pressupostos e suas consequências, enquanto instância reguladora do poder punitivo do Estado (*ius puniendi*).

Dessa forma, "o Direito Penal concreta as opções previamente adotadas (a oferta político-criminal de base criminológica) com a linguagem do Direito, dando-lhes a forma de normas, de proposições jurídicas gerais e obrigatórias (modelo instrumental ou operativo)"[587].

Inicialmente, algumas aclarações devem ser feitas para o correto entendimento da dimensão normativa do fenômeno criminal, pois é comum o uso do termo "Direito Penal" para designar tanto o conjunto de normas jurídicas que constituem o ordenamento penal (*Direito Penal* (*ius poenali*)), como para designar a disciplina científica que o estuda sistematicamente (*Ciência do Direito Penal*), o que pode gerar alguns equívocos[588], razão pela qual metodologicamente se preferiu, na análise aqui a ser feita, pela divisão expositiva entre o *Direito Penal* – enquanto o conjunto das normas jurídico-penais emanadas do poder punitivo do Estado – e a *Ciência do Direito Penal* – enquanto disciplina científica que o estuda sistematicamente.

1. O DIREITO PENAL

1.1. Definição

Como já analisado (Capítulo I, Item 2.2.2.1), sob ótica *dinâmica* ou *sociológica*, o Direito Penal pode ser definido como um dos

587. GARCÍA-PABLOS DE MOLINA, Antonio. *Op. cit.*.
588. v. GARCÍA-PABLOS DE MOLINA, Antonio. *Op. cit.*, p. 298; LUZÓN PEÑA, Diego-Manuel. *Op. cit.*, pp. 46-47; POLAINO NAVARRETE, Miguel. *Op. cit.*, p. 49; GIMBERNAT ORDEIG, Enrique. *Concepto y método de la ciencia del derecho penal*, Editorial Tecnos, Madrid, 1999, pp. 13-15. No mesmo sentido, já afirmava Giuseppe Maggiore: "A expressão 'direito penal' tem dois significados: denota um sistema de normas, isto é, o ordenamento jurídico penal, o chamado direito penal objetivo, e um sistema de conceitos: a ciência do direito penal. Ambos sentidos concordam com os dois momentos do conceito, que é atividade pensante e à sua vez objeto pensado: *concipiens* e *conceptum.* (...) Por isso, se lhe deve estudar desde este duplo aspecto de ciência e de ordenamento de normas. Sobra advertir que estes dois aspectos do direito penal, distintos por necessidade de estudo, são em si inseparáveis. Formam dois processos que se completam um com o outro, dois segmentos de círculo que se unem, até formar a totalidade da ciência como unidade de pensamento e de ser" (MAGGIORE, Giuseppe. *Derecho penal.* Trad. de José J. Ortega Torres. Santa Fé de Bogotá: Editorial Temis, v. I, 2000, pp. 03-04).

elementos (subsistema) do sistema de controle social formal, através do qual o Estado, mediante sistema normativo (leis penais), castiga com sanções negativas graves (penas) as condutas desviadas mais nocivas e prejudiciais à convivência social (delitos), a garantir, assim, a disciplina e a correta socialização dos membros do grupo social e, consequentemente, a própria manutenção da ordem social[589].

Por sua vez, através de ótica *estática* ou *formal*, o Direito Penal pode ser definido como o conjunto de normas do setor jurídico público[590], a parte do ordenamento jurídico reguladora do poder punitivo do Estado, que, para proteger valores e interesses com relevância constitucional, define como delitos determinadas condutas, cuja verificação associa, como consequência jurídica, a aplicação de penas e medidas de segurança[591].

1.1.1. Direito penal objetivo (ius poenali)

Diz-se *Direito Penal Objetivo* (*ius poenali*) como a parte do ordenamento jurídico geral estatal; como o conjunto ordenado de normas jurídicas que regula determinado setor especialmente conflitivo da vida social[592], a associar a certas condutas (crimes) determinadas consequências jurídicas (penas e medidas de segurança), a afirmar,

---

589. v. GARCIA-PABLOS, Antonio. *Op. cit.*, pp. 01-02.

590. Trata-se de ramo do *Direito Interno Público*, pois, decorrente da soberania estatal de criar e fazer cumprir normas jurídicas em seu território, regula determinadas relações jurídicas entre o Estado e os particulares.

591. cfr. CARBONELL MATEU, Juan Carlos. *Derecho Penal: concepto y principios constitucionales*. 3a ed. Valencia: Tirant lo blanch, 1999, p. 29.

592. Observa Diego-Manuel Luzón Peña que: "como parte do Direito que é, também o conjunto organizado de normas que constitui o Direito Penal supõe uma regulação ou ordenação – de determinados aspectos e com determinados meios – da vida social; por isso recebe o nome de ordenamento juridicopenal ou, mais abreviadamente, de ordem jurídicopenal" (LUZÓN PEÑA, Diego-Manuel. *Op. cit.*, p. 49). No mesmo sentido, Miguel Polaino Navarrete afirma que: "este conjunto de disposições jurídicas apresenta umas características determinadas: nem todo complexo de normas forma um ordenamento nem um sistema, ainda que todo ordenamento é um complexo (ordenado) de normas. Um conjunto de normas, para ser ordenamento, requer estar revestido das características de sistematização, unidade e coerência; o Direito Penal é um sistema ordenado, unitário e coerente de normas" (POLAINO NAVARRETE, Miguel. *Op. cit.*, p. 50).

pois, sua positividade[593], seu caráter obrigatório como manifestação democrática da vontade geral, vinculando a todos os cidadãos e a todos os poderes Estado[594].

Trata-se de ordenamento jurídico autônomo no estabelecimento de seus pressupostos e na fixação de suas consequências jurídicas próprias, já que as suas funções específicas e a natureza de suas sanções impõem, em cada caso, exigências que obrigam a remodelar os pressupostos, inclusive quando deveres, direitos e infrações declarados em outro setor do ordenamento jurídico hão servido de ponto de partida; mas, como observam Manuel Cobo del Rosal e Tomás S. Vives Antón, trata-se de autonomia limitada "pela unidade e congruência do ordenamento jurídico (que impede, *v.g.*, considerar penalmente antijurídica a conduta que representa o exercício de um direito reconhecido como tal na ordem civil, trabalhista, etc.)"[595].

Tal ordenamento jurídico trabalha, quase sempre, com mandato – uma ordem – de fazer (mandato imperativo) ou de não fazer algo (mandato proibitivo), dirigido tanto aos cidadãos (p. ex., não cometer determinadas condutas) como ao próprio Estado (p. ex., aplicar a pena criminal a quem desobedeceu a norma), a possuir natureza sancionatória e aflitiva, já que suas sanções (penas e medidas de segurança) atingem direta, coativa e violentamente o direito fundamental de liberdade dos cidadãos, o que o distingue dos demais ramos do ordenamento jurídico. Possui, ademais, caráter pessoal ativo e passivo, porque o Estado não pode delegar sua função punitiva a outros (ativo) e porque o cidadão responde pessoalmente perante o ordenamento, não podendo transferir a outros a obrigação de observar a norma jurídica ou de cumprir a sanção (passivo)[596].

593. Segundo Manuel Cobo del Rosal e Tomás S. Vives Antón: "as normas jurídicas sucedem positivas mediante um ato do soberano que as cria ou reconhece como obrigatórias em virtude de uma valoração de sua aptidão configuradora da comunidade, e mediante o qual dito poder fica vinculado a cumpri-las e fazê-las cumprir coativamente. O Direito positivo recebe esse nome precisamente por que o fato de que é 'posto' (*positum*) pelo poder político" (COBO DEL ROSAL, Manuel; VIVES ANTÓN, Tomás S.. *Op. cit.*, p. 37).

594. v. CARBONELL MATEU, Juan Carlos. *Op. cit.*, p. 30-31.

595. COBO DEL ROSAL, Manuel; VIVES ANTÓN, Tomás S.. *Op. cit.*, p. 41.

596. Sobre a questão: MAGGIORE, Giuseppe. *Op. cit.*, pp. 03-52.

1.1.2. *Direito penal subjetivo (ius puniendi)*

Por *Direito Penal Subjetivo* (*ius puniendi*), através da perspectiva de seu titular, entende-se o "poder-dever"[597] indelegável do Estado de estabelecer as normas penais (*ius poenali*) e de aplicá-las, mediante conjunto de pressupostos que determinam sua legitimidade e sua limitação, e que descreve a relação jurídica que o delito cria entre o Estado e o criminoso[598].

Percebe-se já que a questão do *ius puniendi* é *prius* lógico ao do *ius poenali*, pois este nada mais é do que a materialização daquele, ou seja, o Direito Penal Objetivo é decorrência do Direito Penal Subjetivo[599], que, assim, se manifesta em dois momentos distintos: a) o de

597. O *ius puniendi* não se trata, como comumente difundido, de um *"direito subjetivo"* de punir do Estado, mas, sim, de uma *"potesdade"* ou *"poder"* do Estado, pois, como observam Manuel Cobo del Rosal e Tomás S. Vives Antón, "o poder punitivo não pode configurar-se como direito subjetivo. É um poder que o direito objetivo concede para sua própria realização, e, como poder correspondente a um órgão investido de *'autorictas'*, deve definir-se mais exatamente como potestade. Isso não significa, obviamente, que se trate de um poder ilimitado. Ao contrário, na própria ideia de poder de realização do direito objetivo reside um fundamento profundamente limitativo, que o pensamento do *'ius puniendi'* não pode proporcionar" (COBO DEL ROSAL, Manuel; VIVES ANTÓN, Tomás S.. *Op. cit.*, p. 64).

598. cfr. GARCIA-PABLOS, Antonio. *Op. cit.*, pp. 214-216. Para Manuel Cobo Del Rosal e Tomás S. Vives Antón: "O problemas do *'ius puniendi'* pode ser concebido em dois sentidos distintos: a) como pergunta acerca da justificação, natureza e limites do poder estatal de ditar normas que definam determinadas condutas como delitos e as cominem com penas; b) como pergunta acerca da natureza e limites do poder punitivo conferido ao Estado pelas normas jurídicas" (COBO DEL ROSAL, Manuel; VIVES ANTÓN, Tomás S.. *Op. cit.*, p. 59).

599. v. GARCIA-PABLOS, Antonio. *Op. cit.*, p. 215. Para tal autor espanhol: "Em efeito – afirma Bacigalupo –, se se concebe o Direito Penal subjetivo não como as condições constitucionais que regulam a criação e aplicação do Direito Penal, mas como o direito emergente das leis penais, como reflexo, pois, do Direito objetivo – e assim o fazem Rocco e Binding –, baixo tais pressupostos carece de sentido a própria distinção e se faz impossível o debate sobre qualquer limite racional ao poder sancionatório do Estado. Estamos, pois, ante uma 'questão prévia' vinculada à ordem constitucional e seus valores" (GARCIA-PABLOS, Antonio. *Op. cit.*). Segundo Miguel Polaino Navarrete: "Os aspectos objetivo e subjetivo do Direito Penal são complementares: só a união deles, o binômio *ius poenale/ius puniendi* configura o Direito Penal em seu conjunto. Cada destes critérios delimitadores ressalta um aspecto concreto do Direito Penal mas, longe de segmentar o conceito e excluir-se entre si, se afirmam e reclamam reciprocamente, e por

estabelecer normas penais e que se entronca, portanto, com o poder e função legislativa; b) o de exigir e fazer cumprir tais normas e que encontra apoio na própria lei penal.

Modernamente, só o Estado pode exercitar o *ius puniendi*; e tal poder-dever – de criar as normas penais e fazê-las aplicar – caracteriza-se como a manifestação mais significativa da soberania estatal e uma das principais parcelas de demonstração e exercício de seu poder.

Dessa forma, é a Constituição, como fundação do poder político estatal, que legitima, regula e limita o seu exercício, ou seja, é ela que "justifica e dá legitimação ao 'poder do mando', (...) é a constituição que confere legitimação ao exercício estatal da 'coação física legítima'"[600], já que o poder estatal político, como autoridade de domínio[601], para alcançar os seus fins, define direito comum oponível a todos os membros da sociedade, correspondendo-lhe a monopolização dos meios coercitivos, ou seja, o *ius puniendi*, que, posteriormente, mediante as leis (*ius poenali*), terá o uso autorizado em condições precisamente definidas e com limites traçados rigorosamente, a constranger os integrantes da sociedade à obrigatória observância das normas jurídicas e a quebrar eventuais resistências[602].

Assim, a Carta Política legitima e fundamenta o *ius puniendi* e lhe impõe conjunto de limites formais e materiais, e, consequentemente, ao Direito Penal (*ius poenali*), através de determinados valores, princípios e regras jurídicas[603], que constituem um dos com-

isso ambos são imprescindíveis para explicar o Direito Penal. (...) Em resumo: a definição do Direito Penal só como *ius poenali* ou só como *ius puniendi* é unilateral e insuficiente: a potenciação excessiva de um aspecto a custa do outro supõe uma visão parcial do Direito Penal, de maneira que produz uma ruptura do equilíbrio entre *ius poenale* e *ius puniendi*" (POLAINO NAVARRETE, Miguel. *Op. cit.*, pp. 123-125). No mesmo sentido, afirma Jorge de Figueiredo Dias que o Direito Penal Objetivo (*ius poenali*) é expressão ou emanação do poder punitivo do Estado (*ius puniendi*) (FIGUEIREDO DIAS, Jorge de. *Op. cit.*, p. 06).

600. CANOTILHO, José Joaquim Gomes. *Op. cit.*, p. 1378.

601. v. CAETANO, Marcello. *Manual de ciência política e direito constitucional*. 6a ed. Coimbra: Almedina, t. I, 2006, p. 09.

602. CAETANO, Marcello. *Op. cit.*, p. 09.

603. Observa Teresa Aguado Correa que, desde o momento em que as Constituições, em sua parte substantiva, regulam os direitos e liberdades fundamentais

ponentes essenciais da decisão política fundamental constituinte, a servir de orientação e vinculação a todas as experiências concretas de juridicidade surgidas no ordenamento jurídico penal em que se formulam.

1.2. A infração penal e a sanção

Conceituado formalmente o Direito Penal como a parte do ordenamento jurídico que define determinadas condutas como delitos e cuja verificação associa, como consequência jurídica, a aplicação de penas e medidas de segurança[604], claro aparece o binômio que apresenta seus elementos essenciais e fundamentais: *infração penal* e *sanção*[605].

1.2.1. A infração penal

1.2.1.1. Conceito formal

É o Direito Penal que seleciona, dentre as inumeráveis condutas humanas socialmente desviadas e nocivas para a convivência,

---

implícita ou explicitamente, contemplam os limites do poder punitivo e os princípios fundamentais informadores do Direito Penal, sendo indiscutível que da Constituição se derivem os princípios e regras essenciais que devem ser respeitadas tanto no processo de incriminação como na imputação do comportamento e no fim da pena, tanto que, em alguns casos, o arcabouço constitucional contempla tais princípios – ou regras – como direitos fundamentais (AGUADO CORREA, Teresa. *Op. cit.*, p. 39).

604. Segundo Claus Roxin: "O Direito Penal se compõe da suma de todos os preceitos que regulam os pressupostos ou consequências de uma conduta cominada com uma pena ou com uma medida de segurança e correção. (...) Pena e medida são portanto o ponto de referência comum a todos os preceitos jurídico-penais, o que significa que o Direito Penal em sentido formal é definido por suas sanções. Se um preceito pertence ao Direito Penal não é porque regule normativamente a infração de mandatos ou proibições – pois isto o fazem também múltiplos preceitos civis ou administrativos –, mas porque essa infração é sancionada mediante penas ou medidas de segurança" (ROXIN, Claus. *Op. cit.*, p. 41).

605. Afirma categoricamente José de Faria Costa: "O Direito Penal estrutura-se e vive, juridicamente, através de duas realidades nucleares, elementares e indissociáveis, quais sejam: o crime e a pena" (FARIA COSTA, José de. Op. cit., p. 14). No mesmo sentido: JESCHECK, Hans-Heinrich. *Op. cit.*, p. 10; POLAINO NAVARRETE, Miguel. *Op. cit.*, p. 64; GARCIA-PABLOS, Antonio. *Op. cit.*, p. 12.

aquelas que considera mais reprováveis e as define como infração penal, sancionando-as com pena ou medida de segurança. Assim, *formalmente*, infrações penais são as condutas definidas (tipificadas) como tal (*suposto de fato*) e castigadas com pena ou medidas de segurança (*consequência jurídica*) pela lei penal [606].

A infração penal é a expressão de decisão valorativa político-criminal; um conceito normativo que vem delimitado pelo legislador penal (*sub specie iuris*). Só se considera infração penal o que está explicitamente descrito (tipificado) nas leis penais; portanto, o que está fora das normas penais não deve ser considerado infração penal, pois uma conduta socialmente desviada só ingressa no sistema jurídico-penal através de lei, ante o garantístico e imperativo princípio da legalidade (art. 5º, XXXIX, da CF e art. 1º do CP).

Tal definição formal de infração penal se orienta a operações hermenêuticas (interpretação, qualificação e subsunção) cujo encargo não é outro senão o da aplicação da lei penal; portanto, a infração penal é o *pressuposto* da intervenção penal e o *fundamento* da aplicação da sanção, ou seja, a intervenção penal só pode incidir quando ocorrer a prática de infração penal e a pena ou medidas de segurança só podem ser aplicadas após a prova de sua ocorrência.

1.2.1.2. Conceito material

Para além da definição formal de infração penal[607], procurou-se aclarar a qualidade intrínseca ou o critério material político-criminal

606. cfr. GARCIA-PABLOS, Antonio. *Op. cit.*, pp. 12-13. Observa Hans-Henrich Jecheck: "A lei penal, como todas as prescrições jurídicas que não contenham só um definição, se compõe de um suposto de fato e uma consequência jurídica que concede direitos ou impõe deveres. No suposto de fato de descreve uma determinada situação fática em seus elementos juridicamente relevantes. Se se preenche o suposto de fato, há de seguir-se a consequência jurídica. (...) A *especialidade das proposições jurídico-penais* radica em que seu suposto de fato é a descrição de um delito, e suas consequências jurídicas são penas ou medidas. Os conceitos básicos jurídico-penais de delito, pena e medida são também, em consequência, os componentes da lei penal" (JESCHECK, Hans-Heinrich. *Op. cit.*, p. 42).

607. Sob a perspectiva de Enrique Bacigalupo: "A definição do delito em um sistema de direito penal de fato poderia encarar-se, em princípio, desde dois pontos de vista. Se o que interessa é saber o que o direito positivo considera delito (problema característico do juiz), a definição poderia lograr-se recorrendo à

que legitime, delimite e oriente o legislador penal no ato de tipificar determinadas condutas como infrações penais, sob a alegação de necessidade de legitimação material do Direito Penal; de se saber qual a fonte de onde promana a legitimidade para considerar certos comportamentos humanos – e quais as qualidades que deve assumir – como infrações penais e aplicar aos infratores as respectivas sanções[608].

Sob a *ótica filosófica*, e desde perspectiva ética, que contempla o direito positivo como concreção de direito justo (Direito Natural), entende-se a infração penal como infração à lei estatal, promulgada para proteger a segurança dos cidadãos, resultante de ato externo do homem, positivo ou negativo, moralmente imputável e politicamente

---

consequência jurídica do fato concreto; neste sentido, será delito todo comportamento cuja realização tem prevista uma pena na lei. Pelo contrário, se o que interessa é saber se determinado fato deve proibir-se baixo a ameaça de uma pena (problema característico do legislador), essa definição não servirá, pois não poderá referir-se à pena, mas que deverá fazê-lo ao conteúdo da conduta. Dito de outra mentira: a definição do delito dependerá, em princípio, de se o que quer caracterizar-se são os comportamentos puníveis ou os que são merecedores de pena. O primeiro conceito deu lugar a uma chamado conceito 'formal' de delito, enquanto o segundo foi designado como conceito 'material' do mesmo. (...) Sem embargo, na medida em que se impôs o método teleológico, a linha divisória deixou de ter a significação atribuída e as consequências do comportamento punível e do merecedor de pena se relacionaram estreitamente no campo da dogmática jurídica (ou seja, no momento da aplicação da lei). Portanto, na dogmática orientada pelo método teleológico de interpretação da lei, uma caracterização dos fatos merecedores de pena resulta um pressuposto inevitável para a interpretação do direito vigente, pois a ley não tem a finalidade de punir fatos que não sejam merecedores de pena" (BACIGALUPO, Enrique. *Op. cit.*, pp. 210-211).

608. Para Jorge de Figueiredo Dias, "quando se pergunta pelo conceito material de crime procura-se uma resposta, antes de tudo, à questão da legitimação material do direito penal, isto é, à questão de saber qual a fonte de onde promana a legitimidade para considerar certos comportamentos humanos como crimes e aplicar aos infractores sanções de espécie particular. (...) A pergunta por um conceito material de crime só tem sentido se um tal conceito se situar acima ou atrás – mas, em todo caso, sempre fora – do direito penal legislado. O conceito material de crime e, neste sentido, previamente dado ao legislador e constitui-se em padrão crítico tanto do direito vigente, como do direito a constituir, indicando ao legislador aquilo que ele pode e deve criminalizar e aquilo que ele pode e deve deixar fora do âmbito do direito penal" (FIGUEIREDO DIAS, Jorge de. *Op. cit.*, pp. 106-107).

danoso, a representar, pois, exigências éticas às quais o legislador deveria se ajustar ao tipificar determinadas condutas como infrações penais[609], ou seja, a essência da infração criminal seria configurada pela violação dos deveres éticos elementares ou fundamentais, vigentes na transcendente ordem moral superior.

Já sob *ótica sociológica*, de base empírica, que contempla a convivência humana como conglomerado de fatos que devem ser conhecidos mediante a observação e experimentação, e não segundo pautas valorativas, a infração penal deve ser concebida, *v. g.*, como o fez o positivista Raffaele Garofalo, como "delito natural" (*delicta in se*), como "lesão daquela parte do sentido moral, que consiste nos sentimentos altruístas fundamentais (piedade e probidade), segundo a medida média em que se encontram nas raças humanas superiores, cuja medida é necessária para a adaptação do indivíduo à sociedade"[610], a estabelecer o conceito de infração penal como infração de certos sentimentos morais fundamentais para uma comunidade, independentemente de que estejam tipificados ou não na lei penal[611], e a distanciar-se da definição jurídico-legal de crime, acentuando que o crime existiria na sociedade, objetiva e universalmente, independentemente das circunstâncias e exigências de determinada época ou concepção particular.

Por fim, sob *ótica político-criminal*, que leva em consideração não só catálogo de interesses pré-determinado constitucionalmente, mas também série de direitos e código de valores que gozam de idêntica proteção constitucional e que, pois, orientam o ordenamento jurídico, no Estado Democrático de Direito só será legítima a incriminação de condutas humanas quando tal intervenção seja capaz de dotá-los de vigência[612] e se encontre no horizonte de compreensão imposto ou permitido pela própria função social que se adscreve ao sistema penal[613], a se entender que a infração penal são condutas humanas consideradas intoleravelmente nocivas à convivência social e

609. cfr. COBO DEL ROSAL, Manuel; VIVES ANTÓN, Tomás S.. *Op. cit.*, pp. 250-251
610. *apud* GARCÍA-PABLOS DE MOLINA, Antonio. *Op. cit.*, p. 81.
611. v. SERRANO MAÍLLO, Alfonso. *Op. cit.*.
612. cfr. ZÚÑIGA RODRÍGUEZ, Laura. *Op. cit.*, p. 47.
613. v. FIGUEIREDO DIAS, Jorge de. *Op. cit.*, p. 114.

que colocam em grave risco os bens jurídicos mais fundamentais da sociedade (individuais ou sociais), ou seja, a infração penal consitui perigo ou lesão a bem jurídico penalmente tutelado, tudo, pois, a indicar as qualidades que o comportamento deve assumir para que o legislador se encontre político-criminalmente legitimado a submeter a sua realização às sanções criminais[614].

1.2.1.3. Conceito analítico

O conceito analítico de infração penal parte da definição formal, ou seja, da lei penal, e a decompõe sucessivamente em suas partes constitutivas, apresentando-as objetivamente em sequência lógica, a apresentar, pois, um *sistema categorial classificatório e sequencial* com todas as características comuns e gerais que um fato precisa ter para ser considerado como infração penal e sancionado como tal[615].

Tal sistema denomina-se *teoria geral do delito* (ou *sistema do fato punível*[616]) e é produto do método dogmático jurídico-penal[617], que, partindo da lei penal, ordena e sistematiza todas as regras jurídicas que condicionam a responsabilidade penal e que tem, como finalidade básica e principal, o estudo dos elementos conceituais de delito que "são comuns a todos os fatos puníveis"[618], ou seja, "seu sentido não é outro senão a explicação do delito como suma de todos os delitos existentes e só deles, é dizer, sua exposição institucional, que o diferencia de outras categorias jurídicas e recolhe os traços e elementos comuns das concretas figuras delitivas. Seu objeto, por conseguinte, é 'o tipo geral de delito', segundo se há afirmado. Daí que cabe dizer que a teoria jurídica do delito é a 'lógica do delito puro' – vale a expressão – não empírico, que recolhe o que de universal e

---

614. v. FIGUEIREDO DIAS, Jorge de. *Op. cit.*, p. 106.
615. v. MUNÕZ CONDE, Francisco; GARCÍA ARÁN, Mercedes. *Op. cit.*, pp. 219-221; BITENCOURT, Cezar Roberto. *Op. cit.*, pp251-252; .PRADO, Luiz Régis. *Curso de Direito Penal*. 2a ed. São Paulo: Ed. RT, v. I, 2001, p. 149-150.
616. Nomenclatura utilizada por: HASSEMER, Winfried. *Fundamentos del Derecho Penal*. Trad. Francisco Muñoz Conde e Luis Arroyo Zapatero. Barcelona: Ed. Bosch,1984, pp. 253 e sgts..
617. cfr. BUSTOS RAMÍREZ, Juan J./HORMAZÁBAL MALARÉE, Hernán. *Op. cit.*, p. 128.
618. JESCHECK, Hans-Heinrich. *Op. cit.*, p. 175.

comum têm os delitos em particular, e o que os distingue de outros entes jurídicos"[619].

Tal esforço definitorial tem vertente garantista, pois garante que todo o fato jurídico-penalmente relevante vai ser objeto de rigorosa análise, bem como porque oferece segurança de que a lei sempre vai ser interpretada da mesma maneira, a possibilitar, portanto, aplicação segura, calculável e racional do direito[620], a contribuir, de maneira essencial, na garantia da segurança jurídica[621]. Nos dizeres de Winfried Hassemer, a teoria geral do delito vincula o juiz penal a uma ordem que este tem que seguir na hora de comprovar a punibilidade de comportamento humano; ao contrário do leigo, inclinado a julgar o comportamento "como um todo" ou a dirigir a sua atenção rapidamente ao essencial, o penalista está obrigado a contrapor relações e as analisar separadamente antes de julgar sua totalidade[622].

---

619. COBO DEL ROSAL, Manuel; VIVES ANTÓN, Tomás S.. *Op. cit.*, p. 245.
620. v. BUSTOS RAMÍREZ, Juan J./HORMAZÁBAL MALARÉE, Hernán. *Op. cit.*.
621. cfr. JESCHECK, Hans-Heinrich. *Op. cit.*, p. 176. Observa Diego-Manuel Luzón Peña que: "A doutrina há elaborado uma teoria geral do delito por considerar, com razão, que o fato de formular um conceito geral de delito com uma série de elementos, divididos por sua vez em subelementos e subcategorias, e que este conceito geral seja válido para todas e cada uma das figuras da parte especial, é um avanço muito importante da história jurídicopenal, pois tem uma consequência transcendental: garantir a segurança jurídica do cidadão. Elaborar esta teoria com elementos clara e precisamente definidos e aplicáveis a qualquer delito significa oferecer aos tribunais critérios válidos para todos os possíveis supostos que se apresentem, mais além do caso concreto, e permite portanto que se possa saber a priori e não só a posteriori como vai a qualificar e decidir o tribunal em cada caso; é dizer, que o cidadão pode saber a que ater-se. E por outra parte permite uma resposta – nas sanções – proporcionada à maior, menor ou nula gravidade do fato concreto e também às peculiaridades subjetivo-individuais em sua realização; pois a elaboração, mediante a análise e sistematização, de diversos elementos na estrutura do delito, em nos que por sua vez se distinguem, ordenam e inclusive hierarquizam seus diferentes subcomponentes, faz possível explicar e fundamentar de modo controlável a um amplo leque de respostas diferenciadas e adequadas à entidade do fato. Por tanto, um conceito geral de delito bem estruturado e sistematizado favorece não só a a segurança jurídica – e consequentemente liberdade pública –, mas também uma maior justiça na resposta penal ao delito" (LUZÓN PEÑA, Diego-Manuel. *Op. cit.*, p. 223).
622. v. HASSEMER, Winfried. *Op. cit.*, p. 254.

Os elementos definitoriais do conceito geral do delito "não permanecem desconectados entre si (ordenação tópica), mas que se situam em uma relação interna (ordenação sistemática) que se configura conforme as leis lógicas da anteposição e a subordinação, a regra e a exceção. Este sistema deve ser tão completo, coerente e suficientemente diferenciado, que cada peça possa ser colocada em seu correspondente lugar"[623], a se garantir, ainda, a unidade de perspectiva valorativa, para que o sistema não fique cheio de contradições[624].

A teoria geral do delito estruturou fundamentalmente o sistema do delito sobre três categorias básicas, estrutura esta conhecida como o "sistema tripartido de von Liszt/Beling/Radbruch"[625], o qual define a infração penal como conduta típica, antijurídica e culpável; portanto, seus elementos são: a *tipicidade*, a *antijuridicidade* e a *culpabilidade*.

Assim, para se afirmar um fato como criminoso, deve-se gradualmente comprovar se: a) há atuado uma pessoa – uma conduta (*ação ou omissão*); b) se esta conduta é subsumível a tipo descrito na lei penal (*tipicidade*); c) se a conduta penalmente típica está excepcionalmente justificada pelo ordenamento jurídico (*antijuridicidade*); d) se a conduta penalmente típica e antijurídica pode ser atribuída a pessoa determinada (*culpabilidade*)[626]; portanto, já parece claro que "esta definição tem caráter sequencial, é dizer, o peso da imputação vai aumentando à medida que se passa de uma categoria à outra (da tipicidade à antijuridicidade, da antijuridicidade à culpabilidade, etc.), pelo que hão de tratar-se em cada categoria os problemas que são próprios da mesma. Desta maneira, se o exame dos fatos resulta, por exemplo, que a ação ou omissão não é típica, já no haverá que enfocar se é antijurídica, e muito menos se é culpável ou punível. Cada uma destas categorias contém, pois, a sua vez, critérios valorativos próprios com distinta transcendência teórica e prática"[627].

623. JESCHECK, Hans-Heinrich. *Op. cit.*, p. 179.
624. v. JESCHECK, Hans-Heinrich. *Op. cit.*.
625. cfr. SILVA SÁNCHEZ, Jesús-María. *Op. cit.*, p. 363.
626. v. HASSEMER, Winfried. *Op. cit.*.
627. MUÑOZ CONDE, Francisco; GARCÍA ARAN, Mercedes. *Op. cit.*, p. 224.

1.2.1.4. Classificação

O ordenamento jurídico-penal brasileiro trabalha com a *classificação bipartida* (ou dicotômica) de infração penal, segundo a qual as condutas puníveis se dividem em duas espécies, conforme sua gravidade: a) *crimes*; b) *contravenções penais.*

Não há diferenças ontológicas entre o crime e as contravenções penais, ou seja, não há diferenças de natureza entre elas e o critério de diferenciação é puramente político-criminal, adotada a diferenciação formal unicamente com base na natureza da consequência jurídica (sanção) aplicada. Assim, *crimes* são condutas penalmente ilícitas às quais são aplicadas as penas privativas de liberdade de *reclusão* e *detenção*; *contravenções penais* são as condutas penalmente ilícitas às quais são aplicadas a pena privativa de liberdade de *prisão simples*[628] (art. 1º do Decreto-lei no 3.914/41).

Observa-se, pois, que o legislador brasileiro adotou o sistema diferenciador quantitativo, mediante a ótica formal das penas abstratamente cominadas[629], pois, apesar das tentativas doutrinárias em estabelecer diferenciação conceitual clara e precisa entre crime e contravenção[630], o fato é que tal esforço resultou insuficiente por ausência de traços ontológicos específicos; daí se afirmar que o critério de escolha é valorativo *político-criminal*[631], já que "a maior ou menor gravidade de uma infração é o que leva o legislador a incluí-la ou arrolá-la entre uma ou outra classe de ilícitos penais. Não há dúvida que o juízo de valor que orienta o legislador nessa tarefa há de ter sua *ratio essendi*. Trata-se, porém, de critério variável, que

628. v. BITENCOURT, Cezar Roberto. *Op. cit.*, p. 253-254.
629. cfr. MARQUES, José Frederico. *Tratado de Direito Penal.* 2a ed. São Paulo: Ed. Saraiva, v. II, 1965, pp. 26-27.
630. Segundo expõe José Frederico Marques, "para alguns o crime atinge preferencialmente normas de caráter ético, enquanto que as contravenções violam regras de traço sobretudo utilitaristas. Outros entendem que as figuras contravencionais são infrações de perigo à ordem e tranquilidade pública, em contraposição aos crimes, que atingem precipuamente direitos de outrem. Há também os que pretendem enxergar a distinção no fato de terem finalidade repressiva os crimes em sentido estrito, e caráter preventivo, as contravenções" (MARQUES, José Frederico. Op. cit., p. 27).
631. No sentido de se tratar de escolha de natureza política: GRECO, Rogério. *Curso de Direito Penal. Parte Geral.* 9a ed. Niterói: Ed. Impetus, v. I, 2007, p. 137.

não pode ser submetido a um paradigma uniforme, fixo e claro. Circunstâncias múltiplas que interferem na apreciação da gravidade das diversas infrações que devem ser tipificadas, influem, muitas vezes, de maneira decisiva, sobre a sua caracterização. (...) Pode-se estabelecer um critério para o legislador dizer quando é incriminável uma conduta ilícita, ou quando não o é, – afirma Maggiore. Impossível é, no entanto, acrescentava o grande mestre italiano, prescrever, com base em alguma lei natural, 'che un fatto debba essere incriminato a titolo de contravenzione, anzichè di delitto'"[632].

1.2.2. *A sanção*

Como visto (Capítulo I, Item 2.1), a *sanção* é reação ou resposta do controle social (informal ou formal) à realização das condutas desviadas; especificamente no caso do sistema de controle social formal penal, é a consequência jurídica – a reação ou resposta estatal – ao descumprimento da lei penal, à realização de conduta penalmente ilícita, a constituir, assim, ao lado da infração penal, a segunda instituição fundamental do Direito Penal, enquanto consequência (sanção) lógico-sistemática do pressuposto (delito)[633].

Segundo Jorge de Figueiredo Dias, "a problemática das consequências jurídicas do crime possui *a mesma hierarquia jurídico-científica* que a doutrina do crime. O que pode afirmar-se, e isso sim, é que *a importância prática* daquela problemática é superior à desta doutrina. Quer para o delinquente que sofre a consequência jurídica, quer para a sociedade em nome da qual é aplicada, quer ainda para a vítima do crime, o sistema das reações criminais e os processos de sua determinação e aplicação surgem como os pontos de mais decidido relevo. Bem podendo dizer-se, parafraseando Zipf, que com a determinação das consequências jurídicas do crime se realiza a decisão político-criminal no caso concreto: o cumprimento das intenções e do programa político-criminal do sistema depende, na mais alta medida, de uma correta aplicação das consequências jurídicas do crime"[634].

632. MARQUES, José Frederico. *Op. cit.*, p. 28.
633. v. COBO DEL ROSAL, Manuel; VIVES ANTÓN, Tomás S.. *Op. cit.*, p. 795.
634. FIGUEIREDO DIAS, Jorge de. *Direito penal português. As consequências jurídicas do crime.* Lisboa: Aequitas, 1993, p. 41.

As sanções penais (*penas* e *medidas de segurança*) – sempre de natureza negativa[635] – se caracterizam como o instrumento mais importante, mais severo e mais violento de que dispõe o Estado na mantença da ordem jurídico-social, por importar inegável acréscimo do poder estatal de ordenar e coagir os cidadãos – mas nem por isso poder ilimitado –, que, nestes termos, se vêem submetidos, contra a vontade, à coação e ao poder estatal[636], com sacrifício e redução da esfera do direito fundamental individual de liberdade (*status libertatis*)[637].

Para além das discussões sobre eventual identidade entre a natureza jurídica das penas e das medidas de segurança[638] e diante das inegáveis zonas comuns entre elas, não há dúvidas que ambas, abstraindo-se seu sentido ou finalidade, são consequências jurídi-

---

635. Afirmam corretamente Manuel Cobo del Rosal e Tomás S. Vives Antón que, desde a ótica material, considerada em si mesma, a sanção penal é sempre um mal, por constituir em privação de bens jurídicos fundamentais, apesar de idealmente poder produzir uma série de bens ou cumprir outros fins (cfr. COBO DEL ROSAL, Manuel; VIVES ANTÓN, Tomás S.. *Op. cit.*, p. 796). No mesmo sentido: POLAINO NAVARRETE, Miguel. *Op. cit.*, p. 70. Por sua vez, Giovanni Fiandaca e Enzo Musco observam que: "Falar de sanção penal equivale a evocar a ideia de um castigo imposto ao autor de um fato ilícito. Que a pena consista, por sua natureza, em um instrumento de aflição, é uma afirmação tão óbvia que ninguém ousaria questioná-la. Mas se em verdade as coisas fossem assim de simples, não nos explicaríamos como é possível que sobre o tema da justificação da pena exista uma literatura tão variada, nem que deva distinguir-se nesse campo entre concepções absolutas, relativas, filosóficas, jurídicas, psicológicas, etc. O fato é que o momento aflitivo implícito na pena pode ser utilizado para a consecução de fins diversos, e estes fins, a sua vez, mudam em função das mais gerais concepções da sociedade e do Estado que emergem durante o transcurso da evolução histórica. E mais: a evolução histórico-social influi não só nos fins da pena, mas também nas técnicas adotadas em uma ou outra oportunidade para apenar o autor da infração. Neste sentido, é por demais significativo a passagem das penas corporais à pena privativa de liberdade e – mais recentemente – às penas denominadas 'alternativas'" (FIANDACA, Giovanni; MUSCO, Enzo. *Op. cit.*, p. 685).
636. cfr. HASSEMER, Winfried. *Crítica al Derecho Penal de Hoy*. Trad. Patrícia S. Ziffer, 2ª ed. Buenos Aires: Ad-Hoc, 1998, p. 77.
637. v. CANOTILHO, José Joaquim Gomes; MOREIRA, Vital. *Op. cit*, p. 140.
638. Sobre a evolução das discussões: FERRARI, Eduardo Reale. *Medidas de segurança e direito penal no Estado democrático de direito*. São Paulo: Ed. RT, 2001; ANTUNES, Maria João. "O passado, o presente e o futuro do internamento de inimputável em razão de anomalia psíquica" In: *Revista Portuguesa de Ciência Criminal*. Coimbra: Coimbra Editora, ano 13, nº 03, julho-setembro, 2003.

cas do crime[639]; portanto, "a medida de segurança conforma apenas um outro domínio sancionador ao lado do da pena, e de modo algum um domínio de segunda ordem, subordinado ou dependente"[640]; ambas, pois, são instrumentos do *ius puniendi* estatal[641] e devem ser consideradas como formas de sanções penais que implicam, necessariamente, privação ou restrição de direitos fundamentais da pessoa humana, já que impregnadas de elementos aflitivos[642] (privação forçada da liberdade). Assim, "a medida de segurança e a pena privativa de liberdade constituem duas formas semelhantes de controle social e, *substancialmente*, não apresentam diferenças dignas de notas. Consubstanciam formas de invasão da liberdade do indivíduo pelo Estado"[643].

Dessa forma, "deve partir-se de que as medidas de segurança são um instrumento mais de controle social, que consiste na limitação de direitos individuais imposta coativamente pelo Estado, razão mais que suficiente para tratá-las como as penas desde o ponto de vista das garantias"[644], sob pena de se legitimar discurso intervencionista estatal desmesurado e carente de limitações, com o mero argumento formal de que as medidas de segurança não são penas, até porque o autor do injusto penal é desvalorado jurídico-socialmente com a medida de segurança do mesmo modo que o autor do crime é desvalorado através da pena[645].

Parte-se, pois, do princípio de que tanto as penas, quanto as medidas de segurança, são consequências jurídicas do crime e, pois, sanções penais; assim, estão em relação de gênero (sanções penais)

---

639. v. FIGUEIREDO DIAS, Jorge de. *Op. cit.*, p. 434.
640. v. FIGUEIREDO DIAS, Jorge de. *Op. cit.*.
641. v. GARCIA-PABLOS, Antonio. *Op. cit.*, p. 126.
642. v. GOMES, Luiz Flávio. "Duração das medidas de segurança". In: *Revista de Julgados e Doutrina do Tribunal de Alçada Criminal do Estado de São Paulo*, São Paulo: nº 05, janeiro-março, 1990, p. 05.
643. cfr. BITENCOURT, Cezar Roberto. *Op. cit.*, p. 641.
644. cfr. MUÑOZ CONDE, Francisco; GARCIA ARÁN, Mercedes. *Op. cit.*, p. 636. No mesmo sentido: BUSTOS RAMIREZ, Juan J.; HORMAZÁBAL MALARÈE, Hernán. *Op. cit.*, p. 214.
645. v. ADRIASOLA, Adriano. *Las medidas de seguridad – Limites derivados de la teoria del delito y del Estado Democrático de Derecho.* Disponível em: <htttp://www.comunidad.derecho.org/>, p. 09. Acesso em 08.05.2012.

e espécies (pena e medida de segurança), já que ambas são instrumento do *ius puniendi* estatal que priva e/ou restringe direitos fundamentais da pessoa humana.

1.2.2.1. A pena

A *pena criminal* talvez seja, há seculos, entre todas as demais, a questão mais discutida e estudada, sem, entretanto, alcançar foros de unanimidade[646]. Daí, para alguns autores, a pena criminal ser o elemento primazial e primordial da teoria do sistema penal, sobrepujando a questão da infração penal (o crime); é a sua especificidade, enquanto consequência jurídica, que reage sobre o conteúdo material do crime e a definição de seus elementos integrantes, até porque um preceito legal somente pertencerá ao ramo do Direito Penal se e quando, para o sancionamento de determinada conduta, for prescrita pena criminal. Tais autores sustentam, ainda, que a discussão dos fins (finalidades) da pena criminal é, no fundo, a própria discussão dos fins do Direito Penal e de toda a teoria penal, ou, nos dizeres de Jorge de Figueiredo Dias, "que a questão dos fins da pena constitui a questão do destino do direito penal e do seu paradigma"[647].

Entretanto, em que pese a importância do tema, o fato é que não há supremacia da questão da pena sobre a questão do crime; ambas possuem a mesma e vital importância, até porque, sob prisma sistemático e que encerra verdade lógica, importante analisar inicialmente o pressuposto (crime) e, posteriormente, a consequência (pena). Ademais, como adverte Santiago Mir Puig, apesar de estreitamente vinculados, os fins do Direito Penal não se esgotam nos fins da

---

646. A pena criminal é estudada há seculos pela Filosofia, pela Teoría do Estado, pela Sociologia e pelas Ciências Criminais, daí recordar Helmut Mayer que há mais de dois mil anos se há tentado responder à pergunta sobre a natureza da pena com grande número de pontos de vista, razão pela qual não é provável que possam existir ainda respostas novas a tal questão (*apud* BACIGALUPO, Enrique. *Op. cit.*, p. 31).

647. FIGUEIREDO DIAS, Jorge de. *Op. cit.*, p. 44. No mesmo sentido, afirma Enrique Bacigalupo que: "função do direito penal e teorias da pena têm uma estreita relação: toda teoria da pena é uma teoria da função que deve cumprir o direito penal" (BACIGALUPO, Enrique. *Op. cit.*, p. 29).

penal[648], pois, como visto, o Direito Penal não é integrado apenas por normas que preveem penas (*normas secundárias*), mas também por normas que proíbem determinadas condutas (*normas primárias*), normas, estas, em que também devem se refletir as funções do Direito Penal e, assim, não só a teoria das penas, mas também a teoria do crime diz respeito aos fins do Direito Penal.

Quanto à sua *natureza*, afirmam corretamente Manuel Cobo del Rosal e Tomás S. Vives Antón que, desde a ótica material, considerada em si mesma, a pena criminal é sempre um mal, por constituir em privação de bens jurídicos fundamentais, apesar de idealmente poder produzir série de bens ou cumprir outros fins[649]. Trata-se, pois, de aplicação de um mal como resposta a um mal prévio, ou seja, "é um 'mal' de natureza retributiva"[650], mas, ao contrário da mera vingança, a pena criminal é instituída, aplicada e executada de forma social e culturalmente reconhecida e que exige relação de proporcionalidade entre a gravidade da conduta praticada e a gravidade do mal (castigo) a ser imposto, ou seja, a gravidade do fato

648. v. MIR PUIG, Santiago. *Op. cit.*, p. 66. Segundo Jesús María Silva Sanchez, a complexa questão da legitimação do Direito Penal não pode ser abordada satisfatoriamente tomando, como único ponto de partida, as teorias da pena, já que o Direito Penal não se explica apenas pela pena e nem reduz seus fins sociais ao que estas podem cumprir. O fim legitimante do Direito Penal não é, pois, um só, mas vários, que se encontram em relação nem sempre livre de tensões e colisões, que devem ser postas em relevo e explicadas racionalmente. Assim, as questões dogmáticas e o sistema da teoria do delito adquirem transcendência na questão dos fins do Direito Penal (SILVA SANCHEZ, Jesús María. *Op. cit.*, p. 180).

649. cfr. COBO DEL ROSAL, Manuel; VIVES ANTÓN, Tomás S.. *Op. cit.*, p. 796. No mesmo sentido: POLAINO NAVARRETE, Miguel. *Op. cit.*, p. 70. Observa Santiago Mir Puig que: "Pode discutir-se qual ou quais são as funções que se atribuem à pena – retribuição, prevenção –, mas ninguém nega que a imposição da pena se acha prevista como um mal que se associa, enquanto tal mal, à comissão de um delito – seja porque se crê que comum tal mal se faz justiça, seja porque com a ameaça do mesmo se quer dissuadir a comissão de delitos" (MIR PUIG, Santiago. *Op. cit.*, p. 09). Sobre a questão, veja-se, ainda, a nota n. 617 supra.

650. v. GARCIA-PABLOS, Antonio. *Op. cit.*, p. 65. Tal autor é enfático ao afirmar: "não pode pôr-se seriamente em dúvida a natureza retributiva da pena" (GARCIA-PABLOS, Antonio. *Op. cit.*). No mesmo sentido, Manuel Cobo del Rosal e Tomás S. Vives Antón: "afirmamos, pois, que a pena é retribuição exclusivamente quanto à sua determinação conceitual, sem que dito conceito prejulgue nem condicione nada em ordem à função da mesma" (COBO DEL ROSAL, Manuel; VIVES ANTÓN, Tomás S.. *Op. cit.*, p. 798).

é fundamento e limite da gravidade da pena[651]. Ademais, é um mal imposto em razão do descumprimento da lei e à pessoa responsável pelo mesmo, como reprovação da violação legal, administrado pelas autoridades públicas constituídas, através de processo legal, nos termos da Constituição Federal. Em suma, a pena criminal é "o castigo consistente na privação de um bem jurídico pela autoridade legalmente determinada a quem, através do devido processo, aparece como responsável de uma infração do direito e por causa de dita infração"[652].

Já o *fundamento* (ou *justificação*) da pena criminal se baseia na necessidade social, pois, como afirmado por Reinhart. Maurach, "uma comunidade que quisesse renunciar ao poder punitivo se abandonaria a si mesma. A necessidade do direito penal é um fato empiricamente reconhecido"[653]. Tal necessariedade social da pena possui tripla fundamentação: a) politicamente se justifica na segurança jurídica, pois, sem a pena, a ordem jurídica deixaria de ser ordem coativa capaz de reagir com eficácia às suas infrações, convertendo-se em mera recomendação eticamente vinculante (*fundamento político*); b) sócio-psicologicamente se justifica na satisfação das ânsias sociais de Justiça, pois, sem a pena criminal, a convivência pacífica das pessoas resultaria impossível e, em consequência, a sociedade retornaria ao caos e à desordem da pena privada e da autodefesa (*bellum omnium contra omnes*) (*fundamento sócio-psicológico*); c) ético-individualmente se justifica como forma que permite ao criminoso, como ser moral, expiar e se liberar de seu sentimento de culpa, através de prestação moral autônoma representada pela pena (*fundamento ético-individual*)[654].

---

651. v. GARCIA-PABLOS, Antonio. *Op. cit.*.
652. COBO DEL ROSAL, Manuel; VIVES ANTÓN, Tomás S.. *Op. cit.*, p. 797.
653. MAURACH, Reinhart. *Derecho Penal. Parte General*. Trad. Jorge Bofill Genzsch e Enrique Aimone Gibson. Buenos Aires: Editorial Astrea, 1994, p. 85. Para Antonio Garcia-Pablos, a necessariedade da pena é um dado fático que aporta o conhecimento empírico, é, pois, um dado real. A pena é um controle social, uma instituição necessária porque serve de leito efetivo de solução de conflitos sociais (GARCIA-PABLOS, Antonio. *Op. cit.*, p. 63). No mesmo sentido: JESCHECK, Hans-Heinrich. *Op. cit.*, p. 57; POLAINO NAVARRETE, Miguel. *Op. cit.*, p. 66.
654. v. JESCHECK, Hans-Heinrich. *Op. cit.*, pp. 56-57; GARCIA-PABLOS, Antonio. *Op. cit.*, pp. 63-64.

1.2.2.1.a. Teorias da pena

Para além das questões da natureza e do fundamento da pena criminal, surge a questão relativa a seu(s) *fim(s)*; ou seja, qual o sentido, o significado, a finalidade da pena para a sociedade e para o condenado? Porque e para que se pune com a pena criminal ? E a tal interrogação, *grosso modo*, foram desenvolvidas duas grandes linhas de teorias: a) *teorias absolutas*; b) *teorias relativas*.

1.2.2.1.a.1. Teorias absolutas

Segundo as *teorias absolutas*[655], a pena criminal é instrumento de mera *retribuição* – expiação, reparação ou compensação do mal representado pelo crime[656] –; esta é sua *única* finalidade e nela se esgotando (*poena absoluta ab effectu*). A pena retributiva é fim em si mesma e não visa a qualquer finalidade socialmente útil, não importando se alcança outros fins ou finalidades, por se tratarem de efeitos reflexos e secundários e, pois, alheios à sua essência retributiva.

Em tal concepção, a pena visa unicamente a realizar a exigência *absoluta* – daí a nomenclatura[657] – de Justiça pelo ato praticado, enquanto a justa retribuição – moral ou jurídica –, ora pelo mal causado à sociedade, ora pela perturbação da ordem jurídica pelo criminoso (*punitur quia peccatum est*). Assim, a pena criminal está direta e proporcionalmente ligada à culpa do agente pelo mal livremente causado, a estar, pois, voltada ao passado, ao ato já praticado.

As bases ideológicas das teorias absolutas se encontram no reconhecimento do Estado como guardião da Justiça e compêndio das noções morais, na fé na capacidade da autodeterminação pessoal e

---

655. Segundo observam Manuel Cobo del Rosal e Tomás S. Vives Antón, a ideia absoluta de retribuição apresenta tantas variantes quanto as concepções existentes sobre a natureza da obrigação violada pelo criminoso e, citando a classificação de Luis Jiménez de Asúa, apresentam as teorias absolutas: a) teoria do contrato social (Rosseuau, Beccaria); b) teorias da retribuição divina (de Maistre), vindicativa (Düring), expiatória (Pessina, Kohler, Sauer), moral (Kant), estética (Leibniz) e jurídica (Hegel); c) teoria do ressarcimento do dano ideal (Welcher); d) teoria da transformação do direito à obediência (Binding) (COBO DEL ROSAL, Manuel; VIVES ANTÓN, Tomás S.. *Op. cit.*, p. 810, nota 05).
656. cfr. FIGUEIREDO DIAS, Jorge de. *Op. cit.*, p. 45.
657. v. MIR PUIG, Santiago. *Op. cit.*, pp. 47-48.

na limitação liberal da função estatal de proteção da liberdade individual[658]. Os dois maiores percursores das teorias absolutas foram os filósofos Immanuel Kant – com *fundamentação ética* – e Georg W. F. Hegel – com *fundamentação jurídica* –, cujas posições serão analisadas.

Para *Immanuel Kant*, a pena criminal deve ser aplicada somente porque houve a infringência da lei, que se apresenta como imperativo categórico, ou seja, a lei penal é um mandato incondicionado de Justiça e livre de qualquer consideração utilitária, como, p. ex., a proteção da sociedade[659]. Seu único objetivo é realizar a Justiça.

Assim, a pena criminal não deve ter outras finalidades ou utilidades e, pois, não pode ser considerada como meio para a realização de outro bem, seja para a sociedade, seja para o criminoso, e deve ser aplicada unicamente porque houve a prática de crime, já que o homem não pode ser instrumentalizado – utilizado como mero meio – para a consecução de outros fins utilitários; o homem é um fim em si mesmo, razão pela qual, com base na *lex talionis*, a pena justa há de ser igual à ofensa praticada pelo criminoso[660].

Kant, para iluminar seu pensamento, apresenta o famoso exemplo da dissolução da comunidade em uma ilha, dizendo que, mesmo que tal sociedade tenha unanimemente decidido dissolver seus vínculos, ainda assim o último assassino na prisão deveria ser executado, para que cada um tivesse a experiência do valor de seus atos e para que o crime não recaia sobre o povo, como partícipe da pública violação da Justiça[661].

Já *Georg W. F. Hegel* apresenta fundamentação jurídica para retribuição da pena criminal, a sustentar que a pena é a negação da negação do Direito e se justifica na necessidade de restabelecimento da vontade geral, representada pela lei e pela ordem jurídica, que foi negada pela vontade individual do criminoso, razão pela qual se deve negar tal negação, através da pena, para que novamente surja

658. cfr. JESCHECK, Hans-Heinrich. *Op. cit.*, p. 61.
659. v. MIR PUIG, Santiago. *Op. cit.*, pp. 46-47.
660. v. MIR PUIG, Santiago. *Op. cit.*, pp. 46-47; JESCHECK, Hans-Heinrich. *Op. cit.*, p. 61; COBO DEL ROSAL, Manuel; VIVES ANTÓN, Tomás S.. *Op. cit.*, p. 811-812.
661. cfr. COBO DEL ROSAL, Manuel; VIVES ANTÓN, Tomás S.. *Op. cit.*, p. 811.

a afirmação da vontade geral. A aplicação da pena criminal restabelece, reafirma e restaura o Direito (a ordem jurídica) lesado pelo crime; assim, a pena se concebe apenas como reação (negação da negação), que mira o passado (o restabelecimento da ordem jurídica) e não como instrumento de fins utilitários posteriores à prática do crime[662]. Para Hegel, a pena não representa um mal e nem um bem, apenas a relação dialética injusto-justiça[663], e há de ser idêntica ao desvalor representado pelo crime junto à sociedade, recuperando o equilíbrio.

Entre as principais *críticas* levantadas às teorias absolutas, resumidamente, afirma-se: a) não servem como teoria dos fins da pena, já que paradoxalmente negam qualquer fim à pena criminal[664]; b) não cabe ao moderno Estado realizar a ideia pura de Justiça, cabendo ao mesmo unicamente garantir e proporcionar as condições de existência comunitária; assegurar a cada pessoa o espaço possível de realização livre da sua personalidade, mediante a proteção de bens jurídicos[665]; c) o mal da pena não desfaz o mal do crime, mas,

---

662. v. MIR PUIG, Santiago. *Op. cit.*, p. 47.
663. Quanto o método dialético hegeliano, observa Santigo Mir Puig: "a vontade geral (ordem jurídica) é a *'tesis',* a negação da mesma pelo crime é a *'antítesis',* e a negação desta negação será a *'síntesis',* que terá lugar mediante o castigo do crime" (MIR PUIG, Santiago. *Op. cit.*).
664. Nesse sentido, Jorge de Figueiredo Dias observa: "Como teoria dos fins da pena, porém, a doutrina da retribuição deve ser recusada. Logo porque ela não é (verdadeiramente não quer ser, nem pode ser) uma teoria dos fins da pena. Ela visa justamente o contrário, isto é, a consideração da pena como entidade independente de fins, como entidade que, nos dizeres de Maurach, louvado na lição de Hegel, existe na sua *zeckgelöste Majestät,* na sua majestade dissociada de fins" (FIGUEIREDO DIAS, Jorge de. *Op. cit.*, pp. 47-48).
665. Segundo Hans-Henrich Jeschek: "Como crítica às teorias absolutas, cabe dizer que a realização da plena moralidade na terra não é missão do Estado nem pode sê-lo conforme seus fins e médios de poder. (...) A aplicação da pena, ao poder estatal só deve preocupar-lhe o mantenimento das bases de uma convivência pacífica e segura mediante a coação jurídica. Precisamente por isto não se acode à pena sempre que a justiça requer, mas unicamente quando resulta imprescindível em defesa da comunidade" (JESCHECK, Hans-Heinrich. *Op. cit.*, p. 62). No mesmo sentido, ressalta Santiago Mir Puig: "O fato de que as teorias absolutas não tenham encontrado apenas acolhida no Direito Penal nem na doutrina penal, se deve a que a função do Estado moderno não se vê geralmente na realização da Justiça absoluta sobre a terra. Esta tarefa se considera hoje um encargo moral ou religioso, mas não de um Estado como o atual, que quer manter deslindados os

ao contrário, soma-se a ele[666]; d) impede qualquer tentativa de (re) socialização do delinquente e qualquer ação preventiva de controle da criminalidade[667].

1.2.2.1.a.2. Teorias relativas

Para as *teorias relativas*[668], a pena criminal é instrumento útil e necessário de *prevenção* e que visa a inibir (prevenir) a prática de crimes – e, portanto, voltada ao futuro –; apesar de sua essência ser um mal para quem a sofre, a pena criminal é instrumento político-criminal que deve atuar sobre os membros da sociedade e alcançar a finalidade utilitária de prevenção ou profilaxia criminal (*punitur, ne*

---

campos da Moral e o Direito porque não admite que a Ética ou a Religião possa impor-se pela força do jurídico" (MIR PUIG, Santiago. *Op. cit.*, p. 49).

666. v. BACIGALUPO, Enrique. *Op. cit.*, p. 32. Segundo Claus Roxin: "A ideia de que se pode compensar ou suprimir um mal (o delito) causando outro mal adicional (o sofrimento da pena), só é suscetível de uma crença ou fé, à qual o Estado não pode obrigar ninguém desde o momento em que já não recebe seu poder de Deus, senão do povo" (ROXIN, Claus. *Op. cit.*, p. 84). No mesmo sentido, Antonio Garcia-Pablos: "...tal mecanismo compensatório tem muito de metafórico, de mágico, de irracional. Como pode supor-se, senão em virtude de um 'ato de fé' (...) que o mal causado pelo delinquente possa ser compensado com outro mal proporcionado e equivalente que se lhe irrogue àquele ? Não se tratará, mais bem, de encobrir e racionalizar com esta fórmula os instintos humanos de vingança, dotando-lhes de uma roupagem atrativa e pseudolegitimadora ?" (GARCIA-PABLOS, Antonio. *Op. cit.*, p. 76).

667. Para Jorge de Figueiredo Dias: "...de um outro ponto de vista, socialmente interessado – e portanto, deve reconhecer-se, de uma perspectiva estranha às intenções próprias de uma teoria absoluta –, as doutrinas da retribuição devem ser repudiadas. Uma pena retributiva esgota seu o conteúdo no mal que faz sofrer ao delinquente como compensação ou expiação do mal do crime; nesta medida é uma doutrina puramente social-negativa, que acaba por se revelar não só estanha a, mas no fundo inimiga de qualquer tentativa de socialização do delinquente e de restauração da paz jurídica da comunidade afetada pelo crime; inimiga, em suma, de qualquer atuação preventiva e, assim, da pretensão de controlo e domínio do fenômeno da criminalidade" (FIGUEIREDO DIAS, Jorde de. *Op. cit.*, pp. 48-49).

668. Segundo Santigo Mir Puig, as teorias prevencionistas recebem o nome de 'teorias relativas', pois, diferentemente da Justiça, que é absoluta, as necessidades de prevenção são relativas e circunstancias (MIR PUIG, Santiago. *Op. cit.*, p. 50). Já Jorge de Figueiredo Dias indica que a denominação das 'teorias relativas' vem do latim *referre*: referir-se a (FIGUEIREDO DIAS, Jorde de. *Op. cit.*, p. 49).

peccetur)[669]. Não se justifica em si mesma, senão enquanto cumpra com eficácia o fim que político-criminalmente a legitima como meio de necessária proteção de determinados interesses sociais (o controle da criminalidade) (*poena relata ad effectum*)[670].

Segundo Hans-Heinrich Jescheck, os fundamentos ideológicos das teorias relativas radicam nas humanitárias disciplinas políticas do Iluminismo, na crença na explicação científico-causal do comportamento humano, na fé na capacidade para a educação – mediante adequada atuação psico-pegdagócio-social – e ao rechaço a qualquer tentativa de interpretação metafísica dos problemas sociais[671].

Tais teorias se subdividem, com base na forma da prevenção sustentada, em: a) *teorias da prevenção geral*; b) *teorias da prevenção especial*

1.2.2.1.a.2.1. Teorias da prevenção geral

As *teorias da prevenção geral* têm, como ponto fulcral, a finalidade das sanções penais como instrumento político-criminal destinado a atuar psico-pedagogicamente sobre a generalidade dos integrantes da sociedade – daí a nomenclatura –, afastando-os da prática de crimes mediante a ameaça penal estabelecida pela lei penal, da realidade de sua aplicação e da efetividade de sua execução[672], ou seja, tem a finalidade de prevenir crimes frente à generalidade da coletividade, a evitar o surgimento de criminosos[673].

A ideia de prevenção geral da pena pode assumir "dupla perspectiva"[674]; ora como instrumento de intimidação ou coação, através

669. cfr. FIGUEIREDO DIAS, Jorde de. *Op. cit.*, p. 49. Segundo Reinhart. Maurach: "Não obstante, enquanto instituição humana, a pena não pode contentar-se com isso [causação do mal], já que a causação de um mal sem atenção a um fim seria um contrassenso. A instituição do Direito Penal se justifica, somente, se por meio do anuncio, da imposição ou causação efetiva deste mal, se perseguem fins certos e determinados que sirvam à prevenção do delito" (MAURACH, Reinhart. *Op. cit.*, p. 87).

670. v. JESCHECK, Hans-Heinrich. *Op. cit.*, p. 62; MIR PUIG, Santiago. *Op. cit.*, p. 49; GARCIA-PABLOS, Antonio. *Op. cit.*, p. 79.

671. cfr. JESCHECK, Hans-Heinrich. *Op. cit.*.

672. cfr. FIGUEIREDO DIAS, Jorge de. *Op. cit.*, p. 50.

673. v. MIR PUIG, Santiago. *Op. cit.*, p. 50.

674. v. FIGUEIREDO DIAS, Jorge de. *Op. cit.*, p. 50.

do sofrimento impingido pela pena ao criminoso, e cujo receio conduzirá ao não cometimento de crimes pelos demais (*teoria da prevenção geral negativa*); ora como instrumento estatal de mantença e reforço da confiança da sociedade na vigência e eficácia do ordenamento jurídico-penal e sua inquebrantabilidade mediante a aplicação da pena (*teoria da prevenção geral positiva*).

A *teoria da prevenção geral negativa* trabalha com a noção de intimidação[675], onde a pena criminal é ameaça, coação psicológica dirigida aos cidadãos para que se abstenham de cometer crimes e, mediante sua efetiva aplicação, demonstrar a disposição de cumprir a ameaça. Leva em consideração, pois, elementos de psicologia profunda e psicanalítica[676] de que muitas pessoas só contém seus impulsos antijurídicos ante o reconhecimento utilitário de que

675. Tal teoria foi historicamente desenvolvida, em sua forma mais eficaz, pelo alemão Paul Johann Anselm von Feuerbach, através de sua "teoria da coação psicológica da pena", e, como observa Hans-Heinrich Jescheck, "certamente, as teorias penais dos séculos XVII y XVIII estiveram já determinadas pela ideia da prevenção, mas Paul Johann Anselm v. Feurbach, foi o primeiro em distinguir claramente desde a perspectiva teórica entre prevenção especial e geral. Este levou a teoria penal da Ilustração até seu ponto culminante, vinculando para isso a prevenção geral com a cominação penal e colocando-a no centro do sistema. (...) A cominação penal devia produzir 'prevenção geral mediante coação psicológica' e a imposição da pena serviria só para demonstrar a todos a seriedade da ameaça. (...) A teoria penal de Feurbach encerrava um indiscutível núcleo de verdade e praticabilidade, respondendo, ademais, ao pensamento de sua época. Desse modo logrou superar rapidamente os conatos de prevenção especial havidos nos tempos do absolutismo ilustrado, tanto mais quanto que estes haviam ficado, pelo comum, no âmbito especulativo. Em união do Código Penal francês de 1810, a teoria penal de Feuerbach, convertida por este no pensamento fundamental do StGB Bávaro de 1813, foi decisiva para a legislação de todo o século" (JESCHECK, Hans-Henirich. *Op. cit.*, pp. 63-64). No mesmo sentido: ROXIN, Claus. *Op. cit.*, p. 90; FIGUEIREDO DIAS, Jorge de. *Op. cit.*, p. 51; MIR PUIG, Santiago, *Op. cit.*, pp. 50-51; HASSEMER, Winfried. *Op. cit.*, p. 380.

676. Nesse sentido: FIGUEIREDO DIAS, Jorge de. *Op. cit.*, p. 51; ROXIN, Claus. *Op. cit.*, pp. 90-91. Este último ressalta que Sigmund Freud, na obra Totem e Tabu, encontrou um dos 'fundamentos do ordenamento penal humano' nas necessidades da prevenção geral ao escrever: "quando alguém há conseguido satisfazer o desejo reprimido, deve sentir-se o mesmo desejo em todos os membros da sociedade; para manter apaziguada esta tentação, é necessário que o que realmente invejado, seja privado do fruto de seu atrevimento" (*apud* ROXIN, Claus. *Op. cit.*, p. 91).

a decisão em favor do crime só lhes trará mais sofrimentos, danos e desvantagens pessoais; parte, portanto, da ideia do homem racional e calculador (*homo oeconomicus*) que se encontra baixo coação psíquica (racionalidade do homem + imposição do medo), a lhe fazer pensar que não vale a pena cometer o delito que se castiga[677].

Dessa forma, a pena criminal, entendida como prevenção negativa através da intimidação, tem, como finalidade precípua, criar no espírito dos potenciais criminosos *contramotivo* (freio) suficientemente forte para os afastar da prática do crime (criminalidade latente ou potencial)[678].

Já a *teoria da prevenção geral positiva* (ou *de estabilização/integração*) trabalha com o efeito de confiança[679], onde o Estado utiliza político-criminalmente a pena criminal como forma de manter e reforçar positivamente a fidelidade e confiança da comunidade na validade e força de vigência do ordenamento jurídico, a revelar à comunidade a inquebrantabilidade da ordem jurídica, mesmo diante de sua violação, e, assim, reforçar os padrões de comportamentos adequados às normas e a disposição ao seu cumprimento pelos demais[680].

---

677. cfr. HASSEMER, Winfried. *Op. cit.*, p. 380.
678. v. FIGUEIREDO DIAS, Jorge de. *Op. cit.*, p. 51; GARCIA-PABLOS, Antonio. *Op. cit.*, p. 82.
679. É voz corrente na doutrina que a teoria da prevenção geral positiva constitui fenômeno recente – finais dos anos setenta e começos dos oitenta do século passado –, alcançando sua máxima difusão na versão desenvolvida por Günther Jakobs, que a vincula à teoria dos sistemas de Nicklas Luhmann. Assim, para a teoria funcionalista de Günther Jakobs, a "missão da pena é o mantenimento da norma como modelo de orientação para os contatos sociais. Conteúdo da pena é uma réplica, que tem lugar às custas do infrator, frente ao questionamento da norma (...) a pena tem lugar para exercitar a confiança até a norma (...). Nessa medida a pena se desdobra para exercitar a fidelidade ao Direito" (JAKOBS, Günther. *Derecho penal. Parte general. Fundamentos y teoría de la imputación*. Trad. Joaquin Cuello Contreras e Jose Luis Serrano Gonzales de Murillo. 2a ed. Madrd: Marcial Pons, 1997, p. 13 e sgts.).
680. cfr. MAURACH, Reinhart. *Op. cit.*, p. 87; GARCIA-PABLOS, Antonio. *Op. cit.*, pp. 89-90; FIGUEIREDO DIAS, Jorge de. *Op. cit.*, p. 51. Segundo Jesús-María Silva Sanchez: "A partir desta base, se assinala ao Direito Penal a missão de reforçar a consciência jurídica da comunidade e sua disposição para cumprir as normas (exercitar aos cidadãos na fidelidade ao Direito). Para isso é importante uma determinada configuração das cominações penais que propicie logo a imposição

Segundo Enrique Bacigalupo, "a pena tem, neste sentido, a função de ratificar as normas que hão sido vulneradas e, desta maneira, reforçar a confiança geral nas mesmas. Esta confiança, sem embargo, não consiste na crença de que nunca mais se cometerão fatos semelhantes, pois 'destinatários da pena, em primeira linha, não são algumas pessoas consideradas como autores potenciais, mas que todas as pessoas têm que saber o que devem esperar nestas situações'. A função da pena é, resumindo, 'prevenção geral mediante exercício de reconhecimento da norma'"[681].

Tal finalidade alcançaria a afirmação positiva das convicções jurídicas fundamentais e da consciência social da norma, através de atitude de respeito ao Direito, correspondendo-lhe: a) função informativa, a advertir o cidadão sobre o que está proibido e sobre o que se deve e pode fazer; b) função de manutenção, ao reforçar a confiança na capacidade do ordenamento jurídico para se impor e triunfar; c) função de fortalecimento, ao fomentar nos cidadãos uma atitude de respeito ao Direito; d) função de tranquilização, ao pacificar a consciência jurídica geral com a solução do problema criminal[682].

Inúmeras críticas foram dirigidas às teorias da prevenção geral negativa e positiva.

---

ao infrator da sanção que essa coletividade sinta como justa (e satisfaça o sentimento jurídico de tal coletividade). Isto redunda no aspecto de estabilização da norma. A sanção reforça contrafaticamente a vigência da norma, posta em cheque pela comissão do delito, mostrando que o incorreto é precisamente o delito e que a norma continua marcando uma pauta de conduta vinculante. Todo o esquema produz uma impressão de forte conotação educativa: a pena, pois, e o juízo de desvalor que precede à sua imposição, contribuem de modo decisivo a formar a consciência ética, valorativa, da coletividade" (SILVA SANCHEZ, Jesús-María. *Op. cit.*, p. 230).

681. BACIGALUPO, Enrique. *Op. cit.*, p. 40. Segundo Jesús-María Silva Sanchez, para as teorias da prevenção geral positiva, a missão do Direito Penal se projeta fundamentalmente sobre o foro íntimo dos cidadãos, a gerar atitude de convencimento e de fidelidade ao Direito, muito mais eficaz do que a mera intimidação. Para tanto, não são suficientes as normas, com sua característica juridicamente vinculantes. Também não basta, em caso de infração das normas, a não aplicação de consequência alguma, já que poderia despertar dúvidas acerca da permanência da sua vinculação jurídica a todos os demais. É preciso que recaia sanção penal ao infrator, que estabilizará e confirmará a norma e sua vinculação jurídica (v. SILVA SANCHEZ, Jesús-María. *Op. cit.*, p. 231).

682. v. MIR PUIG, Santiago. *Op. cit.*, p. 51; GARCIA-PABLOS, Antonio. *Op. cit.*, p. 90; ROXIN, Claus. *Op. cit.*, p. 92.

Quanto à primeira (negativa), em resumo, afirma-se que a pena, assim entendida, instrumentaliza e degrada o homem, convertendo-o em mero meio a serviço a outros fins, ou seja, um objeto para os fins preventivos, já que é criminalizado para se transformar em exemplo para os demais (legitimação axiológica)[683]; é simplista ao trabalhar com concepção ideal e pouco realista do processo psico-anímico de decisão do criminoso, considerados como autômatos ou algébricos, e do efeito contramotivador atribuído à pena, já que certos grupos (p. ex., criminosos habituais, profissionais, impulsivos, patológicos, etc.) são inacessíveis pela coação, além de ser questionável quanto à prática de crimes mais graves[684]; leva ao terror estatal, ante a ausência

683. Observa Jorge de Figueiredo Dias, que: "A crítica geral (...) é a de que, aplicando-se as penas a seres humanos em nome de fins utilitários ou pragmáticos que pretendem alcançar no contexto social, elas transformariam a pessoa humana em objecto, dela se serviriam para a realização de finalidades heterônomas e, nesta medida, violariam a sua eminente dignidade. Dito de outra forma, seria precisamente o seu caráter relativo que se ergueria como violação do absoluto da dignidade pessoal. Nesta medida acabando a razão por pertencer a Kant, ao definir a lei penal como imperativo categórico, bem como a Hegel, ao sustentar que uma pena finalista é como um pau com que se bate num cão e não como um mal com que se castiga o mal feito por um homem livre" (FIGUEIREDO DIAS, Jorge de. *Op. cit.*, pp. 49-50).

684. Conforme oberva Antonio Garcia-Pablos: "As ciências empíricas hão demonstrado o erro crasso dos chamados 'modelos dissuasórios' ao constatar que a realidade é muito mais complexa. Para começar, o delinquente potencial confia em não ser descoberto e parte desta hipótese: o cálculo economicista de vantagens e desvantagens segundo a pena prevista na lei, não deixa de ser uma comparação pouco realista. Em todo caso, deixa-se influenciar mais pelas consequências próximas derivadas do delito (v. gr., prisão provisória mais ou menos prolongada) que pelos efeitos remotos e últimos de uma eventual condenação (pena imposta). A moderna Psicologia há comprovado, por último, que na decisão final influem numerosos fatores, não só – nem sobretudo – a maior ou menor gravidade da pena (esta, por certo, ainda que seja nominalmente a mesma, tem um impacto dissuasório e contramotivador distinto segundo a classe de delitos de que se trate, a psicologia de cada infrator, etc.)" (GARCIA-PABLOS, Antonio. *Op. cit.*, p. 84). No mesmo sentido Winfried Hassemer: "A capacidade motivadora da cominação penal e da execução da pena tampouco está isenta de objeções. Estas objeções se derivam da rigidez juridicoracionalista da ideia preventiva geral, que despreza sobremaneira a 'irracionalidade' fática das pessoas. A teoria da prevenção geral espera um *homo oeconomicus* que geralmente não existe. Supõe que o delinquente potencial pondera os inconvenientes e vantagens de seu fato e que logo desiste de cometê-lo porque o sistema jurídicopenal, com a cominação penal e

de limites próprios e a impossibilidade de traçar precisa e proporcionalmente os pressupostos da intervenção penal, já que o utilitarismo não conhece fronteiras por trabalhar com a ideia ilimitada de conveniência e eficácia, até porque se a maior eficácia depende da gravidade da pena, político-criminalmente lícito tornar-se-ia o incremento do rigor da pena[685].

Já em relação à segunda (positiva), *grosso modo*, aponta-se se tratar de teoria tecnocrática e acrítica, pois o centro de gravidade da pena passaria da subjetividade do indivíduo e do mundo axiológico (valores) ao sistema e às expectativas institucionais, elidindo qualquer consideração crítica alheia à funcionalidade do castigo para o sistema; a pena da prevenção geral positiva não resolve os conflitos sociais, mas os integra no sistema, reduzindo-os, além de intervir sintomatologicamente – apenas quando se exteriorizam – e não etiologicamente – onde e quando ocorrem[686]; desvincula a pena criminal da função protetora de bens jurídicos ao definir o crime não como

com a possibilidade de execução da pena, há tido o cuidado de que não mereça a pena cometê-lo. Esta construção esquece uma série de dados empíricos que a contradizem contundentemente" (HASSEMER, Winfried. *Op. cit.*, p. 384).

685. Segundo Claus Roxin: "o princípio da prevenção geral também apresenta consideráveis deficiências teóricas e práticas. Em primeiro lugar, igual à prevenção especial, não inclui nenhuma delimitação da duração da pena. Assim, pelo menos a prevenção geral negativa, se encontra sempre ante o perigo de converter-se em terror estatal. Pois a ideia de que penas mais altas e mais duras tenham um maior efeito intimidatório há sido historicamente (apesar de sua provável inexatidão) a razão mais frequente das penas 'sem medida'" (ROXIN, Claus. *Op. cit.*, p. 93). Também Antonio Garcia-Pablos observa: "Porque – se adverte – o utilitarismo não sabe de fronteiras, e a experiência histórica demonstra que os maiores atropelos se hão cometido sempre em nome da conveniência e a eficácia. O binômio 'legitimidade'-'utilidade' resolve-se sempre a favor desta última se a reflexão discorre com sustento a critérios prevencionistas. Nada mais fácil que supor, então, – ainda que sem fundamento – que a eficácia dissuasória do castigo depende da severidade deste, e que por razões político-criminais, convém incrementar seu rigor nos delitos mais graves e nos mais frequentes" (GARCIA-PABLOS, Antonio. *Op. cit.*, p. 85). Adverte, ainda, Jesús-María Silva Sanchez que as bases utilitaristas da prevenção poderiam conduzir ao castigo de sujeito não responsável pelo fato, se isto se mostrasse necessário para evitar um mal social de transcendência maior (SILVA SANCHEZ, Jesús-María. *Op. cit.*, p. 215)

686. v. GARCIA-PABLOS, Antonio. *Op. cit.*, p. 92.

lesão destes, mas como expressão simbólica da falta de lealdade ao Direito e antepõe a preservação do sistema em relação à proteção dos valores, direitos e garantias individuais fundamentais[687]; potencializa a intervenção penal estatal, potencializando função ético-social do Direito[688]; é mais rigorosa e irracional do que a prevenção geral negativa, pois a necessidade do castigo para arrecadar a fidelidade ao Direito e a confiança no sistema pode ser maior – e menos justificada –, mais intensa e asfixiante que dissuadir, pela intimidação, o potencial criminoso[689].

---

687. Nesse sentido, afirmam Eugenio Raul Zaffaroni, Alejandro Alagia e Alejandro Slokar: "a criminalização seria um simbolo que se usa para sustentar a confiança no sistema, de modo que também mediatiza (coisifica) a uma pessoa, utilizando sua dor como simbolo, porque deve priorizar o sistema à pessoa, tanto o autor com da vítima. As categorias de analise jurídica se esvaziariam, pois o sistema seria o único bem jurídico realmente protegido; o delito não seria um conflito que lesiona direitos, mas qualquer conduta que lesione a confiança no sistema, ainda que não afete os direitos de ninguém. (...) A medida da pena para este Direito Penal seria a que resulte adequada para renormatizar o sistema produzindo consenso, ainda que o grau de desequilíbrio do mesmo não dependa da conduta do apenado nem de seu conteúdo injusto ou culpável, mas de credulidade do resto" (ZAFFARONI, Eugenio Raul; ALAGIA, Alejandro; SLOKAR, Alejandro. *Op. cit.*, p. 61).
688. Observa Jesús-María Silva Sanchez: "uma concepção do Direito Penal que assinala a este a missão de exercitar os cidadãos na fidelidade ao Direito, de convencê-los da bondade do sistema, parece mais intervencionista que outra que se limita a intimidá-los contra a realização de condutas contrárias ao ordenamento. Ademais, resulta que o logro dessa atitude fiel, desse convencimento, requer uma interação pela qual o Direito recolhe em suas sanções as aspirações daqueles cuja finalidade trata de seguir. Isso significa que a determinação da sanção justa para um fato não se regerá por uma reflexão de princípios, mas por uma atenção às demandas da população neste sentido, expressivas de suas necessidades psicossociais. A satisfação de tais necessidades será, em efeito, uma garantia do logro da desejada 'atitude fiel'" (SILVA SANCHEZ, Jesús-María. *Op. cit.*, p. 233).
689. Para Jesús-María Silva Sanchez, a teoria da prevenção geral positiva se mostra, em última instância, como uma doutrina autoritária e discriminatória, que redunda em maior intervencionismo estatal na esfera valorativa dos cidadãos, por pretender conformá-la, de maneira manifestamente antiliberal, ao fim de alcançar uma plena integração e estabilização social. Tem, pois, indubitável sentido moralizante, de imposição, mediante a coação da pena, de interna adesão dos cidadãos aos valores jurídicos (SILVA SANCHEZ, Jesús-María. *Op. cit.*, p. 237).

1.2.2.1.a.2.2. Teorias da prevenção especial (ou Individual)

As *teorias da prevenção especial* (ou *individual*)[690] partem da ideia que a pena criminal deve agir especial e individualmente – daí a nomenclatura[691] – sobre o delinquente, evitando que o mesmo, no futuro, volte a delinquir, ou seja, a pena tem como finalidade evitar a reincidência. Assim, o fundamento legitimador da pena reside na prevenção de futuros delitos, a atuar, através da concreta execução da pena imposta, sobre quem já delinquiu e não sobre a coletividade (prevenção geral)[692].

Tais teorias se subdividem, quanto à forma de prevenção individual, em: *teorias da prevenção especial negativa* e *teorias da prevenção especial positiva*.

As *teorias da prevenção especial negativa* visam à *neutralização* ou *inocuização* do agente criminoso, como meio de defesa social, a segregá-lo da sociedade e a neutralizar, assim, temporal ou definitivamente, sua perigosidade social[693]. Segundo tal concepção – de nítidas raízes positivistas[694] –, a pena deve se concretizar como defesa

690. Apesar de outros antecedentes históricos, a teoria da prevenção especial, enquanto teoria penal, emerge no último terço do séc. XIX, como reação aos pensamentos retribucionistas e de prevenção geral, inspirando fundamentalmente as correntes do positivismo italiano, do correicionalismo, da escola sociológica alemã e do movimento de defesa social (cfr. GARCIA-PABLOS, Antonio. *Op. cit.*, p. 94-96).

691. Conforme Claus Roxin, as teorias da prevenção especial são teorias relativas, pois se referem ao fim da prevenção dos delitos ("relativo" vem do latim *referre* = referir-se a) (v. ROXIN, Claus. *Op. cit.*, p. 85). Observa Santiago Mir Puig: "Diferentemente da prevenção geral, que se dirige à coletividade, a especial tende a prevenir os delitos que possa proceder de uma pessoa determinada. Quando se persegue mediante a pena, se refere ao sujeito que já delinquiu (...). A prevenção especial não pode operar, pois, como a geral, no momento da cominação legal, senão nos de imposição e execução da pena. Como esta classe de prevenção não se dirige à generalidade dos cidadãos, mas a indivíduos já determinados, os já delinquentes, também se denomina às vezes 'prevenção individual'" (MIR PUIG, Santiago. *Op. cit.*, p. 53).

692. cfr. GARCIA-PABLOS, Antonio. *Op. cit.*, pp. 93-94.

693. v. FIGUEIREDO DIAS, Jorge de. *Op. cit.*, p. 54.

694. Segundo Cezar Roberto Bitencourt: "Sob essa configuração intervencionista do Estado encontra-se o idealismo positivista com base fundamentadora: a ciência

da sociedade diante do dano social que caracteriza o crime e do perigo social que caracteriza o criminoso.

Já as *teorias da prevenção especial positiva* visam à *(re)socialização* do criminoso, mediante sua reforma interior (moral) e de sua emenda, através da voluntária adesão aos valores sociais ou através do tratamento de suas tendências individuais criminológicas, a criar, com a execução da pena, as condições necessárias para que possa continuar a viver em sociedade, inserindo ou reintegrando-o à vida sócio-comunitária[695].

Tal ideal (re)socializador traria às luzes o esquecido momento executório da pena e sua concreta repercussão no homem, bem como, com seu realismo, desmistificaria a pena criminal retribucionista e facilitaria a integração à sociedade daquele que a sofre, após o cumprimento, a permitir sua reconciliação com a sociedade e sua aceitação, concretizando-se o princípio da solidariedade e corresponsabilidade social[696]. Ademais, legitimaria a aplicação da pena pelo Estado com base em caráter social positivo, mediante o auxílio estatal – e, pois, da própria sociedade – aos membros da sociedade em posição de maior necessidade e carência social, oferecendo-lhes – e não lhes impondo – os meios necessários para sua (re)inserção social[697].

Também inúmeras as críticas que foram dirigidas às teorias da prevenção especial.

Quanto às teorias da prevenção especial negativa, afirma-se que a neutralização nada mais é do que a aplicação de pena desumana e atroz, imposta por seleção arbitrária, e que levaria à aplicação da pena de impedimentos físicos e à pena de morte, as mais eficazes para impedir novas condutas reincidentes do criminoso; tais penas

(positiva) fundamentava a ordem, a disciplina, a organização. A partir de então, o controle social se exerceria tendo como base fundamental os argumentos científicos em voga: há homens 'bons', ou seja, normais e não perigosos, e há homens 'maus', ou perigosos e anormais. Invocava-se, compreendivelmente, a defesa da sociedade contra atos destes homens 'anormais' ou perigosos e, em razão de seus antecedentes atentatórios à sociedade, previa-lhes medidas ressocializadoras ou inocuizadoras" (BITENCOURT, Cezar Roberto. *Op. cit.*, p. 111).

695. cfr. FIGUEIREDO DIAS, Jorge de. *Op. cit.*, p. 55.
696. v. GARCIA-PABLOS, Antonio. *Op. cit.*, pp. 97-98.
697. v. FIGUEIREDO DIAS, Jorge de. *Op. cit.*, p. 56.

não motivariam o comportamento do criminoso, mas o impede por se caracterizarem como obstáculo mecânico ou físico, a violar a autonomia ética do homem; levaria a ótica organicista, onde o corpo social é, na verdade, mais importante – o verdadeiro objeto de atenção – do que o condenado, considerado como copro defeituoso que deve ser eliminado; potencializa a nebulosa e insegura ideia de defesa social contra atos que sequer se inciaram e que não se sabe se, em algum momento, iniciar-se-ão[698].

Por sua vez, em relação às teorias de prevenção especial positiva, em suma, aduz-se que não serve para justificar a pena, enquanto fenômeno global, pois não analisa a questão central da instituição da pena estatal, apenas a questão da pena já aplicada[699]; trabalha com as duvidosas e problemáticas ideias centrais de *"perigosidade"* – é degradante (não faz referência a nenhuma condição específica do ser humano, senão a qualidade negativa que tanto pode existir nos animais, quanto nas coisa) e imprecisa (ausência de conhecimentos empíricos que sustentem o correto prognóstico e não considera a totalidade da personalidade do criminoso e o significado da conduta em seu conjunto) – e *"(re)socialização"* [700] – insuficiente (nem todo criminoso necessita ser (re)socializado, nem sempre há a aceitação da (re)socialização pelo condenado, ausência de modelo social único a ser utilizado (qual modelo de sociedade ?)), contraditório (Como ensinar viver em sociedade, apartado e isolado da sociedade ?[701]

---

698. v. ZAFFARONI, Eugenio Raul; ALAGIA, Alejandro; SLOKAR, Alejandro. *Op. cit.*, p. 64.
699. Para Santiago Mir Puig, a teoria da prevenção especial positiva não pode, por si só, justificar o recurso à pena, pois em alguns casos a pena não será necessária para a prevenção especial, em outros não será possível e, finalmente, em certas ocasiões não será lícita e, sem embargo, seria absurda a impunidade do sujeito em tais casos (MIR PUIG, Santiago. *Op. cit.*, p. 56).
700. Sobre os problemas da (re)socialização: HASSEMER, Winfried. *Op. cit.*, pp. 355-379.
701. Paradigmática a observação de Winfried Hassemer, para quem: "Em concreto: as penas privativas de liberdade estigmatizam e dessocializam. Não só servem para encerrar o recluso em um espaço determinado, mas também para isolá-lo socialmente. 'Educação para a liberdade através da privação de liberdade' não é só o titulo afortunado de um livro, senão a expressão plástica do paradoxa em que vivem as teorias modernas da pena. Ao recluso se lhe priva praticamente dos contatos íntimos e sociais, se lhe coloca em um ambiente neutro que lhe

Como um mal (pena) pode levar a um bem ((re)socialização) ?[702]), insatisfatório (ausência de instrumental adequado para conceder terapia individualizada) –; aumenta ilimitadamente o poder penal estatal, já que a pena se torna poderoso instrumento intervencionista[703]; pode levar a penas temporalmente indeterminadas e a medidas

mantém separado dos problemas em que há fracassado fora do estabelecimento penitenciário (criando-lhe ademais novos problemas). Olvida as técnicas sociais de relação e de afirmação ante os demais (e aprende outras distintas). E ao final de sua estância no cárcere volta dessocializado e estigmatizado a um mundo que, fora dos muros da prisão, há seguindo evoluindo segundo suas próprias leis" (HASSEMER, Winfried. *Op. cit.*, p. 357). Observam, ainda, Eugenio Raul Zaffaroni, Alejandro Alagia e Alejandro Slokar que: "Na ciência social está hoje demonstrado que a criminalização secundária deteriora o criminalizado e, mais ainda, o aprisionado. Se conhece o processo interativo e a fixação do rol que conleva requerimentos conforme o esteriótipo e o efeito reprodutor da maior parte da criminalização. Se sabe que a prisão compartilha as características das instituições totais ou de sequestro e a literatura coincide em seu efeito deteriorante, irreversível a londo prazo. Se conhece seu efeito regressivo, ao condicionar a um adulto a controles próprios da etapa infantil ou adolescente e eximir-lhe das responsabilidades próprias de sua idade cronológica. Não se sustenta a pretensão de melhor mediante um poder que faz assumir papéis conflitivos e que fixa os mesmos através de uma instituição deteriorante (...). Se trata de uma impossibilidade estrutural que não resolve o leque de ideologias re: ressocialização, reeducação, reinserção, repersonalização, reindividualização, reincorporação. Estas ideologias se acham tão deslegitimadas frente aos dados da ciência social, que se esgrime como argumento a seu favor a necessidade de sustentá-las para não cair em um retribucionismo irracional, que legitime a conversão dos cárceres em campos de concentração" (ZAFFARONI, Eugenio Raul; ALAGIA, Alejandro; SLOKAR, Alejandro. *Op. cit.*, p. 63).

702. Para Eugenio Raul Zaffaroni, Alejandro Alagia e Alejandro Slokar, o discurso preventivo especial positivo parte do pressuposto de que a pena é um bem (moral ou psicofísico) para quem a sofre, mas oculta o caráter penoso da pena e chega a lhe negar inclusive o nome, substituindo-o por sanções e medidas. Afirmam que, se a pena é um bem para o condenado, sua medida será a necessária para realizar a ideia (re)socializadora que se sustente e não necessitará de outro limite (v. ZAFFARONI, Eugenio Raul; ALAGIA, Alejandro; SLOKAR, Alejandro. *Op. cit.*, p. 63).

703. cfr. GARCIA-PABLOS, Antonio. *Op. cit.*, p. 103. Advertem Eugenio Raul Zaffaroni, Alejandro Alagia e Alejandro Slokar que: "O delito seria só um sintoma de inferioridade que indicaria ao Estado a necessidade de aplicar o benéfico remédio social da pena. Se o delito é só um sintoma, a ideologia re deve postular que, a partir desse sintoma, o Estado deve penetrar em toda a personalidade do infrator, porque a inferioridade o afeta em sua totalidade. Por isso, estas ideologias não podem reconhecer maiores limites na intervenção punitiva: o Estado, conhecedor do bom, deve modificar o ser da pessoa e lhe impor seu modelo de

pré-delituais[704]; levaria à impunidade dos criminosos perigosos socializados e a severa punição de criminosos não perigosos, mas dessocializados[705].

---

humano. (...) É claro que, com este discurso, o Estado de direito é substituído por um Estado de polícia paternalista, clínico ou moral, segundo que o melhoramento seja policial biológico materialista (positivismo criminológico) ou ético idealista (correcionalista). Em definitivo, trata-se de uma intervenção do Estado que, no caso de ser factível – contra todos os dados sociais – constituiria em uma imposição de valores que ninguém crê, privada de todo momento ético, desde que desconhece a autonomia própria da pessoa" (ZAFFARONI, Eugenio Raul; ALAGIA, Alejandro; SLOKAR, Alejandro. *Op. cit.*, p. 63).

704. Segundo Claus Roxin, o defeito mais grave da teoria especial positiva consiste em que, ao contrário da teoria da retribuição, não proporciona uma escala para a pena, que, então, consistiria, em atenção a suas consequências, em reter o condenado pelo tempo necessário até sua ressocialização, o que conduziria à introdução de condenação com penas de duração indeterminada e, também, a que um delito de pouca importância fosse aplicada pena privativa de liberdade de muitos anos, quando o sintoma do autor se apresentasse com profunda alteração da personalidade. Ademais, poder-se-ia considerar tratamento (re) socializador, quando alguém aparecesse como sujeito que entranha grave perigo de criminalidade, sem que se pudesse provar que houvesse cometido delito (ROXIN, Claus. *Op. cit.*, p. 88).

705. Para Antonio Garcia-Pablos: "seria inevitável a impunidade de todos aqueles casos onde não exista a probabilidade de que o sujeito volte a delinquir, ainda que fosse grave o delito já cometido (v. gr., delitos cometidos em situações históricas ou pessoas irrepetíveis). Em tais supostos, o indivíduo não necessita ressocializar-se, nem é perigoso, porque seu prognóstico de reincidência se julga muito favorável. E em sentido inverso: haveria de impor penas severas a delinquentes perigosos (isto é: de elevada probabilidade de reincidência) – inclusive inimputáveis – por delitos já cometidos de muita escassa gravidade (v. gr., delinquentes plurirreincidentes contra o patrimônio com escassas possibilidades de ressocialização). A impunidade, no primeiro caso, teria gravíssimas repercussões política criminal (indefensabilidade), já que tais delinquentes ocasionais não necessitados de ressocialização parece que representam dois terços do total da criminalidade" (GARCIA-PABLOS, Antonio. *Op. cit.*, p. 104). No mesmo sentido, afirma Claus Roxin: "Outro ponto débil da prevenção especial se encontra no fato de que não se sabe fazer com os autores que não estão necessitados de ressocialização. Este problemas não só surge com muito autores de fatos culposos e com autores ocasionais de pequenos delitos, mas também com pessoas que hão cometido delitos graves, mas que nos quais não existe perigo de reincidência porque o fato se cometeu em situação de conflito irrepetível, ou quando as distintas circunstâncias temporais fazem impossível sua nova comissão, Como vai se justificar desde um ponto de vista de prevenção especial, por exemplo, o castigo dos delinquentes violentos do nacional-socialismo que hoje em dia são inofensivos e que vivem em sociedade discretamente ?" (ROXIN, Claus. *Op. cit.*,

1.2.2.1.a.3. *Teorias mistas (ou de união ou ecléticas)*

As *teorias mistas* (ou *de união* ou *ecléticas*) são produto e resultado da luta havida entre as anteriores teorias – seus monismos e suas purezas de modelos[706] – e são "fruto de uma atitude de compromisso, conciliadora, que trata de harmonizar as aportações valiosas das teorias absolutas e das relativas, reconduzindo-as a um modelo ou marco 'fechado'"[707], através do método dialético, mediante a reflexão prática de que a pena, na realidade de sua aplicação, pode desenvolver a totalidade de suas funções junto à pessoa por ela afetada e seu mundo circundante, a conseguir relação equilibrada entre todos os fins (retributivos e preventivos) da pena criminal (*conceito pluridimensional*), sem prejuízo de que se reconheça suas autonomias e que se dê preferência, no caso concreto, a uma ou outra finalidade[708].

> Observam Francisco Muñoz Conde e Mercedes García Arán que retribuição e prevenção são dois pólos opostos de uma mesma realidade que não podem subordinar-se um ao outro, senão coordenar-se mutuamente. A retribuição mira ao passado, ao delito cometido; a prevenção, ao futuro, a evitar que se volte a delinquir. Reconduzir ambas visões da pena à unidade é uma espécie de "quadratura do círculo" de difícil solução. As teorias da união, em suas distintas variantes, têm, sem embargo, o mérito de haver superado o excessivo parcialismo que late tanto nas teorias absolutas como nas relativas. Nenhuma destas duas teorias pode compreender o fenômeno da pena em sua totalidade, porque só fixam sua atenção em partes desse fenômeno. Qualquer teoria que pretenda compreender o fenômeno criminal deverá enfrentar-se com ele, por conseguinte, desde

---

p. 89). Veja-se, ainda: FIGUEIREDO DIAS, Jorge de. *Op. cit.*, p. 57; MIR PUIG, Santiago. *Op. cit.*, p. 56.

706. Segundo observa Claus Roxin: "As teorias monistas, tanto se põem o acento na culpabilidade com na prevenção geral ou na especial, são, por força, falsas porque quando se trata das relações do indivíduo com a comunidade e com o Estado, a colocação em prática – estritamente – de um só dos critérios orientadores, tem como consequência a falta de liberdade e a arbitrariedade, sem que se possa evitar. (...) A pureza do modelo é uma consideração básica para qualquer problema social, que dá gosto certamente a doutrinadores meticulosos, mas que nunca chega a compreender a complexidade real dos fenômenos" (*apud* GARCIA-PABLOS, Antonio. *Op. cit.*, pp. 105-106).

707. GARCIA-PABLOS, Antonio. *Op. cit.*, p. 105.

708. v. JESCHECK, Hans-Henirich. *Op. cit.*, pp. 66-67.

> um ponto de vista totalizador, sem prejuízo de decompô-lo depois, diferenciando seus distintos aspectos[709].

Em tais teorias, há a combinação das exigências derivadas das ideias de culpabilidade (retribuição) e de prevenção, a reclamar pena criminal justa e proporcional à culpabilidade do agente dentro do âmbito dos princípios preventivos (geral e especial), ou seja, a pena deve ser ajustada ao fim preventivo, mas só através da justa retribuição; portanto, a retribuição (culpabilidade) será o limite máximo à prevenção, as penas não podem superar nem rebaixar a medida de culpabilidade do agente por razões de prevenção geral ou especial, pois seria injusta[710].

Trata-se, hoje, de teoria dominante[711]; entretanto, apresenta-se com diversas matizes com base no reconhecimento da essência retributiva da pena e os modos como os fins se combinam. Distinguem-se, assim, duas grandes direções, que, segundo Santiago Mir Puig, podem ser agrupadas em vertentes: a) *conservadora*; b) *progressista*[712].

Ambas compartilham a ideia de que o fim básico do Direito Penal não é o de realizar a Justiça na terra, mas proteger a sociedade e prevenir futuros crimes e admitir que a culpabilidade há, pelo menos, de operar como limite à ingerência estatal e que não pode ser rebaixada por razões preventivas gerais ou especiais. A *vertente conservadora*, entretanto, na proteção à sociedade, coloca ênfase na retribuição justa (culpabilidade), a sustentar papel complementar aos fins preventivos, dentro do marco retribucionista. Já a *vertente progessista* inverte a equação e dá ênfase, na proteção à sociedade, ao momento preventivo, correspondendo à retribuição (culpabilidade) unicamente a função de limitação às exigências preventivas. Assim, para a *vertente conservadora* a retribuição (culpabilidade) seria o fundamento da pena, ou seja, só tem sentido enquanto retribuição da culpabilidade do autor do fato, sem prejuízo das demais finalidades preventivas político-criminais (*pena retributivo-preventiva*); enquanto a *vertente*

---

709. cfr. MUÑOZ CONDE, Francisco; GARCÍA ARÁN, Mercedes. *Op. cit.*, p. 54.
710. cfr. GARCIA-PABLOS, Antonio. *Op. cit.*, p. 106.
711. v. MUÑOZ CONDE, Francisco; GARCÍA ARÁN, Mercedes. *Op. cit.*, p. 54; JESCHECK, Hans-Henirich. *Op. cit.*, p. 67; MIR PUIG, Santiago. *Op. cit.*, p. 57.
712. cfr. MIR PUIG, Santiago. *Op. cit.*, p. 57. No mesmo sentido: GARCIA-PABLOS, Antonio. *Op. cit.*, p. 109.

progressista entende a retribuição (culpabilidade) como mero limite da pena, ou seja, a culpabilidade é limite das metas de prevenção e proteção aos bens jurídicos (*pena preventivo-retributiva*).

1.2.2.1.a.3.1. A teoria dialética (Claus Roxin)

Na vertente progressista, encontra-se a *teoria unificadora dialética* de Claus Roxin[713], que, partindo da finalidade preventiva, centra o problema nas três fases ou etapas fundamentais da vida da pena criminal: a) a cominação legal abstrata; b) a aplicação e individualização judicial; c) a execução da condenação. Em cada uma destas fases, a pena cumpriria resposta ou fim distintos, sem que haja absoluta independência entre elas, onde cada uma das fases se encontra em estreito relacionamento com as demais[714].

Segundo tal autor, no *momento da cominação legal abstrata*, a pena serve fundamentalmente ao fim de proteção de bens jurídicos e de prestações públicas imprescindíveis, o que só poderá buscar através da prevenção geral, onde a lei penal é dirigida à sociedade, pois, ao ser anterior ao delito, não poderia ser meio de retribuição e nem de prevenção especial. No *momento da aplicação e individualização judicial da pena*, o ato serve de complemento à função preventivo geral do momento anterior, enquanto confirmação da seriedade da mensagem normativa, mas que, entretanto, deve ser limitado pela culpabilidade (retribuição) do agente – segundo a medida da pessoa

---

713. v. ROXIN, Claus. *Op. cit.*, pp. 95-103.

714. Nas palavras de Claus Roxin: "Não se trata de uma taxativa distinção por fases, mas de uma ponderação diferenciada. Pois se a cominação penal deve conservar sua função motivadora, a execução tampouco pode perder totalmente o efeito preventivo geral; não deve pretender consegui-lo aqui expressamente, mas deve estar garantido mediante os condicionamentos em seu marco. Por outro lado, também sucede que a pena só pode desenvolver seus efeitos preventivos especiais se estes já estão pré-programados nas disposições legais. A teoria preventiva mista acolhe, pois, em seu seio os enfoques preventivos especias e gerais, a cujo respeito umas vezes é este e outras aquele ponto de vista que passa a primeiro plano. (...) A teoria unificadora, tal e como aqui se defende, não legitima, pois, qualquer utilização, sem ordem nem concerto, dos pontos de vista preventivos especiais e gerais, senão que coloca a ambos em um sistema cuidadosamente equilibrado, que só no na montagem de seus elementos oferece um fundamento teórico à pena estatal" (ROXIN, Claus. *Op. cit.*, p. 98).

concreta –[715], sob pena de sua instrumentalização (utilização como meio). Ademais, serviria, também à prevenção especial. Por fim, na última fase, na *execução da condenação*, a pena confirmaria os fins dos dois momentos anteriores, mas com vista à (re)socialização do condenado, como forma de prevenção especial[716].

Portanto, para Claus Roxin, sua teoria pode ser resumida da seguinte forma: "a pena serve aos fins de prevenção especial e geral. Se limita em sua magnitude pela medida da culpabilidade, mas se pode

---

715. Para Claus Roxin, apesar da renúncia a toda ideia de retribuição, um de seus elementos decisivos deve tomar parte da teoria unificadora dialética, qual seja, o princípio da culpabilidade como meio de limitação da pena, pois o defeito que é próprio de todas as teorias preventivas, de que não há barreras ao poder sancionados estatal – e tão necessários em um Estado de Direito –, remedia-se otimamente mediante a proibição de rebaixamento da culpabilidade. E, assim, a pena tampouco pode sobrepassar em sua duração a medida da culpabilidade, ainda que interesses de tratamento, de segurança ou de intimidação revelem, como desejável, uma detenção mais prolongada. Aduz o autor, ainda, que a intervenção coercitiva estatal se quebra, em um caso assim, ante o interesse de liberdade do processado, que deve submeter-se às exigências do Estado, mas não ao arbítrio deste, senão só no marco da culpabilidade do sujeito. O principio da culpabilidade tem, pois, uma função liberal absolutamente independente de toda retribuição, e por clamor da liberdade dos cidadãos também deveria conservar-se em um Direito Penal moderno (v. ROXIN, Claus. *Op. cit.*, pp. 99-100).

716. Na mesma linha, mas admitindo a função retributiva, sustentam Francisco Muñoz Conde e Mercedes García Arán que: "A ideia de retribuição traça os limites da intervenção punitiva do Estado. O limite mínimo, porque só pode aplicar-se (...) quando se há cometido um fato delitivo completo em todos seus elementos. O limite máximo, porque obriga a não sobrepassar a gravidade da pena que tem assinalada na lei o fato que deu lugar à sua aplicação. Mas a pena não se esgota na ideia de retribuição, senão que cumpre também outra função importante, lutando contra o delito através de sua prevenção: através da prevenção geral, intimidando à generalidade dos cidadãos, ameaçando com uma pena o comportamento proibido (prevenção geral negativa), mas também demonstrando a superioridade da norma jurídica e dos valores que representa, assim como restabelecendo ou fortalecendo a confiança dos cidadãos no Direito (prevenção geral positiva); e através da prevenção especial, incidindo sobre o delinquente já condenado, corrigindo-o e recuperando-o para a convivência, fomentando nele uma atitude de respeito pelas normas jurídicas. Este pensamento dialético geral ideal só serve para descrever fenomenologicamente o processo da intervenção punitiva do Estado, sem que ele exclua os desvios que em cada um dos estados em que se leva a cabo nesse processo possam se dar. (...) Só a integração harmônica, progressiva e racional das distintas fases do fenômeno penal pode eliminar estes perigos" (MUÑOZ CONDE, Francisco; GARCÍA ARÁN, Mercedes. *Op. cit.*, pp. 56-57).

permanecer por baixo desse limite em tanto que se faça necessário exigências preventivo especiais e a isto não se oponham as exigências mínimas de prevenção geral. Uma concepção assim não tem, de modo algum, um significado predominantemente teórico, mas que, a parte do já exposto, tem também muitas e importantes consequências jurídicas"[717].

1.2.2.2. A Medida de Segurança

Como analisado, a medida de segurança conforma apenas outro domínio sancionador ao lado da pena criminal, enquanto forma de sanção, enquanto reação ou resposta do controle social formal penal; é, também, consequência jurídica – reação ou resposta estatal – ao descumprimento da lei penal, à realização de conduta penalmente ilícita e, pois, instrumento de manutenção da ordem social[718]; enquanto instrumento para a prevenção da prática de infrações penais por indivíduos perigosos, decorrente de exigências político-criminais de prevenção especial positiva (ressocialização e tratamento) e negativa (inocuização).

É com o positivismo criminológico (Capítulo III, Item 4.2) que se afasta da visão que enxergava na pena a única forma de resposta estatal às infrações penais e se instala novo paradigma, onde, ao lado da pena, surge a medida de segurança como forma de sanção criminal, a traçar, pois, distinção conceitual entre ambas: a pena era baseada na *culpabilidade* do autor do fato e de natureza retributiva; a medida de segurança era baseada na *periculosidade* do agente e orientada exclusivamente para fins preventivos especiais[719].

---

717. ROXIN, Claus. *Op. cit.*, p. 103.
718. No mesmo sentido, afirma Eduardo Reale Ferrari: "Ainda que não uniformes as diferenças e semelhanças (...), entendemos constituírem as penas e medidas de segurança espécies de consequências jurídicas impostas pelo Estado àqueles que afrontam um bem jurídico penal, possuindo, como pressuposto, a prática de um ilícito-típico prévio, definido normativamente.. Dentre suas semelhanças, encontram-se figuradas como consequências jurídicas que visam combater o crime, tutelando, de um lado, a coletividade e, de outro, o cidadão que necessita de correção. Caracterizadas como sanções, são reações à transgressão de uma ordem ou proibição, visando tanto a defesa social como à reafirmação da autoridade do Estado" (FERRARI, Eduaro Reale. *Op. cit.*, pp. 66-67).
719. v. GARCIA-PABLOS, Antonio. *Op. cit.*, p. 17. Segundo Jorge de Figueiredo Dias: "a consciência dogmática da existência de uma categoria de sanções criminais

Sua origem decorre das críticas – na polêmica sobre os fins da pena[720] – dirigidas à insuficiência da pena criminal retributiva, que era inidônea e ineficaz para evitar a perigosidade adicional e a reincidência dos criminosos, que ia além da mera culpabilidade pelo fato praticado (retribuição), ou seja, era incapaz de exigências preventivas.

> Observa Eduardo Reale Ferrari que fulcradas na concepção de que não adiantava punir o delinquente com base no simples ilícito cometido, novas finalidades foram vislumbradas, colocando-as no centro do problema o sentido preventivo da sanção. E, com a constatação do índice de reincidência, de atos de alguns tipos de delinquentes anormais, depreendia-se que o rigor da pena era inútil, agravando-se a intranquilidade social. Assim, certos de que a sanção penal exclusivamente retribucionista possuía falhas, os estudiosos estimularam a finalidade preventiva, elegendo, no tratamento e na inocuização, os meios mais eficazes de proteção social. A função da resposta penal deveria, pois, primordialmente, evitar a reiteração delituosa. A finalidade da pena não seria mais castigar o agente, porque cometeu um mal, mas, sim, evitar que voltasse a praticar crimes[721].

Assim, a indispensabilidade da medida de segurança se apresentaria em dois níveis. No primeiro plano, é chamada a dar resposta e tratamento jurídico aos agentes *inimputáveis* (doentes mentais, etc.),

---

como algo diferente das penas só despontou com o Projecto de CP suíço de Carl Stoos (1893) e o "Contra-projeto" de v. Liszt e Kahls (1911); se bem que não deva ser esquecido, com anterioridade o requisitório de Ferri – e já mesmo de Despines e de Lombroso – a favor de um sistema de medidas de defesa social que substituísse o sistema de penas tradicional. Não significa isto que, em ordenamentos penais anteriores, não existissem já sanções que, em termos dogmáticos modernos, devessem ser reconduzidas à categoria das medidas de segurança; significa que só a partir dos estudos legislativos citados se ganhou clara consciência de que o sistema das penas, qualquer que fosse, devia ser integrado (ou 'flanqueado', na feliz expressão de Zipf) por um sistema de medidas que possuíam uma intenção político-criminal e uma expressão dogmática diversas das que presidem às penas" (FIGUEIREDO DIAS, Jorge de. *Op. cit.*, pp. 86-87). Sobre a questão histórica: FERRARI, Eduaro Reale. *Op. cit.*, pp. 15-46.

720. cfr. GARCIA-PABLOS, Antonio. *Op. cit.*, pp. 128-130.

721. v. FERRARI, Eduaro Reale. *Op. cit.*, p.18. Sobre a questão: GARCIA-PABLOS, Antonio. *Op. cit.*, pp. 128-130.

onde há ausência de culpabilidade (incapazes de culpa), e que, pois, não podem ser sancionados com a pena. Se o fato praticado e a personalidade revelarem a periculosidade do agente, o sistema de controle social formal penal não pode deixar de intervir, sob pena do não cumprimento da tarefa político-criminal de defesa da sociedade. Já no segundo plano, a medida de segurança é aplicada aos agentes *imputáveis* (capazes de culpa), quando os princípios que presidem a culpabilidade se revelem insuficientes para barrar a especial periculosidade resultante de particulares circunstâncias do crime e/ou da personalidade do agente, a complementar, pois, a aplicação da pena criminal[722].

1.2.2.2.a. Pena e Medida de Segurança (monismo e dualismo)

Muito discutida as relações entre pena criminal e a medida de segurança[723] e a posição doutrinária majoritária nega a existência de identidade entre ambos os institutos jurídicos, sob a alegação de que uma e outra possuem fundamentos, naturezas e fins diversos.

Sustenta-se, *grosso modo*, que a pena criminal possui finalidade retributivo e/ou preventiva (geral e/ou especial) – a depender de qual teoria se adota –, enquanto as medidas de segurança teriam finalidade exclusivamente preventiva especial; a pena se baseia na culpabilidade do agente – ao menos enquanto elemento limitador – e, assim, são proporcionais à infração cometida (ao dano ao bem jurídico tutelado), enquanto a medida de segurança se baseia na periculosidade do agente e a ela são proporcionais; a pena está voltada para o passado e as medida de segurança para o futuro; a pena é aplicada aos imputáveis e semi-imputáveis e a medida de segurança somente aos inimputáveis e, excepcionalmente, aos semi-imputáveis; a penas é fixa e temporalmente determinada, a medidas de segurança possui prazo indeterminado.

---

722. Observa Jorge de Figueiredo Dias que o segundo nível é duvidoso, problemático e traz consigo, no sistema jurídico, questão complexa de saber se, de acordo com as regras do Estado Democrático de direito, o sistema jurídico-penal sancionatório deve assumir, em relação aos agentes imputáveis, natureza *monista* ou *dualista* (FIGUEIREDO DIAS, Jorge de. *Op. cit.*, p. 87).
723. Sobre a evolução das discussões, p. ex,: FERRARI, Eduardo Reale. *Op. cit.*; ANTUNES, Maria João. *Op. cit.*.

Entretanto, modernamente a doutrina vem revendo tal separação taxativa entre pena criminal e medida de segurança, postura que vem traduzindo verdadeira aproximação entre tais institutos jurídicos[724], a sustentar que a diferenciação é meramente conceitual e, portanto, não convence, já que não há entre os penalistas e as teorias dogmáticas consenso que legitimaria o discurso diferenciador.

Aduz-se, p. ex., que, segundo algumas teorias, a pena criminal somente teria a finalidade preventivo-especial, assim como a medidas de segurança; para outras a própria medida de segurança também teria a função de prevenção geral[725], enquanto outras teorias negam, inclusive, a própria função retributiva da pena que legitimaria a diferenciação[726]. Pelas mesmas razões, o fato da pena se basear na culpabilidade e a medida de segurança na periculosidade também não seria suficiente para negar a identidade entre ambas, pois, para algumas teorias, a culpabilidade ora não seria o fundamento das penas, ora mero critério de limitação (prevenção geral e teorias mistas)[727], exatamente a mesma finalidade da periculosidade em relação às medidas de segurança; inclusive para a teoria especial negativa a periculosidade seria a justificação da pena, assim como da medida de segurança. Ademais, a ideia de periculosidade sempre foi levada em consideração pelo Direito Penal em relação aos imputáveis (p. ex., na fundamentação da aplicação das penas, para conceder ou negar a liberdade provisória, para fixar o regime prisional inicial, etc.)[728]. Por sua vez, a medida de segurança também seria voltada para o passado, pois têm como pressuposto fundamental o cometimento de delito antecedente, bem como a pena também seria voltada para o futuro nas teorias de prevenção (geral e especial)[729]. Outras críticas, ademais, foram desenvolvidas.

---

724. v. ANTUNES, Maria João. *Op. cit.*, p. 350.
725. v. FIGUEIREDO DIAS, Jorge de. *Op. cit.*, pp. 426-427.
726. Veja-se, p. ex., a teoria funcionalista preventivo-geral de Günther Jakobs (cfr. JAKOBS, Günther. *Op. cit.*, pp. 13 e sgts.).
727. P. ex., nesse sentido, como já visto, para Claus Roxin: *"a pena serve aos fins de prevenção especial e general. Se limita em sua magnitude pela medida da culpabilidade"* (ROXIN, Claus. *Op. cit.*, p. 103).
728. v. GOMES, Luiz Flávio. "Duração das Medidas de Segurança". In: *Revista de Julgados e Doutrina do Tribunal de Alçada Criminal do Estado de São Paulo*, São Paulo: nº 05, janeiro-março, 1990, pp. 04-05.
729. v. SILVA SANCHES, Jesus-Maria. *Op. cit.*, pp. 26-27.

Neste conturbado contexto, e diante das inegáveis zonas comuns entre pena e medida de segurança, não há dúvidas que ambas, abstraindo-se seu sentido ou finalidade, como visto, são consequências jurídicas do crime[730]; ambas são instrumentos do *ius puniendi* estatal[731] e devem ser consideradas como formas de sanções penais que implicam, necessariamente, privação ou restrição de direitos fundamentais da pessoa humana[732]; constituem duas formas semelhantes de controle social e, *substancialmente*, não apresentam diferenças dignas de notas, enquanto formas de invasão da liberdade do indivíduo pelo Estado[733].

Dessa forma, "deve partir-se de que as medidas de segurança são um instrumento mais de controle social, que consiste na limitação de direitos individuais imposta coativamente pelo Estado, razão mais que suficiente para tratá-las como as penas *desde o ponto de vista das garantias*"[734], sob pena de se legitimar discurso intervencionista estatal desmesurado e carente de limitações, com o mero argumento formal de que as medidas de segurança não são penas, até porque o autor do injusto penal é desvalorado jurídico-socialmente com a medida de segurança do mesmo modo que o autor do crime é desvalorado através da pena[735].

Parte-se, pois, do princípio de que tanto as penas, quanto as medidas de segurança, são consequências jurídicas do crime e, pois, sanções penais; assim, estão em relação de gênero (sanções penais) e espécies (pena e medida de segurança), já que ambas são instrumento do *ius puniendi* estatal que priva e/ou restringe direitos fundamentais da pessoa humana[736].

---

730. v. FIGUEIREDO DIAS, Jorge de. *Op. cit.*, p. 434.
731. v. GARCIA-PABLOS, Antonio. *Op. cit.*, p. 126.
732. v. GOMES, Luiz Flávio. "Duração das medidas de segurança". In: *Revista de Julgados e Doutrina do Tribunal de Alçada Criminal do Estado de São Paulo*, São Paulo: nº 05, janeiro-março, 1990, p. 05.
733. cfr. BITENCOURT, Cezar Roberto. *Op. cit.*, p. 641.
734. cfr. MUÑOZ CONDE, Francisco; GARCIA ARÁN, Mercedes. *Op. cit.*, p. 636. No mesmo sentido: BUSTOS RAMIREZ, Juan J.; HORMAZÁBAL MALARÈE, Hernán. *Op. cit.*, p. 214.
735. v. ADRIASOLA, Adriano. *Op. cit.*, p. 09.
736. v. PELUSO, Vinicius de Toledo Piza. "A Medida de Segurança de internamento para inimputáveis e seu prazo máximo de execução". In: *Leituras Complementares de Execução Penal*. Salvador: Ed. Podivm, 2006, p. 55-65.

1.2.2.2.a.1. Monismo e dualismo

Diante das dificuldades em se extrair diferenças fundamentais entre as finalidades da pena e da medida de segurança e a sua moderna aproximação, é só na sua mútua *delimitação* – que correm por vias distintas – que se suscita a diferença, tendo em vista a adoção do sistema sancionatório *monista* ou *dualista*.

A questão do monismo ou dualismo não residiria, pois, no reconhecimento de um (monismo) ou dois (dualismo) instrumentos sancionatórios pelo ordenamento jurídico e nem nas finalidades estabelecidas para a pena e para a medida de segurança (mesma finalidade = monismo / finalidades diversas = dualismo)[737], mas na forma de sua aplicação.

Assim, segundo Jorge de Figueiredo Dias, um sistema é *monista* quando há a *aplicação isolada* de pena ou de medida de segurança ao agente, com base no fato penalmente ilícito (*sistema vicariante* = pena *ou* medidas de segurança), independentemente de reconhecer a existência de ambos os institutos no ordenamento jurídico; e *dualista* quando há a *aplicação cumulativa* da pena e da medida de segurança ao mesmo agente, com base no mesmo fato penalmente ilícito (*sistema duplo binário* = pena *e* medida de segurança). Assim, se o sistema reconhece a existência da pena e da medida de segurança e aplica aquela aos imputáveis e esta apenas aos inimputáveis, não pode ser considerada dualista, pois ambos os institutos têm seus campos de aplicação *a priori* e diferentemente definidos, não há sobreposição entre eles, que convivem em divisão horizontal[738].

Contra o sistema *dualista*, sustenta-se que não tem sentido aplicar ao agente a pena, estritamente sujeita ao princípio da culpa, para, depois, complementá-la com medida de segurança, que, por definição não está limitada pela culpa e se funda em sua periculosidade. Ademais, a aplicação simultânea e/ou sucessiva da pena e da medida de segurança levaria ao odioso *bis in idem* ou duplo sancionamento a um mesmo fato penalmente ilícito, já que ambos os institutos, enquanto consequências jurídicas, representam sanções coativas estatais.

737. Sobre a questão: FERRARI, Eduardo Reale. *Op. cit.*, pp. 66-75; GARCIA-PABLOS, Antonio. *Op. cit.*, pp. 138-151.

738. v. FIGUEIREDO DIAS, Jorge de. *Op. cit.*, pp. 100-102.

O ordenamento jurídicopenal brasileiro, após a reforma de 1984, adotou o sistema monista *vicariante* (pena *ou* medidas de segurança) (arts. 96 a 99 do CP), aplicando-se a pena ao autores imputáveis e a medida de segurança aos autores inimputáveis ou semi-imputáveis de fatos definidos como crimes e considerados perigosos. Tal sistema é considerado como corretivo do sistema dualista e de seus inconvenientes, ajustado aos valores e princípios político-criminais constitucionais.

1.2.2.2.b. Justificação

Quanto às justificações da medida de segurança, estas se dividem em: a) *justificação ético-social*; b) *justificação utilitarista*[739]

Segundo a *justificação ético-social*, as considerações utilitaristas e pragmáticas são insuficientes e inadequadas para justificar a medida de segurança, pois leva a perigos e excessos e equivaleria à instrumentalização do homem, a atentar contra sua dignidade.

Para Hans Welzel, a questão se fundamentaria na dicotomia: *liberdade interior* x *liberdade exterior*. Para tal autor, só pode participar da vida social, sem qualquer tipo de restrição, as pessoas que têm capacidade suficiente para se reger conforme as normas sociais (capacidade moral de autodeterminação) (*liberdade interior*), daí que a *liberdade exterior* pode ser limitada quando falte – ou se encontre diminuída – aquela; a medida de segurança restauraria, assim, o equilíbrio entre a liberdade interior e a liberdade exterior, diante da necessidade e das exigências de normal participação dos indivíduos na vida social[740]. Outra não é postura de Hans-Heinrich Jescheck, para quem a medida de segurança não deve apenas ser socialmente útil, igual à pena, deve se ajustar também às exigências de Justiça, sendo determinante, para tanto, a ideia de que a liberdade garantida pela Constituição a cada cidadão é "liberdade vinculada à comunidade"; quem não possui a faculdade de se mover dentro da comunidade sem colocar gravemente em risco aos demais, deve suportar as necessárias limitações de sua liberdade no interesse da segurança de todos, pois evidente que, no

739. cfr. GARCIA-PABLOS, Antonio. *Op. cit.*, pp. 133-138.
740. *apud* GARCIA-PABLOS, Antonio. *Op. cit.*, pp. 133-134.

caso de abuso, deve se retirar os direitos que correspondem em si a qualquer cidadão ("ideia da privação merecida")[741].

Por sua vez, a *justificação utilitarista* afirma que a medida de segurança só pode se justificar quando indispensável e absolutamente necessária para a convivência social, porque, igual à pena, representa ataque e intromissão na vida e liberdade dos cidadãos e, pois, elemento de opressão e falta de liberdade.

Assim, segundo Eberhard Schmidhaüser, não tem sentido suavizar o pensamento utilitarista com referências a instâncias ético-sociais, já que a medida de segurança só se justifica por sua "necessidade" e que o seu verdadeiro problema moral diz respeito à sua limitação ao estritamente necessário, a limitação do alcance do ataque que a medida de segurança representa ao sujeito que a sofre. Segundo o autor, a questão de legitimidade é problema de limite, onde entra em cena a proporcionalidade, a ponderação entre os efeitos preventivos que se pretenda conseguir (a evitação do perigo) e o atentado à liberdade ou bens do sujeito a quem se aplica[742]. Também, nesse sentido, o pensamento de Jorge de Figueiredo Dias, para quem a legitimação da medida de segurança decorre da finalidade global de defesa social, da prevenção de fatos penalmente ilícitos por agentes perigosos futuros e, assim, obedecer exigências constitucionais e a depender dos princípios político-criminais da necessidade, da subsidiariedade e da proporcionalidade. A medida de segurança, portanto, só pode ser aplicada para a defesa de interesse social preponderante e em medida proporcional à gravidade do fato penalmente ilícito cometido e à perigosidade do agente[743].

741. v. JESCHECK, Hans-Henirich. *Op. cit.*, p. 76. Segundo Jorge de Figueiredo Dias, as concepções éticos-sociais são inaceitáveis e – guardadas as devidas proporções – assemelham-se ao "Direito Penal do Inimigo" e levaria ao extremo de se limitar a liberdade das pessoas não em nome dos fatos penalmente ilícitos que fossem praticados, não em face do perigo que revelassem em sua repetição e da consequente necessidade social de deles se defender, mas pura e simplesmente em nome da doença que os atingiu, da carga hereditária ou adquirida que sobre eles pesa e da consequente incapacidade de se deixarem motivar pelas normas (FIGUEIREDO DIAS, Jorge de. *Op. cit.*, p. 98).

742. *apud* GARCIA-PABLOS, Antonio. *Op. cit.*, pp. 137-138.

743. v. FIGUEIREDO DIAS, Jorge de. *Op. cit.*, p. 95. Segundo tal autor, o princípio da defesa social assume a função legitimadora não quando considerado em sua

1.2.2.2.c. Finalidades

A finalidade principal e primordial da medida de segurança é a *prevenção especial*, ou seja, evitar a prática de novos atos penalmente ilícitos pelo agente; visa a obstar, nos interesses da segurança social, a prática de novos atos penalmente ilícitos futuros através de atuação preventiva sobre o agente perigoso. Assume, pois, dupla função. A primeira – e mais importante[744] –, assegurar o tratamento e a (re)socialização do agente perigoso, periculosidade revelada pela anterior prática de ato penalmente ilícito (*função de socialização*). E a segunda, garantir a segurança social, impedindo novas práticas antissociais (*função de garantia*).

Entretanto, de maneira secundária, a medida de segurança também cumpre a finalidade de prevenção geral negativa e positiva, pois o legislador, ao criá-la e sistematizá-la, leva em consideração sua função intimidatória e de proteção de bens jurídicos e da tutela das expectativas sociais, pois o faz em nome do abalo social causado pelo autor inimputável perigoso e da necessária estabilização das expectativas sociais na validade da norma penal violada[745].

---

vertente puramente fática, naturalista e pragmática, mas, sim, quando conjugado com o princípio da ponderação de interesses, segundo o qual a liberdade da pessoa (imputável ou inimputável) só pode ser suprimida ou limitada quando seu uso conduza, com alta probabilidade, a prejuízo de outras pessoas que, na sua globalidade, pesa mais do que as limitações que o causador do perigo deva sofrer com a medida de segurança (FIGUEIREDO DIAS, Jorge de. *Op. cit.*, p. 96). No mesmo sentido, afirma Claus Roxin: "A medida de segurança não está ligada em sua gravidade e duração à medida da culpabilidade, mas só ao princípio da proporcionalidade, que admite ingerências mais amplas que as permitidas pela pena. (...) A resposta só pode surgir da ideia de ponderação de bens, Segundo isto, pode privar-se de liberdade quando seu desfrute conduza com uma elevada probabilidade a menoscabos alheios que globalmente pesam mais que as restrições que o causador do perigo deve suportar pela medida de segurança. Para isso se põem o valor e dignidade do homem... com todo seu peso sobre o prato da balança. Quanto mais se apreciem pela ordem jurídica, tanto mais estreito se traçará o círculo dos perigos contra os quais se aplicam as medidas de segurança" (ROXIN, Claus. *Op. cit.*, p. 105).

744. FIGUEIREDO DIAS, Jorge de. *Op. cit.*, p. 88; FERRARI, Eduardo Reale. *Op. cit.*, p. 61.

745. cfr. FIGUEIREDO DIAS, Jorge de. *Op. cit.*, pp. 92-95. Segundo observa Eduardo Reale Ferrari: "ao nosso ver, o prazo mínimo imposto pelo legislador não se relaciona à incerta presunção de duração da periculosidade, mas a razões ligadas à

1.3. Finalidade

A finalidade *mediata* do Direito Penal, como forma de controle social formal, é garantir a disciplina e a correta socialização dos membros do grupo social e, consequentemente, a própria estabilidade e manutenção da ordem social[746], a proteger, mediante a prevenção, as condições elementares mínimas para a convivência.

> Segundo Antonio Garcia-Pablos, dado que as instâncias de controle social – e o Direito Penal é uma delas – perseguem a estabilidade e o asseguramento do *status quo* através do submetimento do indivíduo (conformidade) às pautas e modelos de condutas do grupo (disciplina social) não se pode estranhar que se identifique a função do Direito Penal – em termos sociológicos – com a consecução e manutenção de dita atitude individual de conformidade[747].

Entretanto, deve fazê-lo através de referência valorativo-normativa, que dê sentido material à questão da proteção social e, dessa forma, afirma-se que a proteção social pelo Direito Penal deve ocorrer através da exclusiva proteção de bens jurídicos fundamentais, que seria, pois, sua função fundamental, sua *finalidade imediata*.

Tentou-se fundamentar a proteção penal da sociedade através da ótica da ética social (*função ético-social*). Nesse sentido, parte da doutrina (*v.g.*, Hans Welzel), partindo da conexão entre Direito e Ética Social, entende que a função do Direito Penal consiste não em proteger normativamente os bens jurídicos fundamentais, mas, sim, os valores ético-sociais mais elementares, compete-lhe função positiva e que incide na consciência dos cidadãos, como meio de defesa e afiançamento na sociedade dos valores ético-morais mais importantes[748]. Aqui, o fundamental seria defender, assegurar, garantir e esta-

---

prevenção geral positiva. A prática de um ilícito-típico por parte do dente mental origina abalo na comunidade social, constituindo necessária a reafirmação do ordenamento jurídico com o intuito de estabilizar contrafaticamente as normas violadas. A medida de segurança criminal reafirmará o direito, gerando tranquilidade social constituindo o prazo mínimo de duração um parâmetro legislativo ao apaziguamento comunitário" (FERRARI, Eduardo Reale. *Op. cit.*, p. 63).

746. v. GARCIA-PABLOS, Antonio. *Op. cit.*, pp. 01-02.

747. v. GARCÍA-PABLOS, Antonio. *Op. cit.*, p. 39.

748. cfr. LUZÓN PEÑA, Diego-Manuel. *Op. cit.*, p. 68. GARCÍA-PABLOS, Antonio. *Op. cit.*, pp. 43-47;

bilizar a observância de tais valores na sociedade, ou seja, garantir o "mínimo ético" imprescindível para o desenvolvimento pacífico da vida social, uma função configuradora dos costumes sociais[749]. Nos dizeres de Miguel Polaino Navarrete, "deste modo, o Direito Penal, ao sancionar determinadas ações delitivas (homicídio, lesões, coações, injúrias, etc.), não protege imediatamente bens jurídicos (vida, integridade física, liberdade, honra, etc.), senão que garante um *respeito* a tais bens jurídicos, isto é, *fomenta* nos cidadãos a ideia de que tais bens jurídicos não devam ser lesionados. O ordenamento punitivo afronta, pois, basicamente o cumprimento de uma função pedagógica, de ensino, educação ou fomento da 'cultura' do respeito a alguns bens imprescindíveis para o desenvolvimento da vida social"[750].

Tal posicionamento ético-social foi duramente combatido pela doutrina, sustentando-se que não cabe ao Direito Penal tal função eticizante; não cabe ao sistema de controle social formal penal a moralização dos cidadãos e nem a melhora ética da sociedade, o que cabe a outras instâncias do controle social – especialmente o informal. Em sociedade pluralista e democrática, onde há a separação entre Direito e Moral, não pode o Direito Penal incidir sobre a esfera interna do indivíduo e impor e modificar suas pautas valorativas e suas atitudes anímicas, a exigir atitudes de adesão e fidelidade a pretensa moral social. Tal finalidade potencializa as esferas de intervenção estatal penal para além da proteção dos bens jurídicos e prejudica o necessário surgimento e desenvolvimento autônomo de ética civil, mediante a substituição da ordem de valores preexistentes por outra plasmada no ordenamento jurídico, pois as normas penais não podem se transformar em escala de definição do ético e do antiético; não podem se transformar em baluartes da moral social[751].

749. v. POLAINO NAVARRETE, Miguel. *Derecho Penal. Modernas bases dogmáticas.* Lima: Grijley, 2004, p. 235.

750. POLAINO NAVARRETE, Miguel. *Op. cit.*, p. 235.

751. v. GARCÍA-PABLOS, Antonio. *Op. cit.*, pp. 48-49; SILVA SANCHEZ, Jesús-María. *Op. cit.*, p. 302. Tal autor sustenta: "estimo inconcebível que o Estado democrático aceite de bom grado que as normas penais se tomem como escala de definição do âmbito do ético e do antiético. O Direito Penal deve conformar-se com proteger os bens jurídicos mediante um respeito neutro aos princípios sustentados

1.3.1. A exclusiva proteção de bens jurídicos

Como visto, a finalidade imediata – a função fundamental – do Direito Penal é a proteção social, através da *exclusiva proteção de bens jurídicos fundamentais* à pacífica convivência social[752].

Isto significa que o Direito Penal do Estado Democrático de direito não pode castigar qualquer conduta, positiva (ativa) ou negativa (omissiva), mas só aquelas consideradas socialmente nocivas, posto que lesionem ou coloquem em perigo as condições elementares da vida comum em sociedade, isto é, que lesionem ou coloquem em perigo os bens jurídicos[753] e que, assim, se mostrem dignas e merecedoras da pena criminal[754].

Trata-se de função e garantia fundamental do Direito Penal moderno[755], que informa e limita o exercício do *ius puniendi* estatal, circunscrevendo sua atuação punitiva à exclusiva proteção da sociedade, mediante a tutela eficaz das condições fundamentais da vida social: os bens jurídicos; que, segundo Antonio Garcia-Pablos, "são os pressupostos existenciais e instrumentais que a pessoa necessita para sua autorrealização na vida social"[756], que tanto podem ter na-

---

por ele, sem tratar de fomentar fenômenos de adesão pessoal que, ademais, impliquem tal confusão de níveis. Por tanto, se se estima legítimo que alguma instância estatal cumpra em um Estado pluralista uma função ético-social, tal função deveria cumprir-se, em todo caso, em um âmbito diferente ao da intervenção punitiva, não condicionado pela vertente aflitiva que define ao mesmo. Isso, ademais, é obrigado, em primeiro lugar, porque determinados comportamentos individuais são desde logo antiéticos, ainda que não estejam penalmente tipificados e, ao inverso, certos comportamentos, pese ter sido tipificados, poderiam ver-se como 'neutros' desde uma ou várias perspectivas éticas ou, ao menos, como merecedores de discussão enquanto a seu 'status' ético" (SILVA SANCHEZ, Jesús-María. *Op. cit.*, p. 303).

752. Nesse sentido, afirma José de Faria Costa: "A função do Direito Penal é a de proteger bens jurídicos. Hoje é uma realidade indesmentível que a função primeira do Direito Penal é a de defender ou proteger bens jurídicos que tenham dignidade penal" (FARIA DA COSTA, José de. *Op. cit.*, pp. 22-23).
753. cfr. GARCÍA-PABLOS, Antonio. *Op. cit.*, p. 264.
754. v. FIGUEIREDO DIAS, Jorge de. *Op. cit.*, p. 114.
755. v. SILVA SANCHEZ, Jesús-María. *Op. cit.*, p. 267.
756. GARCÍA-PABLOS, Antonio. *Op. cit.*, p. 265. Segundo Jorge de Figueiredo Dias: "a noção de bem jurídico (seja ela embora, como já se vê, uma noção fulcral de toda a nossa disciplina) não pôde, até o momento presente, ser determinada – e talvez jamais o venha a ser – com uma nitidez e segurança que permita convertê-la

tureza individual (p. ex., vida, integridade corporal, liberdade, honra, patrimônio, etc.), como social (p. ex., saúde pública, incolumidade pública, segurança viária, meio ambiente, sistema democrático, sistema financeiro, etc.).

Daí se deduzir que o sistema penal não pode incriminar condutas sob a alegação de proteção de meros valores éticos ou morais e nem punir condutas socialmente inócuas. Só estará legitimado a agir quando se tratar de bens ou condições que interessem à maioria da sociedade e não a pequena parcela desta (*generalidade*) e que sua intervenção só se justifique para tutelar bens jurídicos essenciais e vitais para o homem e à sociedade (*transcendência*)[757].

Nestes termos, devem ser afastados do espectro da incidência do Direito Penal a criminalização de circunstâncias que reflitam meros objetivos de organização ou ordenação política, econômica e social muito distantes do indivíduo e de suas necessidades; que não protejam bens jurídicos fundamentais; que protejam finalidades meramente ideológicas, morais ou éticas; que visam a proteger bens jurídicos que não contem com consenso geral e ilimitado da sociedade, etc.[758].

Para além da tormentosa questão sobre a exata definição do que são bens jurídicos[759], o fato é que, em regra, a Constituição Fe-

---

em conceito fechado e apto à subsunção, capaz de traçar, para além de toda a dúvida possível, a fronteira entre o que legitimamente pode e não pode ser criminalizado. Há todavia hoje um consenso relativamente largo sobre o seu núcleo essencial. (...) poderá definir-se bem jurídico como a expressão de um interesse, da pessoa ou comunidade, na manutenção ou integridade, de um certo estado, objecto ou bem em si mesmo socialmente relevante e por isso juridicamente reconhecido como valioso" (FIGUEIREDO DIAS, Jorge de. *Op. cit.*, p. 114).

757. v. GARCÍA-PABLOS, Antonio. *Op. cit.*, p. 265. Para tal autor: "se perverte o Direito Penal quando, em lugar de orientá-lo à proteção de uma ordem social justa – e os pilares do mesmo (bens jurídicos) – é usado para reforçar o status quo em interesse de uma minoria e em prejuízo da maioria" (GARCÍA-PABLOS, Antonio. *Op. cit.*).

758. v. GARCÍA-PABLOS, Antonio. *Op. cit.*, pp. 266-267; ROXIN, Claus. *Op. cit.*, pp. 51-59; FIGUEIREDO DIAS, Jorge de. *Op. cit.*, pp. 123-126.

759. Sobre a inabarcável doutrina do tema, p. ex.,: GARCÍA-PABLOS, Antonio. *Op. cit.*, pp. 267-270; SILVA SANCHEZ, Jesús-María. *Op. cit.*, pp. 267-278; FIGUEIREDO DIAS, Jorge de. *Op. cit.*, pp. 113-126; MIR PUIG, Santiago. *Introducción a las bases del derecho penal.* 2a ed. Montevideo: B de f, 2002, pp. 112-124; FERRAJOLI,

deral os reflete e os define, "revelando-os como a expressão consensual da vontade dos membros de uma comunidade, como expressão hierarquizada daqueles interesses que se consideram essenciais para o funcionamento do sistema social. É a Constituição, portanto, a norma que vai aferir, em princípio, o sistema de valores a ser tutelado. Mas essa avaliação não tem valor absoluto, nem exclui outras valorações. O princípio da exclusiva proteção de bens jurídicos tem a Constituição como uma hipótese de trabalho necessária, um inevitável ponto de partida, mas não pode a ela limitar-se na seleção e na hierarquia desses bens. A dignidade formal do bem jurídico é necessária, mas não suficiente. Há uma dignidade material a ser também verificada: há de tratar-se de um valor assumido socialmente, suscetível de ataque e destruição, isto é, de ser lesionado ou posto em perigo gravemente e necessitado de tutela. Os bens jurídicos devem ser considerados em toda a sua dimensão material, mas sem que se perca de vista, para que a intervenção penal não se espraie em demasia, o dado comum a todos os ataques a esses bens: sua lesividade"[760].

Luigi. *Derecho y razón. Teoría del garantismo penal.* Trad. de Perfecto Andrés Ibañez *et alli.* 2ª ed. Madrid: Editorial Trotta, 1997, pp. 467-479; ALCÁCER GUIRAO, Rafael. *Sobre el concepto de delito: ¿lesión del bien jurídico o lesión de deber?* Buenos Aires: Ad-hoc, 2003; HEFENDEHL, Roland (Ed). *La teoría del bien jurídico ¿fundamento de legitimación del derecho penal o juego de abalorios dogmático?* Madrid: Marcial Pons, 2007. Observa criticamente Jesús-María Silva Sanchez que a finalidade garantística do princípio pode ser frustrada pelas diversas vicissitudes que hão afetado a história do conceito de bem jurídico, razão pela qual o efetivo cumprimento da função de garantia do bem jurídico exige uma adequada determinação do conteúdo de seu conceito, a impedir que o mesmo seja utilizado como mera tela para a projeção penal de todo tipo de interesses, estratégias ou convicções morais cuja lesão careceria de autêntica repercussão negativa na realização dos indivíduos como seres sociais (SILVA SANCHEZ, Jesús-María. *Op. cit.*, pp. 267-268).

760. FRANCO, Alberto Silva; LIRA, Rafel; FELIX, Yuri. *Op. cit.*, pp. 105-106. No mesmo sentido, observa Jorge de Figueiredo Dias: "se deve concluir que um bem jurídico políticocriminalmente tutelável existe ali – e só ali – onde se encontre reflectido num valor jurídico-constitucionalmente reconhecido em nome do sistema social total e que, deste modo, se pode afirmar que 'preexiste' ao ordenamento jurídico-penal. O que por sua vez significa que entre a ordem axiológica jurídico-constitucional e a ordem legal – jurídico-penal – dos bens jurídicos tem por força de verificar-se uma qualquer relação de mútua referência. Relação que não será de 'identidade', ou mesmo só de 'recíproca cobertura', mas de analogia material, fundada numa essencial correspondência de sentido e – do ponto de

1.4. Princípios penais

No Estado Democrático de direito, o Direito Penal – enquanto faceta indissolúvel e expressão do monopólio do poder estatal –, por ser parte integrante do sistema jurídico, bem como por se caracterizar como o meio jurídico coercitivo mais importante, severo e violento de que dispõe o Estado para garantir a observância de suas normas e, consequentemente, a teia e a convivência social, inegavelmente importa considerável acréscimo do poder de ordenar e coagir os cidadãos que se vêm submetidos, contra sua vontade, à violência estatal[761], diminuindo-lhes, através das sanções penais (pena e medida de segurança), a esfera do direito fundamental individual de liberdade (*status libertatis*), deve ser limitado – como todos os demais poderes estatais –, sob pena de se tornar constitucionalmente ilegítimo[762].

---

vista da sua tutela – de fins. Correspondência que deriva, ainda ela, de a ordem jurídico-constitucional constituir o quadro obrigatório de referência e, ao mesmo tempo, o critério regulativo da atividade punitiva do Estado. É nesta acepção que os bens jurídicos protegidos pelo Direito Penal devem considerar-se concretizações dos valores constitucionais expressa ou implicitamente ligados aos direitos e deveres fundamentais e à ordenação social, política e econômica. É por esta via – e só por ela, em definitivo – que os bens jurídicos se 'transformam' em bens jurídicos dignos de tutela penal ou com dignidade jurídico-penal, numa palavra, bens jurídico-penais" (FIGUEIREDO DIAS, Jorge de. *Op. cit.*, p. 120).

761. cfr. HASSEMER, Winfried. *Crítica al Derecho Penal de Hoy*. Trad. Patrícia S. Ziffer, 2ª ed. Buenos Aires: Ad-Hoc, 1998, p. 77.

762. Como observam Francisco Muñoz Conde e Mercedes García Arán: "Um Estado democrático deve dar lugar (...) a um Direito Penal mais respeitoso com os direitos e liberdades fundamentais e com a dignidade, a igualdade e a liberdade, que são a base de uma democracia. (...) parece claro que o Direito Penal, como parte desse ordenamento jurídico, deve adaptar-se e por-se em consonância com o modelo de Estado social e democrático de direito e com os valores superiores que este propugna. A legitimidade do Direito Penal ou do poder punitivo do Estado provém, pois, do modelo fixado na Constituição (...). Mas junto a esta legitimação extrínseca do Direito Penal, há também uma legitimação intrínseca do próprio instrumento jurídico punitivo, representada por uma série de princípios específicos que inspiram e limitam sua atuação (...),. Mas todos são igualmente importantes na configuração de um Direito respeitoso com a dignidade e a liberdade humana, meta e limite do Estado social e democrático de direito e, por tanto, de todo seu ordenamento jurídico" (MUÑOZ CONDE, Francisco; GARCIA ARÁN, Mercedes. *Op. cit.*, pp. 76-77).

Assim, a Constituição Federal lhe impõe conjunto de limites formais e materiais, explícitos ou implícitos, através de determinados valores, princípios e regras jurídicas[763], que constituem um dos componentes essenciais da decisão política fundamental constituinte, servindo de orientação e vinculação a todas as experiências concretas de juridicidade surgidas no ordenamento jurídico penal em que se formulam.

Tais limitações controlam o exercício do Direito Penal e evitam e previnem os possíveis abusos em seu uso pelo Estado, com a perniciosa consequência de abalo e desrespeito aos direitos e liberdades fundamentais dos cidadãos, razão pela qual seu reconhecimento, observância e fiel acatamento resultam de "transcendental relevância" para o correto desenvolvimento das funções que, na regulação da vida social, constitucionalmente se lhe impõem[764].

763. Observa Teresa Aguado Correa que, desde o momento em que as Constituições, em sua parte substantiva, regulam os direitos e liberdades fundamentais implícita ou explicitamente, contemplam os limites do poder punitivo e os princípios fundamentais informadores do Direito Penal, sendo indiscutível que da Constituição se derivem os princípios e regras essenciais que devem ser respeitadas tanto no processo de incriminação como na imputação do comportamento e no fim da pena, tanto que, em alguns casos, o arcabouço constitucional contempla tais princípios – ou regras – como direitos fundamentais (AGUADO CORREA, Teresa. *El principio de proporcionalidad en derecho penal*. Madrid: Edersa, 1999, p. 39), exatamente como ocorre com a retroatividade penal benéfica, conforme será aqui analisado.

764. cfr. POLAINO NAVARRETE, Miguel. *Op. cit.*, p. 310. Sobre a limitação do Direito Penal, observam Francisco Muñoz Conde e Mercedes García Arán, que as ideias que aninham no coração dos homens de conseguir uma paz social justa, um sistema equitativo que ampare seus direitos fundamentais e uma segurança pessoal que evite os despotismos e arbitrariedades, hão formando um patrimônio comum, uma plataforma sobre a qual deve descansar também o exercício do poder punitivo do Estado. Tais ideias servem de linha diretriz na criação, a aplicação e execução das normas penais e, em caso contrário, dão base à sua critica. Direção e critica são, portanto, as duas funções que tem encomendadas estas ideias no âmbito do Direito Penal moderno. Sua natureza é tanto política como jurídica (MUÑOZ CONDE, Francisco; GARCÍA ARÁN, Mercedes. *Op. cit.*, p 77).

1.4.1. Princípio da legalidade

Considera-se a primeira aparição do princípio no art. 39 da *Magna Charta Libertatum*[765], de João sem Terra (1215)[766], que, para alguns, não continha garantia material, mas apenas garantia processual[767] ou jurisdicional[768], pois tinha "por finalidade evitar que alguém fosse preso ou privado de seus bens pela vontade singular do soberano, obrigando que os magistrados aplicassem, efetivamente, as leis consuetudinárias à época consagradas pela comunidade"[769].

---

765. Outros autores apresentam a gênese do princípio, p. ex., no direito grego (DEDES, Christos. "Sobre el origen del principio "nulum crimen nulla poena sine lege"". In: *Revista de Derecho Penal y Criminología*. Madrid: Marcial Pons, 2ª época, n. 09, 2002, pp. 141-146), no direito romano (MANZINI, Vicenzo. *Tratatto di diritto penale italiano*. Torino: Unione Tipografico Editrice Torinese, 1950, v. 1, p. 55; STRATENWERTH, Günter. *Derecho penal. Parte general I*. Tradução de Gladys Nancy Romero. Buenos Aires: Fabián J. Di Plácido Editor, 1999, p. 28) e no direito ibérico (JIMÉNEZ DE ASÚA, Luis. *Tratado de derecho penal*. Buenos Aires: Editorial Losada S. A., 1950, t. II, p. 333; MARQUES, José Frederico. *Op. cit.*, v. I, p. 141).
766. Tal artigo estipulava: *"No freeman shall be taken or imprisioned, or disseised, or outlawed, or banished, or any ways destroyed, nor will we pass upon him nor wil we send upon him, save by the lawful judgement of his peers, or by the law of the land"* [nenhum homem livre pode ser preso ou privado de sua propriedade a não ser pelo julgamento de seus pares ou pela lei da terra] (v. MARQUES, José Frederico. *Op. cit.*, p. 142).
767. v. JESCHECK, Hans-Henirich. *Op. cit.*, p. 117.
768. Para Manuel Cobo del Rosal e Tomás Vives Anton, o art. 39 da *Magna Charta* seria verdadeiramente a origem da regra do *"rule of law"* do direito anglo-saxão, pois, enquanto o principio da legalidade traduz o predomínio da lei sobre os juízes, a *"rule of law"* caracteriza uma garantia jurisdicional diante da "lei da terra", baseada no Direito Natural, hierarquicamente superior às leis do Parlamento (COBO DEL ROSAL, Manuel; VIVES ANTÓN, Tomás S.. *Op. cit.*, p. 68).
769. NUCCI, Guilherme de Souza. *Código Penal Comentado*. São Paulo: RT, 2000, p. 32. Afirma Aníbal Bruno que: "Como tem sido observado ultimamente, as disposições da Magna Carta não tinham o caráter geral que lhes foi atribuído. Na realidade, as interpretações sucessivas que se foram dando a este célebre documento é que foram acentuando o seu conteúdo liberal e alargando-lhe o alcance, do círculo estreito das pessoas de qualidade ao homem comum, o que, aliás, está de acordo com o processo de formação e evolução do Direito Inglês. Mas a atitude dos nobres ingleses, face a João Sem Terra, foi um movimento individualista, que definia e delimitava, na mais grave das matérias, os poderes do Estado, embora os homens livres a que se refira o texto fossem os nobres, porque somente estes, na época, poderiam ser considerados capazes de reclamar direitos" (BRUNO,

É no Iluminismo, através das teorias do contrato social e da separação de poderes e com base no direto natural, que verdadeiramente se encontra a origem histórica do princípio[770], com seu caráter eminentemente político e não jurídico-penal, pois visava à limitação do poder estatal e a garantir aos cidadãos faixa de liberdade de ação

Mais tarde, com a influência da imigração inglesa e a posterior libertação das colônias da América do Norte, o princípio da legalidade aparece no *Bill of Rights* (1689) e sua consagração, em termos modernos, ocorre na Constituição de alguns dos Estados dos Estados Unidos da América – Filadélfia (1774), Virgínia e Maryland (1776) – e, posteriormente, na Constituição Federal norte americana (1787). Sua expressão definitiva, entretanto, se dá na *Déclaration des droits de l'homme et du citoyen* francesa (1789), de onde adquire "universalidade"[771] e se torna "dogma da democracia"[772], derivando-se à quase totalidade das Constituições dos Estados democráticos.

Aníbal. *Direito Penal.* Rio de Janeiro: Forense, 1978, t. I, pp. 206-207, nota 12). Sobre a questão: JIMÉNEZ DE ASÚA, Luis. *Op. cit.*, pp. 332-334.

770. Afirma Garcia-Pablos que: "o significado do princípio da legalidade é, pois, inseparável de suas origens genuínas: o movimento ilustrado e liberal que triunfa com a Revolução francesa" (GARCIA-PABLOS, Antonio. *Op. cit.*, p. 232). No mesmo sentido, para Santiago Mir Puig: "o principio da legalidade se derivou em um principio da teoria ilustrada do contrato social e pressupunha uma organização política baseada na divisão de poderes, em que a lei fosse competência exclusiva dos representantes do povo. O cidadão só admite a passagem do estado da natureza ao estado civil em virtude de um pacto – contrato social – no qual assegura sua participação e controle da vida política da comunidade. Tal participação tem lugar por meio do Poder Legislativo, que representa – ao menos teoricamente – ao povo. Só dele pode emanar lei, que constitui, pois, a expressão da vontade popular. Exigir que as penas se achem previstas pela lei persegue, como se vê, que contem com o consenso dos cidadãos, únicos legitimados para estabelecer as privações de direitos fundamentais que implicam. O principio da legalidade não é só, então, uma exigência de segurança jurídica, que permita só a possibilidade de conhecimento prévio dos delitos e das penas, mas ademais a garantia de que o cidadão não poderá ver-se submetido por parte do Estado nem dos juízes a penas que não admita o povo" (MIR PUIG, Santiago. *Introducción a las bases del Derecho penal.* Montevideo-Buenos Aires: Editorial B de f, 2002, pp. 126-127). Sobre a questão: NEVES, Antônio Castanheira. "O Princípio da Legalidade Criminal. O seu problema jurídico e seu critério dogmático". *in Digesta.* Coimbra: Coimbra Editora, 1995, v. 1, pp. 392-395; COBO DEL ROSAL, Manuel; VIVES ANTÓN, Tomás S.. *Op. cit.*, p. 68-69; ROXIN, Claus. *Op. cit*, p. 144.
771. JIMÉNEZ DE ASÚA, Luis. *Op. cit.*, p. 335.
772. HUNGRIA, Nélson. *Comentário ao Código Penal.* Rio de Janeiro: Revista Forense, 1953, v. I, t. I, p. 33.

Cabe ao jurista alemão Paul Johann Anselm von Feuerbach, em 1801, a fundamentação jurídico-penal do princípio – com base em sua "teoria da coação psicológica da pena"[773] – a enunciação clássica da forma latina *nullum crimen, nulla poena sine lege*, a significar que não pode haver crime e nem pena que não resultem de lei prévia, escrita e certa.

Após muitos fluxos e refluxos sobre o seu conceito e aplicação (*v.g.*, no nacional socialismo alemão e no comunismo soviético)[774], sedimentou-se na doutrina o entendimento de que, no Estado de direito, a proteção dos direitos, liberdades e garantias deve ser levada a cabo não apenas através do Direito Penal, mas, também, perante o próprio Direito Penal[775], que, assim, só pode atingir seus fins se à intervenção estatal forem levantados limites estritos em nome da defesa de tais direitos, liberdades e garantias perante uma intervenção arbitrária e/ou excessiva[776].

---

773. Segundo a teoria de Feuerbach, se o fim da cominação penal consiste na intimidação de potenciais criminosos, a determinação psíquica que se pretende só se alcança se, antes do fato, fixar-se na lei, de modo mais exato possível, qual é a ação proibida, pois, na ausência de uma lei prévia ou diante de uma lei pouco clara, não se produzirá o efeito intimidatório, porque ninguém saberá se sua conduta pode acarretar uma pena ou não (v. ROXIN, Claus. *Op. cit.*, p. 146). Assim, para Antônio Castanheira Neves, Feuerbach apenas exprime, em termos comuns, a síntese conclusiva de seu pensamento, que era mais diferenciado e se desdobrava em três princípios sucessivos e correlativamente condicionados (*nulla poena sine lege, nulla poena legalis sine crimine, nullum crimen sine poena legali*), e cujo moderno significado é de que não pode haver crime nem pena que não resultem de uma lei prévia, escrita e certa (NEVES, Antônio Castanheira. *Op. cit.*, p. 349, nota 01).
774. Sobre a questão, p. ex.,: POLAINO NAVARRETE, Miguel. *Op. cit.*, p. 320-323; LUISI, Luis. *Os princípios constitucionais penais*. Porto Alegre: Sergio Antonio Fabris Editor, 2003, pp. 20-22; HUNGRIA, Nélson. *Op. cit.*, p. 12-23; CARDENAS RIOSECO, Raúl F. *El principio de legalidad penal*. México: Editorial Porrúa, 2009, pp. 14-21.
775. v. ROXIN, Claus. *Op. cit.*, p. 137.
776. cfr. DIAS, Jorge de Figueiredo. *Direito penal. Parte geral*. Coimbra: Coimbra Editora, 2007, p. 177; NUCCI, Guilherme de Souza. *Princípios constitucionais penais e processuais penais*. São Paulo: Ed. RT, 2010, pp. 82-83; FRANCO, Alberto Silva. *Temas de direito penal*. São Paulo: Saraiva, 1986, pp. 01-10; CARDENAS RIOSECO, Raúl F.. *Op. cit.*, pp. 01-12; VICENTE MARTÍNEZ, Rosário de. *El principio de legalidad penal*. Valencia: Tirant lo blanch, 2004, pp. 18-31; SCHMIDT, André Zenkner. *O princípio da legalidade penal no Estado Democrático de Direito*. Porto Alegre: Livraria do Advogado, 2001.

No Brasil, desde a Constituição do Império (1824) e do Código Criminal (1830), o princípio da legalidade possui natureza constitucional e está positivado em norma de Direito Penal[777].

1.4.1.1. *Corolários*

O princípio da legalidade é desdobrado em quatro corolários – proposições que derivam, em encadeamento dedutivo, de asserção precedente, produzindo acréscimo de conhecimento por meio da explicitação de aspectos que, no enunciado anterior, se mantinham latentes ou obscuros –, que se completam e complementam, a saber:

1.4.1.1.a. Corolário da reserva legal (lex scripta)

O primeiro corolário do princípio da legalidade penal é o da *reserva legal* (*ou estrita legalidade*) – *nullum crimen nulla poena sine lege scripta* –, que determina que só a lei *stricto sensu* pode criar crimes e sanções criminais (penas e medidas de segurança), entendida como a lei em sentido jurídico-constitucional estrito[778], ou seja, o ato

777. v. HUNGRIA, Nélson. *Op. cit.*, pp. 36-37.

778. cfr. CASTANHEIRA NEVES, Antonio. *Op. cit.*, p. 355. Segundo Guilherme de Souza Nucci, "prevalece no sistema jurídico-penal o conceito de legalidade formal, vinculado que se encontra ao de crime, no sentido formal. Interessa-nos a superioridade do princípio de que somente há crime se houver lei anterior definindo-o como tal. Desse modo, por mais grave que possa ser determinada conduta, trazendo resultados catastróficos à sociedade, o mais relevante, para que exista a possibilidade de punição na órbita penal, é a sua expressa previsão em algum tipo penal incriminador. Afinal, crime é conduta descrita em tipo penal incriminador; ausente a descrição, inexiste o delito" (NUCCI, Guilherme de Souza. *Op. cit.*, p. 83). No mesmo sentido, Jorge de Figueiredo Dias deixa assentado que: "O princípio segundo o qual não há crime sem lei anterior que como tal preveja uma certa conduta significa que, por mais socialmente nocivo e reprovável que se afigure um comportamento, tem o legislador de o considerar como crime (descrevendo-o e impondo-lhe como consequência jurídica uma sanção criminal) para que ele possa como tal ser punido. Esquecimentos, lacunas, deficiências da regulamentação ou de redação funcionam por isso sempre contra o legislador e a favor da liberdade, por mais evidente que se revele ter sido intenção daquele (ou constituir finalidade da norma) abranger na punibilidade também certos (outros) comportamentos. Nesse sentido se tornou Celebre a afirmação de v. Liszt segundo a qual a lei penal constitui a 'magna Charta do criminoso'. Tem-se argumentado que, sendo assim, a lei penal representa uma espécie de carta de alforria para o agente mais hábil, mais refinado e (às vezes)

normativo oriundo de órgão legislativo constitucionalmente competente e mediante o processo legiferante constitucionalmente determinado; ficam peremptoriamente afastadas, por ilegítimos, todas as demais fontes ou modos normativamente constitutivos (*v.g.* direito consuetudinário e jurisprudencial) para os fundamentos jurídicos da incriminação – e descriminalização – e punição penal.

Conforme acentuam Francisco Muñoz Conde e Mercedes García Arán, quando se estabelece que a lei deve ser *scripta*, se expressa, em primeiro lugar, que o Direito Penal é exclusivamente direito positivo, o que exclui a possibilidade de que mediante o costume[779] ou os princípios gerais não escritos se estabeleçam crimes e penas, pois, com isso, pretende-se reservar ao Poder Legislativo a potestade para tal definição, já que, no esquema próprio da divisão dos poderes e dos *checks and balances*, cabe unicamente a tal Poder, como representante da vontade popular, a legitimidade para decidir quais condutas o Estado deve perseguir mediante o uso do violento *ius puniendi*.

---

mais rico e poderoso, numa palavra (própria da ciência criminológica), para o agente dotado de maior 'competência de ação'. Será verdade. Mas importa fazer neste contexto duas precisões: a primeira é a de que um tal agente não é, em definitivo, um 'criminoso' se não for como tal considerado por uma sentença passada em julgado; a segunda a de constituir este, apesar de tudo, um razoável preço a pagar para que possa viver-se numa democracia que proteja minimamente o cidadão do arbítrio, da insegurança e dos excessos de que de outro modo inevitavelmente padeceria a intervenção do Leviathan estadual" (DIAS, Jorge de Figueiredo. *Direito Penal. Parte Geral.* Coimbra: Coimbra Editora, 2007, pp. 180-181).

779. MUÑOZ CONDE, Francisco; GARCÍA ARÁN, Mercedes. *Derecho Penal. Parte General.* 3a ed. Valencia: Tirant lo blanch, 1998, p.. Observa Winfried Hassemer que: "a teoria do contrato social tinha que rechaçar energicamente o direito consuetudinário, que durante muito tempo havia sido a fonte do Direito típica daquela época, que pretendia superar a filosofia política da Ilustração. Conforme a esta nova filosofia, era o legislador quem devia dizer, por escrito e de um modo que pudesse ser comprovado por qualquer um, por onde transcorriam os limites da liberdade civil; o direito consuetudinário era demasiado manipulável e podia ser um instrumento muito efetivo em mãos dos poderosos que o podiam manejar a seu antojo. A forma escrita das fontes do Direito, a possibilidade de serem lidas por qualquer um, é um pressuposto necessário para o discurso geral sobre os limites da *libertad* (ainda que não uma condição suficiente). Este Ethos é também para nós evidente e importante: a invocação de fundamentos juridicoconsuetudinarios sería em Direito Penal como meter a mão em uma 'black box', na caixa mágica, em na que ninguém, salvo o mágico, sabe muito bem o que há dentro" (HASSEMER, Winfried. *Op. cit.*, p. 327).

1.4.1.1.b. Corolário da taxatividade (lex certa)

O outro corolário é o da *taxatividade* (ou *mandato de certeza*) – *nullum crimen nulla poena sine lege certa* –, que estabelece que o legislador na descrição do tipo penal (tipo de garantia), deve levá-la até o ponto que se tornem "objetivamente determináveis"[780] os comportamento proibidos e sancionados, para que seja objetivamente motivável e dirigível a conduta dos cidadãos.

Assim, *lex certa* "será a lei determinada na sua formulação prescritiva e no seu conteúdo normativo, em termos de poder impor-se já como critério autônomo e suficiente da incriminação punitiva, já como fundamento verdadeiramente vinculante da decisão concreta que impute essa incriminação – e para que assim possa prever-se essa decisão, seja ela susceptível de preservar a igualdade e de se submeter a um contrôle objectivo na sua aplicação individualizada e concreta"[781].

Sendo o tipo penal, nos dizeres de Guilherme de Souza Nucci, um modelo abstrato de conduta proibida, voltado à ciência e esclarecimento de todos os cidadãos em relação aos fatos considerados delituosos, para cumprir tal função, de tornar compreensível a norma penal e sua abrangência e incidência, deve-se cuidar de seu conteúdo, formado por vocábulos, termos e sentenças coordenados e bem dispostos, a assegurar, assim, a perfeita delimitação do universo da comunicação normativa pretendida, pois "a taxatividade dos tipos penais tem a finalidade de aclarar o objetivo de cada figura criminosa, permitindo a exata captação do sentido dos modelos. Com isso, estabelece-se a relação de confiança entre o Estado e o indivíduo, tornando-se seguro o contorno entre o ilícito penal e o extrapenal"[782].

---

780. DIAS, Jorge de Figueiredo. *Op. cit.*, p. 186.
781. CASTANHEIRA NEVES, Antonio. *Op. cit.*, p. 370.
782. NUCCI, Guilherme de Souza. *Op. cit.*, p. 188. Adverte Hans-Heinrich Jescheck que o grau de vinculação do juiz à lei responde ao grau de exatidão com que a vontade coletiva se há expressado naquela, significando que da técnica legislativa depende essencialmente a efetividade de garantia da lei penal, pois as matizes da vinculação judicial dependem do grau de concreção ou abstração do texto da lei (JESCHECK, Hans-Henrich. *Op. cit.*, pp. 114-115). No mesmo sentido, afirma Winfried Hassemer que "a mais séria ameaça para o mandato de certeza não

Ainda que seja fático-juridicamente impossível a só produção legislativa de tipos penais absolutamente taxativos e fechados[783], o fato é que o legislador deve, na criação e descrição dos tipos penais, evitar e restringir ao máximo a utilização de elementos normativos, de conceitos indetermináveis, de cláusulas gerais e de fórmulas gerais de valor, a impedir, pois, que sua utilização disseminada obste a determinabilidade objetiva das condutas proibidas e demais elementos de punibilidade; do contrário, significaria a violação irremissível do princípio da legalidade e, sobretudo, da sua teleologia garantística[784].

1.4.1.1.c Corolário da Irretroatividade (lex praevia)

O terceiro corolário da legalidade penal é o da *irretroatividade penal – nullum crimen nulla poena sine lege praevia* –, que determina que a lei que institui o crime e a sanção (pena ou medida de segurança) deve ser anterior ao fato que se quer punir, a caracterizar-se, pois, como garantia de que o cidadão não pode ser surpreendido pela aplicação de norma que não estava em vigor no momento da conduta (ação ou omissão) ou do resultado, pois somente com a entrada em

---

procede, sem embargo, da vontade do legislador, mas de sua capacidade para fazer leis precisas" (HASSEMER, Winfried. *Op. cit.*, p. 316).

783. Sobre o problema do fenômeno jurídico da *"abertura normativa"*, Winfried Hassemer explicita que: "A ideia que vulgarmente se tem de que o legislador nesta matéria pode atuar quase ilimitadamente é, como já vimos, falsa. O que qualificados como um equilíbrio lábil entre precisão e flexibilidade, o havia já Aristóteles caracterizado com a observação de que ante a quantidade, pluralidade e desconhecimento dos casos que pode regular uma lei, está não pode ser precisa. Qualquer um pode ver que o legislador penal tem que resolver, ao mesmo tempo, duas tarefas diferentes, contrárias entre si: tem que deixar suas normas o suficientemente abertas como para poder adaptar-se a casos futuros, ainda desconhecidos mas 'pensados para quando se conheçam', e deve formulá-las de um modo o suficientemente fechado como para que sejam impenetráveis aos casos que não hão sido imaginados. Toda decisão que haja que tomar entre flexibilidade e precisão é problemática. A decisão em favor da flexibilidade alcança logicamente sua meta sempre: uma norma formulada de um modo vago amplia o âmbito de decisão e de evolução normativa. A decisão em favor da precisão, ao contrário, pode ser um obstáculo: podem ser 'demasiado precisa' e excluir casos que seguramente não haveria que excluir (...). Já estas reflexões demonstram que o legislador só não pode garantir a certeza dos tipos" (HASSEMER, Winfried. *Op. cit.*, p. 316). Veja-se, por todos: CASTANHEIRA NEVES, Antonio. *Op. cit.*, pp. 370-385.

784. cfr. DIAS, Jorge de Figueiredo. *Op. cit.*, p. 186.

vigor da lei penal é que o cidadão está em condições de conhecer o alcance e a significação da regulação jurídica de sua conduta.

Tal corolário, que, nos dizeres de Antonio Castanheira Neves, é "uma das manifestações nucleares da função de garantia que ao princípio cumpre, na perspectiva da sua inserção institucional nos valores ético-políticos e nas exigências jurídicas do Estado-de-Direito"[785], como visto na parte história, está íntima e essencialmente ligado ao nascimento da ideia político-liberal das garantias jurídico-individuais dos cidadãos contra o despotismo estatal, a transformar-se como uma das coordenadas fundamentais do Estado moderno, em que toda e qualquer atividade intervencionista estatal na esfera individual dos cidadãos deve depender da existência de uma lei geral, abstrata e anterior, assumindo, pois, desde sua gênese, dignidade constitucional[786].

Se a função da pena é a de prevenir os crimes, por intermédio da intimidação psicológica (prevenção geral negativa), ou a manutenção da vigência e eficácia do ordenamento jurídico-penal e sua inquebrantabilidade (prevenção geral positiva)[787], torna-se patente que a lei que institui condutas penalmente proibidas deve ser anterior às condutas que pretende prevenir.

Ademais, se o princípio da culpa fundamenta e afirma a responsabilidade subjetiva, que exige se possa imputar ou atribuir fato

785. CASTANHEIRA NEVES, Antonio. *Op. cit.*, p. 361. No mesmo sentido, afirma Francesco Palazzo que: "no extremo oposto da lei penal se encontra o principio da irretroatividade (a lei penal é obviamente desfavorável). O que parece de fato, decantar-se por uma série de imutabilidade e de reconhecimento geral em tempos e em lugares diferentes: e disto é prova indireta e exterior, mas não insignificante, o fato de que muitos enunciados constitucionais estão baseados sobre a *prohibición* da retroatividade da lei penal, e é quase a demonstração verbal de que isto constitui o marco do principio da legalidade" (PALAZZO, Francesco. "La legalidad y la determinación de la ley penal: el significado lingüístico, la interpretación y el concepto de la *regla juris*". Trad. de Irene Melero Sánchez e Susana Barón Quintero. In: *Revista Penal*. Barcelona: Editorial Praxis, n. 25, enero, 2010, p. 106).

786. cfr. TAIPA DE CARVALHO, Américo A.. *Sucessão de Leis Penais*. Coimbra: Coimbra Editora, 1990, p. 42.

787. Segundo o autor supra, não há qualquer contradição entre o reconhecimento do papel adicional desempenhado historicamente pela teoria da prevenção geral negativa, na proibição da retroatividade desfavorável, e a moderna recusa à ideia de intimidação pela teoria da prevenção geral positiva (*Ibidem*).

criminoso a seu autor, como resultado de obra sua, a merecer, pois, o juízo de reprovação jurídica, é indispensável a existência de lei penal anterior, com sua função motivadora do comportamento, para que se possa legitimar a censura jurídico-penal de quem atuou conscientemente contra essa lei.

A tais fundamentos político-dogmáticos, juntam-se os fundamentos axiológicos caracterizados pela tríade dos princípios da segurança jurídica, da certeza jurídica e da justiça, pois, se aquilo que deve forçosa e obrigatoriamente ser observado e cumprido por todos, que, assim, poderão, com base em expectativas firmes, governar suas vidas e orientar suas condutas, bem como prever os efeitos jurídicos de seus atos, a evitação da surpresa e a instabilidade do exercício do *ius puniendi* estatal, e, consequentemente, a estabilidade de uma ordem sociopolítica justa, somente pode ocorrer mediante lei penal anterior.

Inegável, pois, que a irretroatividade da lei penal desfavorável está umbilical e vitalmente ligada à ideia de dignidade da pessoa humana, a impedir sua instrumentalização político-jurídica, a proteger consequentemente a liberdade (*ius libertatis)* que, de modo essencial, define essa dignidade, razão pela qual é entendimento dominante, tanto na doutrina constitucional, como na penal, que a irretroatividade penal é direito fundamental da pessoa humana, verdadeira pedra angular de todo Estado Democrático de direito

Observa Américo A. Taipa de Carvalho que uma concepção humanista da política criminal verá na irretroatividade penal *in peius*, sempre e independentemente de sua fundamentação política, um de seus princípios fundamentais, pois não se deve esquecer que o Direito Penal só se pode justificar no postulado antropológico da liberdade.

Daí que "uma lei que pretenda ser aplicável a um caso que tenha ocorrido antes que a lei tenha entrado em vigor, é um fantasma do Estado policial. A objeção mais suave que contra ela se pode fazer é que uma lei desta classe não pode cumprir sua função como norma de determinação, por que o dano, cuja omissão pretende conseguir a comunidade jurídica, se havia já produzido antes de sua promulgação; as leis, tudo o mais, podem determinar o comportamento futuro. O núcleo da proibição da retroatividade é a proteção da confiança de todos em que os limites da liberdade estão marcados de antemão de um modo vinculante e podem ser lidos em qualquer momento nas leis. Esta vinculação e a possibilidade de leitura se destruiriam se o legislador, com uma intervenção rápida no comportamento, pudesse criminalizá-lo *post festum*. A proibição da retroatividade procura que a persecução e o castigo do comportamento desviado seja um processo parcimonioso e que se anuncie anteriormente com tempo suficiente, sob que pressupostos se considera um comportamento como desviado e que é o que se pode esperar"[788].

1.4.1.1.d. Corolário da proibição da analogia (lex stricta)

O quarto e último corolário é o da *proibição da analogia – nullum crimen nulla poena sine lege stricta* –, que, como o nome já indica, torna proibida a analogia (*analogia legis*) como meio de criação e extensão dos preceitos penais e agravação das penas, a impedir a aplicação do direito que exceda o sentido alcançado pela *exegesis* da norma jurídico-penal, ou seja, da interpretação permitida das palavras da lei.

Se apenas a lei, como observa Antonio Castanheira Neves, tem legitimidade para decidir e definir a incriminação punitiva, excluindo qualquer outra fonte normativa, compete ao juiz a aplicação estrita da norma incriminadora e punitiva, sendo-lhe proibida uma incriminação para além da legalmente imposta de que ele fosse decisoriamente responsável ou por ele normativamente constituída. Adverte o autor português, que "não se pretende já com isto proscrever a interpretação dessa norma criminal – como o pretenderam, no entanto, Montesquieu e Beccaria, e chegou a ser aceite também por Feuerbach –, e interpretação inclusivamente com toda a índole normativo-concretizadoramente constitutiva que hoje se reconhece à interpretação em geral (...). Mas continua a negar-se a possibilidade de uma incriminação e punição em concreto que ultrapasse a hipotética previsão da norma legal, e ainda que o exato sentido dessa previsão só possa determinar-se pela interpretação e seja um resultado

788. HASSEMER, Winfried. *Op. cit.*, p. 320.

dela, pois essa determinação e esse resultado deveriam obter-se no quadro definido pelos limites prescritivos da norma e com respeito por esses limites – os quais se imporiam assim como uma predeterminação da própria interpretação (do seu âmbito e possibilidades). Deste modo, o corolário da *lex stricta* implicará a não aplicação da norma legal incriminadora e punitiva para além do que haja de considerar-se uma sua aplicação direta ou imediata, possibilitada pela interpretação, e infere-se daí a recusa da sua aplicação indireta e mediatizada por um autônomo juízo normativo do julgador a casos diferentes, posto que análogos daqueles por ela diretamente previstos – que tanto é dizer, recusa-se uma sua aplicação analógica"[789].

Assim, o que o princípio da legalidade não permite é a utilização da analogia como método de integração de lacunas em matéria penal incriminadora, ou seja, como autointegração, caracterizada como a extensão de lei penal a suposto de fato (conduta) não abarcado por ela, mas semelhante ao por ela disciplinado (*analogia legis*); ambos os supostos de fato (condutas) coincidem com a mesma *ratio legis*, mas um deles não está abarcado pela lei penal[790].

Tal proibição não afasta, portanto, o recurso à interpretação analógica ou extensiva do tipo penal. Na primeira, para solucionar dúvidas sobre o alcance da norma penal, o intérprete se socorre da comparação com outras normas que regulam os supostos de fato similares para alcançar o sentido literal possível, sem entrar em contradição com este; já na segunda hipótese, o intérprete se utiliza do sentido comum das palavras utilizadas no tipo penal, movendo-se dentro do quadro das significações literais possíveis, a englobar todos os supostos de fato aí admitidos; portanto, "a interpretação analógica nem sempre é interpretação extensiva. Pois a comparação com outros suposto de fato similares pode levar, certamente, a incluir (...) tantos supostos em um tipo penal como sua letra tolera; mas pode levar também (...) a excluir supostos que a letra da lei poderia admitir"[791]. Em ambas as situações o intérprete está diante

789. CASTANHEIRA NEVES, Antonio. *Op. cit.*, p. 386.
790. Sobre a questão: REALE, Miguel. *Lições Preliminares de Direito*. 19a ed. São Paulo: Ed. Saraiva, 1991, pp. 292-294; BOBBIO, Norberto. *Op. cit.*, pp.233-238.
791. GIMBERNAT ORDEIG, Enrique. *Op. cit.*, p. 68. Para Guilherme de Souza Nucci, há várias formas de se indicar, na lei penal, a viabilidade da interpretação analógica:

de interpretação permitida, pois não ultrapassa o limite de garantia representado pela letra da lei, porque toda interpretação se move dentro desse limite (o sentido literal possível)[792].

A proibição da analogia é exclusivamente restrita à analogia *in malan partem* (em prejuízo do réu), por ser a única a conformar a quebra do princípio da segurança jurídica e da certeza e, pois, da teleologia garantística do princípio da legalidade, pois tal limite só visa a garantir ao cidadão que este não poderá se ver atingido por crime ou pena que não se façam previstos pela letra da lei, mas não que não possa ser menos castigado ou, até, eximido da pena, se não o prevê literalmente a lei[793].

Dessa forma, parece lógico e justo se admitir a aplicação de situação jurídico-penal benéfica ao cidadão, quando a situação que o envolve seja análoga a outra que motive tal situação mais favorável, pois, nesta hipótese, como dito por Juan J. Bustos Ramirez e Hernán Hormazabal Mallarée, "não há vulneração do principio da legalidade, porquanto não significa arbitrariedade ou abuso sobre a pessoa se se estabelece por analogia uma atenuante ou eximente. Isso de nenhum modo significa uma intervenção abusiva do Estado sobre a pessoa, mas todo o contrário, pois tem relação com a proteção da dignidade pessoal e a liberdade pessoal do sujeito"[794].

---

a) sistema da alternância expressa, que indica claramente na norma penal a indispensabilidade da interpretação analógica; b) a alternância implícita, que faz o intérprete deduzir a necessidade de uso da extração do conteúdo real da norma por meio da analogia; c) a autonomia correlata, que insere a interpretação analógica em destaque, como se fosse uma norma autônoma, desvinculada da alternância ("ou") sequencial (NUCCI, Guilherme de Souza. *Op. cit.*, pp. 95-96).

792. Sobre a questão: GIMBERNAT ORDEIG, Enrique. *Op. cit.*, pp. 62-66; DIAS, Jorge de Figueiredo. *Op. cit.*, pp. 187-193; MIR PUIG, Santigo. *Op. cit.*, pp. 86-87; ROXIN, Claus. *Op. cit.*, pp. 147-158; HASSEMER, Winfried. *Op. cit.*, pp. 332-338; CASTANHEIRA NEVES, Antonio. *Op. cit.*, pp. 385-389.

793. v. MIR PUIG, Santiago. *Op. cit.*, p. 87. No mesmo sentido, aceitando a aplicação analógica *in bonam partem*, *v.g.*: JESCHECK, Hans-Heinrich. *Op. cit.*, p. 121; DIAS, Jorge de Figueiredo. *Op. cit.*, p. 192; BUSTOS RAMIREZ, Juan J.; HORMAZÁBAL MALARÉE, Hernán. *Op. cit.*, p. 95; MUÑOZ CONDE, Francisco; GARCÍA ARÁN, Mercedes. *Op. cit.*, pp. 134-136; NUCCI, Guilherme de Souza. *Op. cit.*, p. 93; BITENCOURT, Cezar Roberto. *Tratado de direito penal.* 16a ed. São Paulo: Ed. Saraiva, v. 1, 2011, pp. 180-181.

794. BUSTOS RAMIREZ, Juan J.; HORMAZÁBAL MALARÉE, Hernán. *Op. cit.*, p. 95. No mesmo sentido, afirma Enrique Gimbernat Ordeig que: "A doutrina tem razão.

1.4.2. *Princípio da culpabilidade*

O princípio da culpabilidade (*nullum crimen, nulla poena sine culpa*) deve ser entendido como negação histórica à responsabilidade penal objetiva (*versari in re illicita*) – ninguém pode ser punido por consequências ou resultados não queridos ou previsíveis de seus próprios atos – e a afirmação da responsabilidade penal subjetiva (ou pessoal), que exige, antes da aplicação de pena criminal, como seu pressuposto e limite intransponível, que se possa imputar ou atribuir o fato criminoso a seu autor, como resultado de obra sua, a merecer, pois, o juízo de reprovação jurídica com a aplicação da pena.

Antigamente, *grosso modo*, a responsabilidade penal se caracterizava pelo fato objetivo, ou seja, tratava-se da responsabilidade objetiva pelo resultado, onde o agente respondia pelo simples fato de ter causado determinado evento danoso, não se aquilatando se o agente quis ou não tal causação como produto de sua vontade[795]. De-

---

Isso se deduz de uma interpretação teleológica do principio da legalidade. Pois, a existência deste principio obedece, fundamentalmente, à gravidade das consequência jurídica que a lei penal ordena, isto é: à gravidade da pena, que supõe uma intervenção nos bens mais preciosos da pessoa (vida, liberdade). Certo que a comunidade, para proteger interesses jurídicos de suma importância, pode restringir a liberdade do indivíduo; mas esta intervenção é de uma transcendência tal que o cidadão pode exigir que se lhe digam com claridade quais são os comportamentos que levam consigo uma reação estatal tão radical; pode exigir que se lhe garanta que não vá a suceder que, de boas às primeiras, se encontre surpreendido com que o Estado lhe priva de bens tão fundamentais como a *libertad* ou a honra, empregos e cargos públicos que tivesse o sujeito por ações a respeito das quais não se pôde informar antes de sua comissão que estavam proibidas. (...) Pois bem: se o que se alcança com uma interpretação analógica fundamentada materialmente, mas em contradição com a letra da lei, é, não uma agravação da pena, mas uma atenuação dela ou inclusive sua exclusão, é claro que pretender seguir aplicando aqui a proibição da analogia careceria de sentido. Pois seu sentido é o de prejuízo que uma interpretação sem base no sentido gramatical pode causar ao réu, não o benefício que pode proporcionar-lhe" (GIMBERNAT ORDEIG, Enrique. *Op. cit.*, pp. 47-48).

795. Veja-se, *v. g.*, o exemplo apontado por Nilo Batista: "Na antiga legislação da Babilônia, editada pelo rei Hamurábi (1728-1686 a.C.), encontramos que, se um pedreiro construísse uma casa sem fortificá-la e a mesma, desabando, matasse o morador, o pedreiro seria morto; mas se também morresse o filho do morador, também o filho do pedreiro seria morto. Imaginemos um julgamento 'modernizado' desse pedreiro: de nada lhe adiantaria ter observado as regras usuais nas construções de uma casa, ou pretender associar o desabamento a um fenômeno

pois, a ideia da culpabilidade já aparecia no Direito Romano, na Lei das XII Tábuas, onde era exigido o dolo (*dolo malus*) em várias espécies delituosas, e, após o seu desenvolvimento histórico[796], afastou-se definitivamente a responsabilidade objetiva, transformando-se a culpabilidade *lato senso* em verdadeiro dogma jurídico-penal (*nullum crime sine culpa*) e alçado, recentemente, a garantia constitucional (art. 5º, XLV, da CF)[797].

Assim, o princípio da culpa *lato sensu* exprime o conjunto de pressupostos necessários para se poder considerar alguém "culpado" pelo evento que motiva a aplicação da pena criminal[798], pois

---

sísmico natural (uma acomodação do terreno, por exemplo) fortuito e imprevisível. A casa desabou e matou o morador: segue-se sua responsabilidade penal. Não deixemos de imaginar, igualmente, o julgamento do filho do pedreiro. A casa construída por seu pai desabou e matou o morador e seu filho: segue-se sua responsabilidade penal. A responsabilidade penal, pois, estava associada tão-só a um fato objetivo e não se concentrava sequer em quem houvesse determinado tal fato objetivo. Era, pois, uma responsabilidade objetiva e difusa" (BATISTA, Nilo. *Op. cit.*, p. 102).

796. Observa Jorge de Figueiredo Dias que: "ainda hoje se não encontra estabelecida com clareza a história do princípio da culpa e das suas relações com a tese da responsabilidade objectiva ou pelo resultado. Não parece todavia arriscado afirmar que ela revela um longo e paulatino (mas não poucas vezes, desde as civilizações antigas, sinuoso e acidentado) percurso de afastamento do princípio da responsabilidade objectiva em direção a uma reconhecimento cada vez mais perfeito do princípio da culpa. A progressiva afirmação deste último correu parelha com um progressivo aprofundamento e aperfeiçoamento do conceito de culpa, que de há muito se autonomizou do conceito de culpa válido em outros ramos do direito, nomeadamente no direito civil: precisamente logo que a doutrina jurídico-penal assentou na indispensabilidade de (...) cindirem categorias absolutamente autônomas os conceitos de ilicitude (ou antijuridicidade) e de culpa. Isto sucedeu – sobretudo por força da doutrina alemã – por volta do final do séc. XIX e conduziu a uma concepção positivista-naturalista do conceito de crime, em que a culpa abrangia tendencialmente a totalidade dos elementos subjetivos do delito segundo sua compreensão eminentemente psicológica" (FIGUEIREDO DIAS, Jorge de. *Op. cit.*, p. 511).

797. Para Eugenio Raul Zaffaroni, Alejandro Alagia e Alejandro Slokar o princípio da culpabilidade é o mais importante dos que se derivam, de forma direta, do Estado de Direito (v. ZAFFARONI, Eugenio Raul; ALAGIA, Alejandro; SLOKAR, Alejandro. *Op. cit.*, p. 139).

798. cfr. GARCIA-PABLOS, Antonio. *Op. cit.*, p. 283. Outro não é o entendimento de Francisco Muñoz Conde e Mercedes García Arán: "também fora do Direito Penal se empregam expressões como 'ter a culpa', 'impor a culpa', 'sentir-se culpado', etc., que refletem um sentido parecido, ainda que com distinta terminologia, ao

"quando se afirma que a responsabilidade penal é pessoal, quer-se com isso exigir que ela se radique numa plataforma psicológica de modo que o fato possa pertencer ao próprio 'eu' do autor, para usar uma expressão de Antolisei. (...) Desta forma, na compreensão do caráter pessoal da responsabilidade penal, está inserida a ideia de que essa responsabilidade é subjetiva, isto é, pertence a seu autor, é própria dele, na medida em que é responsável pelo fato praticado porque quis ou porque tal fato é devido à falta de um dever de cuidado. Em resumo, o fato é 'seu' porque agiu com dolo ou, no mínimo, com culpa"[799].

Diversas foram – e são – as tentativas doutrinárias de definir o exato conteúdo material da culpabilidade[800] e que, em termos gerais, vão desde a ideia subjetiva da vontade, passando e desembocando nas ideias normativas da possibilidade concreta e individual do agente poder agir de outra maneira e da normal motivabilidade do autor[801].

---

que se dá ao conceito de 'culpabilidade' em Direito Penal. Efetivamente, quando se diz que 'alguém tem culpa' ou que 'é culpado de algo' se está aludindo à responsabilidade pela realização de um fato desaprovado; inclusive psicologicamente a 'culpa' como sentimento é sempre mostra de um pesar pelo mal cometido. Antes que a culpa, objetiva o subjetiva, há, pois, uma desaprovação prévia de algo que se há realizado e que não se deveria haver realizado, ou de algo que não se há realizado, devendo haver-se realizado. Em Direito Penal se emprega a expressão 'culpabilidade' como o conjunto de condições que permite declarar a alguém como culpado ou responsável por um delito" (MUÑOZ CONDE, Francisco; GARCÍA ARÁN, Mercedes. *Op. cit.*, pp. 389-390).

799. FRANCO, Alberto Silva; LIRA, Rafel; FELIX, Yuri. *Crimes Hediondos*. 7a ed. São Paulo: Ed. RT, 2011, p. 84.

800. Sobre a importância de se tentar chegar à definição do conceito material da culpa (ou culpabilidade), observa Jorge de Figueiredo Dias que: "Tomar posição em esta querela implica, sem alternativa, determinar o que é materialmente a culpa jurídico-penal. Antes desta determinação não se torna possível assumir proposições conclusivas também quanto à natureza do próprio juízo de culpa e toda a discussão corre o risco de descambar em puro nominalismo. O mais que pode desde já dizer-se é que retirar todo o substrato ao conceito de culpa, transformando-o em 'puro juízo de censura', é solução que furta ao conceito o cumprimento da função que deve desempenhar no sistema e fora da qual ele perde o seu caráter irrenunciável e sem alternativa" (DIAS, Jorge de Figueiredo. *Op. cit.*, p. 513).

801. Sobre a questão: DIAS, Jorge de Figueiredo. *Liberdade. Culpa. Direito Penal*. 3a ed. Coimbra: Coimbra Editora, 1995; COBO DEL ROSAL, Manuel; VIVES ANTÓN, Tomás S. *Op. cit.*; MUÑOZ CONDE, Francisco; GARCÍA ARÁN, Mercedes. *Op. cit.*;

Mas, para além dessas discussões, a ideia de culpa (ou culpabilidade), como valor de garantia e como função limitadora do *ius puniendi* estatal, deve sempre estar atrelada à dignidade da pessoa humana, com seu atributo de liberdade, enquanto característica do atuar humano-individual no âmbito político e como expressão de sua autodeterminação e de sua autonomia na condução da vida pessoal, pois "a liberdade da pessoa – por mais duvidosa que seja no seu *se* e no seu *como* – é o íntimo pressuposto comum a toda a consideração da culpa em sentido moderno; é este pressuposto, pois, que importa ante de mais perseguir e se esclarecer para que se determine *o que é materialmente a culpa de que se trata em direito penal*"[802]; deve ser levada em consideração, portanto, a liberdade humana enquanto "decisão através da qual o homem se decide a si mesmo, criando o seu próprio ser ou afirmando sua própria essência. O homem determina a sua ação através de sua livre decisão sobre si mesmo. (...) Nisto residirá a autêntica liberdade pessoal do homem, a sua característica irrenunciável: ele, no concreto existir, é sempre ser-livre"[803]. Ou seja, segundo Manuel Cobo del Rosal e Tomás S. Vives Anton, "cabe afirmar que o fundamento último da culpabilidade se encontra na liberdade humana"[804].

Segundo Antonio Castanheira Neves, "começando por sublinhar a consideração capital de que o sentido moderno do princípio da legalidade criminal, enquanto sentido referido à liberdade, se terá de construir a partir do princípio jurídico fundamental da 'inviolabilidade da dignidade humana', já que é essa dignidade 'o fundamento de todos os pessoais direitos da liberdade confirmados como direitos fundamentais e assim simultaneamente a medida de toda a manifestação do poder estadual', infere daí que só será admissível a coação jurídico-penal, que atinge a pessoa do incriminado e punido, se ela puder conciliar-se ou levar preservada a sua dignidade pessoal;

GARCIA-PABLOS, Antonio. *Op. cit.*; ROXIN, Claus. *Op. cit.*; BUSATO, Paulo César. "Apontamentos sobre o dilema da culpabilidade penal". In: *Revista Liberdades*. São Paulo: IBCCRIM, n. 08, setembro-dezembro, 2011, pp. 45-87.

802. DIAS, Jorge de Figueiredo. *Direito Penal. Parte Geral.* Coimbra: Coimbra Editora, 2007, pp. 514-515 (destaques no original).

803. *Idem*, p. 524.

804. COBO DEL ROSAL, Manuel; VIVES ANTÓN, Tomás S. *Op. cit.*, p. 543.

e isso apenas se verificará se a censura jurídico-penal em termos de culpa, que incida sobre a decisão consciente ou inconsciente mas censurável da realização do ilícito típico-criminalmente específico, for a consequência necessária de que ao tempo dessa decisão era já existente o critério (*Rechtpunkt*) dessa censura, a lei penal que especifica o tipo do ilícito'. Por outras palavras, se a censura pela culpa é o fundamento da punição exigido pela dignidade do delinquente como pessoa, a prévia definição do objeto-critério, que compete à lei penal, do comportamento criminoso censurável é condição de possibilidade dessa censura. Nestes termos deduzir-se-ia do princípio de que 'não há pena sem culpa' o princípio de que 'não há pena sem lei', pois sem lei que defina o seu objecto não seria possível a culpa. O que permitiria concluir que o princípio *nullum crimen* 'não é senão uma especificação do princípio jurídico-penal da culpa e, portanto, uma concretização do (princípio da dignidade humana) na sua projeção sobre o direito penal material"[805].

Assim, considera-se atualmente que o princípio da culpabilidade exige que a aplicação da pena criminal somente pode se basear na constatação de que cabe reprovar pessoalmente o autor do fato por ato seu; a pena criminal pressupõe a culpabilidade (*fundamento*) e não pode superar a sua medida (*limite*). A culpabilidade fundamenta a aplicação da pena numa perspectiva eticizante, considerando o homem com o centro do sistema de controle social formal penal e como sujeito de responsabilização moral, diante de sua capacidade de autodeterminação para o "bem" ou para o "mal"[806]. Por sua vez, em visão utilitarista-garantista, a culpabilidade seria limitadora da aplicação da pena criminal, já que esta não poderia instrumentalizar o homem ao ser aplicada além de sua responsabilidade pelo fato.

Daí que a pena criminal não pode ultrapassar a pessoa que cometeu o delito (*responsabilidade subjetiva e pessoal*), já que a essência da culpabilidade radica na reprovabilidade (juízo de desvalor) da atuação pessoal (*culpabilidade pelo fato*), derivada de uma vontade consciente (*dolo*) ou da não observância de dever objetivo de

805. CASTENHEIRA NEVES, Antonio. *Op. cit.*, p. 403.
806. v. PALAZZO, Francesco. *Valores constitucionais e direito penal.* Trad. Gérson Pereira dos Santos. Porto Alegre: SAFE, 1989, pp. 52-53.

cuidado (*culpa*), e não de eventual defeito de caráter ou de personalidade (*Direito Penal do autor*).

1.4.3. Princípio da humanidade das penas

Tal princípio consagrou-se como princípio regulador e limitador do Direito Penal durante o Iluminismo, com base no Direito Natural, através da afirmação e do reconhecimento dos direitos inerentes à condição humana e do cumprimento, pelo Estado, do contrato social que os garantia. Foi elevado a norma de natureza constitucional na Constituição da Filadélfia (1787), que proibia as penas cruéis e incomuns, espalhando-se, posteriormente, nas demais constituições dos Estados modernos, estando explícita no art. 5º da Declaração dos Direitos do Homem, aprovada, em 1948, pela Assembléia Geral da ONU[807].

No Brasil, o princípio da humanidade das penas é princípio geral de racionalidade, induzido da vedação do tratamento cruel ou degradante, do respeito à integridade física e moral dos presos e da proibição da pena de morte, perpétua, de banimento, trabalhos forçados e penas cruéis (art. 5º, III, XLIX e XLVII, da CF), a caracterizar-se, pois, como verdadeiro direito fundamental dos cidadãos[808], que

807. Observa Santiago Mir Puig, que "talvez seja este o princípio qyue em maior medida caracteriza a origem e a evolução do conteúdo do sistema penal contemporâneo. Nasceu este das mãos da reivindicação de uma humanização do rigor das penas previstas no Direito do Antigo Regime. Foi um ponto central do programa do Iluminismo que concretou especialmente Beccaria no s. XVIII e que não há deixado de inspirar a evolução doutrinária posterior e bom número das reformas penais que hão produzido até o presente. Se passou assim primeiro, de um sistema penal que girava em torno da pena de morte e as penas corporais, a outro cuja espinha dorsal há sido as penas privativas de liberdade. As penas corporais desapareceram primeiro. A pena de morte vai sendo abolida nos últimos tempos em muitos países civilizados (...). Mas não se detém aqui a evolução. Em nossos dias se aprecia uma importante e progressiva substituição das penas privativas de liberdade por outras penas menos lesivas como a multa ou o trabalho em benefício da comunidade, e até por outras medidas consistentes simplesmente na suspensão do cumprimento da pena ou de sua própria imposição, ou inclusive na renúncia a toda pena" (MIR PUIG, Santiago. *Derecho penal. Parte general.* 5a ed. Barcelona: Reppertor, 1998, p. 94). No mesmo sentido: FRANCO, Alberto Silva; LIRA, Rafel; FELIX, Yuri. *Op. cit.*, p. 81.

808. v. COBO DEL ROSAL, Manuel; VIVES ANTÓN, Tomás S. *Op. cit.*, p. 100. No mesmo sentido: BITENCOURT, Cezar Roberto. *Tratado de direito penal.* 17a ed. São Paulo: Ed. Saraiva, 2012, p. 69.

marca progressiva tendência histórica à humanização das sanções penais, fazendo-as menos duras em duração e em conteúdo aflitivo, até onde seja compatível com o mínimo satisfatório de sua eficácia preventiva[809], a implicar "não apenas na proposta negativa caracterizadora de proibições, mas também, e principalmente, na proposta positiva, de respeito à dignidade da pessoa humana, embora presa ou condenada"[810]

O princípio veda a criação, a aplicação e a execução – aqui sua principal incidência[811] – de qualquer pena que desconsidere o homem como pessoa humana, criando-lhe impedimento físico permanente (p. ex., morte, amputação, castração, esterilização, intervenção neurológica, etc.), como também qualquer consequência jurídica indelével do delito, pois toda consequência jurídica do delito deve cessar em algum momento, por mais longo que seja o tempo que deva transcorrer, mas não pode ser perpétua no sentido próprio da expressão[812].

O princípio da humanidade das penas tem *valor absoluto*, não podendo ser violado nos casos concretos[813], devendo reger tanto a atividade legiferante, como a ação judicial e administrativa, e, comprovando-se eventuais extremos fáticos que conduziriam a violação no caso concreto, o juiz deve afastar tal situação e dar total vigência ao princípio.

---

809. v. LUZÓN PEÑA, Diego-Manuel. *Op. cit.*, p. 89. Segundo tal autor: "nos atuais Estados Democráticos de direito não só se proíbem as penas e medidas desumanas e degradantes, que são incompatíveis com a garanto a constitucional da dignidade da pessoa humana (muito especialmente as penas corporais), mas que se marca uma paulatina redução do conteúdo aflitivo das sanções (p. ex., suprime-se o caráter desonroso das mesmas e se limita a eficácia discriminadora dos antecedentes penais) e uma tentativa de compatibilizá-las, no possível, com o máximo desfrute de direitos do condenado, cuja restrição não seja imprescindível para o fim das sanções" (LUZÓN PEÑA, Diego-Manuel. *Op. cit.*).
810. FRANCO, Alberto Silva; LIRA, Rafel; FELIX, Yuri. *Op. cit.*, p. 81.
811. Para Alberto Silva Franco, Rafel Lira e Yuri Felix: "Mais do que nunca, é mister que se examine o princípio da humanidade como valor positivo, ou seja, como norma reitora de todo processo de execução da pena"
812. cfr. ZAFFARONI, Eugenio Raúl; ALAGIA, Alejandro; SLOKAR, Alejandro. *Derecho Penal. Parte General*. 2a ed. Buenos Aires: Ediar, 2002, pp. 132-133.
813. Assentam Eugenio Raúl Zaffaroni, Alejandro Alagia e Alejandro Slokar que a pena pode não ser cruel em abstrato, ou seja, em consideração ao que sucede na generalidade dos casos, mas resultar cruel em concreto, referida à pessoa e às suas particulares circunstâncias (ZAFFARONI, Eugenio Raúl; ALAGIA, Alejandro; SLOKAR, Alejandro. *Op. cit.*, p. 132).

Mas não se deve esquecer os ensinamentos de Hans-Heinrich Jescheck, para quem o Direito Penal não é necessariamente assistencial e visa, primeiramente, à justiça distributiva, responsabilizando o delinquente pela violação da ordem jurídica, e isto não pode ser alcançado sem dano e sem dor, especialmente nas penas privativas de liberdade, a não ser que se pretenda subverter a hierarquia dos valores morais e utilizar a prática delituosa como oportunidade para premiar, o que conduziria ao reino da utopia; entretanto, dentro de tais fronteiras, impostas pela natureza de sua missão, todas as relações humanas reguladas pelo Direito Penal, devem ser presididas pelo princípio da humanidade[814].

Enfim, chega-se à conclusão de que nenhuma pena privativa de liberdade, ou qualquer outra de natureza penal, pode ter a finalidade que atente contra a incolumidade e a natureza da pessoa como ser humano e social.

1.4.4. Princípio da individualização da pena

Entende-se por individualização da pena o processo pelo qual se retribui o mal concreto do crime, com o mal concreto da pena, na concreta personalidade do criminoso e, entre nós, trata-se de verdadeiro princípio constitucional expresso no art. 5º, XLVI, da CF, a caracterizar garantia fundamental dos cidadãos[815].

Tal processo se concretiza através de três momentos[816], que visam a "garantir a justa fixação da sanção penal, evitando-se intolerável padronização e desgaste da uniformização dos seres humanos, como se todos fossem iguais uns aos outros, em atitudes e vivências.

814. v. JESCHECK, Hans-Heinrich. *Op. cit.*, p. 23. Observa Miguel Polaino Navarrete: "Um dos princípios básicos do Direito Penal moderno é o 'princípio da humanidade', cujo conteúdo substancial não é outro que a garantia do 'respeito à dignidade humana', que restringe estritamente o Direito Penal enquanto submete a razão do Direito ao reconhecimento da humanidade da pessoa, e submete a própria noção de Justiça às reais exigências da sociedade. (...) o caráter geral do princípio da humanidade há de abarcar a intervenção penal em seu conjunto. Toda intervenção punitiva no Estado social e democrático de direito há de estar guaiada pelo inquebrantável princípio de respeito à dignidade humana, entendendo que este princípio expressa um critério que é fundamento e guia de toda atuação punitiva" (POLAINO NAVARRETE, Miguel. *Op. cit.*, pp. 335-336).

815. Nesse sentido: FRANCO, Alberto Silva; LIRA, Rafel; FELIX, Yuri. *Op. cit.*, p. 86.

816. Sobre a questão: GRECO, Rogério. *Op. cit.*, pp. 71-73.

Logicamente todos são *iguais perante a lei*, mas não perante uns e outros. Cada qual mantém a sua individualidade, desde o nascimento até a morte"[817], circunstância que, pois, deve ser observada no momento da individualização da pena.

O primeiro é o *momento legislativo*, onde o legislador escolhe aquelas condutas, positivas ou negativas, que atacam os bens jurídicos mais fundamentais da sociedade, fazendo-as ingressar no sistema penal, através da criação dos tipos penais; bem como as valora, cominando-lhes qualitativa e quantitativamente *in abstracto* as penas que lhes serão impostas, de acordo com a importância e gravidade da conduta, e a forma abstrata como deverão ser executadas.

O segundo é o *momento judicial*, que se dá através do juiz na sentença penal condenatória, onde, ao sentenciar caso concreto, aplica *in concreto* a pena com base nas circunstâncias objetivas e subjetivas do fato criminoso e de seu autor, em método de individualização que sai do plano abstrato (cominação legislativa) e que passa ao plano concreto (aplicação da pena).

O terceiro, e último, é o *momento executório*, que se dá não só através do juiz, mas, também, da administração pública, na concreta e efetiva aplicação (execução) da pena judicialmente aplicada e fixada, mediante a observação de que nem todos os presos condenados são iguais, mas, ao contrário, são diferentes entre si; razão pela qual a execução das penas não poder ser realizada homogênea e indistintamente, cabendo ao Estado a criação e acompanhamento de programas executórios diferenciados, que se ajustem às peculiaridades e circunstâncias de cada detento.

Por sua vez, tais momentos (legislativo, judicial e executório) são *consecutivos* e *inseparáveis*, ou seja, para a completa e correta incidência do princípio constitucional não basta a observância de um ou outro momento. Todos devem ser observados conjuntamente e de forma que o exercício de um deles não impeça ou obstaculize o exercício dos demais[818], pois só assim estar-se-ia dando plena efetividade à garantia constitucional.

---

817. NUCCI, Guilherme de Souza. *Op. cit.*, p. 159.
818. Nesse sentido, vejam-se as observações de Guilherme de Souza Nucci: "torna-se inviável – e seria inconstitucional – que a lei ordinária, a pretexto de

1.4.5. Princípio da lesividade (ou ofensividade)

Intimamente ligado à função penal de exclusiva proteção de bens jurídicos[819], o princípio da lesividade (*nullum crimen sine iniuria*) indica que ao Direito Penal não basta a incriminação de condutas que atentem contra bens jurídicos, mas que tal atentado deve ser consubstanciado em efetivo e concreto dano ou, ao menos, na colocação em perigo de tais bens em relação a terceiros; ou seja, os bens jurídicos devem ser penalmente tutelados apenas frente a determinadas modalidades mais graves e intoleráveis de ataques, não é, pois, qualquer tipo de ataque aos bens jurídicos que legitimam a proteção penal. O fato ou conduta não pode constituir ilícito penal se não for lesivo (ofensivo ou perigoso) ao bem jurídico penalmente tutelado[820].

Assim, "a necessária lesividade do resultado, qualquer que seja a concepção que dela tenhamos, condiciona toda justificação utilitarista do Direito Penal como instrumento de tutela e constitui seu principal limite axiológico externo"[821].

---

individualizar a pena, na ótica legislativa, retire do magistrado qualquer margem razoável de ação" (NUCCI, Guilherme de Souza. *Op. cit.*, p. 159).

819. Advertem Eugenio Raul Zaffaroni, Alejandro Alagia e Alejandro Slokar que: "O conceito de bem jurídico é nuclear no Direito Penal para a realização deste princípio [da lesividade], mas imediatamente se procede a equiparar bem jurídico lesionado ou afetado com bem jurídico tutelado, identificando dois conceitos substancialmente diferentes, pois nada prova que a lei penal tutele um bem jurídico, dado que o único verificável é que confisca um conflito que o lesiona ou põe em perigo. A afirmação de que isto implica uma tutela corre por conta da agência política criminalizante, mas sua verificação não pode ter lugar através da lei mas na realidade social. (...) Esta distinção é tão necessária como perigosa é a equiparação, por que *a ideia de bem jurídico tutelado deglute e neutraliza o efeito limitante da de bem jurídico afetado ou lesionado:* o princípio de que todo delito pressupõe a lesão a um bem jurídico, por efeito desta alquimia discursiva, deriva em que todo bem jurídico lesionado pelo delito está tutelado, e daí se passa rapidamente a que todo bem jurídico demanda tutela, o que instiga ã penalização sem lacunas. Por outra parte, como a ofensividade passa a segundo plano, opacada pela pretendida tutela, e como a tutela não se verifica (mas que só se afirma dedutivamente), se acaba debilitando a ideia mesma de bem jurídico, para cair na minimização do conceito e terminar afirmando que a função do Direito Penal se reduz a garantir a validez das expectativas normativas. Detrás disso fica um único bem jurídico, que é a vontade do Estado" (ZAFFARONI, Eugenio Raúl; ALAGIA, Alejandro; SLOKAR, Alejandro. *Op. cit.*, p. 128).

820. PALAZZO, Francesco. *Op. cit.*, p. 79.

821. FERRAJOLI, Luigi. *Op. cit.*, p. 467.

Segundo Luigi Ferrajoli, tal princípio é idôneo para limitar a esfera das proibições penais só àquelas ações ou omissões reprováveis por seus efeitos e resultados lesivos para terceiros[822], pois a lei penal tem o dever de prevenir os mais graves custos individuais e sociais representados por tais "efeitos lesivos", já que só eles podem justificar o custo das proibições penais e a aplicação das penas. Só assim as proibições e as penas podem ser configuradas como instrumentos de minimização da violência e de tutela dos mais débeis contra os ataques arbitrários dos mais fortes no marco de concepção mais geral do Direito Penal como instrumento de proteção dos direitos fundamentais dos cidadãos[823].

O princípio da lesividade funciona como delimitação do Direito Penal em dois níveis[824]. No *nível legislativo*, enquanto dotado de natureza constitucional[825], deve impedir o legislador de configurar

---

822. Segundo Nilo Batista: "este princípio transporta para o terreno penal a questão geral da exterioridade e alteridade (ou bilateralidade) do direito: ao contrário da moral – e sem embargo da relevância jurídica que possam ter atitudes interiores, associadas, como motivo ou fim de agir, a um sucesso externo –, o direito 'coloca face-a-face, pelo menos, dois sujeitos'. No direito penal, à conduta do sujeito autor do crime deve relacionar-se, como signo do outro sujeito, o bem jurídico (que era objeto da proteção penal e foi ofendido pelo crime – por isso chamado de objeto jurídico do crime). Como ensina Roxin, "só pode ser castigado aquele comportamento que lesione direitos de outras pessoas e que não é simplesmente um comportamento pecaminoso ou imortal; (...) o direito penal só pode assegurar a ordem pacífica externa da sociedade, e além desse limite nem está legitimado nem é adequado para a educação moral dos cidadãos'. À conduta puramente interna, ou puramente individual – seja pecaminosa, imoral, escandalosa ou diferente – falta a lesividade que pode legitimar a intervenção penal" (BATISTA, Nilo. *Op. cit.*, p. 91).

823. cfr. FERRAJOLI, Luigi. *Op. cit.*, pp. 464-466. Segundo o autor italiano, historicamente o princípio da lesividade há jogado papel essencial na definição do moderno Estado de Direito e na elaboração, ao menos teórica, de um Direito Penal mínimo, facilitando fundamentação não teológica nem ética, mas laica e jurídica, orientando-o até a função de defesa dos sujeitos mais débeis por meio da tutela de direitos e interesses que se consideram necessários ou fundamentais (FERRAJOLI, Luigi. *Op. cit.*, p. 467).

824. v. PALAZZO, Francesco. *Op. cit.*, p. 80.

825. Quanto à sua natureza constitucional: VASSALI, "Considerazioni sul principio di offensività". In: *Scritti in memoria di U. Pioletti*. Milano, 1982, p. 615; MANTOVANI, "Il principio di offensività del reato nella Costituzione italiana". In: *Scritti in onore di C. Mortati*. Milano, vol. IV, 1977, p. 445; MUSCO, Bene giuridico e tutela dell'onore di C. Mortati, Milano, 1974, p. 81; STELLA, "La teoria del bene

tipos penais que já foram construídos *in abstracto* como fatos indiferentes e preexistentes à norma, sendo do ponto de vista do valor e do interesse sociais consagrados inofensivos. E no *nível jurisdicional*, deve comportar, para o juiz, o dever de excluir a subsistência do crime, quando o fato se apresenta na conformidade formal do tipo penal, mas, ainda assim, concretamente é inofensivo ao bem jurídico específico tutelado pela norma[826].

Deduz-se, assim, de tal princípio algumas funções primordiais: a) *proibição de incriminação penal de atitudes meramente internas* (ideias, convicções, desejos, aspirações e sentimentos não podem constituir fundamento de tipo penal, é imprescindível, pois, que a atitude interna esteja nítida e inexoravelmente associada a conduta externa ofensiva); b) *proibição de incriminação penal de conduta que não exceda o âmbito do próprio autor* (não se pode criminalizar atos preparatórios ou o simples conluio entre dois agentes para a prática de crime cuja execução não foi iniciada e nem condutas externas que, ainda que lesionem bens jurídicos, não ultrapassem o âmbito do próprio autor (autolesão)); c) *proibição de incriminação de simples estados ou condições existenciais* (o respeito e o reconhecimento da autonomia moral dos indivíduos impede a

---

giuridico e i. c. d. fatti inoffensivi conformi al tipo". In: Riv. it. dir. proc. pen., 1973, p. 33.

826. Observa Luiz Flávio Gomes que: "dupla é a função do princípio da ofensividade no Direito Penal: (a) função político-criminal (momento em que se decide pela criminalização da conduta) e (b) função interpretativa ou dogmática (instante em que se interpreta e se aplica concretamente o Direito Penal). A primeira função do princípio da ofensividade constitui um limite ao direito de punir do Estado (ao *ius puniendi)*. Está dirigida ao legislador. A segunda configura um limite ao Direito Penal *(ius poenali)*. Está dirigida ao inérprete e ao juiz (ao aplicador da lei penal). De qualquer modo, impõe-se enfatizar que não são duas funções estanques (e incomunicáveis). Ao contrário, são complementares. Tanto assim que, quando o legislador não cumpre seu papel de criminalizar a conduta em termos ofensivos a um bem jurídico, essa tarefa se transfere (improrrogavelmente) ao intérprete e ao juiz. Com isso fica claro que o legislador tem domínio sobre o âmbito da delimitação do *ius puniendi* (domínio esse que deriva do princípio democrático). Mas sua obra pode ser (e normalmente o é) incompleta, imperfeita, ou vaga e exageradamente extensiva. Os que completam esse produto legislativo 'bruto' (naturalmente repleto de imperfeições ou excessos) são os intérpretes e os juízes (que fazem atuar o *ius poenali)"* (GOMES, Luiz Flávio. *Princípio da Ofensividade no Direito Penal*. São Paulo: Ed. RT, 2002, p. 28).

criminalização do *ser*, admitindo apenas a do *fazer*, pois o direito é ordem reguladora de *condutas*; impossível, pois, a criminalização de simples estados ou condições existenciais do homem); d) *proibição de incriminação penal de condutas meramente desviadas que não afetem bens jurídicos* (não se pode criminalizar condutas antissociais que não afetem quaisquer bens jurídico-penais, garantindo-se o direito à diferença)[827].

1.4.6. Princípio da proporcionalidade

O princípio da proporcionalidade é princípio geral do Direito – entre nós de natureza constitucional – e, consequentemente, também é informador e racionalizador do sistema do Direito Penal (*função sistêmica*)[828] e possuidor de características limitadoras do *ius puniendi* estatal (*função de garantia*)[829]; de maneira ampla, rechaça o estabelecimento de cominações legais (proporcionalidade *in abstracto*) e a imposição de penas (proporcionalidade *in concreto*) que careçam de relação valorativa com o fato praticado, contemplado este em seu significado global[830].

Tal princípio, *grosso modo*, caracteriza-se por presumir a existência de relação adequada entre um fim ou vários fins determinados e os meios com que são levados a cabo[831]; portanto, institui a relação entre fim e meio, confrontando o fim e o fundamento de

827. v. BATISTA, Nilo. *Op. cit.*, pp. 92-94.
828. v. CANOTILHO, José Joaquim Gomes. *Op. cit.*, p. 1127.
829. O princípio da proporcionalidade está indissociavelmente ligado à racionalidade do sistema, sustentado por valor antropocêntrico, configurando-se em instrumento poderoso de garantia dos direitos fundamentais contra eventuais intervenções excessivas e desnecessárias perpetradas pelo arbítrio dos legisladores ao preencherem o espaço constitucional referente aos domínios das reservas da lei (princípio de limitação dos limites dos direitos fundamentais) (BONAVIDES, Paulo. *Op. cit.*, p. 386), já que "uma lei não deve onerar o cidadão mais intensamente do que o imprescindível para a proteção do interesse público. Assim, a intervenção deve ser apropriada e necessária para alcançar o fim desejado, nem deve gravar em excesso o afetado" (HECK, Luís Afonso. *O Tribunal Constitucional Federal e o Desenvolvimento dos Princípios Constitucionais. Contributo para uma compreensão da jurisdição constitucional federal alemã*. Porto Alegre: SAFE, 1995, p. 177).
830. v. GARCIA-PABLOS, Antonio. *Op. cit.*, pp. 289-292.
831. cfr. BONAVIDES, Paulo. *Op. cit.*, p. ., p. 357.

uma intervenção com os efeitos desta, para que se torne possível o controle de eventual excesso, com base na concreta situação de fato, onde os resultados da intervenção penal estatal podem ser desproporcionais à carga coativa da mesma. Há, assim, *juízo de ponderação* entre os direitos e bens contrapostos que permita alcançar a melhor proporção entre os meios e os fins, onde os meios legais restritivos e os fins obtidos se situam numa justa medida, a impedir a adoção de medidas legais penais restritivas desproporcionadas e excessivas em relação aos fins obtidos[832].

Segundo a doutrina, o princípio é configurado por três elementos constitutivos que o governam, a saber: a) *idoneidade* (ou aptidão); b) *adequação* (ou necessidade); c) *proporcionalidade stricto sensu*.

O elemento *idoneidade* (ou adequação) indaga se a medida pretendida (o meio) é idônea, apta, pertinente aos motivos que a impulsionam e às finalidades que persegue; se é o meio certo para levar a cabo o fim pretendido. Já o elemento *adequação* (ou necessidade) preconiza que a medida ou meio de ingerência deve ser adequado, necessário, exigível e que não exceda os limites indispensáveis à conservação do fim legítimo almejado e que seja o menos danoso e oneroso possível ao direito fundamental que está a limitar, não podendo ir além do que é necessário, devendo-se, pois, escolher entre todos os meios idôneos o que cause menos dano e que seja o menos nocivo ao direito fundamental do cidadão. Por fim, o terceiro elemento da *proporcionalidade stricto sensu* complementa os demais, estatuindo que a escolha deve recair sobre o meio ou medida que, no caso específico, leve em conta o conjunto dos interesses em jogo, onde os os meios e os fins são colocados em equação mediante juízo de ponderação, com o objetivo de se avaliar se o meio utilizado é ou não desproporcionado em relação ao fim. Trata-se, pois, de uma questão de medida ou desmedida para alcançar um fim; pesar as vantagens e desvantagens dos meios em relação às vantagens do fim[833].

832. cfr. CANOTILHO, José Joaquim Gomes; MOREIRA, Vital. *Op. cit.*, pp. 133 e sgts.
833. Sobre a questão: AGUADO CORREA, Teresa. *Op. cit.*; CANOTILHO, José Joaquim Gomes. *Op. cit.*; BONAVIDES, Paulo. *Op. cit.*; OLIVEIRA, Fábio Corrêa Souza de.

Dessa forma, na esfera penal[834], segundo Teresa Aguado Correa, o princípio da idoneidade requer que o Direito Penal seja apto para a tutela do bem jurídico e que a medida adotada (pena ou medida de segurança) seja adequada para conseguir a finalidade que se persegue. Por sua vez, o princípio da necessidade se concretizaria, por uma parte, no princípio da exclusiva proteção de bens jurídicos e, por outra, no princípio da intervenção mínima com seus postulados (subsidiariedade e fragmentariedade). Finalmente, o princípio da proporcionalidade *stricto sensu* viria a coincidir com a proporcionalidade das penas e das medidas de segurança[835].

De pronto se observa, portanto, que o princípio da proporcionalidade tem destinatário duplo: o Poder Legislativo e o Poder Judiciário.

O Poder Legislativo, ao proibir as condutas através do tipo penal, há de estabelecer penas proporcionadas *in abstracto* à gravidade do delito, pois "ainda que seja impossível medir a gravidade de um delito singularmente considerado, é possível, portanto, afirmar,

---

Por uma teoria dos princípios. O princípio constitucional da razoabilidade. Rio de Janeiro: Lumen Júris, 2003; GOMES, Mariângela Gama de Magalhães. *O princípio da proporcionalidade no direito penal.* São Paulo: RT, 2003.

834. Como afirma Hinfried Hassemer, em um direito de intervenção como o é o Direito Penal, as garantias de um Estado de direito hão desempenhado a função de condicionar as intromissões e sua intensidade a determinados pressupostos, assim como a função de minimizá-las e controlá-las, podendo-se dizer, nesse contexto, que o princípio central é o da proporcionalidade das intervenções, que devem ser necessárias e adequadas para alcançar o seu objetivo e também devem ser razoáveis ou proporcionais em cada caso concreto (HASSEMER, Winfried. "Perspectivas del Derecho penal futuro". Trad. Enrique Anarte Borrallo. In: *Revista Penal*, Barcelona: Praxis, nº 1, 1998, p. 39), e, pois, como observa Mariângela Gama de Magalhães Gomes, é nesse contexto que deve ser analisado o princípio da proporcionalidade, "uma vez que as escolhas legislativas quanto a esta específica forma de tutela representam uma síntese normativa, resultado da contradição gerada entre o direito penal, enquanto nítida expressão da coerção, e a negação desta por intermédio do reconhecimento jurídico dos direitos e liberdades dos indivíduos. Parte-se do pressuposto, dessa forma, de que a liberdade é a regra, e as suas restrições constituem a exceção, de onde se apreende a importância de se fixar os limites da intervenção dos Poderes Públicos. Assim, a proporção age em dois sentidos: como limite legítimo ao exercício de um direito e como equilíbrio a ser realizado entre duas exigências, uma do indivíduo e outra da sociedade" (GOMES, Mariângela Gama de Magalhães. *Op. cit.*, p. 73).

835. v. CORREA, Teresa Aguado. *Op. cit.*, pp. 147-148.

conforme o princípio da proporcionalidade, que desde o ponto de vista interno, se dois delitos se castigam com a mesma pena, é que o legislador os considera de gravidade equivalente, enquanto que se a pena prevista para um delito é mais severa que a prevista para outro, o primeiro delito é considerado mais grave que o segundo. Disso se segue que se desde o punto de vista externo dois delitos não são considerados da mesma gravidade ou um se estima menos grave que o outro, é contrário ao princípio da proporcionalidade que sejam castigados com a mesma pena ou, pior ainda, o primeiro com uma pena mais elevada que a prevista para o segundo"[836].

Já ao Poder Judiciário, determina que as penas que o juiz impõe *in concreto* ao autor do delito, na sentença penal condenatória, hão de ser proporcionais à concreta gravidade deste, a exigir, assim, a necessidade de que a pena seja proporcional ao delito e à conduta do autor, bem como de que a medida de proporcionalidade se estabeleça com base na importância social do fato (a nocividade social), pois o Direito Penal deve ajustar a gravidade das penas à transcendência que, para a sociedade, têm os fatos a que se atribuem, segundo o grau da nocividade social de ataque ao bem jurídico penalmente tutelado[837].

2. A CIÊNCIA DO DIREITO PENAL (OU DOGMÁTICA JURÍDICOPENAL)

O *Direito Penal*, enquanto conjunto das normas jurídico-penais (*ius poenali*) emanadas do poder punitivo do Estado (*ius puniendi*), enquanto realidade normativa, é científica e sistematicamente estudado pela *Dogmática Jurídico-penal* (ou *Ciência do Direito Penal stricto sensu)*[838]; entretanto, conforme as bases tridimensionais aqui adotadas, a *Dogmática Jurídico-penal* não se confunde com a *Ciência Penal lato sensu*, ambas não se confundem, não são sinônimos. A *Dogmática Jurídico-penal* (ou *Ciência do Direito Penal stricto sen-*

836. FERRAJOLI, Luigi. *Op. cit.*, p. 402.
837. v. MIR PUIG, Santiago. *Op. cit.*, pp. 100-101.
838. Afirma categoricamente Miguel Polaino Navarrete: "O Direito Positivo (conjunto de normas penais) é o objeto de conhecimento primário da Ciência do Direito Penal" (POLAINO NAVARRETE, Miguel. *Op. cit.*, p. 59).

su) é parte integrante da *Ciência Penal lato sensu*, o seu momento culminante.

Nos dizeres de Miguel Reale, cumpre distinguir dois momentos na pesquisa científica do direito, um em conexão ou continuidade lógica com o outro, tão certo quanto, em se tratando da experiência jurídica, os conceitos de estrutura, de modelo e de função se exigem reciprocamente: há o momento abstrativo de determinação dos princípios e estruturas, em razão dos quais os modelos jurídicos são pensados em unidade sistemática, como sentido geral de razoabilidade; e há o consequente momento de atualização funcional daqueles modelos, mediante técnicas e processos destinados a interpretá-los e aplicá-los nos distintos campos de sua incidência. Se a Teoria Geral do Direito tem por objeto todas as formas de conduta humana dotadas de qualificação jurídica, a Dogmática Jurídica, como especificação daquela ordem de pesquisas, indaga da conduta humana *sub specie normativitatis*, isto é, enquanto e na medida em que ela é qualificável em função de preceitos normativos vigentes, isto é, em função dos "modelos jurídicos" consagrados no ordenamento jurídico em vigor.

É essencial, pois, distinguir, nesta ordem de estudos, entre a qualificação jurídica *antes* e *depois* de formulada e vigente a regra de direito. Quando se fala que um fato recebe a qualificação jurídica (valor jurídico) que lhe é conferida por uma *norma* em vigor, o problema é resolvido *ex post norma*, isto é, sob a perspectiva da regra já posta, o que equivale dizer, do ponto de vista da Dogmática Jurídica, cujos raciocínios se desenvolvem tendo o ordenamento jurídico como "lugar geométrico" da validade de seus juízos. Quando, ao contrário, se aprecia a experiência jurídica sob o aspecto genético (*normogênese jurídica*), ou seja, como série de fatos e valorações que culmina na estatuição de uma norma de direito, a qualificação jurídica antecede à norma e nela se objetiva e esta perspectiva constitui objeto de estudo da Teoria Geral do Direito.

Interessa à Dogmática Jurídica a experiência jurídica após declarada e posta a norma na unidade do ordenamento, especificando, deste modo, os resultados já alcançados ao nível da Teoria Geral do Direito. A Dogmática Jurídica deve ser entendida, portanto, como especificação da Teoria Geral do Direito, corresponde ao momento em que a experiência jurídica

> se põe como efetivo sistema jurídico; equivale, em suma, à teoria do direito como ordenamento *in acto*, implicando a unidade daqueles dois aspectos – o da elaboração dos princípios compreensivos do ordenamento e o da sua atualização como experiência concreta. Neste contexto, a Dogmática Jurídica não se exaure na tarefa de interpretação, construção e sistematização dos modelos jurídicos ou na análise de todos os processos que integram a técnica jurídica, pois implica e pressupõe a determinação de seus princípios constitutivos, na condiconalidade do ordenamento vigente.
>
> A *natureza compreensivo-normativa* da Ciência do Direito revela como os dois momentos necessária e unitariamente se integram, sendo o primeiro destinado a ordenar o fato social segundo "modelos normativos", isto é, em razão das conexões de sentido ou dos imperativos axiológicos dominantes no seio de uma sociedade, consoante determinado pela Teoria Geral do Direito; o segundo momento é destinado a aplicar os "modelos normativos"em toda sua projeção lógica e axiológica, mantida a sua permanente correlação com os fatos e valores, em função dos quais os mesmos têm vida, cabendo à Dogmática Jurídica a *teoria normativo-positiva* da experiência jurídica. Assim, a Dogmática jurídica é o momento culminante da Ciência do Direito[839].

Assim, o primeiro momento da Ciência Penal *lato sensu* diz respeito ao fenômeno criminal em seu aspecto genético (*normogênese jurídica*), ou seja, como série de fatos sociais e valorações axiológicas que culmina na estatuição de norma de natureza penal; ou seja, às dimensões *empírica* (fato) e *axiológica* (valor); diz repeito ao fenômeno criminal enquanto ordenação do fato social segundo "modelos normativos", isto é, em razão das conexões de sentido ou dos imperativos axiológicos dominantes no seio de uma sociedade (enlace fato-valor). Tal incumbência, como já visto, dentro do posicionamento tridimensional, cabe à Criminologia e à Política Criminal.

Por sua vez, o segundo momento da Ciência Penal *lato sensu* diz respeito ao fenômeno criminal em seu aspecto *ex post norma*, isto é, sob a perspectiva da regra jurídica penal já posta (*sub specie*

---

839. v. REALE, Miguel. *O direito como experiência. Introdução à epistemologia jurídica.* São Paulo: Saraiva, 1968, pp. 123-145.

normativitatis); ao momento em que a experiência jurídica se põe como efetivo sistema jurídico-penal; momento destinado a aplicar os modelos normativos penais em toda sua projeção lógica e axiológica, mantida a sua permanente correlação com os fatos e valores – primeiro momento –, em função dos quais os mesmos têm vida, e tal incumbência cabe à Dogmática Jurídico-penal (ou Ciência do Direito Penal *stricto sensu*).

Daí se entende a denominação de tal momento científico como *"Dogmática"*, ou seja, como o estudo dos *dogmas* – proposições incontestáveis e indiscutíveis, consideradas fundamento capital de qualquer sistema ou doutrina –, pois tal momento científico parte da normas jurídico-penais como dogmas, mas não como verdades indiscutíveis, mas como algo posto e preestabelecido, através de ato de poder ou autoridade, como inquestionáveis (inegáveis) e que funcionam – especialmente com base no princípio da legalidade penal – como ponto de partida e limite da atividade científica[840].

Assim, cabe à Dogmática Jurídico-penal a atividade científica dirigida ao conhecimento sistemático do Direito Penal (*ius poenali*), consistente na interpretação, sistematização e crítica das normas jurídico-penais positivas, ou seja, visa a averiguar e determinar o seu conteúdo, permitindo seu conhecimento e sua rigorosa e sistemática

840. Observa Tércio Sampaio Ferraz Jr., que os juristas sempre partem da ordem jurídica vigente, que lhes aparece como um dado, que eles aceitam e não negam, é o ponto de partida inelutável de qualquer investigação dogmática e que constitui uma espécie de limitação, dentro da qual podem explorar as diferentes combinações para a determinação operacional de comportamentos juridicamente possíveis. Entretanto, quando se afirma que a dogmática parte da inegabilidade da norma jurídica posta, não significa que sua função se limite a afirmar e repetir dogmas pura e simplesmente. A dogmática apenas depende deles, mas não se reduz a eles; não deve, pois, ser considerada uma prisão para o espírito, pois o jurista ao se obrigar aos dogmas, apenas parte deles, mas dado-lhes sentido, portanto não se exaure na afirmação do dogma estabelecido, mas interpreta sua própria vinculação, ao mostrar que o vinculante sempre exige interpretação, o que é função da dogmática (v. FERRAZ JR., Tércio Sampaio. *Introdução ao Estudo do Direito. Técnica, decisão, dominação.* 6a ed. São Paulo: Atlas, 2010, pp. 25-26).. No mesmo sentido, segundo Miguel Polaino Navarrete, "as normas penais são ponto de partida da reflexão jurídicopenal, mas não ponto de chegada. Se assim fosse, a Ciência Penal não conheceria avanço nem progresso: as normas positivas seriam praticamente elementos imutáveis" (POLAINO NAVARRETE, Miguel. *Op. cit.*, p. 60).

aplicação aos fatos concretamente ocorridos na realidade social[841], ou seja, "criar condições para a *decidibilidade* de conflitos juridicamente definidos"[842], a orientar a ação dos julgadores e, pois, a possibilitar decisão concreta (natureza prática)[843].

Com o atuar dogmático, busca-se a *segurança jurídica* na decidibilidade jurídico-penal dos conflitos sociais[844].

> Conforme observa Enrique Gimbernat Ordeig, a dogmática deve nos ensinar o que é devido com base no Direito, deve averiguar o que é o que diz o Direito. A dogmática jurídico-penal, pois, averígua o conteúdo do Direito Penal, quais são os pressupostos que hão de dar-se para que entre em jogo um tipo penal, o que é que o distingue de outro tipo, onde acaba o comportamento impune e onde começa o punível. Faz possível, por conseguinte, ao assinalar limites e definir conceitos, uma aplicação segura e calculável do Direito Penal, faz possível subtrair-lhe a irracionalidade, a arbitrariedade e a improvisação. Quanto menos desenvolvida esteja uma dogmática, mais imprevisível será a decisão dos tribunais, mas dependerão do azar e de fatores incontroláveis a condenação ou a absolvição. Se não se conhece os limites de um tipo penal, se não se há estabelecido dogmaticamente seu alcance, a punição ou impunidade de uma conduta não será a atividade ordenada e meticulosa que deveria ser, senão uma questão de loteria. E quanto menor seja o desenvolvimento dogmático, mais loteria, até chegar à mais caótica e anárquica aplicação de um Direito Penal do qual – por não haver sido objeto de um estudo sistemático e científico – se desconhece seu alcance e seu limite[845].

Ademais, com o proceder dogmático também se busca e se permite função democrática, que, para além da segurança jurídica,

841. v. LUZÓN PEÑA, Diego-Manuel. *Op. cit.*, p. 93.
842. FERRAZ JR., Tércio Sampaio. *Op. cit.*, p. 60.
843. cfr. COBO DEL ROSAL, Manuel; VIVES ANTÓN, Tomás S. *Op. cit.*, pp. 102-105.
844. Nesse sentido: GIMBERNAT ORDEIG, Enrique. "¿Tiene un futuro la dogmática jurídico-penal?". In: *Estudios de Derecho penal.* 3ª ed. Madrid: Civitas, 1990, p. 158; LUZÓN PEÑA, Diego-Manuel. *Op. cit.*, p. 94; POLAINO NAVARRETE, Miguel. *Op. cit.*, p. 64; ZAFFARONI, Eugenio Raúl; ALAGIA, Alejandro; SLOKAR, Alejandro. *Op. cit.*, p. 80.
845. GIMBERNAT ORDEIG, Enrique. *Op. cit.*, p. 158.

possibilita a aplicação transparente e igualitária do Direito Penal positivo; permite o controle de tal aplicação democrática; permite a função de descarga, caracterizada enquanto facilitadora – através do conjunto de regras e critérios comuns – da resolução das questões e casos particulares, etc.[846].

2.1. Método

2.1.1. Analítico

A Dogmática Jurídico-penal trabalha com o *método analítico*, que parte da decomposição do todo, separando-o e especificando-o em partes, mediante distinções e classificações; posterior e regressivamente, estabelece cadeia de proposições que, por suposição, resolve o problema posto, a remontar às condições globais de solução, constituindo-se num sistema[847].

Segundo Tércio Sampaio Ferraz Jr., a elaboração do sistema dogmático é resultado de procedimentos analíticos de diferenciação e ligação. A diferenciação é o recurso analítico de decomposição e desvinculação de elementos que se manifestam em um todo (conjunto solidário); já a ligação é o recurso analítico regressivo de aproximação de elementos distintos decompostos, a estabelecer, entre eles, solidariedade, tornando-os compatíveis dentro de um conjunto, a evitar que o todo decomposto não se perca. Por fim, as definições

846. v. BLANCO LOZANO, Carlos. *Op. cit.*, p. 60.

847. v. FERRAZ JR., Tércio Sampaio. *Op. cit.*, p. 70. Observa Eduardo Angel Russo que: "a palavra 'análisis' alude ao método de dividir um todo em partes (a etimologia a faz equivalente a 'desatar') com a intenção de conhecer aquele a partir do estudos destas. O método se encontra tão difundido nas ciências, que a palavra se usa descuidadamente como sinônimo de estudo ou investigação em geral, seja ou não analítico. (...) O pressuposto dogmático do método analítico supõe que o todo é igual à suma das partes, pressuposto que não é em si mesmo analítico (o que ocorreria se, por definição, dissésemos que 'todo' significa 'suma das partes') já que, se o fosse, toda a investigação seria trivial. Em efeito, a utilidade de descompor um objeto A em seus componentes 'a', 'b' e 'c', radica no interesse de conhecer A como objeto autônomo, originário, 'real' no que este objeto significa dentro de um contexto científico, e não como objeto ideal construído logicamente a partir de 'a', 'b' e 'c'" (ANGEL RUSSO, Eduardo. *Teoría General del Derecho. En la modernidad y en la posmodernidad.* 2a ed. Buenos Aires: Abeledo-Perrot, 2001, p. 61).

e classificações daí decorrentes devem ser organizadas e reduzidas a um sistema, que, nos dizeres do autor, como visto, visam à decidibilidade de conflitos sociais gerais concretos. Por isto, "os sistemas elaborados pela ciência dogmática, embora mostrem uma coerência, não são rigorosamente lógicos, no sentido da lógica formal, como o é o sistema matemático. O que aglutina as partes ou os elementos do sistema num todo coerente não é um princípio evidente, do qual tudo se reduz, um axioma ou conjunto de axiomas, mas um problema, uma dúvida permanente para a qual existe um dogma (a lei) que, se não acaba com a dúvida, ao menos fornece um ponto de partida para que ela seja decidida"[848].

Assim, através da distinção, definição, classificação e sistematização, a dogmática visa à identificação do Direito, tendo em vista a decidibilidade de conflitos; estudar a ciência jurídica é aprender a elaborar tais sistemas, é dominar-lhes os princípios construtivos e saber distinguir, para depois integrar coerentemente. Para tal construção é que o jurista elabora seus conceitos, que operacionalizam a tarefa de sistematização; com os conceitos operativos é que se realizam as definições, classificações e sistemas[849].

Sua função é mais prática do que teórica, já que não responde a exigências de verdade, senão de necessidade: a necessidade de dominar, ordenando e sistematizando toda a enorme série de normas existentes no ordenamento jurídico, visando não a aclarar "o que é" (ser), mas, sim, "o que deve ser" (dever ser); não visa a verdade, mas a certeza e a autoridade, com lógica a serviço da ação; a realização do Direito na vida prática, enquanto instrumento voltado a que a norma jurídica penal se adeque à situação concreta histórica, segundo as exigências político-criminais[850].

2.1.2. Exegético (ou hermenêutico)

A Dogmática Jurídico-penal também trabalha com o *método exegético* (ou *hermenêutico*), ou seja, deve interpretar, investigar e

848. FERRAZ JR., Tércio Sampaio. *Op. cit.*, p. 71.
849. v. FERRAZ JR., Tércio Sampaio. *Op. cit.*, p. 72.
850. cfr. MAGGIORE, Giuseppe. *Op. cit.*, p. 59.

buscar o sentido e o valor das normas penais positivas para medir sua precisa extensão, o seu valor exato e os limites de sua aplicabilidade ao casos concretos[851]. Assim, "a determinação do sentido das normas, o correto entendimento do significado dos seus textos e intenções, tendo em vista a decidibilidade de conflitos constitui a tarefa da dogmática hermenêutica"[852].

Conforme afirma Luis Recaséns Siches, não pode existir nenhuma ordem jurídica sem função interpretativa, porque as normas jurídicas estão destinadas a serem cumpridas e, em seu caso, aplicadas. Ora, as normas gerais (leis) falam do único modo que podem falar: em termos relativamente gerais e abstratos; ao contrário, a vida humana, as realidades sociais, nas quais se deve cumprir e aplicar as leis, são sempre particulares e concretas; consequentemente, para cumprir ou aplicar uma lei é ineludivelmente necessário converter a regra geral em norma individualizada, transformar os termos abstratos em preceitos concretos e é isto, precisamente, o que se chama interpretação[853].

Daí se afirmar que interpretação e aplicação do Direito são uma só operação, pois o interpretamos para aplicá-lo; o intérprete discerne o sentido do texto legal tomando por base o caso determinado historicamente, a interpretação consiste em concretar a lei em cada caso, é dizer, a aplicá-la, a existir, pois, equação entre interpretação e aplicação; não são momentos distintos, mas partes substanciais complementaras de processo unitário; uma só operação de produção prática do Direito[854].

---

851. cfr. GIMBERNAT ORDEIG, Enrique. *Concepto y método de la ciência del derecho penal.* Madrid: Tecnos, 1999, p. 44.
852. FERRAZ JR., Tércio Sampaio. *Op. cit.*, p. 221.
853. RECASÉNS SICHES, Luis. *Tratado General de Filosofía del derecho.* 19 ed. México: Editorial Porrúa, 2008, pp. 627-628. No mesmo sentido, afirma Giuseppe Maggiore: "A interpretação é o ato pelo qual o juiz aplica uma norma a um caso particular, e une assim o direito à vida. Sem este ato, a lei, isolada em sua abstração e generalidade, seria letra morta, um ser inexistentes ('as leis existem, mas quem se ocupa delas ?'). De modo que a interpretação não é um fenômeno contingente, senão um momento necessário para a existência do ordenamento jurídico. Toda lei deve ser interpretada, não só a imprecisa e obscura. A máxima *in claris non fit interpretatio* (o claro não se interpreta), carece de sentido" (MAGGIORE, Giuseppe. *Op. cit.*, p. 167).
854. cfr. GRAU, Eros. *Interpretación y Aplicación del Derecho.* Madrid: Dykinson, [s.d.], pp. 22-23.

O legislador, ao normatizar (prescrever) como determinados e regulares fatos sociais devem ser penalmente resolvidos[855], o faz através de expressões linguísticas e com a finalidade de comunicar suas diretivas de forma mais eficaz possível[856], utilizando-se da linguagem cotidiana, mas lhe atribuindo sentido técnico, que, de qualquer forma, está sempre atrelado ao senso comum, razão pela qual aparecem dúvidas – p. ex., ambiguidades, imprecisões, contradições, etc. – decorrentes das tensões emanadas de ambos os aspectos (comum e técnico)[857], que, assim, devem ser resolvidas e superadas pelo ato interpretativo do aplicador do Direito, mediante a atribuição do correto significado normativo para a situação concreta que visa a regular.

Assim, o método hermenêutico deve compensar a carência do rigor da linguagem legal, a combater suas ambiguidades e vaguidades e a determinar o significado dos termos legais; deve compensar a carência de plenitude da linguagem legal, deduzindo, através de processos lógicos de integração, as consequências normativas explícitas e implícitas estabelecidas pelo legislador; deve compensar a carência de ordem da linguagem legal, sistematizando-a progressivamente e eliminando as incoerências linguísticas, com base no contexto sociolinguístico de cada momento histórico[858].

2.2. Funções

A Dogmática Jurídico-penal tem como função a *interpretação*, a *sistematização* e a *crítica* das normas jurídico-penais positivas[859],

855. Como esclarece Antonio-Enrique Pérez Luño, as normas jurídicas não são proposições linguísticas *descritivas* (as normas jurídicas não se limitam a transmitir uma informação), nem são proposições linguísticas *valorativas* (as normas jurídicas tampouco se limitam a expressar juízos de valor), senão que são proposições linguísticas *prescritivas*: tratam de influenciar no comportamento de seus destinatários para que estes atuem de acordo com o que as normas estipulam (PÉREZ LUÑO, Antonio-Enrique. *Op. cit.*, p. 173).
856. v. NINO, Carlos Santiago. *Introducción al análisis del derecho*. 12a ed. Barcelona: Ariel, 2003, p. 247.
857. v. FERRAZ JR., Tércio Sampaio. *Op. cit.*, p. 220.
858. v. PÉREZ LUÑO, Antonio-Enrique. *Op. cit.*, p. 177.
859. Nesse sentido: STAMPA BRAUN, José María. *Introducción a la ciencia del derecho penal*. Valladolid: Miñon, 1953, p. 104; LUZÓN PEÑA, Diego-Manuel. Op. cit., p.

que permitem averiguar e determinar o seu conteúdo e, pois, sua rigorosa e sistemática aplicação aos fatos concretos, a criar condições para a *decidibilidade* de conflitos jurídico-penalmente definidos.

2.2.1. Interpretação

Como visto, a dogmática deve interpretar, investigar e buscar o sentido e o valor das normas penais positivas para medir sua precisa extensão, o seu valor exato e os limites de sua aplicabilidade ao casos concretos.

Para tanto, não mais subsiste a ultrapassada tendência meramente subjetivista do ato interpretativo, que visava a buscar somente a intenção do legislador (*mens legislatoris*). O ato interpretativo deve ser predominantemente objetivo, ou seja, deve buscar o sentido e o valor da norma penal posta (*mens legis*), como realidade destacada da pessoa que a positivou, ou seja, o legislador[860]. Para além da própria dificuldade de se estabelecer, ante a pluralidade de intervenientes na sua produção e votação, quem é o legislador[861], o fato

---

92; COBO DEL ROSAL, Manuel; VIVES ANTÓN, Tomás S. *Op. cit.*, pp. 109-111; MUÑOZ CONDE, Francisco; GARCÍA ARÁN, Mercedes. *Op. cit.*, p. 211; GARCIA-PABLOS, Antonio. *Op. cit.*, p. 298.

860. Segundo Manuel Cobo del Rosal e Tomás S. Vives Antón: "A tese de que as leis devem interpretar-se conforme a vontade do legislador, sustentada pela 'escola da exegésis", se acha hoje praticamente abandonada. As razões que hão motivado tal abandono procedem, de uma parte, da dificuldade inerente à determinação de qual é a vontade do legislador, pois normalmente os órgãos legislativos são colegiados, e as leis que promulgam não refletem uma concreta vontade empírica; e, de outra, dos inadequados resultados aos que conduz tal procedimento interpretativo, pois o texto da lei se refere a um 'contexto' que não permanece inalterável, senão que cambia constantemente: essas mudanças no contexto alteram o sentido do texto. A doutrina objetiva é hoje absolutamente dominante em matéria de interpretação. A interpretação consiste, pois, na fixação do sentido objetivo do texto da lei" (COBO DEL ROSAL, Manuel; VIVES ANTÓN, Tomás S. *Op. cit.*, pp. 115-116). No mesmo sentido: GIMBERNAT ORDEIG, Enrique. *Op. cit.*, pp. 77-83.

861. Observava, p. ex, Guiseppe Maggiore: "Dizemos 'vontade e pensamento da lei' e não do 'legislador', porque este, como criador da lei, é uma abstração. Quem é o legislador? O rei que sanciona a lei, o parlamento que a aprova, o ministro que a apresenta, as comissões de juristas que a elaboram, a consciência popular que a reclama?" (MAGGIORE, Giuseppe. *Op. cit.*, p. 168).

é que deve prevalecer a intenção objetivada no texto legal, que se desprende de seu – enigmático – autor e passa a valer como tal[862], a possibilitar maior retidão ou justeza do Direito, pois permite extrair do texto normativo seu sentido mais razoável e atual, a facilitar sua aplicação a situações não previstas pelo legislador e, pois, sua adaptação as modificações históricas próprias à época em que deve ser aplicada[863].

2.2.1.1. *Técnicas de interpretação*

Para alcançar tal finalidade, tradicionalmente se apresentam várias técnicas de interpretação das quais o intérprete se utiliza para desvendar o sentido e o alcance dos textos legais; não há, entretanto, entre tais técnicas, relação de superioridade ou de subordinação, mas, ao contrário, comumente são utilizadas conjuntamente no esforço hermenêutico[864].

---

862. Paradigmática a frase de Piero Calamandrei, para quem a lei é como um filho que sai da casa paterna para ir ao encontro da vida, para seguir seu caminho, desiludindo, talvez, ou ultrapassando todas as expectativas dos seus progenitores (*apud* BETTIOL, Giuseppe. *Direito Penal. Parte Geral*. Trad. Fernando de Miranda. Coimbra: Ed. Coimbra, 1970, t. I, p. 228).

863. cfr. BAPTISTA MACHADO, João. *Op. cit.*, pp. 179-180. Segundo Eros Grau, o critério subjetivista da "vontade do legislador" parte da ideia de parâmetros fechados da norma e é adotada pela ideologia estática da interpretação jurídica, para quem o legislador se compara a Deus, cujos atributos são indiscerníveis. Para os exegetas estáticos, o legislador é seu Deus e o direito positivado é sagrado, o que leva ao rechaço de qualquer mudança social ou jurídica e instaura o governo dos vivos pelos mortos (GRAU, Eros. *Op. cit.*, pp. 103-105).

864. Observam Giovanni Fiandaca e Enzo Musco que tais critérios ou cânones não correspondem a vários tipos de interpretação, senão que representam meios potencialmente concorrentes de uma atividade hermenêutica que segue sendo unitária em seu objetivo fundamental, qual seja, identificar o alcance e os limites da tutela posta pelo legislador penal em cada um dos tipos penais. O método de indagação selecionado, qualquer que seja seu caráter, é sempre instrumento dirigido a verificar a admissibilidade daquela antecipação de significado (precompreensão) atribuída à norma, que quase sempre dá impulso às fases iniciais do procedimento hermenêutico. O processo interpretativo não se funda sobre o nada, senão que toma como ponto de partida uma hipótese inicial de trabalho, que se apresenta por meio de uma intuição imediata e que é avaliada gradualmente ao longo das várias passagens em que se desenvolve a interpretação final (FIANDACA, Giovanni; MUSCO, Enzo. *Op. cit.*, p. 133). Sobre a questão: JESCHECK, Hans-Heinrich. *Op. cit.*, p. 139.

2.2.1.1.a. Gramatical

Na esfera penal, ante o princípio da legalidade penal (art. 5º, XXXIX, da CF) (item 1.4.1) – que impede a aplicação *in malam partem* do direito que exceda o sentido alcançado pela *exegesis* das palavras da norma jurídicopenal –, a interpretação gramatical tem importante papel e tem o texto da lei como ponto de partida, procurando o sentido literal possível das palavras utilizadas na construção normativa, mediante a significação comum das palavras constantes do tipo penal, a se mover dentro do quadro das significações literais possíveis e a englobar todos os supostos de fato aí admitidos, sem ultrapassar o limite de garantia representado pela letra da lei, porque toda interpretação gramatical se move dentro desse limite (o sentido literal possível).

Tal técnica de interpretação trabalha positivamente, averiguando se o texto normativo comporta apenas um sentido e, se assim o for, este é o sentido da norma; bem como negativamente, eliminando aqueles sentidos que não tenham apoio, acolhida ou ressonância nas palavras da lei; entretanto, como normalmente as normas comportam mais de um significado, então o intérprete deve dar apoio a um dos sentidos possíveis que corresponda ao significado mais natural e direto das expressões utilizadas na norma legal e que melhor e mais imediatamente corresponda ao seu significado técnico-jurídico, na suposição – nem sempre correta – de que o legislador soube exprimir com correção o seu pensamento[865].

Ainda que sempre necessária, a interpretação gramatical não é, por si só, suficiente, razão pela qual deve ser combinada com as demais técnicas interpretativas, pois as leis penais não devem ser interpretadas de maneira excessivamente formalista, senão atendendo a seu espírito com a ajuda das demais técnicas; entretanto, por imperativo da garantia da legalidade penal, a interpretação gramatical opera como limite das demais técnicas, que não podem transbordar o sentido literal possível dos termos legais[866].

---

865. v. BAPTISTA MACHADO, João. *Op. cit.*, p. 182.
866. cfr. MUÑOZ CONDE, Francisco; GARCÍA ARÁN, Mercedes. *Op. cit.*, p. 137. Segundo Enrique Gimbernat Ordeig, à interpretação gramatical se lhe atribui o

2.2.1.1.b. Histórica

A interpretação histórica, como o próprio nome indica, visa a interpretação da lei mediante a análise total de sua história (*occasio legis*).

Analisa-se a história evolutiva do preceito legal e/ou do regime jurídico em que posta, cujo conhecimento lança luz sobre o sentido da norma jurídica, com a compreensão do que foi pretendido pelo legislador com a fórmula legal ou com a alteração legislativa introduzida. Também se analisam as fontes da lei, ou seja, os anteriores textos legais ou doutrinários (nacionais e estrangeiros) que inspiraram e serviram de modelo à produção da lei penal pelo legislador. Analisam-se, ainda, os trabalhos preparatórios da lei penal, seus estudos prévios, os anteprojetos e projetos e as suas alterações e respostas críticas, as atas de trabalho das comissões encarregadas, as atas de discussão na casa legislativa, as exposições de motivos, etc., já que tais elementos históricos esclarecem a atitude final e a opção do legislador pela forma e conteúdo normativo adotados, a afastar as interpretações que foram recusadas em tal processo legiferante criativo.

Ademais, também deve ser levada historicamente em consideração as circunstâncias sociais e políticas e os interesses de reforma que se apresentavam ao legislador e que foram levados em consideração em seu trabalho criador[867], tudo, pois, a conformar trabalho interpretativo do conteúdo da norma jurídica posta.

2.2.1.1.c. Sistemática

De natureza lógica, a interpretação sistemática visa a alcançar o contexto da lei, mediante sua ubicação no interior do ordenamento

grau hierárquico menor dentro das distintas formas interpretativas. O jurista que se aferra, quando esta é inequívoca, à letra da lei como critério último, sem preocupar-se dos outros critérios, é, isto se pensa e se diz, um mal jurista, um formalista. Mas no Direito Penal, o sentido literal das palavras empregadas pelo legislador tem uma decisiva função: a letra da lei não deve ser ultrapassada nunca, quando está em jogo a imposição de uma pena (*nullum crimen sine lege*) (GIMBERNAT ORDEIG, Enrique. *Op. cit.*, p. 45).

867. v. BAPTISTA MACHADO, João. *Op. cit.*, pp. 184-185; GIMBERNAT ORDEIG, Enrique. *Op. cit.*, p. 50.

jurídico e sua relação com os demais preceitos legais, em interpretação superadora das possíveis contradições, desde a perspectiva da necessária coerência do ordenamento jurídico[868].

O ato interpretativo deve levar em consideração as demais disposições legais que conformam o complexo normativo em que se integra a norma interpretada, ou seja, que regulam a mesma matéria (contexto da lei), bem como as demais disposições que regulam problemas normativos afins e o lugar sistemático no ordemaneto jurídico global que compete à norma interpretada e sua unidade no todo, com base no postulado da coerência intrínseca do ordenamento jurídico, bem como reconduzir a norma interpretada à sua genealogia jurídico-sistemática, enquanto manifestação de princípios jurídicos fundamentais do sistema penal[869].

Busca-se, assim, com a interpretação sistemática, a conclusões similares para todas as modalidades contidas em mesmo preceito ou a preceitos diversos que o ordenamento jurídico há posto em conexão sistemática, sob o entendimento de que os termos legais não devem ser interpretados isoladamente, senão no contexto jurídico em que é utilizado, pois "um texto de direito isolado, separado, desprendido do sistema jurídico, não expressa nenhum significado normativo"[870].

---

868. cfr. GIMBERNAT ORDEIG, Enrique. *Op. cit.*, p. 51; MUÑOZ CONDE, Francisco; GARCÍA ARÁN, Mercedes. *Op. cit.*, p. 138.
869. v. BAPTISTA MACHADO, João. *Op. cit.*, pp. 183-184.
870. GRAU, Eros. *Op. cit.*, p. 28. Para tal autor: "Não se interpretam textos de direito isoladamente, senão o direito em sua totalidade. Santi Romano (1964/211) insiste em que a interpretação da lei é sempre interpretação, não de uma lei ou de uma norma só, senão de uma lei ou de uma norma considerada em relação com a posição que ocupa no conjunto do ordenamento jurídico. Isto significa que o que efetivamente se interpreta é esse ordenamento e, em consequência, o texto singular. Hermann Heller (1977/274), por outro lado, observa que o preceito jurídico particular somente pode ser concebido, de modo pleno, quando se parte da totalidade da Constituição política. Sobre este ponto afirma Geraldo Ataliba (1970/373): 'nenhuma norma jurídica surge de maneira isolada, como flutuando no ar. Nenhum mandamento jurídico existe só, vagando no espaço, sem base nem apoio. Não existe um mandato isolado nem uma ordem solta, porque estes – é algo propedêutico – formam parte de um sistema e estão baseados nele, ou não existem juridicamente'. Não se interpreta o direito em pedaços, em fragmentos" (GRAU, Eros. *Op. cit.*, p. 110-111).

2.2.1.1.c. Teleológica

Também de natureza lógica, a interpretação teleológica visa à busca do fim almejado pela norma jurídica, a sua razão de ser (*ratio legis*), o interesse político-criminal tutelado normativamente pela lei penal.

A busca e o esclarecimento da *ratio legis* da norma a ser interpretada revela a valoração ou a ponderação dos diversos interesses político-criminais a serem normativamente regulados e, pois, o seu peso e a sua opção, enquanto tradução da solução que a norma visa a buscar, a determinar mais facilmente o seu sentido final. Com a identificação da racionalidade que inspirou a gênese da norma jurídica, há o apoderamento de ponto de referência que habilita o intérprete a definir o seu exato alcance e a discriminar outras situações típicas com o mesmo ou diferente recorte[871].

Na esfera penal, trata-se da técnica mais importante e decisiva na interpretação dos tipos penais[872], já que permite a penetração dos valores político-criminais no sistema e a maximização do conceito garantístico de bem jurídico, a orientar a interpretação e aplicação do ordenamento jurídico-penal, já que tal técnica é a única "que se orienta diretamente até a verdadeira meta de toda a interpretação, ou seja, decobrir a finalidade e os critérios valorativos, dos quais em última instância se duduz de modo vinculante o sentido legal normativo"[873].

Segundo Giuseppe Bettiol, "se o que se procura averiguar é o significado de um querer 'oculto' no coração da norma, não se descobre esse querer na linha de um raciocínio lógico-formal, porque a 'vontade' da norma apresenta uma orientação finalista, na medida em que se destina a tutelar um 'valor'. A lógica do intérprete deve, por isso, ser orientada para esse valor, que dá tom e característica ao querer da norma; deve ser, portanto, uma lógica finalista, uma

---

871. v. BAPTISTA MACHADO, João. *Op. cit.*, pp. 182-183.
872. Nesse sentido: GIMBERNAT ORDEIG, Enrique. *Op. cit.*, p. 77; COBO DEL ROSAL, Manuel; VIVES ANTÓN, Tomás S. *Op. cit.*, p. 118; MAURACH, Reinhart. *Op. cit.*, 148; JESCHECK, Hans-Heinrich. *Op. cit.*, p. 138; STAMPA BRAUN, José María. *Op. cit.*, p. 102.
873. JESCHECK, Hans-Heinrich. *Op. cit.*, pp. 138-139.

teleológica. Não se trata, por conseguinte, na interpretação, de dispor os vários elementos da norma num plano uniforme, numa ordem de sucessão que do geral desça ao particular, e vice-versa, mas de dispor os interesses de modo que se encontrem 'polarizados' para o valor que a norma tutela"[874].

2.2.2. Sistematização

A segunda função da Dogmática Jurídico-penal é a de *sistematizar* as normas jurídico-penais positivas, fazendo-o através da elaboração de conceitos, categorias e instituições gerais que levarão à sistematização ou ordenação sistemática das normas, mediante sua integração e complementação no ordenamento jurídico e a unidade de perspectiva valorativa político-criminal, para que o sistema não fique cheio de contradições, o que contribui decisivamente à segurança jurídica e à uniformização, racionalidade, calculabilidade e controlabilidade da aplicação do Direito Penal positivado[875]. Tratase, pois, de organização artificial, ou seja, construída pelo homem,

874. BETTIOL, Giuseppe. *Op. cit.*, pp. 229-230.

875. cfr. LUZÓN PEÑA, Diego-Manuel. Op. cit., pp. 93-94. Observa Enrique Gimbenat Ordeig: "tradicionalmente, à sistemática se lhe concede um grande valor. O fim da dogmática jurídicopenal é precisamente, se diz, o apreender conceitualmente o conteúdo e a estrutura dos preceitos penais e de colocar os distintos conceitos alcançados em um sistema científico irreprochável. É mais, precisamente o fato de que a dogmática jurídica procede sistematicamente é o que faz dela uma ciência" (GIMBERNAT ORDEIG, Enrique. *Concepto y método de la ciência del derecho penal*. Madrid: Tecnos, 1999, p. 102). No mesmo sentido, afirma Jesús-María Silva Sánchez: "Se há um traço que caracteriza de modo geral às formas de raciocínio jurídico dogmático, este é o pensamento sistemático. Em efeito, a dogmática, como qualquer disciplina com pretensões em maior ou menor medida cognoscitivas, tomo como um de seus objetivos fundamentais a sistematização do conhecimento, seja qual seja o critério de sistematização eleito. (...) O sistema permite a ordenação e regulação do saber existente, a detecção das contradições que possam se da e mantém todo esse saber de modo permanente a nossa disposição. Ademais, de fato, a sistematização é inerente a toda atividade racional humana até o ponto de que um princípio sistematizador da realidade social se adverte já na própria linguagem ordinária. A chamada 'ciência do direito', pois, não poderia em realidade obrar de modo plenamente assistemático, senão que a opção se dá entre introduzir seu peculiar critério sistemático ou submeter-se ao próprio da correspondente linguagem ordinária, com o inconveniente, neste último caso, da maio vaguidade, que permite um número muito superior de soluções possíveis" (SILVA SANCHEZ, Jesús-María. *Op. cit.*, p. 75).

para a melhora do poder explicativo de um objeto, mediante a elaboração de corpo teórico ordenado dos conhecimentos obtidos mediante a investigação metódica, buscando o máximo de coerência e completude[876].

A sistematização, que culmina com processo de abstração, mediante a recondução do individual a categorias abstratas cada vez mais gerais e, pois, à elaboração de poucos conceitos fundamentais para o conjunto do sistema e que o habilite como meio de solução adequada aos casos particulares[877], articula-se através de sistema teórico cognoscitivo que considera o Direito Penal (*ius poenali*) como um todo, que se encontra estruturado e ordenado de maneira coerente – cujas parte guardem entre si relação de coordenação e dependência –, a alcançar a unidade funcional e integral do sistema normativo jurídico-penal, enquanto conjunto de regras e princípios entrelaçados e ordenadamente organizados entre si e que funciona como unidade orgânica[878].

A sistematização, enquanto ordenação lógica e estruturação dos conhecimentos particulares (um todo ordenado), permite fazer compreensível, em toda sua extensão, o conteúdo e a significação Direito Penal e, consequentemente, permite sua aplicação segura e calculável, subtraindo-lhe a irracionalidade, a arbitrariedade e a improvisação na decidibilidade dos casos concretos[879]: a) facilitando o exame do caso concreto a ser decidido (simplificação e direção do exame); b) facilitando a aplicação uniforme, racional e diferenciada do Direito Penal (ordenação adequadamente diferenciada segundo o objeto); c) facilitando, simplificando e melhorando a manejabilidade do

876. cfr. ANGEL RUSSO, Eduardo. *Op. cit.*, pp. 212-213.
877. v. SILVA SANCHEZ, Jesús-María. *Op. cit.*, p. 75.
878. v. SÁNCHEZ VÁZQUEZ, Rafel. "Algunas consideraciones sobre el método exegético jurídico". In: *Anuário Jurídico*. México: UNAM, v. XVI, 1989, p. 959. Segundo Eduardo Angel Russo: "um sistema é uma organização. Como ensinava o velho refrão um lugar para cada coisa e cada coisa em seu lugar. Um organização requer regras e as regras podem ser distintas em diferentes sistemas, mas são sempre as mesmas a respeito do mesmo sistema, porque as regras são a definição do sistema na modernidade" (ANGEL RUSSO, Eduardo. *Op. cit.*, p. 210).
879. v. GIMBERNAT ORDEIG, Enrique. "¿Tiene un futuro la dogmática jurídico-penal ?". In: *Estudios de Derecho penal.* 3ª ed. Madrid: Civitas, 1990, p. 158.

Direito Penal (simplificação substancial da aplicação); d) facilitando a elaboração criadora e de desenvolvimento do Direito Penal[880].

A dogmática jurídico-penal alcança o seu ápice de sistematização, *v. g.*, na *teoria geral do delito* (ou sistema do fato punível), que, partindo da lei – dos crimes em espécie –, ordenou e sistematizou todas as regras jurídicas positivas que condicionam a responsabilidade penal e que tem como finalidade básica e principal o estudo dos elementos do conceito de delito, que "são comuns a todos os fatos puníveis"[881], ou seja, "seu sentido não é outro senão a explicação do delito como suma de todos os delitos existentes e só deles, é dizer, sua exposição institucional, que o diferencia de outras categorias jurídicas e recolhe os traços e elementos comuns das concretas figuras delitivas. Seu objeto, por conseguinte, é 'o tipo geral de delito', segundo se há afirmado. Daí que caiba dizer que a teoria jurídica do delito é a 'lógica do delito puro' – vale a expressão – não empírico, que recolhe o que de universal e comum tem os delitos em particular, e o que os distingue de outros entes jurídicos"[882].

Mediante tal sistematização, os elementos do conceito geral do delito "não permanecem desconectados entre si (ordenação tópica), senão que se situam em uma relação interna (ordenação sistemática) que se configura conforme às leis lógicas da anteposição e a subordinação, a regra e a exceção. Este sistema deve ser tão completo, coerente e suficientemente diferenciado, que cada peça possa ser colocada em seu correspondente lugar"[883], a garantir a unidade de perspectiva valorativa, para que o sistema não fique cheio de contradições.

Assim, com base no método analítico[884], a sistematização da teoria geral do delito estruturou fundamentalmente o delito sobre três

880. Sobre a questão: ROXIN, Claus. Op. cit., pp. 207-210; GIMBERNAT ORDEIG, Enrique. *Concepto y Método de la Ciência del Derecho Penal*. Madrid: Tecnos, 1999, pp. 102-107.

881. *v.* JESCHECK, Hans-Heinrich. *Op. cit.*, p. 175.

882. COBO DEL ROSAL, Manuel; VIVES ANTÓN, Tomás S.. *Op. cit.*, p. 245.

883. JESCHECK, Hans-Heinrich. *Op. cit.*, p. 179.

884. Sobre o método analítico, que concebe o delito conceitualmente separado em seus distintos elementos, de forma racional e progressiva: COBO DEL ROSAL, Manuel/VIVES ANTÓN, Tomás S.. *Op. cit*, pp. 265 e sgts..

categorias básicas – estrutura conhecida como o sistema tripartido de v. Liszt/Beling/Radbruch[885] –, a saber: a *tipicidade*, a *antijuridicidade* e a *culpabilidade*. Segundo tal sistema, ao analisar fato tido como criminoso, deve-se gradualmente comprovar se: a) há atuado uma pessoa; b) se esta ação é subsumível a um tipo penal; c) se a conduta jurídicopenal está excepcionalmente justificada; d) se a conduta antijurídica pode ser atribuída a pessoa determinada[886].

Dessa forma, tal definição sistemática tem carácter sequencial, ou seja, o peso da imputação vai aumentando à medida que se passa de uma categoria sistemática a outra (da tipicidade à antijuridicidade, da antijuridicidade à culpabilidade, etc.), pelo que hão de tratar-se em cada categoria os problemas que lhe são próprios. Desta maneira, se do exame dos fatos resulta, p. ex., que a ação ou a *omisión* não é típica, já não se colocarão problema de se é antijurídica e, muito menos, se é culpável ou punível; portanto, cada uma destas categorias sistemáticas contém critérios valorativos político-criminais próprios, com distinta transcendência teórica e prática[887].

A finalidade sistemática da dogmática jurídicopenal tem, ademais, vertente garantista, pois garante que todo o fato jurídico-penalmente relevante vai ser objeto de rigorosa análise, bem como porque oferece segurança de que a lei penal sempre será interpretada da mesma maneira, a possibilitar, pois, aplicação segura, calculável e racional do Direito Penal[888], e a contribuir, de maneira essencial, na garantia da segurança jurídica[889]. Nos dizeres de Winfried Hassemer, o sistema do fato punível (ou a teoria geral do delito) vincula o juiz penal a uma ordem que tem de ser seguida na hora de comprovar a punibilidade do comportamento humano, pois, ao contrário do leigo, inclinado a julgar o comportamento "como um todo" ou a dirigir a sua atenção rapidamente ao essencial, o penalista está obrigado a contrapor relações e analisá-las sistemática e separadamente antes de julgar sua totalidade[890].

---

885. v. SILVA SÁNCHEZ, Jesús-María. *Op. cit.*, p. 363.
886. cfr. HASSEMER, Winfried. *Op. cit*, p. 254.
887. MUÑOZ CONDE, Francisco; GARCÍA ARAN, Mercedes. *Op. cit.*, p. 224.
888. v. BUSTOS RAMÍREZ, Juan J.; HORMAZÁBAL MALARÉE, Hernán. *Op. cit.*, p. 128.
889. cfr. JESCHECK, Hans-Heinrich. *Op. cit.*, p. 176.
890. v. HASSEMER, Winfried. *Op. cit.*, p. 254.

2.2.3. *Crítica*

Por fim, a terceira função da Dogmática Jurídicopenal, a acompanhar as funções hermenêutica e sistemática, é a de *crítica* aos possíveis defeitos apresentados pelo ordenamento jurídico-penal positivo, que, inegavelmente, só pode ocorrer após a prévia determinação exata de seu conteúdo e alcance[891], pois, não raro, as funções de interpretação e de construção sistemática vão seguidas de observações de caráter crítico sobre determinados pontos em que o Direito Penal positivo parece jurídico-valorativamente defeituoso; portanto, a dogmática não se limita apenas ao estudo, análise e sistematização do Direito Penal positivo vigente, mas também trata de buscar as deficiências e as lacunas existentes no sistema, oferecendo propostas razoadas e técnico-cientificamente fundadas de sua melhora e otimização, com base nos valores político criminais, visando à sua eficácia. Trata, pois, de aperfeiçoar seu próprio objeto de estudo, o *ius poenali*[892].

A função dogmático penal crítica pode ocorrer com base em razões técnico-jurídicas, quando, através de procedimento lógico, as teorias, os princípios, as regras e os corolários extraídos do sistema de direito vigente apresentem antinomias, contradições, defeitos técnicos, incompatibilidades funcionais, etc.; bem como com base em razões político-criminais (axiológicas), que levem em consideração as valorações político-criminais metapositivas que inspiram determinado ordenamento jurídico-penal concreto e os fins políticos que o mesmo se propôs a concretizar[893].

---

891. v. COBO DEL ROSAL, Manuel; VIVES ANTÓN, Tomás S.. *Op. cit.*, p. 110. Segundo José Maria Stampa Braun: "a interpretação e a construção sistemática nos dão a conhecer o direito tal como é. A última tarefa do penalista se concreta em determinar se esse direito positivo (vigente), cujo conhecimento já possui, é como deveria ser ou se, pelo contrário, precisa ser substituído por um direito diverso" (STAMPA BARUN, José Maria. *Op. cit.*, p. 105). Quanto à divisão tripartida das finalidades da dogmática jurídicopenal (interpretação, sistematização e crítica), observam Francisco Muñoz Conde e Mercedes García Arán, que tal divisão não tem valor absoluto, pois, em última instância, tanto a interpretação, como a sistematização e a crítica constituem um todo, em que as três fases estão inter -relacionadas e cooperam à mesma finalidade de alcançar uma administração da justiça penal igualitária e justa, por cima da conjuntura, a arbitrariedade e a surpresa (MUÑOZ CONDE, Francisco; GARCÍA ARAN, Mercedes. *Op. cit.*, p. 211).
892. cfr. BLANCO LOZANO, Carlos. *Op. cit.*, p. 57.
893. Sobre a questão: COBO DEL ROSAL, Manuel; VIVES ANTÓN, Tomás S.. *Op. cit.*, pp. 110-111; STAMPA BARUN, José Maria. *Op. cit.*, pp. 105-106

Por sua vez, a função crítica pode se dar no nível *de lege ferenda*, ou seja, quando visa à modificação ou reforma do ordenamento jurídico positivado vigente, ou em nível *de lege lata*, quando a construção dogmática crítica se mantém dentro do marco do direito positivado vigente, sem exigir, pois, a sua reforma ou modificação legislativa.

2.3. Desenvolvimento histórico

A história do desenvolvimento da Ciência do Direito Penal pode, *grosso modo*, ser sintetizada na história dos vários métodos – enquanto caminho para alcançar saber teórico ou para converter a teoria em realidade prática[894] – empregados na evolução da atividade jurídico-penal e que, para fins didáticos, podem ser separados e identificados em direções, correntes ou tendências mais importantes.

2.3.1. Classicismo

Como já visto (Capítulo III, Item 4.1), a Escola Clássica – ao assumir o legado liberal e reformador do Iluminismo – carcateriza-se por projetar ideais filosóficos e o *ethos* político do humanismo racionalista sobre o problema criminal[895] e parte das premissas básicas do iusnaturalismo (Direito Natural), ao qual deve subordinar-se o Direito Positivo, visto, então, como mera concreção dos postulados ideais da instância metafísica ou filosófica superior ao direito criado pelo homem.

O classicismo emprega, pois, o *método racional (lógico) abstrato-dedutivo*, partindo do geral, dos dogmas filosófico-metafísicos naturalistas, para, destes *aprioris*, derivar o particular, as principais teses e normas sobre a questão criminal, prescindindo da análise da lei penal positivada; o seu objeto de conhecimento não é o Direito Positivo (as leis), mas somente um direito ideal (transcendental) e racional que aporta o Direito Natural[896].

894. v. GARCIA-PABLOS, Antonio. *Op. cit.*, p. 302.
895. cfr. FIGUEIREDO DIAS, Jorge; COSTA ANDRADE, Manuel da. *Op. cit.*, p. 07.
896. cfr. GARCÍA-PABLOS DE MOLINA, Antonio. *Op. cit.*, p. 378-379; MIR PUIG, Santiago. *Introducción a las bases del Derecho Penal.* 2a ed. Montevideo: B de f, 2002, p. 155.

Assim, o penalista clássico chega, por meio da lógica e da abstração dos dogmas filosófico-metafisicos naturalistas, à construção do sistema penal e o confronta, então, com o Direito Penal vigente, exigindo que este se adapte àquele, sem se atentar à realidade jurídica e social, a acomodar, posteriormente, o todo sistemático em síntese que obedeça aos princípios gerais – enquanto verdadeiras categorias abstratas geométricas – e que devem se ajustar ao Direito ideal (Direito Natural)[897].

2.3.2. Positivismo

Como reação à clássica metodologia abstrata lógico-dedutiva[898], os críticos positivistas afirmavam que tal metodologia perdia de vista as necessidades sociais de prevenção ao crime e que teria fracassado, diante o expressivo aumento da criminalidade e da reincidência[899], pois, o Direito positivo – apesar de sua admirável perfeição lógica e harmonia – emanado, por via de dedução, de alguns princípios gerais imutáveis e apriorísticos não podia responder às

897. v. BLANCO LOZANO, Carlos. *Op. cit.*, p. 86. Nesse sentido, vejam-se as palavras de Francesco Carrara, um dos expoentes do classicismo: "O direito penal tem sua gênese e sua forma na lei absoluta, porque constitui a única ordem possível da humanidade segundo as previsões e a vontade do Criador. (...) as demonstrações não se derivam da palavra humana, senão que devem ser deduções lógicas da razão eterna, pela qual revelou Deus aos homens, por admirável inspiração, quanto é mister para regular sua conduta em respeito a seus próprios semelhantes. Subordinadas assim a uma norma absoluta, as leis penais são absolutas em seus princípios cardeais, e só podem converter-se em relativas em sua forma de aplicação. (...) A comparação dos direitos constituídos não é mais que um complemento de nossa ciência. Nesta investigação secundária devemos julgar, dentre os distintos Códigos, qual se adapta mais ao arquétipo da verdade absoluta: e não seguir o caminho inverso, deduzindo a verdade dos princípios do Direito constituído" (apud BLANCO LOZANO, Carlos. *Op. cit.*, p. 88). Sobre a questão: MIR PUIG, Santiago. *Op. cit.*, pp. 155-156.

898. Segundo Antonio Gracía-Pablos de Molina: "O positivismo criminológico abriria um grande debate doutrinário em várias frentes. Uma primeira frente a constituiu a Escola Clássica, que havia tratado de contemplar o crime com um método abstrato, formal e dedutivo. O grito de Ferri: 'abaixo o silogismo', representa a postura positivista nesta contenda de 'métodos, o rechaço de todo enfoque, como o dos clássicos, capaz de abordar o novo problema criminal prescindindo do homem delinquente e da realidade social mesma" (GARCÍA-PABLOS DE MOLINA, Antonio. *Op. cit.*, p. 437).

899. cfr. MIR PUIG, Santiago. *Op. cit.*, p. 156.

necessidades de prevenção de uma sociedade em transformação, já que não se baseava na realidade concreta e suas necessidades[900].

2.3.2.1. Positivismo naturalista

Assim, o positivismo naturalista propôs a substituição do método clássico pelo *método científico indutivo-experimental*, que seria o único capaz de descobrir, de maneira neutra e objetiva, as causa explicativas do fenômeno criminal. Os positivistas, partindo da fé absoluta na ciência empírica de modelo causal-explicativo, em descobrir as causas das leis naturais imutáveis que determinam e regem a ordem do mundo físico e social – a única realidade são os fatos[901] –, negam, pois, a existência de leis iusnaturais ou metafísicas.

O delito, enquanto objeto da Ciência Penal, deixou de ser considerado como ente jurídico ideal (abstrato), para ser estudado e analisado como fenômeno empírico real e a pena criminal perde seu caráter ético para se constituir em instrumento de incidência na realidade externa, dirigida à defesa da sociedade. Nesta nova perspectiva metodológica, há mudança no objeto da Ciência Penal: do direito ideal à realidade empírica, da busca do "dever ser" à investigação do "ser"[902].

É nesse período, como visto (Capítulo III, Item 4.2), que nasce a Criminologia, como disciplina científica autônoma, que reclama o recurso ao método científico empírico no estudo do crime e a centralidade no estudo do delito e da pena, a se firmar como o paradigma da Ciência Penal; nesse momento histórico, especialmente na Itália, o trabalho científico do penalista se resumia à análise das causas do delito e os efeitos empíricos da pena criminal[903].

---

900. cfr. BLANCO LOZANO, Carlos. *Op. cit.*, p. 89. Observa Santiago Mir Puig: "O conceito idealista de delito defendido pela escola clássica não é mais que um exemplo importante e expressivo da incapacidade de seu método racionalista, abstrato e dedutivo, para servir aos postulados de um direito penal social, chamado a intervir eficazmente na concreta luta contra o delito, como fenômeno existente no social. O novo pensamento requeria abandonar a exclusividade do mundo abstrato das ideias, para assomar-se à mais modesta realidade do concreto, única que podia conduzir eficazmente um direito penal dirigido a satisfazer necessidades sociais de prevenção" (MIR PUIG, Santiago. *Op. cit.*, p. 158).
901. v. GARCÍA-PABLOS DE MOLINA, Antonio. *Op. cit.*, p. 439.
902. cfr. MIR PUIG, Santiago. *Op. cit.*, p. 160.
903. V. SILVA SANCHES, Jesús-María. *Op. cit.*, pp. 45-46.

2.3.2.2. *Positivismo jurídico*

2.3.2.2.a. *Tecnicismo jurídico*

Diante dos excessos do positivismo naturalista, surge na Itália, especialmente com Arturo Rocco[904], reação a seus postulados, sob a alegação de que aquele, ao criticar e afastar o proceder lógico-metafísico clássico e negar seus postulados iusnaturalistas, esqueceu-se de dirigir a especulação científica até o direito positivo – assim como o fez a Ciência Penal alemã e as disciplinas do direito privado –, transformando-se em mero apenso da antropologia e sociologia, cujo resultado foi "amontoar a seu redor uma massa de ruínas jurídicas, sem haver feito nada para reconstruir sobre as mesmas o novo edifício, se não legislativo pelo menos científico, do Direito Penal (...). Assim, demolindo sem reedificar, terminou por se limitar à tarefa que é, relativamente, a mais fácil, a tarefa crítica ou negativa, chegando ao final a um Direito Penal... sem direito!"[905].

Para os técnicos-jurídicos, o Direito Penal deve ser cientificamente elaborado através do método dogmático – então seguido na Alemanha –, tendo o direito positivo vigente com único objeto a ser estudado e analisado, através de sistema de princípios de direito, uma teoria jurídica, um conhecimento científico jurídico geral e específico do crime e da pena, enquanto fatos regulados pelo ordenamento jurídico positivo, sem a incidência de interferências filosóficas procedentes da realidade empírica (positivismo jurídico estrito)[906].

O proceder formalista técnico-jurídico não se equivale à dogmática, senão que é apenas uma das concepções positivistas que esta última há adotado no estudo do direito positivo e se concretiza

---

904. Tal reação se encontra em seu famoso discurso *"Il problema e il metodo della scienza del diritto penale"*, proferida, em 1910, na Universidade de Sassari, Itália, e que, segundo alguns, inaugurou a direção técnico-jurídica.
905. STAMPA BRAUN, José María. *Op. cit.*, pp. 110-111. Segundo Santigo Mir Puig, a luta entre classicismo e positivismo criminológico teve como resultado o esquecimento do direito positivo, pois a escola clássica reclamava o estudo do direito natural, ideal ou racional, enquanto a escola positiva girou sua atenção à realidade metajurídica. Assim, o resultado foi o abandono do Direito Penal vigente, que ficou carente de imprescindível guia teórico, abrindo-se, na Itália, o abismo que separa a teoria e a prática (MIR PUIG, Santiago. *Op. cit.*, p. 167).
906. cfr. MIR PUIG, Santiago. *Op. cit.*, p. 169.

através de três momentos separados: a interpretação (ou exegésis), a dogmática (ou sistemática) e a crítica. Na primeira fase exegética, persegue-se o descobrimento do sentido das proposições jurídico-penais. Já na fase dogmática, aplica-se o método indutivo sobre os preceitos legais previamente interpretados na fase anterior, obtendo, como resultado, as categorias conceituais de caráter geral (dogmas), reduzindo-as a um sistema. Daí deduzem-se as consequências para a aplicação da lei. Por fim, na terceira fase crítica se determina se o direito positivo, previamente conhecido, é ou não como deveria ser; só aqui penetrariam os juízos de valor sobre o direito vigente. Tal separação formal do conhecimento científico do direito positivo e a valoração é, nos dizeres de Santiago Mir Puig, característica do método positivista, que não reconhecia a natureza essencial e inevitavelmente valorativa do Direito Penal[907].

2.3.2.2.b. Normativismo

Paralelamente na Alemanha, onde o direito positivo (a lei) sempre foi o objeto de estudo da Ciência Penal (dogmática), a filosofia positivista não alcançou, por razões sociopolíticas, drástica mudança no objeto de estudo como ocorreu no positivismo naturalista italiano. O positivismo se refletiu, na Ciência Penal germânica, em um positivismo jurídico, ou seja, o Direito positivo continuou a ser o seu objeto de conhecimento e estudo. Assim, em termos gerais, afirma-se que a história do método na Alemanha se reduz, quase sempre, à evolução do método dogmático, isto é, da ciência do direito positivo[908].

---

907. v. MIR PUIG, Santiago. *Op. cit.*, p. 175.

908. Para Santiago Mir Puig, o exame histórico do método penal alemão traz a primeiro plano as posições desde as quais se há estudado o objeto representado pelo direito positivo, pois não concebeu o método de maneiras tão díspares, como ocorreu na Itália, a determinar verdadeira mudança do objeto de estudo. De maneira geral, o método na Alemanha se reduz, quase sempre, à evolução do método dogmático, isto é, da ciência do direito positivo, pois, quando o positivismo, como movimento cultural de âmbito geral, invadiu o espírito da segunda metade do século XIX, já há tempos que a ciência penal alemã utilizava o método dogmático (MIR PUIG, Santiago. *Op. cit.*, pp. 176-187). No mesmo sentido, expressa Antonio García-Pablos: "Na Ciência Penal alemã, sem embargo, já se vinha utilizando o método 'dogmático', quando em meados do século XIX

O positivismo jurídico influenciou o método e o conteúdo da Ciência Penal germânica, especialmente com Karl Binding[909], onde a dogmática do direito positivo se converteu em normativismo, que, partindo do direito positivo como único objeto da atividade científica jurídica, nega a legitimidade de qualquer juízo valorativo ou referência à realidade metajurídica na tarefa dogmática; o direito positivo deve ser estudado em si mesmo e deve ser separado da realidade empírica, isolado desta, como se fosse realidade independente. Assim, o penalista deve se ocupar exclusivamente do estudo das normas jurídicas (formalismo normativista) e se isolar dos fatores sociais e valorativos[910]; o trabalho do jurista dogmático consistiria em compreender o delito e a pena como generalização conceitual, através de consideração técnico-jurídica, e desenvolver em sistema fechado os preceitos concretos da lei, subindo até os últimos princípios e conceitos fundamentais[911].

Tal formalismo normativista, em fiel mimetismo aos métodos próprios das ciências da natureza, busca apenas a ligação formal dos conceitos jurídico-positivos, sobre cuja base, por indução, constroe-se o sistema conceitual (ou construção jurídica), que, em seu interior, classifica os novos conceitos abstratos que o integram e obtém, por dedução, as suas consequências lógicas, encerando-se, assim, o ciclo indução-dedução, típico das ciências experimentais, tudo a permanecer em neutralidade valorativa[912].

---

o positivismo, como movimento cultural, invade a teoria das ideias. Não houve na Alemanha um positivismo 'naturalístico', paralelo à Escola Positiva italiana que concebera o delito exclusivamente como fato 'real', pertencente ao mundo empírico, nem que reclamasse para seu estudo o mesmo método das ciências naturais. Na Alemanha, portanto, a primeira manifestação do positivismo, é o positivismo 'jurídico'. E, sem embargo, positivismo jurídico, em sentido estrito, não significou – nos anos 70 – o estudo de um único objeto: o Direito Positivo (pois isto se vinha fazendo já na Alemanha desde princípios do século XIX), senão a proibição de enunciar pelo jurista juízos de valor ou referências à realidade metajurídica" (GARCÍA-PABLOS, Antonio. *Op. cit.*, p. 352).

909. Para alguns autores, a obra de Karl Binding *Die Normen und ihre Übertretung*, foi, na Ciência Penal, o ponto mais elevado do positivismo (v. GARCÍA-PABLOS, Antonio. *Op. cit.*, p. 356; MIR PUIG, Santiago. *Op. cit.*, p. 191).
910. cfr. GARCÍA-PABLOS, Antonio. *Op. cit.*, p. 356.
911. cfr. SILVA SÁNCHEZ, Jesús-María. *Op. cit.*, p. 51.
912. v. GARCÍA-PABLOS, Antonio. *Op. cit.*, p. 356; MIR PUIG, Santiago. *Op. cit.*, p. 189.

O formalismo normativista procura a exclusão de todo elemento estranho à norma jurídica e é calcado na concepção objetiva de sua interpretação, que, como visto (Capítulo V, Item 2.2.1), busca seu espírito, vontade ou fim objetivo, divorciada da intenção do legislador, enquanto ordem razoável e dotada de lógica interna independente[913].

2.3.3. Neokantismo

A tentativa de superar os estreitos marcos teóricos formalistas que impunha a concepção positivista (natural e jurídica) e seu método, incapaz de compreensão total da realidade penal, surge, no século XX, nova tentativa de fundamentar autonomamente o caráter científico da Ciência Jurídico-penal e de dar sentido material à própria norma jurídica, que acabou levando ao abandono do positivismo[914].

Tal tentativa se apoiou na atitude geral de rechaço à mentalidade positivista e que pregou, em termos gerais, em que pese a diversidade de manifestações concretas, o retorno à filosofia, e que, na esfera penal, consolidou-se predominantemente com o neokantismo, que visava o giro científico que abaracasse as disciplinas das condutas humanas, sem requer as notas e definições próprias das ciências com características positivas, ou seja, procurou ampliar o restrito conceito positivista de ciência, englobando, no mesmo, não apenas os fatos perceptíveis pelos sentidos e sua observação, mas, também, os fenômenos espirituais e a compreensão de sua essência específica (ciências do espírito), especialmente através de seu método. Partiu da ideia de que as ciências do espírito, assim como as ciências da natureza, devem seu caráter científico à utilização de determinado método, que não coincide com os das ciências positivas. Para além das diversas direções em que o neokantismo alemão

---

913. Para Antonio García-Pablos, a adoção, pelo formalismo normativista, do método objetivo de interpretação levava à obtenção dos fins objetivos do Direito e no nos fins empíricos do legislador ou das forças sociais, razão pela qual era perfeitamente compatível com a adoção, como ponto de partida, dos fins da norma e do método da jurisprudência dos conceitos; o método teleológico e a dedução lógicoconceitual (GARCÍA-PABLOS, Antonio. *Op. cit.*, p. 358).

914. v. SILVA SÁNCHEZ, Jesús-María. *Op. cit.*, p. 55.

tomou, especial influência sobre a metodologia jurídico-penal teve a "filosofia dos valores"[915].

Observa Cezar Roberto Bitencourt que o neokantismo, transportado à ciência jurídica, leva à separação entre os campos do "ser" e do "dever ser" do Direito e, ao contrário dos positivistas que davam prioridade ao "ser", os neokantistas propõem a supervalorização do "dever ser" e, mediante a introdução de considerações axiológico-valorativas e materiais, substitui o método formalista indutivo com o objetivo de compreender o conteúdo dos fenômenos e categorias jurídicas para além de sua definição formal ou explicação causal; para tanto, utiliza-se da "dimensão valorativa" do jurídico, sem, entretanto, transformá-la em objeto de estudo[916].

Tal método trabalha em três planos distintos, segundo Jesús -María Silva Sanchez, o da realidade sensível, o dos valores e o das significações ou sentidos – é a referência a um valor o que dá significação ou sentido a uma coisa ou ação –, e é no plano das significações que se plasmam os valores e, mais em geral, o sentido (valor) de uma realidade considerada valiosa. Por sua vez, a dimensão valorativa – que atribui um sentido – surge no seio do próprio processo de conhecimento, não está presente na realidade de modo prévio. Os processo de conhecimento, por sua vez, são diretamente condicionados por circunstâncias históricas e particulares de cada sociedade e, ao produzir-se a atribuição de sentido, desde valores estabelecidos subjetivamente, a questão de qual há de ser a dimensão valorativa dos fenômenos se converte em questão absolutamente subjetiva, sobre a qual cabe controle do método empregado, mas não do produto do processo de conhecimento (subjetivismo epistemológico e

915. v. MIR PUIG, Santiago. *Op. cit.*, p. 211.

916. BITENCOURT, Cezar Roberto. *Op. cit.*, p. 114. Conforme observa Jesús-María Silva Sanchez: "dito método já não é puramente formalista, senão que, pela inclusão do Direito entre as ciências do espírito, tem como objetivo essencial a compreensão do conteúdo dos fenômenos e categorias jurídicas, mais além de sua mera definição formal ou explicação causal. Para isto é preciso levar em conta a dimensão valorativa do jurídico. Sem embargo, o neokantismo não faz dessa dimensão valorativa um 'objeto' de estudo por si mesmo. Os valores são objeto de reflexão na medida em que constituem a 'lente de pensar' através da qual o sujeito contempla uma realidade em si caótica, sem sentido" (SILVA SÁNCHEZ, Jesús-María. *Op. cit.*, p. 55).

relativismo axiológico). Assim, mediante a referência axiológica, é o sujeito quem aporta à realidade do direito positivo uma concreta dimensão de sentido, que não se caracteriza como um *apriori* ao processo de conhecimento, mas, sim, um produto do mesmo e que não pode ser concebido separado dele[917].

O neokantismo apresenta, assim, transformação transcendental na sistemática penal ao aplicar o método teleológico e orientar suas categorias conceituais a valores. Nestes termos, p. ex., o conceito de "ação" deixa de ser entendido como mero movimento corporal, em sentido naturalístico, para se destacar o seu significado social e passar a ser entendido como "conduta", a abarcar a ação e a omissão; a consideração do "bem jurídico" como realização de valor e sua lesão como critérios de interpretação do tipo penal; permite a introdução de critérios valorativos na causalidade, de elementos subjetivos no tipo, considerações materiais na antijuridicidade e normativas na culpabilidade, etc.[918].

2.3.4. Ontologismo (ou finalismo)

Sob a crítica do subjetivismo epistemológico e do relativismo valorativo neokantiano, surge, nos anos 30 do século passado, especialmente através de Hans Welzel, nova postura epistemológica baseada na prioridade do objeto e no caráter permanente e essencial dos valores, onde o objeto é que condiciona o método e não o inverso e onde os valores residem na essência das coisas e não das categorias de entendimento do sujeito; em suma, conhecer não é transformar a realidade, senão apreendê-la como efetivamente é[919].

Para Hans Welzel, o objeto de conhecimento para cada ciência é sempre o mesmo e não varia segundo o método utilizado, o que ocorre é que cada ciência considera aspectos distintos e peculiares do objeto, sem modificá-lo ou alterá-lo; daí não se determina o objeto segundo o método, senão o contrário, determina-se o método

917. v. SILVA SÁNCHEZ, Jesús-María. *Op. cit.*, p. 56.
918. Sobre a questão na teoria geral do delito: MIR PUIG, Santiago. *Op. cit.*, pp. 207-210; GARCÍA-PABLOS, Antonio. *Op. cit.*, pp. 367-368; SILVA SÁNCHEZ, Jesús-María. *Op. cit.*, pp. 56-57.
919. v. GARCÍA-PABLOS, Antonio. *Op. cit.*, p. 369.

pelo objeto. Assim, considerando-se o objeto, as ciências da natureza contemplam o aspecto causal da realidade (a ordem do acontecer), enquanto as ciências culturais se interessam pelo aspecto intencional ou final (a ordem do pensar). Ademais, os conceitos científicos não são transformações de um mesmo objeto livre de valorações, mas são reproduções parciais de um ser ôntico, que leva aprioristicamente consigo imanentemente as estruturas e as diferenças valorativas, ou seja, como estrutura essencial, imanente e material do objeto, cabendo ao jurista apreender tal essência ôntica do objeto – com suas valorações[920] –, tal como ele é[921]. Há, portanto, elementos e estruturas lógico-objetivas, pertencentes ao mundo da realidade (ontológico) e à natureza permanente das coisas, que vinculam o legislador e a ciência do direito, independentemente de como o indivíduo as conhece[922].

De tais premissas metodológicas, Welzel deduz dois dos pilares de sua concepção teórica, quais sejam, a finalidade e a autodeterminação segundo o sentido[923], enquanto estruturas lógico-objetivas ônticas. Segundo sua teoria, a ação, enquanto conceito pré-jurídico, é causal e final, mas ao direito apenas importa a dimensão final (a

---

920. Segundo Santiago Mir Puig: "a substituição do relativismo valorativo pela afirmação de 'verdades eternas' e de 'estruturas lógico-objetivas' é a chave de abóboda da filosofia jurídica de Welzel" (MIR PUIG, Santiago. *Op. cit.*, p. 226).

921. v. GARCÍA-PABLOS, Antonio. *Op. cit.*, pp. 371-372.

922. Segundo observa Jesús-María Silva Sanchez, para o ontologismo finalista de Hans Welzel, o permanente da matéria jurídico-penal, aquilo que deve constituir o objeto fundamental de estudo por parte da dogmática, são as estruturas lógico-objetivas, ôntico-lógicas, lógico-reais, pois são estas estruturas pertencentes ao mundo do real, do ser (do ontológico), que já contêm incorporada a dimensão de sentido, com o qual condicionam toda valoração que sobre as mesmas possa se produzir, inclusive a regulação destas matérias pelo legislador. Tais estruturas lógico-objetivas integram a natureza permanente das coisas que vincula ao legislador e ao direito (SILVA SÁNCHEZ, Jesús-María. *Op. cit.*, p. 58).

923. Conforme Santiago Mir Puig, a concepção da ação final não é a base última da doutrina de Hans Welzel, mas apenas uma das consequências de sua metodologia ontologista na dogmática jurídicopenal, pois, junto a esta, há a concepção da essência da culpabilidade como reprovabilidade ao autor do injusto por haver podido atuar de outra maneira, que também constitui, em sua teoria, um estrutura lógico-objetiva, ancorada na essência do homem, como ser responsável e caracterizado pela capacidade de autodeterminação final segundo o sentido (MIR PUIG, Santiago. *Op. cit.*, p. 227).

ordem do pensar), enquanto sua essência imanente; a ação humana é um acontecer final, em que o homem, com base em seu saber causal, pode prever as consequências possíveis de sua conduta e dirigir os diferentes atos de sua atividade, de forma a orientar o acontecer causal exterior a um fim, determinando-o finalmente. A atividade humana final é, pois, atividade dirigida conscientemente em função do fim (da meta) – autodeterminação conforme o fim. Tais estruturas ônticas limitam, pois, a atividade legislativa, que deixa de ser livre; o legislador pode livremente escolher as ações penalmente puníveis, mas não quanto à modificação da estrutura final do comportamento humano e a capacidade de autodeterminação do indivíduo, portanto, o legislador só pode ordenar ou proibir processos finais e não processos meramente causais[924].

Dessa forma, no âmbito jurídico penal, o finalismo estima possível deduzir destes (ação final e autodeterminação) e outros poucos axiomas, mediante sucessivas operações de concreção, até os mais pequenos detalhes da regulação jurídica; ou seja, através do método dedutivo-abstrato, apreender as dimensões de sentido inerentes à realidade e às estruturas lógico-objetivas e, à partir daí, concluir qual é a regulação jurídica que deve se dar aos diferentes problemas penais[925].

Nesse contexto, afirma Santiago Mir Puig, que o postulado finalista de maior transcendência é de natureza metodológica, onde a dogmática jurídico-penal deverá sempre contar com limitação que transcende ao direito positivo, para achar-se radicado na natureza das coisas, devendo respeitar, na interpretação e na construção do sistema, as exigências impostas pelas estruturas lógico-objetivas. Não há intenção de abandono do direito positivo, mas o remete a exigências anteriores a ele, a vincular o legislador aos mesmos postulados que à dogmática; as estruturas lógico-objetivas limitam a ambos e, deste modo, a dogmática não poderá, pela fato de respeitar tais estruturas, contradizer o direito positivo, pois há de se partir da hipótese de que este também as respeita[926].

924. v. GARCÍA-PABLOS, Antonio. *Op. cit.*, pp. 372-373.
925. cfr. SILVA SÁNCHEZ, Jesús-María. *Op. cit.*, p. 60.
926. cfr. MIR PUIG, Santiago. *Op. cit.*, pp. 233-234.

2.3.5. *Irracionalismo*

Concorrendo temporalmente com o ontologismo finalista, surge, através da Escola de Kiel, especialmente através de Georg Dahm e Friedrich Schaffstein, a tentativa de fundamentar política e ideologicamente o Direito Penal do nacional socialismo alemão, através do irracionalismo, que, mediante premissas filosóficas da fenomenologia e considerando o Direito como ordem concreta, procura elevar as pretensões científicas os princípios do direito positivo nacional-socialista[927].

Através do irracionalismo fenomenológico e do método intuitivo (intuicionismo), rechaçou o liberalismo individualista e censurou o proceder abstrato e generalista que isolavam o Direito da realidade, propondo a substituição do "direito-cadáver" pelo "direito-vida", a pobreza do conceito abstrato pela densidade vital do dado concreto e irrepetível. Assim, o objeto da ciência do direito não susceptível de análise e nem de generalizações, pois o Direito não seria conjunto de normas, mas conjunto de casos concretos e distintos, razão pela qual seria vã a tentativa de construção de categorias abstratas, por abstração, desligando-as de cada delito e cada caso concreto[928].

Há, portanto, refutação do método abstrato lógico-dedutivo, que devia ser substituído pelo intuicionismo (a intuição), o único capaz de descobrir o sentido de cada ordem concreta e de conseguir consideração totalitária ou concreta das coisas (método totalitário-sintético), que, atento à essência, permitiria penetrar no verdadeiro significado do delito. Tal proceder irracionalista se manifesta-: na negação da racionalidade do direito e na desnecessidade da investigação jurídica do método conceitual; aspiração a sistemas jurídicos de cunho emotivo, constituídos sobre a base dos sentimentos, de visão intuitiva e instintiva e de íntima propensão ao objeto (simpatia intelectual); a busca de consideração unitária, totalitária, completa e concreta do dado jurídico; ou seja, em suma, o rechaço da lógica e giro à interioridade essencial da vida[929].

---

927. v. MIR PUIG, Santiago. *Op. cit.*, pp. 235-236.
928. v. GARCÍA-PABLOS, Antonio. *Op. cit.*, pp. 375-376.
929. v. MIR PUIG, Santiago. *Op. cit.*, pp. 237-238.

Como seu substrato real era unicamente o de dotar de cientificidade os interesses e ideais do nacional-socialismo, a metodologia irracionalista produziu construções dogmáticas como, p. ex., a derrogação do princípio da legalidade penal, mediante a aceitação da analogia *contra reo* e do "são sentimento popular", substituiu o direito penal do ato (culpabilidade pelo ato praticado) pelo direito penal do autor, que reclamava a punição pelo "modo de ser" do sujeito, etc.[930].

2.3.6. Funcionalismo (ou teleologismo)

A partir da década de 60 do século passado, a dogmática jurídico-penal passa a fase de transição, caracterizada pelo predomínio de correntes de natureza eclética (ou mista), onde as esferas positiva, axiológica e ontológica se somam – em maior ou menor medida –, a produzir sistemas de diferentes graus de coerência, mas que apresentam uma constante, qual seja, a referência teleológico-valorativa e a normatização dos conceitos jurídico-penais[931], onde se opera total afastamento do pensamento lógico-objetivo do finalismo e se contempla posterior desenvolvimento do neokantismo[932]. Afirma-se que só a normatização dos conceitos jurídico-penais, desligados de eventuais conotações ontológicas, permite a orientação dos mesmos às finalidades político-criminais[933].

Nesse contexto, destacam-se as propostas dogmáticas denominadas "funcionalistas" ou "teleológicas", que mesclam a tradição metodológica neokantiana e as conquistas finalistas, mas cujo acento e predominância são as considerações teleológico-valorativas, mediante a construção de sistema aberto[934], apto a permanente remodelação em função das exigências político-criminais e da evolução dos conhecimentos[935].

Segundo Jesús-María Silva Sánchez, o critério teleológico-funcional da dogmática jurídico-penal "se acha, mais bem, na vontade

---

930. v. MIR PUIG, Santiago. *Op. cit.*, p. 238.
931. cfr. SILVA SÁNCHEZ, Jesús-María. *Op. cit.*, pp. 62-64.
932. v. GARCÍA-PABLOS, Antonio. *Op. cit.*, p. 378.
933. cfr. GARCÍA-PABLOS, Antonio. *Op. cit.*, p. 378.
934. Sobre sistemas abertos: RUSSO, Eduardo Angel. *Teoria general del derecho*. 2a ed. Buenos Aires: Abeledo-Perrot, 2001, p. 207/230.
935. v. SILVA SÁNCHEZ, Jesús-María. *Op. cit.*, p. 64.

de racionalizar essa intervenção de aspectos teleológicos e valorativos na construção do sistema. Se trata (...) de conformar um sistema aberto, analisando ademais quais são os valores de referência de cada categoria, que finalidades incidem na atribuição de conteúdo a cada conceito, que valores resolvem as colisões de fins, etc. Tudo isso com a pretensão de sentar as bases calculáveis da possibilidade de uma modificação do conteúdo real de cada categoria, em função de câmbios valorativos ou de variações na relação existente entre os fins do Direito Penal e do sistema da teoria do delito"[936].

Em tal contexto, hoje se distinguem claramente duas correntes funcionalistas: a) *moderada* (Claus Roxin); b) *radical* (Günther Jakobs)[937].

2.3.6.1. O sistema teleológico-funcional de Claus Roxin

Para Claus Roxin[938], a dogmática jurídico-penal tradicional se caracterizou por obter suas teorias através de operações lógico-abstratas, próprias do método dedutivo à partir dos axiomas proporcionados pelas estruturas lógico-objetivas, mas que prescindia de suas repercussões sobre a aplicação real do Direito Penal, a provocar radical separação entre as elaborações dogmáticas (Direito Penal) e as variáveis necessidades sociais reais (Política Criminal).

Para superar tais barreiras existentes entre o Direito Penal e a Política Criminal, o sistema penal deve ser orientado pelas valorações e pelo complexo de fins político-criminais, que devem penetrar em todas as categorias do sistema, e, para tanto, exige-se ampla normatização dos conceitos, que permita flexibilidade necessária de seus conteúdos em função de mudanças valorativas ou

936. SILVA SÁNCHEZ, Jesús-María. *Op. cit.*, p. 68.
937. Nesse sentido: SILVA SÁNCHEZ, Jesús-María. *Op. cit.*, p. 68; GARCÍA-PABLOS, Antonio. *Op. cit.*, p. 379.
938. cfr. ROXIN, Claus. *Derecho penal. Parte general.* Trad. Diego-Manuel Luzón Peña, Miguel Díaz y García Conlledo e Javier de Vicente Remesal. Madrid: Civitas, t. I, 1997; ROXIN, Claus. *Política criminal e sistema jurídico-penal.* Trad. de Luís Greco. Rio de Janeiro: Renovar, 2002.

do equilíbrio dos fins político-criminais que legitimam o Direito Penal, razão pela qual se as soluções alcançadas no caso concreto, mediante aplicação dedutiva-lógico-abstrata das categorias do sistema, forem insatisfatórias, as mesmas podem ser adequadas através dos princípios garantísticos e dos fins político-criminais do sistema penal.

Assim, nos dizeres de Cezar Roberto Bitencourt, "a dogmática deixa de estar estritamente vinculada à exegese do direito positivo, ou a conceitos deduzidos da natureza das coisas, para incorporar, como parâmetro valorativo, as finalidades que o Direito Penal busca alcançar, permitindo, em última instância, que a solução do caso concreto se amolde em maior medida às finalidades do sistema penal"[939], garantindo-se a justiça na decisão do caso concreto e descartando-se aquelas soluções que, mesmo coerentes com a dedução sistemática, sejam incompatíveis com os princípios garantísticos e fins político-criminais do sistema penal.

2.3.6.2. O funcionalismo-sociológico de Günther Jakobs

Já para Günther Jakobs[940], partindo da perspectiva sociológica funcionalista de Niklas Luhmann, a dogmática jurídico penal deve buscar fundamentação absoluta na função que o Direito Penal cumpre na sociedade, que, para o autor, é a de prevenção geral positiva (Capítulo V, Item 1.2.2.1.a.2.1), a rechaçar toda limitação exterior ao sistema e que proceda do âmbito ontológico e axiológico-valorativo (sistema normativo fechado).

Tal teoria translada o centro de atenção ao sistema social, subordinando a seu bom funcionamento qualquer valoração ético-política individual ou coletiva, e, desde esta ótica sistêmica, o indivíduo não é mais do que um subsistema físico-psíquico, mero centro de imputação de responsabilidade, e o Direito mero instrumento de

---

939. BITENCOURT, Cezar Roberto. *Op. cit.*, p. 121.
940. JAKOBS, Gümther. *Derecho Penal. Parte General. Fundamentos y teoría de la imputación.* Trad. Joaquin Cuello Contreras e Jose Luis Serrano Gonzales de Murillo. 2a ed. Madrd: Marcial Pons, 1997.

estabilização social, de orientação das ações e de institucionalização das expectativas, a caber ao sistema penal assegurar a confiança institucional dos cidadãos (prevenção geral positiva). O sistema é considerado como uma máquina em funcionamento e não em termos axiológicos (marco de valores), primando, pois, pela sua funcionalidade.

Assim, as categorias dogmáticas jurídico-penais passam por profundas modificações. A violação da norma penal (delito) se estima socialmente desfuncional, não porque lesione ou coloque em perigo bens jurídicos, senão porque questiona a confiança institucional no sistema (a validez fática das normas); o delito é expressão simbólica da falta de lealdade e fidelidade ao Direito e, pois, ameaça à integridade e à estabilidade sociais. O Direito Penal não mais se limita a proteger bens jurídicos, senão funções sociais, a confiança institucional e a segurança dos coassociados em seu bom funcionamento. A culpabilidade não mais se baseia na possibilidade de atuação de outra maneira (critério psicológico-cognoscitivo), o critério decisivo é exigência funcionalista de restabelecimento da confiança no Direito, mediante a contraprestação simbólica da pena. A pena deixa de possuir enfoque valorativo (fins ideais), para assumir enfoque funcional, como qualquer outra instituição social, reforçando a confiança e a convicção coletiva no sistema, etc.[941].

941. cfr. GARCÍA-PABLOS, Antonio. *Op. cit.*, p. 381-383.

Capítulo VI

Introdução ao direito processual penal

SÚMARIO • 1. Direito processual penal e ciências criminais; 1.1 Direito processual penal e criminologia; 1.2 Direito processual penal e política criminal; 1.3 Direito processual penal e direito penal; 2. Definição; 3. Funções; 3.1 Função instrumental; 3.2 Função de garantia; 4. Natureza jurídica; 5. Finalidades; 6. Modelos processuais; 6.1 Modelo acusatório; 6.2 Modelo inquisitivo; 6.3 Modelo misto; 7. Princípios processuais penais; 7.1 Princípio do devido processo legal (*due process of law*); 7.2 Princípios do contraditório e da ampla defesa; 7.2.1 Contraditório; 7.2.2 Ampla defesa; 7.3 Princípio do estado de inocência; 7.4 Princípio do juiz natural; 7.5 Princípio da iniciativa das partes; 7.6 Princípio da oficialidade; 7.7 Princípio da obrigatoriedade (ou legalidade); 7.8 Princípio do impulso oficial; 7.9 Princípio da publicidade; 7.10 Princípio da verdade real (ou material); 7.11 Princípio da licitude das provas; 7.12 Princípio da razoável duração do processo.

O Direito Processual Penal, apesar de não se caracterizar *stricto sensu* como uma das Ciências Criminais, por não estar diretamente vinculado e por não ter como objeto principal o fenômeno criminal, não pode ser entendido e compreendido isoladamente de sua relação com tais ciências e com tal fenômeno e vice-versa.

Ora, se o fenômeno criminal, conforme a ótica aqui adotada, é parte integrante do sistema de controle social formal e, como visto (Capítulo I, Item 2.1), se o processo é um de seus elementos estruturais fundamentais, junto com a norma e a sanção, o processo penal deve ser estudado conjuntamente com tais ciências, a possibilitar, assim, frutífera visão ampla e geral do sistema de controle social formal penal, em suas nuances mais importantes e fundamentais, até porque o Direito Processual Penal possui diversas e fundamentais relações com cada uma das Ciências Criminais (Criminologia, Política Criminal e Direito Penal), razão pela qual imperioso o seu estudo no presente contexto.

Por sua vez, a exemplo do que ocorre com o Direito Penal, há de se deixar assentada a diferenciação entre o *Direito Processual Penal*, conjunto de normas jurídicas que orientam e disciplinam o processo penal (direito positivo), e a *Ciência do Direito Processual Penal*, enquanto a ciência que o estuda sistematicamente como conjunto de normas jurídicas. Na sequência, será analisado unicamente o Direito Processual Penal, já que em relação à ciência que o estuda, *grosso modo*, pode-se remeter ao que foi dito sobre a Dogmática Penal, que, em essência – salvo algumas particularidades –, identificam-se.

1. DIREITO PROCESSUAL PENAL E CIÊNCIAS CRIMINAIS

1.1. Direito processual penal e criminologia

Íntimas as relações existentes entre o Direito Processual Penal e a Criminologia, razão pela qual "Criminologia e Direito Processual Penal não podem ignorar-se"[942], já que o processo penal é mais que um problema estritamente jurídico, configurando-se empiricamente como verdadeiro drama social, para além da mera luta de interesses (sociedade x indivíduo) juridicamente regulamentada, por acarretar sérias consequências sociais e individuais indesejáveis, como, p. ex., o etiquetamento, a estigmatização e a marginalização do perseguido criminalmente, que, ademais, deve enfrentar e se submeter coativamente à terrível máquina judiciária estatal[943].

Se a Criminologia moderna visa, para o estudo e controle do fenômeno criminal, a um *approach* integrado do sistema de controle social formal penal, enquanto elemento dinâmico e coerente, inegável a importância do conhecimento e análise do processo de aplicação concreta do sistema de justiça criminal, do qual o processo penal é parte integrante fundamental, pois, como visto, o estudos das instâncias formais de controle não pode ocorrer como se tratassem de partes isoladas umas das outras, autossuficientes e autorreguladas, a necessitar, portanto, estudo compreensivo e integrado da concreta aplicação da justiça penal[944].

---

942. RODRÍGUEZ MANZANERA, Luis. *Op. cit.*, p. 99.
943. v. RODRÍGUEZ MANZANERA, Luis. *Op. cit.*, p. 99.
944. cfr. FIGUEIREDO DIAS, Jorge de; COSTA ANDRADE, Manuel da. *Op. cit.*, pp. 373-374.

Daí importante estudar o processo penal[945] e suas consequências práticas, manifestas e latentes; os atores processuais (acusação, defesa, réu, vítima e juiz) e os demais, integrados em carreiras profissionais e burocráticas, que interagem com aquele (p. ex., a polícia), suas práticas, suas rotinas, suas estruturas, seus métodos, suas lógicas, seus objetivos e suas ideologias, o que clarificará e revelará importantes elementos equacionais dos problemas de controle e de seleção[946]; tudo, pois, a buscar uniformidade de critérios de valoração e de decisão das diferentes instâncias e atores do sistema de justiça criminal, maior respeito à legalidade e maior probabilidade de justeza do tratamento dos casos concretos e, assim, a própria eficiência da administração da justiça penal, através de sua racionalidade, consistência e previsibilidade, indispensáveis à igualdade e à confiança pública em sua aplicação[947].

Neste contexto, *v. g.*, é possível entender que a criminalidade a ser perseguida formalmente através do processo penal já é resultado de *processo de seleção progressiva*, que filtra, da percepção oficial (suspeita do fato) até a efetiva criminalização (condenação criminal), os modos de comportamentos sociais desviados[948].

---

945. Observa Alberto M. Binder que tradicionalmente se há cindido indevidamente a relação entre formas processuais e os sujeitos destinados a lhes aplicar na administração da justiça, razão pela qual certos paradigmas, como, p. ex., o procedimento oral e o escrito se apresentam como algo independente da organização que deve aplicá-los, cuja relação existente é muito mais estreita que a que existe entre quem aplica e o aplicado. Segundo o autor, as formas processuais e a administração da justiça criminal constituem verdadeira simbiose, que permite elaborar um tipologia distinta e mais frutífera, em uma gama de sistemas e enfoques que permitam descobrir o sistema judicial penal de modo mais rico e completo que os paradigmas clássicos, e sustentar três linhas explicativas do procedimento penal: a) como processo de reconstrução histórica; b) como a busca de sucessivas instâncias de solução de problema-base, com diversos graus de formalidade; c) como conjunto de símbolos, que distribuem diversas mensagens e constituem circuito comunicacional entre os diferentes protagonistas do processo e entre estes e a sociedade (BINDER. Alberto M. *Política criminal: de la formulación a la praxis*. Buenos Aires: Ad-hoc, 1997, p. 58).
946. Sobre a questão: FIGUEIREDO DIAS, Jorge de; COSTA ANDRADE, Manuel da. *Op. cit.*, pp. 373-395; ALBRECHT, Peter-Alexis. *Op. cit.*, pp. 221-440.
947. v. FIGUEIREDO DIAS, Jorge de; COSTA ANDRADE, Manuel da. *Op. cit.*, p. 381.
948. v FIGUEIREDO DIAS, Jorge de; COSTA ANDRADE, Manuel da. *Op. cit.*, pp. 384-390; ALBRECHT, Peter-Alexis. *Op. cit.*, pp. 221-440

Também possível entender, p. ex., o papel da vítima no sistema penal, através da análise do rendimento, a efetividade e a qualidade do sistema processual penal, mediante o estudo das atitudes das vítimas – usuárias do sistema – (confiança, alienação, rechaço, etc.) e de seu comportamento (denúncia, abstenção, etc.) perante tal sistema; através da ponderação do destacado papel da vítima no fenômeno e no sistema criminal, como ela concebe o fato criminoso e que rol o sistema atribui a seus protagonistas, em que medida as expectativas da vítima são satisfeitas pelo sistema e qual é seu o custo social e as atitudes de seus usuários atuais e potenciais[949]; bem como entender a questão da vitimização secundária, onde os órgãos e instâncias do sistema processual penal, com sua indiferença burocrática, incrementam e perpetuam os efeitos dolorosos e nocivos derivados do delito (vitimização primária), já que, com sua atuação, fazem a vítima reviver inúmeras vezes o crime e, pois, o sofrimento dele derivado, pois parecem esquecer os prejuízos sofridos pela vítima, sua sensibilidade e legítimas expectativas, sem afastar o fato de que, em muitas ocasiões, fazem esta se sentir como mero objeto de rotineiro processo penal, que a deprecia e a maltrata. Assim "algumas situações processuais, como a confrontação pública da vítima com o agressor, são experimentadas por esta como uma verdadeira e injustificada humilhação. Com razão se há dito que, por desgraça, a vítima do delito converte-se com demasiada frequência em vítima do sistema legal, e que esta vitimização 'secundária' é ainda mais preocupante que a 'primária'"[950].

949. Para Antonio García-Pablos de Molina: é "necessário desenhar um novo modelo de Justiça Penal, de face humana e maior qualidade. Ponto de partida há de ser a concepção do sucesso criminal como problema e como conflito interpessoal e histórico que enfrenta, na maioria dos casos, a dois seres humanos concretos: delinquente e vítima. Com realismo, pois, aceitando que a vítima não é uma enteléquia jurídica (o sujeito passivo ou titular abstrato do bem jurídico protegido), senão um protagonista do drama criminal, sujeito de direitos e destinatário – usuário – último do sistema, a quem este deve servir. Objetivar e institucionalizar a resposta oficial ao delito, desapaixonadamente, pondo distância entre os contendores, é imprescindível. Rodeá-la de ritos e símbolos pode ter justificação. Mas despersonalizar dita reação, redefini-la em termos puramente formais, equivale a convertê-la em um fim em si mesma, esquecendo sua verdadeira função institucional e não descomunicando-a da sociedade" (GARCÍA-PABLOS DE MOLINA, Antonio. *Op. cit.*, p. 193).

950. GARCÍA-PABLOS DE MOLINA, Antonio. *Tratado de criminologia*. Buenos Aires: Rubinzal-Culzoni Editores, t. I e II, 2009, p. 147-149).

1.2. Direito processual penal e política criminal

Também íntimas as relações existentes entre o Direito Processual Penal e a Política Criminal. Se a Política Criminal é a parte da política geral estatal, que, mediante atitude racional-valorativa, formula e concretiza propostas de prevenção e reação ao fenômeno criminal[951], mediante sistema instrumental ordenado de estratégias e táticas jurídicas e extrajurídicas, de acordo com metas e objetivos previamente definidos de controle, parece claro que o processo penal, enquanto eixo e elemento integrante do sistema de controle formal penal, insere-se em seu âmbito[952] e, por ela, também deve ser guiado e sofrer suas influências, pois, para além de seu caráter instrumental retrospectivo, voltado para a reconstrução histórica da verdade, o processo penal deve estar conformado e organizado em modelo harmonicamente estruturado com base nas finalidades político-criminais, construídas e propostas no contexto social de sua aplicação concreta[953].

---

951. Ainda que parte da doutrina prefira afastar a *reação* (*repressão*) ao fenômeno criminal como uma das finalidades da Política Criminal e, pois, como um dos campos de análise científica político-criminal, o fato é que a moderna doutrina tende claramente a incluir na Política Criminal, ao mesmo tempo, os problemas de prevenção e o sistema de repressão, pois a ciência criminal contemporânea se esforça em não separar da repressão a prevenção, e, tanto isto é verdade, que a própria ONU, desde 1955, com a aprovação das Regras Mínimas para Tratamento dos Delinquentes, estabeleceu movimento político-criminal com base na união dos conceitos *"prevenção do crime e de tratamento do delinquente"* (v. ZAFFARONI, Eugenio Raúl; OLIVEIRA, Edmundo. *Op. cit.*, pp. 411-412).

952. Conforme observa Alberto M. Binder: "A política criminal é, pois, um conjunto de decisões (técnico-valorativas) relativas a determinados instrumentos. Seus instrumentos são muitos, mas sem dúvida são os principais as normas penais (que definem as condutas proibidas e as sanções a essas infrações) e as normas processuais (que definem o modo como o Estado determinará que essa infração há existido, quem serão os protagonistas desse segundo processo de definição, quem será o sancionado e qual será a classe ou gravidade dessa sanção)" (BINDER, Alberto M. *Introducción al derecho procesal penal.* 2a ed. Buenos Aires: Ad-Hoc, 2009, p. 47).

953. v. FERNANDES, Fernando. *O Processo Penal como Instrumento de Política Criminal.* Coimbra: Almedina, 2001, p. 67. Afirma categoricamente Julio B. J. Maier: "Em princípio, resulta de fundamental importância conservar o ponto de vista político-criminal como diretriz que informa o conteúdo substancial do direito processual penal" (MAIER, Julio B. J. "Política criminal, derecho penal y derecho processual penal". In: *Doctrina penal.* Buenos Aires: Depalma, 1978, ano 1, no 1 a 4, p. 304).

Assim, o Direito Processual Penal, vinculado estreitamente com o Direito Penal, em unidade político-jurídica comum[954], integra o conteúdo e o movimento de decisões político-criminais e elabora suas próprias respostas para apoiá-los e torná-los efetivos[955], pois "o processo penal é naturalmente um instrumento de política criminal pois é uma das formas, a forma privilegiada, pela qual a sociedade organizada responde ao fenômeno criminal. Há de verificar-se uma necessária sintonia entre as finalidades de natureza de política criminal estruturantes do sistema penal e os princípios estruturantes do processo penal, conjugando o direito penal e o processo penal numa unidade funcional pelo que quaisquer princípios directores da política criminal possuem também necessariamente uma dimensão processual"[956].

---

954. Segundo Julio B. J. Maier: "Desde o ponto de vista da política criminal, ao contrário, o panorama é outro. Aqui o Direito Processual Penal é parte do Direito Penal lato sensu e não pode ser pensado com independência deste. O fim da instituição jurídica governa neste plano sua ubicação, seu desenvolvimento e as funções que cumpre. (...) A relação, inclusive, é recíproca, pois os mandatos e proibições penais careceriam hoje de valor prático sem o direito processual penal; seria, assim, suposto o monopólio punitivo do Estado, letra morta. Mais ainda, os critérios político-criminais, com ser determinantes para ambos os ramos do direito, surgem mais 'à flor da pele' no direito processual penal, tal como qualquer olhada histórica superficial o demonstra e como não oculta nenhum esquema de direito processual penal" (MAIER, Julio B. J.. *Op. cit.*, pp. 302-202).

955. cfr. MAIER, Julio B. J. *Derecho procesal penal. Fundamentos.* 2a ed. Buenos Aires: Editores del Puerto, t. I, 2002, p. 457. Tal autor deixa assentado que: "O Direito Processual Penal é parte do Direito Penal; a afirmação supõe que essa nomenclatura se utiliza em sentido amplo, para designar uma unidade político-jurídica com fins comuns. Desde o ponto de vista político ambos configuram uma unidade e, ainda que a função material e formal de cada um deles seja distinta – um fixando dever de obrar ou de se abster de obrar e a sanção para o comportamento desviado; o outro regulando os atos que integram o procedimento apto para verificar a atuação do Direito Penal e suas consequências jurídicas –, são dependentes entre si para a realização da política criminal do Estado" (MAIER, Julio B. J.. *Op. cit.*, p. 145). No mesmo sentido, afirma Heinz Zipf que "não seria concebível um exposição da Política Criminal sem incluir o direito processual penal. Precisamente no âmbito do Direito Penal tem o Direito Processual uma significação absolutamente constitutiva para a realização da pretensão penal" (ZIPF, Hienz. *Op. cit.*, p. 128).

956. SILVA, Germano Marques da. *Curso de processo penal.* 5a ed. Lisboa: Verbo, 2008, p. 38.

O conteúdo político-criminal deve necessariamente estar contido no processo penal, tornando-se instrumento eficaz na obtenção das finalidades primárias do sistema punitivo estatal, transformando-o de mero instrumento retrospectivo, limitado à reconstrução histórica e à identificação dos elementos constitutivos da infração, a instrumento prospectivo, voltado à obtenção das finalidades preventivas político-criminais, razão pela qual, em sua estruturação, deve ser reservado espaço para que, na sua atuação concreta, sejam considerados os prognósticos de natureza político-criminal, a possibilitar, assim, diversificação de procedimentos conformes com o sentido para o qual apontam tais prognósticos, bem como para que seja suportado por legitimação material no corpo social[957]

Daí que, *v.g.*, na esfera processual penal também se manifeste a questão político-criminal do binômio dialético: *eficiência x garantia*, que, como já visto (Capítulo IV, Item 3.5), envolve o problema do programa político-criminal de enfrentamento ao fenômeno criminal, que se legitima com sua função de proteção das liberdades dos cidadãos e, pois, da conservação e proteção da ordem social, e que, ao mesmo tempo, com seu exercício, representa grave ingerência nas liberdades e garantias dos cidadãos, a gerar relação tensional onde

957. v. FERNANDES, Fernando. *Op. cit.*, pp. 67-73. Como observa Maximiliano Rusconi: "a visão sugerida da relação entre política criminal e direito processual penal, sem nenhum lugar a dúvidas, modifica a plataforma conceitual, em particular do próprio sistema de enjuizamento. Deste modo, as normas do sistema processual em matéria penal devem manifestar a organização operativa dos direitos fundamentais e garantias constitucionais que, a sua vez, formam parte do centro nevrálgico da política criminal do Estado. A orientação do processo penal até a política criminal não é outra coisa que o caminho conceitual destinado a favorecer a essa manifestação constitucional. A política criminal do Estado é o conjunto de princípios, garantias e decisões que influem de maneira direta no sistema penal. O processo penal deve expor este compromisso constitucional e nele reside a fórmula mais expressiva para explicar a razão pela qual o sistema de enjuizamento pena deve tributar muito mais ao direito penal que ao sistema processual civil ou comercial. O constituinte se há preocupado de modo obsessivo porque a realização da pena estatal resguarde um conjunto de garantias próprias da zona mais central do conceito da dignidade do homem; o sistema de enjuizamento penal se encarrega de organizar com seu modelo normativo próprio a colocação em execução destas exigências" (RUSCONI, Maximiliano. *Nuevo proceso penal, garantías constitucionales y mínima intervención*. Buenos Aires: Ad-Hoc, 2008, pp. 44-45).

a maior eficácia preventiva representa maior restrição às liberdades e garantias.

Isto leva à correta compreensão de que no Direito Processual Penal há conflito entre duas tendências político-criminais (eficiência e garantia) que hão estruturado os distintos sistemas processuais penais ao longo da história; uma tendente a estabelecer sistema de garantias frente ao uso da força e do poder estatal, evitando seu uso arbitrário e protegendo a liberdade e a dignidade da pessoa humana, e a outra que se inclina à consecução da aplicação efetiva e o mais eficaz possível da coerção penal, para o fim de conservação e proteção da ordem social. Tal binômio dialético (*eficiência x garantia*) produz, em sínteses culturalmente condicionadas de tais forças, modelos processuais penais, enquanto conjunção de normas jurídicas de um ou outro tipo, baseadas no modo particular com que cada Estado conforma histórico-socialmente sua ordem jurídica[958]. Daí afirmar corretamente Alberto M. Binder que "na natureza do processo penal se encontra a resolução de uma luta entre tendências opostas. Ainda que não constitua seu único elemento definitório, esta característica do processo penal pode dar lugar a um esquema de explicação ou de análise do fenômenos processual"[959].

1.3. Direito processual penal e direito penal

Por fim, de vital importância a relação existente entre o Direito Processual Penal e o Direito Penal; entretanto, apesar de sua fundamentalidade, tal relação se caracteriza, há muitos anos[960], pela mútua ignorância, como se estas duas parcelas do sistema de controle social formal penal se ocupassem de setores sem nenhum tipo de relação entre si. Tal rígida cisão entre referidos ramos implica o perigo

958. cfr. BINDER, Alberto M. *Op. cit.*, pp. 53-64.
959. BINDER, Alberto M. *Op. cit.*, p. 60.
960. Conforme observa Julio B. J. Maier: "O fenômeno da separação radical entre Direito Penal e Direito Processual Penal é relativamente moderno e arranca no século XIX, com as codificações nacionais. Se pode advertir que as principais leis antigas, até o período da Inquisição, contêm em um só corpo as regras relativas do Direito Penal e ao Direito Processual Penal. Como exemplo se pode citar as célebres Partidas (1265) e a Constitutio Criminalis Carolina (1532)" (MAIER, Julio B. J.. *Op. cit.*, p. 145).

de perda de importantes e essenciais vínculos materiais, a gerar a disfuncionalidade do sistema penal, como um todo, em termos político-criminais e dogmáticos, onde aspectos importantíssimos do sistema alcancem apenas desenvolvimento teórico e certos avanços materiais careçam de incidência prática, por não haver encontrado adequado tratamento processual[961].

Como o Direito Penal, através das penas, inegavelmente importa o acréscimo do poder que o Estado tem de ordenar e coagir os cidadãos, diminuindo-lhes a esfera do direito fundamental individual de liberdade (*status libertatis*), e, diante de Estado Democrático de direito, respeitador e garantidor do sistema de direitos fundamentais, surge-lhe o limite de, antes de tornar efetiva sua pretensão punitiva, colocá-la em confronto com o direito fundamental daquele contra quem pretende exercê-lo.

Tal confronto entre o poder-dever de castigar e a liberdade do cidadão é exercido através do processo penal, que se caracteriza como instrumento de efetivação do *ius puniendi* estatal (*função instrumental*) e também, e principalmente, como instrumento de satisfação e proteção dos diretos e liberdades fundamentais do homem (*função de garantia*), protegendo os cidadãos contra a ingerência e o arbítrio estatal[962], a estar o processo penal, dessa forma, também inserido no sistema constitucional de garantias dos direitos fundamentais; é, pois, meio garantidor da fruição, pelos acusados, dos direitos fundamentais consagrados na Constituição Federal, que não podem ser atropelados pelo Estado, alcançando-se, através dele, relação equilibrada entre os interesses estatais (*ius puniendi*) – que não podem ser realizados a qualquer preço – e a dignidade dos acusados constitucionalmente consagrada[963]. Daí que o Direito Processual Penal é também o espelho da forma do Estado, pois é através de sua análise

---

961. *cfr.* RAGUÉS I VALLÈS, Ramon. *Op. cit.*, p. 133.
962. No mesmo sentido: MOREIRA, Rômulo de Andrade. "O processo penal como instrumento de democracia". In: *Revista de Estudos Criminais*, Porto Alegre: v. 5, f. 17, jan-mar, 2005, p. 63-74.
963. Segundo Cândido Rangel Dinamarco: "Poder (autoridade) e liberdade são dois pólos de um equilíbrio que, mediante o exercício da jurisdição, o Estado procura manter" (DINAMARCO, Cândido Rangel. *A Instrumentalidade do Processo*. São Paulo: RT, 1987, p. 234).

que se estabelece o maior ou menor caráter democrático de determinado Estado, já que em "sua realização prática se encontram os signos que qualificam a qualidade de um Estado com seus cidadãos com particular precisão e colorido. Este é o motivo pelo qual o procedimento penal e o direito processual penal constituem um objeto irrenunciável"[964]; o processo penal tem relação direta com as funções próprias do Estado de Direito moderno, pois, através dele, mais do que em qualquer outro, o acusado se vê submetido contra sua vontade à coação, poder e violência estatal[965].

Como visto, o Direito Penal estabelece, de forma geral e abstrata, quais os fatos que devem ser considerados crimes e quais as penas que lhes correspondem, ou seja, descreve nos tipos penais as condutas humanas penalmente proibidas e estatui quais as consequências jurídicas ao seu descumprimento (penas e medidas de segurança); entretanto, isso não é suficiente.

A concretização do direito material (ou substantivo) exige regulamentação complementar, que discipline a investigação e esclarecimento do crime concreto e que permita a aplicação da sanção penal à quele que, com sua conduta, realizou o tipo penal[966]. É através do Direito Processual Penal que se constitui a necessária regulamentação complementar, que implica na fixação das condições e dos termos do movimento processual destinados a averiguar se determinado agente praticou certo fato e qual a reação que lhe corresponde; é, pois, o instrumento que o ordenamento jurídico outorga ao Direito Penal para sua realização concreta e prática no mundo empírico. Sem o processo penal, os mandatos e proibições penais – e, pois, o próprio *ius puniendi* estatal – converter-se-iam em letra morta[967]; a lei penal obrigatoriamente necessita do processo para sua aplicação ao caso concreto (*relação instrumental necessária*)[968]. É de se afirmar, pois, que não existe crime e aplicação da pena, ou seja, o exercício do

964. cfr. HASSEMER, Winfried. *Crítica al Derecho Penal de Hoy*. Trad. Patrícia S. Ziffer. 2ª ed. Buenos Aires: Ad-Hoc, 1998, p. 73.
965. HASSEMER, Winfried. *Op. cit.*, p. 77.
966. FIGUEIREDO DIAS, Jorge de. *Direito Processual Penal*. 1a ed. reimp. Coimbra: Coimbra Editora, 2004, p. 27.
967. v. MAIER, Julio B. J.. *Op. cit.*, p. 147.
968. v. SILVA, Germano Marques da. *Op. cit.*, p. 15.

ius puniendi, sem o processo penal (*nullum crimen, nulla poena sine iudicio*).

Assim, é no processo penal que "o Estado exerce a atividade jurisdicional para aplicar o direito objetivo a uma situação concreta delimitada e traçada em pretensão regularmente deduzida. Sendo assim, jurisdição e processo se apresentam como funções destinadas, no campo penal, a aplicar, de maneira justa, as normas penais. Donde dizer Ernst Belling que o objeto do processo é a tutela da lei penal. O Estado, no processo, torna efetiva, por meio dos poderes jurisdicionais de que estão investidos os órgãos judiciários, a ordem normativa do Direito Penal, com o que assegura a aplicação de suas regras e seus preceitos"[969].

Cabe, portanto, ao Direito Penal submeter ao processo penal as questões que devem ser discutidas – a imputação e a consequência jurídica –, determinando as metas a serem buscadas no processo, sob pena daquele se transformar em simples objeto decorativo sem eficácia prática alguma.

Por outro lado, o Direito Processual Penal, sem o direito material penal, atuaria às cegas e desorientado e os sujeitos processuais não saberiam o que é que deveria ser buscado no mesmo. Daí afirma-se que "o Direito Processual Penal constitui, pois, uma ponte entre o Direito Penal material e a realidade, e vai desde a suspeita até a condenação, uma vez constatada a existência do delito"[970].

Ainda que não haja intenção de que o Direito Processual Penal seja mera parte integrante do Direito Penal, ante sua autonomia, como observa Germano Marques da Silva:

> A unidade entre o Direito Processual penal e o Direito Penal não afeta a específica autonomia de ambos, resultante da diversidade de objetos e intencionalidades específicas, "enquanto o direito penal tem por objecto o ordenamento da vida em sociedade, qualificando, por forma geral e abstrata, os comportamentos humanos em função dos bens jurídicos

969. cfr. MARQUES, José Frederico. *Elementos de direito processual penal*. Campinas: Bookseller, 1997, v. I, p. 68.
970. v. HASSEMER, Winfried; MUÑOZ CONDE, Francisco. *Op. cit.*, 123.

> que considera valiosos e prescrevendo sanções para os comportamentos lesivos desses bens, o direito processual penal visa disciplinar o procedimento para averiguação e decisão sobre a ocorrência dum facto qualificado como crime e a aplicação da sanção penal aos responsáveis pela sua prática. Se é certo, por isso, que o processo penal deve obedecer ao mesmo pensamento que inspira o direito penal que serve, isso não significa que não tenha interesses próprios a tutelar, antes mesmo de servir a realização do direito penal substantivo. As normas do direito processual penal procuram que os meios tendentes à decisão sobre a ocorrência do crime e à aplicação da sanção ao responsável seja justos, ainda que para salvaguarda destes interesses se tenha eventual e excepcionalmente de renunciar à descoberta da verdade[971].

O fato é que o Direito Processual Penal deve guardar estreita vinculação e certo grau de dependência em relação ao Direito Penal[972], através de relação integrativa, orgânica e substancial (*unidade político-jurídica*), já que o processo é sempre *meio* e não *fim* em si mesmo[973], a mediar, entre ambos, estreita relação e dependência teórica e ideológica, onde os seus princípios são estreitamente paralelos, já que os dois ramos têm como normas primárias a Constituição, incumbindo-lhes, pois, a preservação do Estado Democrático de direito, onde cada princípio limitador tem sua correspondente ver-

971. SILVA, Germano Marques da. *Op. cit.*, pp. 16-17.
972. Segundo Ernst Belling, o Direito Penal e o Direito Processual Penal são dois ramos jurídicos distintos, cada qual a possuir seu próprio objeto de regulação e seu sentido peculiar, de maneira que as relações que surgem desta regulação bilateral se apresentem diferentes entre si, mas a separação conceitual de ambos os direitos não deve ser levada tão longe, que pareça que nada tenham que haver entre si, "em realidade não são mais que setores de um ordenamento jurídico idêntico, de forma que o processual está chamado unicamente a servir ao penal" (BELING, Ernst. *Derecho Procesal Penal*. Trad. Miguel Fenech. Barcelona: Editorial Labor, 1943, pp. 03-04).
973. Conforme observado por Mauro Capelletti, ainda que esquecido por muitos, "o direito processual não é em verdade um fim em si mesmo, senão instrumento para o fim da tutela do direito substancial; está, em suma por assim dizer, a serviço do direito substancial, do qual tende a garantir a efetividade, ou seja a observância, e, para o caso de inobservância, a reintegração" (CAPELLETTI, Mauro. *Proceso, ideología, sociedad*. Trad. Santiago Sentis de Melendo y Tomás A. Bazhaf. Buenos Aires: Ediciones Jurídicas Europa-América, 1974, p. 05).

são penal e processual penal[974]; inclusive, tal como o Direito Penal, também o Direito Processual Penal é o espelho da forma do Estado, pois, como dito, no processo penal também se jogam os direitos e liberdades fundamentais dos cidadãos[975].

Assim sendo, o Direito Processual Penal não pode ser pensado independentemente do Direito Penal, pois ambos são partes integrantes do sistema de controle social formal e, para que o sistema bem funcione, necessária a coordenação de fins e instituições entre um e outro, a se ligarem estreitamente na teoria e na prática, mediante a unidade funcional de ambos os âmbitos normativos, cada um a sua maneira e na área de sua competência, pois reguladores do *ius puniendi* estatal[976].

2. DEFINIÇÃO

Por *processo*, entende-se a sucessão de atos sistematicamente coordenados, visando a certo ou determinado resultado; a sucessão de atos destinados a conseguir um fim ou os meios com que se consegue objetivo determinado; é, nos dizeres de Ernst Beling, "um *procedere*, um avançar, um procedimento que compreende uma cadeia de atos dominados por um fim único e que se realizam com vistas à consecução de um objeto determinado; não se trata no processo de um estado de repouso, nem de um ato único e isolado"[977].

---

974. v. ZAFARONI, Eugenio Raul; ALAGIA, Alejandro; SLOKAR, Alejandro. *Op. cit.*, p. 165.

975. cfr. TAIPA DE CARVALHO, Américo A.. *Sucessão de Leis Penais*, Coimbra: Coimbra Editores, 1990, p. 212.

976. v. MAIER, Julio B. J.. *Op. cit.*, pp. 146-149. Segundo Jorge de Figueiredo Dias: "a relação entre direito penal e direito processual penal é, sob diversos pontos de vista, uma relação de mútua complementariedade funcional que, só ela, permite também concebê-los como participantes de uma mesma unidade. (...) Assim, logo a conformação teleológica fundamental do direito penal substantivo exercerá uma enorme influência na concepção do direito processual penal respectivo. E não só, acrescente-se, a sua conformação fundamental: mesmo relativamente a problemas processuais os mais concretos ficam o seu sentido e sua solução dependentes de uma certa tomada de posição da parte do direito substantivo, de tal modo que alterações deste (mesmo mínimas) se comunicam, por vezes com força potenciada, ao direito processual penal" (FIGUEIREDO DIAS, Jorge de. *Op. cit.*, pp. 28-29).

977. BELING, Ernst. *Op. cit.*, p. 02. Também Jürgen Baumann, para quem: "Processo provém de 'procedere'. A solução da controvérsia (se trata aqui de decidir sobre

No campo jurídico, o processo é forma de resolução de conflitos, caracterizados pela inobservância das regras do direito material, efetivado através da atividade jurisdicional (*ius dicere*) do Estado, incumbido de restaurar a ordem jurídica violada, mediante atos regulados, onde as partes em litígio podem demonstrar sua pretensão ou a prevalência de seu interesse sobre o de seu antagonista[978]. É através do processo que o Estado exerce a atividade jurisdicional para aplicar o direito material (ou substantivo) objetivo a situações concretas, delimitadas e traçadas em pretensão regularmente deduzida, ou seja, como afirma Mauro Cappelletti, "o direito processual não é em verdade um fim em si mesmo, senão instrumento para o fim da tutela do direito substancial; está, em suma por dizê-lo aí, a serviço do direito substancial, do qual tende a garantir a efetividade, ou seja a observância, e, para o caso de inobservância, a reintegração"[979].

Assim, o Direito Processual Penal é o conjunto de normas jurídicas (direito positivo)[980] que disciplinam a aplicação efetiva do Direito Penal aos casos concretos; é conjunto de normas jurídicas que orientam e disciplinam o processo penal com vistas à concretização da ordem jurídico-penal; é a disciplina ou o procedimento para a averiguação e decisão sobre a ocorrência de fato criminoso e a aplicação da pena aos seus responsáveis.

Neste contexto, regula e disciplina juridicamente os atos que integram o procedimento para eventualmente chegar à sanção penal, a regular, assim, o comportamento daqueles que nele intervém e seus efeitos jurídicos (*processo penal stricto sensu*) e, por outro

---

o objeto do processo) se leva a cabo por graus. Enquanto o fim do processo é, em termos muito gerais, a decisão sobre o objeto do processo, existem nos distintos graus fins intermediários e, como já se há dito, uma regulação diferente dos direitos e deveres dos sujeitos que participam do processo nos distintos graus" (BAUMANN, Jürgen. *Derecho procesal penal. Conceptos fundamentales y principios procesales*. Trad. Conrado A. Finzi. Buenos Aires: Depalma, 1986, p. 23).

978. v. MARQUES, José Frederico. *Op. cit.*, p. 26-28.

979. CAPELLETTI, Mauro. *Op. cit.*, p. 05.

980. Observa José Frederico Marques: "o processo penal, como instrumento de litígios penais, subordina-se aos mandamentos reguladores do Direito, pois os atos que o integram estão sujeitos à disciplina normativa que o Estado impõe por meios de regras e preceitos impostos à obediência de todos" (MARQUES, José Frederico. *Op. cit.*, p. 31).

lado, instituir e organizar os órgãos públicos que cumprem a função penal estatal (*organização judicial*), ou seja, o Direito Processual Penal não se esgota na disciplina da atividade estatal tendente a dar solução a conflitos sociais que solicitam a aplicação da lei penal, compreende, também, a regulação das condutas e atividades do Estado, quando, através de seus órgãos competentes, decide aplicar a sanção penal[981].

Segundo a definição de Julio B. J. Maier, o Direito Processual Penal "é um ramo da ordem jurídica interna de um Estado, cujas normas instituem e organizam os órgãos públicos que cumprem a função judicial penal do Estado e disciplinam os atos que integram o procedimento necessário para impor e atuar uma sanção ou medida de segurança penal, regulando assim o comportamento daqueles que intervém nele"[982].

3. FUNÇÕES

3.1. Função instrumental

O processo penal é instrumento de efetivação e concretização do *ius puniendi* estatal, pois, como visto, não existe crime e aplicação da pena, ou seja, o efetivo exercício do Direito Penal, sem o processo penal (*nullum crimen, nulla poena sine iudicio*); é, pois, instrumento através do qual o Estado torna efetiva, por meio dos poderes jurisdicionais de que estão investidos os órgãos judiciários, a ordem normativa do Direito Penal, com o que assegura e concretiza a aplicação de suas regras e seus preceitos. Assim, a jurisdição penal e o

981. cfr. MAIER, Julio B. J.. *Op. cit.*, pp. 75-83. Segundo José Frederico Marques, o conteúdo do Direito Processual Penal é a atuação jurisdicional e a atuação dos sujeitos da lide, coordenadas por meio do procedimento. Assim, "as pessoas que o praticam, por outro lado, devem estar devidamente legitimadas para realizar as atividades que se concretizam no procedimento, e devem ter reguladas as relações que entre si mantêm, com a determinação dos direitos, deveres, ônus e obrigações que daí derivam. Há, assim, no Direito Processual Penal, princípios e normas sobre as pessoas que atuam no processo, sobre as relações que entre si mantêm e sobre o procedimento que coordena suas respectivas atividades" (MARQUES, José Frederico. *Op. cit.*, p. 32).
982. MAIER, Julio B. J.. *Op. cit.*, p. 75.

processo penal se apresentam como funções destinadas a aplicar, de maneira justa, as normas penais.

Ante a afirmação de existência, no mundo emípirico e real, de conduta individualizada que transgrediu norma penal, o processo penal é o único instrumento legítimo que indica o caminho (série de atos) necessário a ser seguido para averiguar o conteúdo de verdade desta afirmação e dispor da reação concreta correspondente (sanção penal); é, pois, "direito de realização penal"[983], que regula o procedimento mediante o qual se verifica, determina e realiza a pretensão penal estatal, definida pelo Direito Penal, ou seja, "é a regulamentação jurídica da realização do direito penal substantivo, através da investigação e valoração do comportamento do acusado da prática de um facto criminoso"[984].

Nos dizeres de Teresa Armenta Deu, "o fim fundamental do processo penal é a atuação do *ius puniendi* estatal, que obedece ou provém essencialmente da atribuição exclusiva da imposição de uma pena ao Estado: o Estado tem o direito, mas também o dever, de castigar as condutas delitivas das que tenha conhecimento; e esse direito-dever só podem exercitá-lo os Juízes e Tribunais através do processo penal"[985].

É através da *função instrumental* do Direito Processual Penal que os conflitos sociais, que envolvem questões de natureza penal, têm sua via legítima de solução definitiva, que se cumpre através de decisão judicial se, na realidade, realizou-se em concreto um tipo penal e, em caso afirmativo, qual a consequência jurídica que daí deriva e sua posterior realização concreta, através da execução da sanção imposta; a função instrumental visa a realização da justiça, que pressupõe

983. MAIER, Julio B. J.. *Op. cit.*, p. 85. No mesmo sentido: BAUMANN, Jürgen. *Op. cit.*, p. 19.

984. FIGUEIREDO DIAS, Jorge de. *Op. cit.*, p. 28.

985. ARMENTA DEU, Teresa. *Lecciones de Derecho Procesal Penal*. 2a ed. Madrid: Marcial Pons, 2004, p. 32. No mesmo sentido, afirma Vicente Gimeno Sendra: "O *ius puniendi* que, como consequência da proibição da autotutela penal, o Estado ostenta em regime de monopólio, há de se atuar, uma vez declarada a existência de um delito, mediante a irrogação pelo Tribunal penal ao acusado da correspondente pena prevista no Código Penal" (GIMENO SENDRA, Vicente. *Derecho procesal penal*. Madrid: Colex, 2004, p. 45).

a descoberta da verdade histórica-material e o restabelecimento da paz jurídica, incidindo no plano da comunidade jurídica[986].

3.2. Função de garantia

Para além da indispensável função instrumental, o Direito Processual Penal também funciona como importante garantia dos direitos e liberdades fundamentais dos cidadãos (*função de garantia*), pois, no âmago do processo penal, está em jogo o mais valioso e precioso dos bens jurídicos individuais, qual seja, o *ius libertatis*[987].

No moderno Estado Democrático de direito, com sua vertente respeitadora e garantidora do sistema de direitos fundamentais, surge o limite de, antes de tornar efetiva sua pretensão punitiva, colocá-la em confronto com o direito fundamental de liberdade (*ius libertatis*) daquele contra quem pretende exercê-lo; tal confronto é exercido através do processo penal, a se caracterizar, pois, como verdadeiro instrumento de satisfação e proteção dos diretos e liberdades fundamentais do homem, a proteger os cidadãos contra a ingerência e o arbítrio estatal, estando, assim, inserido no sistema constitucional de garantias dos direitos fundamentais[988].

O processo penal é meio garantidor da fruição, pelos acusados, dos direitos fundamentais consagrados na Constituição Federal, que não podem ser atropelados pelo Estado, conseguindo-se

---

986. cfr. VALENTE, Manuel Monteiro Guedes. *Processo Penal*. 2a ed. Coimbra: Almedina, t. I, 2009, p. 21.
987. MARQUES, José Frederico. *Op. cit.*, p. 80.
988. No mesmo sentido, afirma Aury Lopes Jr.: "o processo, como instrumento para a realização do Direito Penal, deve realizar sua dupla função: de um lado, tornar viável a aplicação da pena, e, de outro, servir como efetivo instrumento de garantia dos direitos e liberdades individuais, assegurando os indivíduos contra os atos abusivos do Estado. Nesse sentido, o processo penal deve servir como instrumento de limitação da atividade estatal, estruturando-se de modo a garantir plena efetividade aos direitos individuais constitucionalmente previstos, como a presunção de inocência, contraditório, defesa, etc. (...) O objeto primordial da tutela não será somente a salvaguarda dos interesses da coletividade, mas também a tutela da liberdade processual do imputado, o respeito a sua dignidade como pessoa, como efetiva parte do processo" (LOPES JR., Aury. *Introdução crítica ao processo penal: fundamentos da instrumentalidade constitucional*. 4a ed. Rio de Janeiro: Lumen Juris, 2006, pp. 38-40)

relação equilibrada entre os interesses estatais (*ius puniendi*), que não podem ser realizados a qualquer preço, e a dignidade dos acusados constitucionalmente consagrada[989]. É patente a necessidade de imposição de limites que eliminem, dentro do possível, o abuso do *ius puniendi* estatal e que alcancem para o indivíduo afetado marco de garantias e intervenção efetiva no desenvolvimento e solução do conflito penal, o que se alcança através do processo penal e que relativiza, pois, as metas que se propõe a administração da justiça penal do Estado. Isto se alcança mediante a afirmação de valores do indivíduo, que, por sua hierarquia, se antepõem aos fins que persegue o processo penal, que, dessa maneira, já não mais se concebem como absolutos, mas que resultam subordinados à observância e respeito daqueles valores fundamentais[990].

Assim, o Direito Processual Penal é estatuto de garantias, especialmente àqueles penalmente perseguidos, que subordinam as demais funções que se lhe adjudicam e que impõe limites ao *ius puniendi* estatal, de intervenção do Estado sobre os cidadãos, exercido como persecução penal, a proteger tanto ao inocente, evitando condenação injusta, quanto ao culpado, impedindo condenação às custas de sua dignidade pessoal[991].

---

989. Como observa Jürgen Baumann: "O direito não deve realizar-se '*à tout prix*'; não deve realizar-se às custas de possibilidades suficientes de defesa e do tratamento humano, limitando rigorosamente os direitos à liberdade, etc. Todo o direito processual penal nega o princípio de que o fim justifica os meios. Tampouco o muito elevado interesse na persecução por parte da comunidade jurídica legitima diretamente qualquer intervenção nos direitos à liberdade do cidadão suspeito. Em consequência, vemos que o direito processual penal se acha sempre em uma relação conflitiva (...) entre o interesse da comunidade jurídica na realização do direito material (persecução penal) e os interesses dos cidadãos afetados em sus direitos pelo procedimento penal. Em todos os graus do procedimento (...) este conflito de interesses deve ser balanceado segundo o grau do procedimento em forma distinta. Em cada grau do procedimento os direitos e deveres dos sujeitos processuais devem se achar dentro de uma relação equilibrada. (...) A Ordenação Processual Penal regula em detalhe todos estes conflitos de interesses, determina o interesse preferente e a forma em que este pode ser realizado" (BAUMANN, Jürgen. *Op. cit.*, pp. 15-16)

990. cfr. MAIER, Julio B. J.. *Op. cit.*, pp. 89-90.

991. v. MAIER, Julio B. J.. *Op. cit.*, pp. 90-91. Para Hélio Tornaghi, "a lei penal procura abrigar e garantir a paz, ameaçando com penas os atos que ela reputa ilícitos. A lei processual protege os que são acusados da prática de infrações penais,

Nesse sentido, como anota Afranio Silva Jardim, "sob certo aspecto, o processo penal representa mais uma forma de autolimitação do Estado do que um instrumento destinado à persecução criminal. Pelo princípio *nulla poena sine judicio*, o Estado há de submeter a sua pretensão punitiva ao crivo do Poder Judiciário, tendo o ônus de alegar e provar determinada prática delituosa, assegurados constitucionalmente a instrução contraditória e o princípio da ampla defesa (...). Desta forma, o processo penal é fruto do avanço civilizatório da humanidade, resultante da juridicização do poder punitivo do Estado. Enquanto o Direito Penal apresenta caráter marcadamente repressivo, o Direito Processual Penal é comprometido com a liberdade"[992].

Daí se afirmar que é através da análise do processo penal que se estima o maior ou menor caráter democrático de determinado Estado, pois em "sua realização prática se encontram os signos que qualificam a qualidade de um Estado com seus cidadãos com particular precisão e colorido. Este é o motivo pelo qual o procedimento penal e o direito processual penal constituem um objeto irrenunciável"[993], já que o processo penal tem relação direta com as funções próprias do Estado de direito moderno; através dele, mais do que em qualquer outro, o acusado se vê submetido, contra sua vontade, à coação, poder e violência estatal[994].

---

impondo normas que devem ser seguidas nos processos contra eles instaurados e impedindo que eles sejam entregues ao arbítrio das autoridades processantes" (TORNAGHI, Hélio. *Instituições de Processo Penal*. 2a ed. Rio de Janeiro: Forense, 1959, v. I, p. 10), com o que completa Rogério Lauria Tucci, ao dizer que "esse, sem dúvida, é o motivo do destaque dado ao processo penal como instrumento de preservação da liberdade jurídica do acusado: consubstancia-se ele, com efeito, num 'precípuo direito, não do autor, mas do réu, interessado, que este é, em defender sua 'liberdade jurídica', mediante a jurisdição, que testa a legalidade' da ação do acusador. Por isso que há quem chegue a asseverar que, enquanto o Código Penal é o diploma legal do delinquente, o Código de Processo Penal é o estatuto do inocente..." (TUCCI, Rogério Lauria. *Direitos e garantias individuais no processo penal brasileiro*. São Paulo: Saraiva, 1993, p. 22).

992. JARDIM, Afranio Silva. *Direito processual penal*. 6a ed. Rio de Janeiro: Forense, 1997, p. 317.

993. cfr. HASSEMER, Winfried. *Op. cit.*, p. 73.

994. cfr. HASSEMER, Winfried. *Op. cit.*, p. 77. Como anotam Claus Roxin, Günther Arzt e Klaus Tiedmann, "para a maioria dos cidadãos, o processo penal representa a confrontação mais intensa com o poder soberano estatal que existe. (...) Isto fica imediatamente evidente quando compreendemos que praticamente todo

Assim, no moderno processo penal, a Constituição adquire grande e importante relevância, não só atendendo a critério formal, segundo o qual a Lei Fundamental ocupa no ordenamento posição hierárquica de supremacia, senão também desde ponto de vista material, ao se observar que, no processo penal, os direitos em conflito adquirem a natureza de fundamentais, já que vêm integrados, de um lado, pelo direito de castigar que exercitam as partes acusadoras, através do direito à tutela, e, de outro, pelo direito à liberdade do imputado que faz valer a defesa. Como adverte Vicente Gimeno Sendra, "junto a tais direitos fundamentais, a prática de determinados atos de investigação pode comprometer seriamente o livre exercício de outros direitos fundamentais, tais com o direito à intimidade, à proteção do domicílio, a inviolabilidade das comunicações, cujas normas fundamentais que os consagram, são também de aplicação imediata e direta por todos os poderes públicos"[995].

Portanto, nos dizeres de Jorge de Figueiredo Dias, "o direito processual penal é, como se exprime H. Henkel, verdadeiro direito constitucional aplicado. Numa dupla dimensão, aliás: naquela, já caracterizada, derivada de os fundamentos do direito processual penal serem, simultaneamente, os alicerces constitucionais do Estado, e naquela outra resultante de a concreta regulamentação de singulares problemas processuais ser conformada jurídico-constitucionalmente. Daqui resultam, entre outras, as exigências de uma estrita e minuciosa regulamentação legal de qualquer indispensável intromissão, no decurso do processo, na esfera dos direitos do cidadão constitucionalmente garantidos; de que a lei ordinária nunca elimine o núcleo essencial de tais direitos, mesmo quando a Constituição conceda àquela lei liberdade para os regulamentar (...). Da mesma

exercício da coação no processo penal representa uma intervenção nos direitos fundamentais da pessoa atingida, não penas do acusado, mas também, por exemplo, da testemunha. Do ponto de vista do Direito Constitucional, portanto, o Direito Processual Penal regula sobretudo o tipo e a extensão – e com isso, em última instância, a legalidade – de intervenção nos direitos fundamentais disponibilizando autorizações (limitadas) para tais intervenções" (ROXIN, Claus; ARZT, Günther; TIEDMANN, Klaus. *Introdução ao direito penal e ao direito processual penal*. Trad. Eugênio Pacelli de Oliveira. Belo Horizonte: Del Rey, 2007, pp. 145 e 148-149).

995. v. GIMENO SENDRA, Vicente. *Op. cit.*, p. 61.

fonte deriva, finalmente, o mandamento de que a interpretação e aplicação dos preceitos legais se perspective a partir da Constituição e se leve a cabo de acordo com esta"[996].

4. NATUREZA JURÍDICA

A indagação quanto à natureza jurídica do processo penal está ligada à tentativa de explicação da natureza das relações existentes entre os sujeitos processuais[997], sendo que doutrinariamente se apresentaram, resumidamente, três grandes posicionamentos: a) *teoria da relação jurídica*; b) *teoria da situação jurídica*; c) *teoria da instituição jurídica*[998].

Segundo a *teoria da relação jurídica* (Oskar v. Bülow), entre as partes processuais (juiz, acusador e acusado) estabelece-se relação jurídica processual de direito público, com direitos e obrigações processuais recíprocos entre acusador e acusado e destes com o juiz, ou seja, estabelece-se conjunto de vinculações jurídicas entre as partes processuais. Tais relações eminentemente processuais são distintas da relação jurídica material preexistente (direitos e obrigações de natureza substantiva), cuja existência e conformação são discutidos no processo.

Para a *teoria da situação jurídica* (James Goldschmidt), o processo penal é um conjunto de situações processuais, cujos sujeitos, perseguindo decisão definitiva, encontram-se em situação essencialmente dinâmica, constituída por expectativas, possibilidades, ônus e

---

996. FIGUEIREDO DIAS, Jorge de. *Op. cit.*, pp. 74-75. No mesmo sentido, afirma Julio B. J. Maier: "Se diz que 'o processo penal de uma Nação é o termômetro dos elementos democráticos ou autoritários de sua Constituição' ou bem se observa ao 'Direito Processual Penal como sismógrafo da Constituição do Estado', porque com razão se afirma que ele é, ao menos parcialmente, Direito Constitucional reformulado ou aplicado. Com essas metáforas se expressa melhor e com mais força que com textos extensos a função de garantia e proteção do homem frente ao poder penal do Estado, que cumpre o Direito Processual Penal. Em realidade, todos os princípios limitadores do poder penal do Estado que contém a Constituição nacional são desenvolvidos e regulamentados nos códigos de procedimentos penais e leis orgânicas judiciais" (MAIER, Julio B. J.. *Op. cit.*, pp. 90-91).

997. cfr. SILVA, Germano Marques da. *Op. cit.*, pp. 39-40.

998. Sobre a questão, em visão crítica e aprofundada: TORNAGHI, Hélio. *A relação processual penal*. 2a ed. São Paulo: Saraiva, 1987; JARDIM, Afranio Silva. *Op. cit.*, pp. 29-33; FIGUEIREDO DIAS, Jorge de. *Op. cit.*, pp. 293-300.

libertação de ônus processuais e que se vai referindo à pretensão da tutela jurídica. É o estado de expectativa de sentença (favorável ou desfavorável), em que se encontram as partes, o que os induz a atuar no processo e que origina os vínculos jurídicos que se estabelecem entre elas.

Por fim, a *teoria da instituição jurídica* (Jaime Guasp) entende o processo penal como instituição jurídica, como complexo de atividades relacionadas entre si pelo vínculo de uma ideia comum objetiva. Há no processo um complexo de relações jurídicas, todas subordinadas a uma ideia comum e geral, qual seja, a satisfação da pretensão, ocorrendo que a complexidade relacional é que caracterizaria a instituição jurídica.

5. FINALIDADES

Quanto aos fins do processo penal, importante se obervar que vão para além da mera afirmação ou realização garantística do direito substantivo penal, pois, "quando se pergunta pelo 'fim' do processo penal pretende-se alguma coisa mais: obter um critério de valor (ou se preferirmos, um modelo axiológico) adequado à interpretação teleológica das singulares normas e à solução dos concretos problemas jurídico-processuais", pois "os critérios de valor, os modelos interpretativos, os esquemas axiológicos das normas e problemas processuais, são, afinal, os critérios, modelos e esquemas de validade do próprio Direito, do pensamento jurídico *tout court*; o direito processual, máxime o penal, não é, como tradicionalmente se tem pensado, um 'direito técnico', regulado por considerações de 'oportunidade', mero 'meio', que se quer simples, rápido e econômico, de aplicar um direito que lhe é previamente dado, mas sim, afinal, só uma forma especial do existir do Direito, um particular modo-de-ser do Direito"[999].

Nesta ordem de ideias, afirma-se que o Direito Processual Penal tem como finalidades: a) *a busca da verdade e a realização da Justiça*; b) *o restabelecimento da paz jurídica*[1000].

999. FIGUEIREDO DIAS, Jorge de. *Op. cit.*, pp. 41 e 49-50.
1000. Nesse sentido: VALENTE, Manuel Monteiro Guedes. *Op. cit.*, pp. 22-23; FIGUEIREDO DIAS, Jorge de. *Op. cit.*, pp. 40-50.

Para a realização efetiva do direito material penal e a garantia dos direitos fundamentais dos cidadãos, cabe ao Direito Processual Penal estabelecer procedimento adequado, observador dos direitos fundamentais, para investigar a verdade material sobre os fatos e alcançar a certeza, mediante a reconstrução histórica daquilo que, afirmava-se na imputação, havia ocorrido[1001], evitando-se, com isto, a condenação de pessoas inocentes[1002]. Assim, "poderemos ver o fim do processo penal em obstar à insegurança do direito que necessariamente existe 'antes' e 'fora' daquele, declarando o direito do caso concreto, i. é, definindo o que para este caso é, hoje e aqui, justo"[1003], mediante decisão – alcançada de modo processualmente admissível e válido – justa – segundo o direito substantivo vigente – e que torne o direito declarado seguro e estável[1004].

Por sua vez, toda a regulação procedimento processual penal visa a obter, através da sentença judicial, um ato jurídico que resolva definitivamente o conflito social representado pelo fenômeno criminal e formalizado na imputação penal, dando-lhe, pois, resposta

---

1001. Segundo Claus Roxin, Günther Arzt e Klaus Tiedmann, o objetivo do processo penal é investigar a verdade a respeito do crime, efetivando a punição do agente; entretanto, a descoberta da verdade não é um fim em si mesma, mas simplesmente uma finalidade intermediária, devendo esclarecer se a suspeição levantada contra o acusado é justa ou não (ROXIN, Claus; ARZT, Günther; TIEDMANN, Klaus. *Op. cit.*, pp. 146-147).

1002. v. MAIER, Julio B. J.. *Op. cit.*, pp. 85-86. Observa Ernst Beling que: "o inconveniente com que tropeça consiste em que se ignora previamente se se está ante um culpado ou um inocente, quando o erro e os ardis conspiram para dar a vitória, sobre a justiça, ao culpado ou condenar ao inocente. Por isto, o procedimento deve estar organizado tanto com miras a outorgar ao Estado poderes sobre o indivíduo como a proteger a este, para o qual deve conceder-se certo predomínio ao pensamento liberal-individualista de proteção da inocência, pois ao ser impossível regular o *modus procedendi,* diferentemente segundo se proceda contra um culpado ou um inocente, coisa que se ignora, o processo deve partir da ideia de que o culpável pode ser inocente, é dizer, garantir o respeito à inocência, de sorte que o código processual penal seja a Magna Charta do indivíduo, a *salvaguardia dei galantuomi, el* Code des honnétes gens. Mas, ante isto, as rendas da justiça, à sua vez, não devem deixar-se arrastar pelo chão: o que claramente ensina que o fazer compatíveis os dois interesses (o do Estado e o do indivíduo) encerra um grave problema" (BELING, Ernst. *Op. cit.*, p. 21).

1003. FIGUEIREDO DIAS, Jorge de. *Op. cit.*, p. 46.

1004. v. FIGUEIREDO DIAS, Jorge de. *Op. cit.*, p. 49.

final, pois a prática e a suspeita de crime cria alarme e insegurança social, a afastar a paz jurídica comunitária, que se restabelece, quando da finalização do processo, com a responsabilização do culpado ou a absolvição do inocente[1005]. Os atos processuais nada mais são do que avanço histórico-cognoscitivo e jurídico até a decisão que soluciona definitivamente o conflito social; com a decisão final, culmina a discussão e o conflito, qualquer que seja a solução dada, resolvendo-se a questão e se restabelecendo a paz jurídica no seio da comunidade[1006]. O valor da definitividade da solução jurídico-processual final, condenatória ou absolutória, ampara-se na proibição do *ne bis in idem* e na segurança jurídica da coisa julgada[1007].

6. MODELOS PROCESSUAIS

No curso da história, resumidamente, desenvolveram-se três grandes modelos processuais penais: a) *modelo inquisitivo*; b) *modelo acusatório*; c) *modelo misto*.

Ressalte-se, entretanto, que na realidade histórica o processo penal há mostrado individualidades próprias não redutíveis a tipo ou modelo abstrato perfeito ou puro, pois, no decorrer do tempo, cada Direito Processual Penal concreto se há aproximado, mais ou menos, a um dos modelos, segundo o prevalecimento da concepção política estatal (liberal ou autoritária) então histórico-socialmente vigente, já que, ante sua estreita ligação com os valores político-criminais, o processo penal é uma das expressões mais típicas do grau de cultura alcançado por determinado povo no curso de sua história e, assim, os diversos tipos de processo penal estão diretamente relacionados com determinado tipo de civilização e com as estruturas de determinada sociedade política[1008].

1005. v. VALENTE, Manuel Monteiro Guedes. *Op. cit.*, p. 23.
1006. Segundo Germano Marques da Silva, o restabelecimento da paz jurídica incide tanto no plano individual, do acusado e da vítima, como no plano mais amplo da comunidade jurídica; e, segundo o autor, tal finalidade se liga, em grande parte, a valores de segurança e, por isto, merece destaque a posição de Goldschmidt, para quem o fim do processo era a obtenção de uma sentença com força de caso julgado (SILVA, Germano Marques da. *Op. cit.*, p. 24).
1007. cfr. MAIER, Julio B. J.. *Op. cit.*, pp. 91-93.
1008. v. BETTIOL, Giuseppe. *Instituciones de derecho penal y procesal.* trad. Faustino Gutiérrez-Alviz y Conradi. Barcelona: Bosch, 1973, pp. 174-175 e 189. No

6.1. Modelo acusatório

O modelo processual penal acusatório está baseado no princípio *nemo in iudicium tradetur sine accusatione*, de que ninguém será levado a julgamento sem acusação[1009]; daí que o processo penal se inicia com a acusação, particular ou estatal, passando-se à fase investigativa da verdade material dos fatos e da autoria do ilícito penal, sempre na presença contraditória do acusado, e, depois, ao julgamento da causa por juiz independente.

Nele há divisão dos poderes exercidos no processo[1010]. De um lado, a acusação, a quem cabe comprovar os fatos imputados. De outro, o acusado, a quem cabe resistir à imputação que lhe é feita. Por fim, há a figura do juiz (ou tribunal), a quem cabe decidir a questão (*actum trium personarum*). Dessa forma, o modelo acusatório se caracteriza, essencialmente, em "disputa entre duas partes, uma espécie de duelo judiciário entre a acusação e a defesa, disciplinado por um terceiro, o juiz ou tribunal, que, ocupando uma situação de supremacia e de independência relativamente ao acusador e ao acusado, não pode promover o processo (*ne procedat judex ex officio*), nem

---

mesmo sentido, afirma Julio B. J. Maier: "Um estudo adequado do Direito Processual Penal deve começar pela compreensão do problema cultural e político que por trás dele reside. Ele, quiçá mais que nenhum outro ramo do Direito, toca de perto o ser humano e seus principais atributos jurídicos, que lhe permitem desenvolver sua vida social. Daí que os sistemas de enjuizamento penal hão ido a par da história política e guardam perfeita correspondência com ela" (MAIER, Julio B. J.. *Op. cit.*, p. 442).

1009. cfr. VALENTE, Manuel Monteiro Guedes. *Op. cit.*, p. 40.

1010. Segundo observa José Frederico Marques, o princípio acusatório obriga "a uma perfeita discriminação das funções matrizes do processo penal, através do reconhecimento de órgãos distintos para cada uma, com rigoroso equilíbrio entre os interesses em dissídio, para que assim o julgador se coloque equidistante da acusação e defesa" (MARQUES, José Frederico. *Estudos de Direito Processual Penal*. Rio de Janeiro: Forense, 1960, p. 22). Observa, ainda, Julio B. J. Maier que: "Todos este poderes se vinculam e condicionam uns aos outros: seu princípio fundamental, que dá nome ao sistema, se afirma na exigência de que a atuação de um tribunal para decidir o pleito e os limites de sua decisão estão condicionados ao reclamo (ação) de um acusador e ao conteúdo desse reclamo *(meno iudex sine actore* e *ne procedat iudex ex officio)* e, por outra parte, à possibilidade de resistência do imputado frente à imputação que se lhe atribui" (MAIER, Julio B. J.. *Op. cit.*, p. 444).

condenar para além da acusação (*sententia debet esse conformis libello*)"[1011].

O Juiz aparece como árbitro independente entre as partes (acusador e acusado)[1012], que se enfrentam visando o sucesso de seu interesse; a acusação é realizada por pessoa visível (cidadão ou órgão do Estado), que dá início ao processo, e cujo teor da acusação delimitará o seu objeto e a decisão final; o acusado (ou imputado) é parte processual e, pois, sujeito de direitos e colocado em posição de igualdade com a parte acusadora[1013].

O procedimento acusatório, em regra, consiste em debate contraditório, público, contínuo e oral ou escrito em que as partes produzem e apresentam suas provas, seus fundamentos e suas alegações (ou pretensões), que serão analisados livremente, dentro de tal universo (*secundum allegata et probata*), pelo juiz.

A prova deve ser produzida por cada parte (ônus probatório), a fim de comprovar o seu interesse (condenação ou absolvição), e será valorada livremente pelo juiz, sem que haja qualquer regra que estabeleça valor ou hierarquia probatórios específicos a cada tipo de prova produzida (sistema do livre convencimento), cabendo-lhe produzir provas apenas de maneira subsidiária e complementar.

6.2. Modelo inquisitivo

Tal modelo de processo penal, enquanto antítese do modelo acusatório[1014], está ligado à concepção absoluta do poder estatal e da ideia extrema sobre o valor da autoridade e da centralização do

1011. SILVA, Germano Marques da. *Op. cit.*, p. 57. Segundo o autor português: "o sistema acusatório procura a igualdade de poderes de atuação processual entre a acusação e a defesa, ficando o julgador numa situação de independência, super 'partes', apenas interessado na apreciação objectiva do caso que lhe é submetido pela acusação" (SILVA, Germano Marques da. *Op. cit.*, p. 56).
1012. Conforme explicita Manuel Monteiro Guedes Valente, "o Juiz surge como um árbitro superior e independente que disciplina o 'duelo judiciário entre acusação e defesa', promovendo o respeito dos princípios do contraditório, da publicidade e da oralidade" (VALENTE, Manuel Monteiro Guedes. *Op. cit.*, p. 42).
1013. v. MAIER, Julio B. J.. *Op. cit.*, p. 445.
1014. v. TOURINHO FILHO, Fernando da Costa. *Processo Penal*. 29a ed. São Paulo: Saraiva, 2007, v. 1, p. 92.

poder, de maneira que todos os atributos que concede a soberania estão reunidos em única mão[1015].

Nele, os poderes processuais de acusar, defender e julgar estão concentrados nas mãos de um único órgão ou pessoa (o Juiz), que, enquanto *dominus litis*, atua *ex officio*, instaurando o procedimento e pesquisando unilateral e espontaneamente e de forma livre todas e quaisquer provas que levem à descoberta da verdade material para comprovar a culpa ou a inocência do acusado, cabendo-lhe, ainda, julgar o processo[1016]. Desaparecem, pois, a dialética e a crítica processuais, ou seja, o próprio contraditório do procedimento[1017] e não há igualdade e liberdade processual entre as partes[1018].

O processo inquisitivo tem como finalidade a obrigatória persecução pública de todos os delitos, sem depender de manifestação de vontade particular em sua repressão, e o procedimento é dirigido à meta de averiguar, por qualquer meio de prova, a verdade material[1019]. Assim, não há acusação certa e formalizada e o acusado é rebaixado a posição de inferioridade e deixa de ser uma das partes do processo (sujeito titular do direito de defesa), transformando-se em mero objeto de prova[1020].

1015. v. MAIER, Julio B. J.. *Op. cit.*, p. 446. Segundo Manuel Monteiro Guedes Valente, a estrutura inquisitiva do processo penal é própria de Estado totalitário e "eleva este a 'uma posição de supremacia total e ilimitada sobre o indivíduo', sendo o processo 'dominado, exclusivamente, pelo interesse do Estado, que não concede ao interesse das pessoas qualquer consideração autônoma e, ligado a uma liberdade inteiramente discricionária do julgador (embora exercida sempre em favor do poder oficial)', pois o interesse do Estado era 'arvorado em interesse da comunidade' em que o 'império do estado atua no processo através do império dos juízes'" (VALENTE, Manuel Monteiro Guedes. *Op. cit.*, pp. 51-52).
1016. v. MARQUES. José Frederico. *Elementos de Direito Processual Penal*. Campinas: Bookseller, 1997, p. 70.
1017. cfr. MAIER, Julio B. J.. *Op. cit.*, p. 447.
1018. v. TOURINHO FILHO, Fernando da Costa. *Op. cit.*, p. 92. Observa Manuel Monteiro Guedes Valente: "No processo inquisitório nega-se o processo penal, 'uma vez que se confiam ao mesmo órgão poderes de acusação, defesa e julgamento', conjugados com a negação da 'igualdade jurídica entre acusador e acusado', não bastando o juiz ser o "*dominus*' da instrução como ainda deter funções de julgamento', tratando-se sem dúvida de uma 'pura investigação policial, apesar de confiada a um juiz'" (VALENTE, Manuel Monteiro Guedes. *Op. cit.*, p. 50).
1019. v. MAIER, Julio B. J.. *Op. cit.*, p. 446.
1020. cfr. MAIER, Julio B. J.. *Op. cit.*, p. 447; VALENTE, Manuel Monteiro Guedes. *Op. cit.*, p. 51; TORNAGHI, Hélio. *Instituições de Processo Penal*. 2a ed. Rio de Janeiro: Forense, 1959, v. I, p. 09; SILVA, Germano Marques da. *Op. cit.*, p. 50.

O procedimento é descontínuo, já que que os rastros a serem investigados aparecem e são fixados nos próprios autos, e observa a regra da investigação secreta[1021], sem debates, e todos os atos procedimentais são reduzidos à escrita (*quod non est in actis non est in mundo* [o que não está nos autos não existe no mundo]), consituindo-se o material sobre o qual incidirá o julgamento[1022].

As provas, apesar da possibilidade de produção de qualquer meio para a averiguação da verdade, têm sua valoração vinculada e definida pela lei (sistema de prova legal), que estipula a série de condições positivas ou negativas para considerar um fato como provado.

6.3. Modelo misto

Como o nome já indica, o modelo processual penal misto se caracteriza em fórmula de compromisso entre certas regras provenientes dos sistemas acusatório e inquisitivo[1023], mas cuja formas de combinação são variáveis espaço-temporalmente e não conduzem a modelo único[1024].

Tal modelo busca compromisso entre as ideias inquisitivas de persecução penal pública dos delitos e de busca da verdade material histórica e as ideias acusatórias de igualdade e equilíbrio entre as partes processuais e o debate contraditório, a acentuar as garantias

---

1021. Segundo Fernando da Costa Tourinho Filho, "às vezes o processo inquisitivo era levado a extremos tais que o segredo alcançava o lugar e a forma dele, a pessoa do julgador, o pronunciamento da sentença e, também, às vezes, era secreto o próprio momento da execução da condenação" (TOURINHO FILHO, Fernando da Costa. *Op. cit.*, p. 93).

1022. Como descreve Hélio Tornaghi, o processo inquisitivo se divide em duas fases: "Na primeira pesquisava-se o fato em sua materialidade, sem atentar especialmente para ninguém. Por isto era chamada *inquisitio generalis.* A ela procedia o juiz entes mesmo de investigar contra o autor da infração *(priusquam inquirat contra delinquentem);* apurada a existência do fato, passava-se então a investigar a culpabilidade daquele (ou daqueles) contra o qual (ou contra os quais) houvesse suspeita de autoria. Aí, sim, é que se perquira especialmente acerca de alguém. Falava-se, por essa razão, em *inquisitio specialis"* (TORNAGHI, Hélio. *Op. cit.*, p. 15). No mesmo sentido: VALENTE, Manuel Monteiro Guedes. *Op. cit.*, p. 50.

1023. v. MAIER, Julio B. J.. *Op. cit.*, p. 450.

1024. cfr. SILVA, Germano Marques da. *Op. cit.*, p. 58.

de defesa do acusado, ou seja, busca a tentativa de punir os criminosos e de promover as garantias processuais individuais[1025].

De maneira geral, *grosso modo*, o modelo misto se materializa através de estrutura inquisitiva em fase investigativa pré-processual e estrutura acusatória que domina a fase de julgamento.

Assim, a primeira fase é investigação inquisitiva, com determinados limites, que reconhece a necessidade do Estado, como persecutor penal, de previamente informar-se sobre o delito, sua materialidade e sua autoria (suspeito), antes de acusar penalmente alguém. Fica a cargo de agentes estatais (Juiz de Instrução ou Ministério Público) e visa à coleta de elementos que sustentem a acusação ou levem ao encerramento da investigação. Os elementos investigatórios colhidos, em tal fase, não são aptos a embasar eventual e posterior sentença (caráter preparatório). Há limitações ao direito de defesa, que impediriam a busca dos traços investigativos deixados pela prática do suposto crime, já que o suspeito investigado é objeto de investigação[1026].

1025. Conforme anota Hélio Tornaghi, o modelo misto *"é a encruzilhada entre as necessidades da repressão e as garantias individuais"* (TORNAGHI, Hélio. *Op. cit.*, p. 17). Na mesma linha, anota Julio B. J. Maier: "Se se quer expressar em poucas palavras esse compromisso, se dirá que a persecução penal pública e a averiguação da verdade histórica, compreendidas como metas absolutas no enjuizamento inquisitivo, a ponto de tolerar a utilização de qualquer meio para alcançar estes fins, se transformaram em valores relativos, importantes em si mas superados em qualidade por certos atributos fundamentais da pessoa humana, que prevaleciam sobre aqueles e condicionavam os meios pelos quais podiam ser alcançados. Estes atributos se traduziram em regras de garantias e direitos individuais, que impuseram o tratamento como inocente de uma pessoa até que os tribunais designados segundo a lei não ditassem um sentença firme de condenação, para o qual resultou absolutamente imprescindível um juízo prévio, conforme as regras que estabeleceu a lei, no qual se garantia a liberdade e eficácia da defesa, proibindo-se toda coação utilizada contra quem a sofria para obrigá-lo a revelar dados que pudessem prejudicá-lo. Se entende, assim, como estes valores, referidos à dignidade humana individual, foram preferidos à mesma eficácia da persecução penal e à possibilidade de averiguar a verdade, e deviam ser observados ainda às custas desse princípios" (MAIER, Julio B. J.. *Op. cit.*, p. 450).

1026. Para Manuel Monteiro Guedes Valente, "no modelo misto, o princípio inquisitório apresenta-se mais eficaz e útil na fase de investigação, do apuramento dos factos e da sua imputação a alguém, permitindo diminuir o sentimento

Já na segunda fase, de cunho eminentemente acusatório, busca-se a obtenção de sentença (condenatória ou absolutória) que ponha fim ao processo e consiste no debate público e contraditório, na presença do acusador e do acusado – enquanto titular de direitos[1027] –, que produzirão e apresentarão suas provas e as discutirão na presença do Juiz, que, então, proferirá decisão, que acolherá ou desacolherá as teses apresentadas pelas partes processuais, levando em consideração apenas os elementos probatórios trazidos ao processo nesta fase e nos estritos limites fáticos-circunstanciais constantes da acusação formulada.

7. PRINCÍPIOS PROCESSUAIS PENAIS

A exemplo do Direito Penal, o Direito Processual Penal, também enquanto faceta indissolúvel e expressão do monopólio do poder estatal e por ser parte integrante do sistema de controle social formal penal, que importa considerável acréscimo do poder de ordenar e coagir os cidadãos que se veem submetidos, contra sua vontade, à violência estatal, diminuindo-lhes a esfera do direito fundamental individual de liberdade (*status libertatis*), em um Estado Democrático de direito, deve ser legitimado e limitado – como todos os demais poderes estatais –, sob pena de se tornar constitucionalmente ilegítimo.

Assim, a Constituição Federal lhe impõe conjunto de limites formais e materiais, explícitos ou implícitos, através de determinados valores, princípios e regras jurídicas, que servem de orientação e vinculação a todas as experiências concretas de juridicidade surgidas no ordenamento jurídico processual penal em que se formulam.

Tais limitações controlam o exercício do Direito Processual Penal e evitam e previnem os possíveis abusos em seu uso pelo Estado,

---

de impunidade da verdade material" (VALENTE, Manuel Monteiro Guedes. *Op. cit.*, pp. 56-57).

1027. Segundo Julio B. J. Maier: "O imputado é um sujeito de direitos, cuja posição jurídica durante o procedimento se corresponde com a de um inocente – até que seja declarado culpado e condenado por sentença firme –, razão pela qual o é Estado – acusador – quem deve demonstrar com certeza sua culpabilidade (*in dubio pro reo*) – e destruir este estado –, e, ao contrário, não é o imputado quem deve construir sua inocência" (MAIER, Julio B. J.. *Op. cit.*, p. 452).

com a perniciosa consequência de abalo e desrespeito aos direitos e liberdades fundamentais dos cidadãos, razão pela qual seu reconhecimento, observância e fiel acatamento resultam de transcendental relevância para o correto desenvolvimento das funções que, na regulação da vida social, constitucionalmente se lhe impõem.

7.1. Princípio do devido processo legal (*due process of law*)

Tal princípio, cuja origem remonta à *Magna charta* inglesa (1215), foi por nós acolhido constitucionalmente (art. 5º, LIV, da CF), e, para além de seu aspecto material (ou substantivo) – que, resumidamente, remete ao princípio da legalidade penal[1028] –, em sua vertente processual penal, trata-se de *metaprincípio* de garantia inominada (ou genérica), que abarca todos os demais princípios de garantia a envolver o justo processo penal, a assegurar a legitimidade do procedimento, a imparcialidade do julgador e a justiça das decisões[1029].

Apresenta-se como conjunto de elementos indispensáveis para que o processo penal possa atingir suas finalidades de busca da verdade material e a realização da Justiça, com o restabelecimento da paz jurídica (Capítulo IV, Item 4), mediante o desenvolvimento, em

1028. Sobre a questão: NUCCI, Guilherme de Souza. *Op. cit.*, pp. 62-63.

1029. Segundo Ada Pellegrini Grinover: "garantias das partes e do próprio processo: eis o enfoque completo e harmonioso do conteúdo da cláusula do devido processo legal, que não se limite ao perfil subjetivo da ação e da defesa como direitos, mas que acentue, também e especialmente, seu perfil objetivo. Garantias, e não direitos, porquanto são de índole asseveratória, e não meramente declaratória, visando a tutelar o exercício de outros direitos e guardando com estes uma relação de instrumentalidade. Garantias, não apenas das partes, mas sobretudo da jurisdição: porque se, de um lado, é interesse dos litigantes a efetiva e plena possibilidade de sustentarem suas razões, que produzirem suas provas, de influírem concretamente sobre a formação do convencimento do juiz, do outro lado essa efetiva e plena possibilidade constitui a própria garantia de regularidade do processo, da imparcialidade do juiz, da justiça das decisões. E, finalmente, garantias constitucionais, enquanto instituídas pelas Leis Maiores dos povos cultos, além de encontrarem respaldo em documentos internacionais, colocando assim o exercício da jurisdição não só acima da flexível contingência da norma ordinária, mas ainda ao abrigo das instabilidades políticas nacionais" (GRINOVER, Ada Pellegrini. *O processo constitucional em marcha*. São Paulo: Max Limonad, 1985, pp. 07-08).

estruturação equilibrada e cooperadora, das atividades do Estado (jurisdição) e das partes processuais (acusador e acusado), sem preponderância entre nenhuma delas, ante ponto de convergência que assegure a paridade de armas e, pois, a igualdade e o equilíbrio, a visar a consecução e o respeito das garantias constitucionais dos cidadãos, mediante a efetivação do direito ao processo, materializado em procedimento regularmente desenvolvido, com a concretização de todos seus respectivos componentes e corolários[1030].

Assim, como observa Guilherme de Souza Nucci, há o respeito ao devido processo legal, quando todos os princípios norteadores do Direito Penal (aspecto substantivo) e do Direito Processual Penal (aspecto processual) "sejam fielmente respeitados durante a persecução penal, garantidos e afirmados os direitos dos acusados para produzir sua defesa, bem como fazendo atuar um Judiciário imparcial e independente. A comunhão entre os princípios penais (legalidade, anterioridade, retroatividade benéfica, proporcionalidade, etc.) e os processuais penais (contraditório, ampla defesa, juiz natural e imparcial, publicidade, etc.) torna efetivo e concreto o devido processo legal"[1031].

7.2. Princípios do contraditório e da ampla defesa

Os princípios do contraditório e da ampla defesa (art. 5º, LV, da CF) visam à relação equilibrada entre os interesses estatais (*ius puniendi*), que não podem ser realizados a qualquer preço, e a dignidade dos acusados constitucionalmente consagrada, razão pela qual não se tratam de conceitos estanques e incomunicáveis, mas, sim, de conceitos que se misturam e se complementam mutuamente, em íntima relação e interação.

Segundo Ada Pellegrini Grinover, "é inquestionável que é do contraditório que brota a própria defesa. Desdobrando-se o

1030. v. TUCCI, Rogério Lauria. *Op. cit.*, p. 63-69; FERNANDES, Antonio Scarance. *Processo Penal Constitucional*. 5a ed. São Paulo: RT, 2007, pp. 35-48. Pormenorizadamente: BACIGUALUPO, Enrique. *El debido proceso penal*. Buenos Aires: Hammurabi, 2005; BERTOLINO, Pedro J.. *El debido proceso penal*. La Plata: Platense, 1986.

1031. NUCCI, Guilherme de Souza. *Op. cit.*, p. 63.

contraditório em dois momentos (informação e possibilidade de reação) não há como negar que o conhecimento, ínsito no contraditório, é pressuposto para o exercício da defesa. Mas, de outro ponto de vista, é igualmente válido afirmar que a defesa é que garante o contraditório, conquanto nele se manifeste. (...) Defesa, pois, que garante o contraditório, e que por ele se manifesta e é garantida: porque a defesa, que o garante, se faz possível graças a um de seus momentos constitutivos – a informação – e vive e se exprime por intermédio de seu segundo momento – a reação. Eis a íntima relação e interação da defesa e do contraditório"[1032].

7.2.1. Contraditório

O contraditório representa a garantia dada às partes processuais (acusador e acusado) de conhecerem e participarem ativamente do processo penal, garantindo-lhes *his day in court*, através de método de confrontação das provas e comprovação da verdade, fundando-se sobre o conflito, disciplinado e ritualizado, entre partes contrapostas, a garantir a efetividade e a justiça da função jurisdicional, mediante a colaboração e vivência do processo por seus sujeitos ativo e passivo, através da oportunidade para participar pedindo, participar alegando e participar provando[1033].

Enquanto contraposição dialética paritária e forma organizada de cooperação entre as partes processuais, o contraditório está intimamente ligado à ideia de paridade de armas (*par conditio*)[1034], pois, se o que se busca é a verdade material, torna-se imprescindível

---

1032. GRINOVER, Ada Pellegrini. *Op. cit.*, pp. 10-11. No mesmo sentido, observa Antônio Scarance Fernandes que: "defesa e contraditório estão intimamente relacionados e ambos são manifestações da garantia genérica do devido processo legal. O processo, pela sua própria natureza, exige partes em posições opostas, uma delas necessariamente em posição de defesa, e para que, no seu desenvolvimento, seja a garantida a correta aplicação da Justiça, impõe-se que cada uma tenha o direito de se contrapor aos atos e termos da parte contrária. São, assim, a defesa e o contraditório, como também a ação, manifestações simultâneas, ligadas entre si pelo processo, sem que um instituto derive do outro" (FERNANDES, Antônio Scarance. *Op. cit.*, p. 291).

1033. cfr. DINARMARCO, Cândido Rangel. *Instituições de Direito Processual Civil*. São Paulo: Malheiros, 2001, pp. 214-217.

1034. v. GRINOVER, Ada Pellegrini. *Op. cit.*, p. 13; FERNANDES, Antonio Scarance. *Op. cit.*, p. 63.

a conjugação de esforços de todos os que participem do processo, conferindo aos sujeitos processuais idênticas possibilidades de evidenciá-la e de influenciar sua reconstrução histórica, munindo-as de forças processuais similares e de idênticas possibilidades de influenciar a decisão final[1035].

O princípio se identifica com o binômio *informação-reação*. A parte deve ser informada da acusação que lhe é feita, de todos os atos praticados pela parte contrária e pelo juiz e do que está ocorrendo no processo, pois o adequado conhecimento possibilita a organização de todas as atividades defensivas a serem efetivamente desempenhadas no processo, através da participação ativa na atividade instrutória, oferecendo reação à acusação, mediante a produção de todos os atos processuais capazes de influir na formação do convencimento do Juiz, até porque para participar é imprescindível ter a informação[1036].

Por sua vez, o contraditório deve ser efetivo[1037] e se cumprir na persecução criminal, de modo a fazer ressaltar as provas e as

---

1035. cfr. MAIER, Julio B. J.. *Op. cit.*, p. 585. Para Vicente Gimeno Sendra, a igualdade de armas se dá "quando na atuação processual, tanto o acusador como o imputado gozam dos mesmos meios de ataque e defesa e idênticas possibilidades de alegação, prova e impugnação" (GIMENO SENDRA, Vicente. Op. cit., p. 75); entretanto, observa Manuel Monteiro Guedes Valente que "como duas forças para um mesmo fim – a verdade dos factos –, carreadas de responsabilidades individuais e colectivas na promoção do Direito, a acusação e a defesa funcionam como dois polos dialécticos que não podem subsistir um sem o outro. Contudo, não se pode lançar mão ao princípio de igualdade de armas para se afirmar que a acusação e a defesa devem valer-se das mesmas armas. (...) o princípio da igualdade de armas não consagra uma igualdade lógico-matemática, mas antes tenta efetivar uma similitude de meios de defesa relativamente à acusação, ou seja, que aqueles conduzam o arguido a contrapor com sucesso as suas razões de facto e de direito perante a acusação, permitindo-lhe desta forma expor com clareza a sua tese em juízo" (VALENTE, Manuel Monteiro Guedes. *Op. cit.*, pp. 148-150).

1036. v. GRINOVER, Ada Pellegrini. *Op. cit.*, pp. 17-21. Observa Julio B. J. Maier: "Tradicionalmente, se há incluído no princípio do contraditório o direito de provar e o de controlar a prova do adversário. Isso não é incorreto, pois, sobre todo o controle da prova do adversário, representa uma manifestação do contraditório, uma vez que a faculdade outorgada para demonstrar os extremos que são esgrimidos para inibir a imputação de que se é objeto, o minorar suas consequências, é uma manifestação imprescindível da possibilidade de opor-se à persecução penal" (MAIER, Julio B. J.. *Op. cit.*, p. 577).

1037. Para Julio B. J. Maier: "De nada valeria que se escute o imputado se não se prevê, ao desenrolar o conteúdo real da garantia, certos pressupostos e certas alegações da acusação e defesa, aceitando a iniciativa processual das partes.

Assim, nestes termos, o princípio do contraditório representa garantia fundamental de Justiça, pois o juiz, por força de sua imparcialidade e colocando-se entre as partes, ao ouvir uma delas não pode deixar de ouvir a outra (*audiatur et altera pars* [a parte contrária deve ser ouvida]), dando a ambas a possibilidade de expor suas razões, apresentar suas provas e influir sobre o seu convencimento, assegurando-se às partes a idêntica possibilidades de obter a tutela de suas razões.

7.2.2. Ampla defesa

Como o nome indica, o princípio da ampla defesa se caracteriza como o direito da pessoa de amplamente se defender[1038], no processo, da acusação que lhe é feita, através de todo e qualquer meio lícito de prova e recursos disponíveis no sistema processual penal, oferecendo e materializando os elementos de convicção demonstrativos da veracidade de suas alegações e a não veracidade das alegações da parte adversa, a colocar em evidência a falta de fundamento da potestade penal do Estado ou qualquer circunstância que a exclua ou a atenue, a funcionar como fator de legitimidade da acusação e

---

consequências para o exercício deste direito, com vistas à sua própria eficiência, com a consequência de outorgar-lhe, assim, um significado muito mais preciso e valioso para o princípio estudado que o mero fato de lhe permitir (faculdade) verter palavras no procedimento através do qual o se persegue penalmente. (...) a lei de enjuizamento penal deve prever, necessariamente, atividades previstas e consequências posteriores em relação ao exercício desta faculdade, a fim de que ela se possa constituir no núcleo do direito de defesa em juízo. O desenvolvimento destas necessidades formais é o que se conhece como princípio do contraditório" (MAIER, Julio B. J.. *Op. cit.*, p. 552).

1038. Como afirma José Frederico Marques: "o direito de defesa, em sua significação mais ampla, é direito latente em todos os preceitos emanados do Estado, como *substractum* da ordem legal, porque constitui o fundamento primário e básico da segurança jurídica estabelecida pela vida social organizada. Como direito individual de todo cidadão, a defesa é, para este, um direito 'subjetivamente ilimitado, porém limitado como expressão de poder objetivo', o que quer dizer que o indivíduo deve subordinar, em geral, 'sua capacidade real de defensiva aos limites e meios arbitrados pela lei para a proteção de sua pessoa e tutela de seus direitos'" (MARQUES, José Frederico. *Op. cit.*, p. 341).

eventual aplicação da sanção penal[1039]; portanto, o direito de defesa, para além de seu cunho subjetivo – enquanto garantia do acusado –, também se apresenta objetivamente como ofício essencialmente social, enquanto garantia e condição de regularidade do procedimento penal, na ótica do interesse público, e como fonte legitimadora do exercício da própria jurisdição estatal[1040].

A ampla defesa é exercida pessoalmente pelo acusado (*autodefesa*) e/ou através de advogado (*defesa técnica*), constituindo-se vertentes diversas e complementares de um mesmo direito fundamental.

A *autodefesa*, enquanto direito disponível (faculdade), se caracteriza na possibilidade do acusado resistir à acusação estatal, a atuar pessoalmente e a defender a si mesmo como indivíduo singular, fazendo valer seu critério individual e seu interesse privado de liberdade. O acusado a exerce através do *direito de audiência* – a possibilidade de, durante o interrogatório, influir sobre a formação do convencimento do Juiz, apresentando a sua versão sobre os fatos[1041] – e do *direito de presença* aos atos processuais – a ampla oportunidade de tomar posição, a todo momento, diante das alegações e provas produzidas, garantindo-lhe a imediação com o seu defensor, com o juiz e com as provas[1042].

1039. v. MAIER, Julio B. J.. *Op. cit.*, p. 547.

1040. v. FERNANDES, Antônio Scarance. *Op. cit.*, p. 289. No mesmo sentido: GRINOVER, Ada Pellegrini. *Op. cit.*, pp. 14-15. Afirma Vicente Gimeno Sendra que: "precisamente a defesa opera como fator de legitimidade da acusação e da sanção penal. Com tal perspectiva se podem ordenar determinadas garantias para a tramitação do processo (com a assistência do advogado), que se convertem também em garantias de uma reta Administração da Justiça para o imputado e para o prejudicado; porque, transcendendo à simples esfera individual, toca ao interesse geral que o processo seja decidido retamente" (GIMENO SENDRA, Vicente. *Op. cit.*, p. 205).

1041. Anota Antônio Scarance Fernandes que: "Por ser o interrogatório ato de defesa renunciável, não está o acusado obrigado a comparecer e, se o fizer ou for requisitado, em virtude ao direito ao silêncio, não está obrigado a responder às perguntas feitas pela autoridade policial no inquérito e pelo juiz no processo" (FERNANDES, Antônio Scarance. *Op. cit.*, p. 305).

1042. v. GRINOVER, Ada Pellegrini. *Op. cit.*, p. 17; FERNANDES, Antônio Scarance. *Op. cit.*, pp. 304-306; NUCCI, Guilherme de Souza. *Op. cit.*, p. 264-265. Segundo Jorge de Figueiredo Dias: "como elemento constitutivo do direito de defesa do arguido, a fundamentação do direito de presença é pouco menos do

Já a *defesa técnica* é direito indisponível do acusado e consiste na assistência de profissional, legalmente habilitado, com conhecimentos técnicos e teóricos do Direito (advogado)[1043], que, assim, vai garantir a efetiva realização dos princípios de igualdade entre as partes e de paridade de armas, a equilibrar a situação processual e a concretizar a contraposição dialética do processo, ante a hipossuficiência do réu perante o Estado, em virtude de sua ausência de conhecimentos técnico-jurídicos e a desigualdade perante a parte adversa, que possui órgão técnico especializado para acusar[1044].

---

que evidente: quer-se, com ele, dar ao arguido a mais ampla possibilidade de tomar posição, a todo momento, sobre o material que possa ser feito valer processualmente contra si, ao mesmo tempo que garantir-lhe uma relação de imediação com o juiz e com as provas" (FIGUEIREDO DIAS. Jorge de. *Op. cit.*, p. 432).

1043. Como afirma Julio B. J. Maier, o direito à defesa técnica é mais do que direito individual, é, na verdade, serviço público imprescindível, pois, caso o acusado não possa eleger ou designar livremente um advogado que o assessore e o defenda, seja por falta de recursos econômicos ou outra razão qualquer, o Estado obrigatoriamente o acode e auxilia, designando-lhe um defensor público. E mais, ainda que o acusado não designe nenhum advogado ou se recuse a fazê-lo, mesmo assim o Estado lhe nomeará defensor público no momento processual em que o devido respeito à inviolabilidade da defesa, ante a intolerabilidade da ausência de defensor técnico ao acusado. Dessa forma, "previsões tão exaustivas e detalhadas sobre a necessidade da defesa técnica, ao ponto de considerá-la um serviço público imprescindível, que se presta ainda contra a vontade do imputado, só podem indicar que o Direito Processual Penal, de alguma maneira muito particular, não considera o imputado suficiente capaz para resistir à persecução penal por si só. (...) O defensor vem, assim, a completar ou complementar a capacidade do imputado para estar em juízo penal e essa é a autêntica função que ele cumpre" (MAIER, Julio B. J.. *Op. cit.*, pp. 549-551). No mesmo sentido, afirma Ada Pellegrini Grinover que "a função da defesa técnica é de ordem pública, tendo assento no direito constitucional" (GRINOVER, Ada Pellegrini. *Op. cit.*, p. 138) e que, nos dizeres de Antônio Scarance Fernandes, também"é ao mesmo tempo garantia da própria justiça, havendo interesse público em que todos os acusados sejam defendidos, pois só assim será assegurado efetivo contraditório, sem o qual não se pode atingir uma solução justa" (FERNANDES, Antônio Scarance. *Op. cit.*, p. 297).

1044. Observa Antônio Scarance Fernandes que: "não se pode imaginar defesa ampla sem defesa técnica, essencial para se garantir a paridade de armas. De um lado, tem-se, em regra, o Ministério Público composto de membros altamente qualificados e que conta, para auxiliá-lo, com a Polícia Judiciária, especializada na investigação criminal. Deve, assim, na outra face da relação processual,

7.3. Princípio do estado de inocência

Ao contrário do afirmado pela doutrina majoritária, o reconhecimento do estado de inocência do acusado (art. 5º, LVII, da CF) não se trata propriamente de presunção legal, mas, sim, no reconhecimento constitucional de que a inocência é estado jurídico que somente perde o seu *status* com o trânsito em julgado de sentença penal condenatória[1045].

Por presunção, entende-se a operação intelectual em que, através de fato conhecido e provado, admite-se, pela experiência, a existência de fato não conhecido e não demonstrado, ou seja, considerar como verdadeiro aquilo que é apenas provável.

No Direito, a presunção assume dois significados técnicos, enquanto mecanismos de realidades jurídicas ou técnicas científicas de operacionalização de realidades jurídicas, e dividem-se em: a) presunções legais (*presumptiones iuris*); b) presunções comuns (*presumptiones hominis*). As primeiras são presunções estabelecidas pela lei, criando verdades jurídicas – absolutas (presunção *iuris et de iuri*) ou relativas (presunção *iuris tantum*) – , que, comparadas com as verdades que ocorrem fora do mundo jurídico, costumeiramente corresponde ao que ordinariamente acontece; já as segundas dizem respeito a regra de avaliação de prova segundo a qual de um fato conhecido o juiz, por

---

estar o acusado amparado também por profissional habilitado, ou seja, por advogado" (FERNANDES, Antônio Scarance. *Op. cit.*, p. 305).

1045. Observa Guilherme de Souza Nucci: "No cenário penal, reputa-se inocente a pessoa não culpada, ou seja, não considerada autora de crime. Não se trata, por óbvio, de um conceito singelo de candura ou ingenuidade. O estado natural do ser humano, seguindo-se fielmente o princípio da dignidade da pessoa humana, base do Estado Democrático de Direito, é a inocência. Inocente se nasce, permanecendo-se nesse estágio por toda a vida, a menos que haja o cometimento de uma infração penal e, seguindo-se os parâmetros do devido processo legal, consiga o Estado provocar a ocorrência de uma definitiva condenação criminal. Em virtude da condenação, com trânsito em julgado, instala-se a certeza da culpa, abandonando-se o estado de inocência, ao mesmo quanto ao delito em foco. (...) O estado de inocência é indisponível e irrenunciável, constituindo parte integrante da natureza humana, merecedor de absoluto respeito, em homenagem ao princípio constitucional regente da dignidade da pessoa humana" (NUCCI, Guilherme de Souza. *Op. cit.*, p. 239).

inferência, passa à admissibilidade ou admissão de um fato não conhecido[1046].

No caso, o estado de inocência não se amolda a nenhuma das duas formas de presunção, pois, como observado pelo Min. Cezar Peluso, "evidentemente, quando a Constituição alude à condição de inocente do réu até o trânsito em julgado de uma sentença penal condenatória, não está usando a palavra presunção em nenhum sentido técnico-jurídico, assim porque não temos nem estatísticas fidedignas para saber se as pessoas objeto de processo penal são, na maioria dos casos, condenadas ou absolvidas, o que exclui a primeira hipótese. E muito menos na segunda, e não se trata de avaliação de nenhuma regra de prova"[1047].

Na verdade, o que o princípio constitucional estabelece é unicamente *regra de tratamento processual*, que impede que o criminalmente acusado seja processualmente tratado como culpado e que sofra quaisquer tipos de sanções restritivas de seus direitos fundamentais (*v.g.*, restrição da liberdade, do patrimônio, etc.) com base em juízo antecipado de culpabilidade. Trata-se, pois, de garantia constitucional de tratamento digno ao réu no curso do processo penal. Em outras palavras, a Constituição garante que, enquanto for réu e não haja sentença penal transitada em julgado, ele não pode sofrer qualquer consequência jurídica gravosa, cuja fundamentação esteja no juízo de culpa que ainda não existe, só sendo admitidas, pois, medidas de coerção de natureza cautelar e provisória, limitadas ao estrita e processualmente necessário.

Assim, nos dizeres de Julio B. J. Maier, "o princípio estudado só quer significar que toda pessoa deve ser tratada como se fosse inocente, desde o ponto de vista da ordem jurídica, enquanto não exista um sentença penal de condenação; portanto, que a situação jurídica de um indivíduo frente a qualquer imputação é a de um inocente, enquanto não se declare formalmente sua culpabilidade e, por isso, nenhuma consequência penal lhe é aplicável, permanecendo sua

---

1046. Sobre a questão: MARQUES, Mário Reis. *Introdução ao direito*. 2a ed. Coimbra: Almedina, v. I, 2007, pp. 385-389.

1047. Tribunal Superior Eleitoral: Recurso Ordinário no 1.069/RJ – rel. Min. Marcelo Ribeiro – j. 20.09.2006.

situação frente ao Direito regida pelas regras aplicáveis a todos, com prescindência da imputação deduzida"[1048].

Dessa forma, a regra constitucional de tratamento como inocente funciona como comando dirigido ao *legislador*, obrigando-o a isentar as normas penais de quaisquer presunções de culpabilidade, a evitar a responsabilidade penal baseada apenas em fatos presumidos e a obrigar o legislador a legiferar de forma que o estatuto processual do acusado não seja diminuído, assegurando-se a regra de inocência como direito fundamental do acusado e como princípio estruturante do processo penal; bem como é comando dirigido aos *sujeitos processuais*, cuja atuação interfere na esfera jurídica do acusado, que deve ser tratado por esses como inocente e não como mero objeto do processo penal, mas como sujeito processual a quem corresponde direitos e deveres[1049].

Ademais, como acentua Luigi Ferrajoli, "este princípio fundamental de civilidade é fruto de uma opção garantista a favor da tutela da imunidade dos inocentes, inclusive ao preço da impunidade de algum culpado. 'Ao corpo social lhe basta que os culpados sejam *geralmente* castigados', escreveu Lauzé di Peret, 'mas é seu maior interesse que todos os inocentes sem exceção estejam protegidos'. Esta é a opção sobre a qual Montesquieu fundou o nexo entre *liberdade* e *segurança* dos cidadãos: 'a liberdade política consiste na segurança ou ao menos na convicção que se tem da própria segurança' e 'dita segurança não se vê nunca tão atacada como nas acusações públicas ou privadas'; de modo que 'quando a inocência dos cidadãos não está assegurada, tampouco o está sua liberdade. Em consequência – se é verdade que os direitos dos cidadãos estão ameaçados não só pelos delitos senão também pelas penas arbitrárias – a presunção de inocência não é só uma garantia de *liberdade* e de *verdade*, senão também uma garantia de *segurança* ou se se quer de *defesa social*: dessa 'segurança' específica oferecida pelo estado de direito e que se expressa na confiança dos cidadãos na justiça; e dessa específica 'defesa' que se oferece a estes frente ao arbítrio punitivo"[1050]

1048. MAIER, Julio B. J.. *Op. cit.*, p. 492.
1049. v. VALENTE, Manuel Monteiro Guedes. *Op. cit.*, p. 170.
1050. FERRAJOLI, Luigi. *Op. cit.*, p. 549.

7.4. Princípio do juiz natural

O princípio do juiz natural (art. 5º, XXXVII e LIII, da CF) é garantia de imparcialidade no julgamento, não só como atributo de imparcialidade do Juiz, "mas como pressuposto da própria existência da atividade jurisdicional. Com isso, a garantia não é mais enfocada em face do conceito individualista de garantia da parte, mas como garantia da própria jurisdição"[1051], ao consagrar a garantia do processamento e julgamento da causa pelo juiz constitucionalmente competente e a impedir a existência de tribunais de exceção e, assim, a consagrar o controle *a priori* da pretensão punitiva estatal.

Assim, nos dizeres de Guilherme de Souza Nucci, entende-se por *juiz natural* (juiz legal, juiz competente ou juiz constitucional) "aquele destinado, por critérios legais, antecipados e lógicos, sem artificialismo, a analisar determinada causa concreta, guardando equidistância das partes. Em verdade, cuida-se de um órgão judiciário criado para aguardar futuras demandas, figurando como guardião dos direitos e garantias individuais. Por isso, menciona a Constituição Federal que *ninguém será processado nem sentenciado senão pela autoridade competente* (art. 5º, LIII)"[1052], ou seja, a garantia do juiz natural consiste na exigência de que os atos da função jurisdicional estatal sejam realizados por juízes instituídos pela própria Constituição e competentes segundo a lei[1053].

Só a autoridade competente pode processar e julgar criminalmente e essa autoridade competente é formada pelos órgão judiciários previstos na Constituição Federal; o processo e o julgamento da pretensão punitiva estatal, por afetar substancialmente o *ius libertatis*, devem ocorrer perante o juiz constitucionalmente competente[1054].

1051. FERNANDES, Antônio Scarance. *Op. cit.*, p. 133.
1052. NUCCI, Guilherme de Souza. *Op. cit.*, p. 303.
1053. Para Germano Marques da Silva: "este princípio tem por finalidade evitar a designação arbitrária de um juiz ou tribunal para resolver um caso determinado. As normas, tanto orgânicas como processuais, têm de conter regras que permitam determinar o tribunal que há de intervir em cada caso em atenção a critérios objetivos; não é, pois, admissível, que a norma autorize a determinação discricionária do tribunal ou tribunais que hão de intervir no processo" (SILVA, Germano Marques da. *Op. cit.*, p. 52).
1054. cfr. MARQUES, José Frederico. *Op. cit.*, p. 196.

E neste contexto, fica constitucionalmente vedada a criação de tribunais de exceção, ou seja, aqueles criados *ex post factum* (*ad hoc*) para o julgamento da causa[1055]; só são legitimamente competentes para o exercício da jurisdição constitucional os órgãos judiciários instituídos previamente pela lei abstrata e genérica, reguladora da jurisdição e da competência[1056].

Daí, segundo Jorge de Figueiredo Dias, o princípio tem triplo significado: a) no plano da fonte, só a lei pode instituir juiz e fixar-lhe a competência; b) no plano temporal, a fixação do juiz e da sua competência deve ocorrer através de lei vigente já ao tempo em que foi praticado o ato criminoso; c) no plano da competência, exclui qualquer alternativa de decisão arbitrária ou discricionária e a quebra das regras gerais de competência[1057].

Tal princípio apresenta, assim, dupla garantia: ao acusado confere a certeza da inadmissibilidade de processamento e julgamento da causa por juiz ou tribunal distinto daquele constitucionalmente tido como competente à época da prática da infração penal; e à jurisdição penal confere a segurança de que os regramentos da administração da justiça e a independência de que seus agentes não serão ameaçados pela constituição de tribunais ou órgãos excepcionais e

1055. Segundo Guilherme de Souza Nucci: "Opõe-se, de maneira evidente, ao juiz previamente constituído para o julgamento de causas futuras, o juiz de exceção, considerado o órgão judiciário especialmente criado para apreciar caso já consumado, porém ainda não apreciado. A meta é a preservação da imparcialidade, pois a designação de juiz certo para conflito em andamento não se coaduna com a natureza da equidistância entre as partes. (...) o risco e o potencial para a lesão ao ponto nevrálgico da Justiça, que é a imparcialidade, são demasiadamente extensos" (NUCCI, Guilherme de Souza. *Op. cit.*, p. 304).

1056. Observa Julio B. J. Maier que o princípio do juiz natural, "em princípio, determina, positivamente, que o único tribunal competente para o juízo é quele designado como tal pela lei vigente no momento em que se comete o fato punível objeto do procedimento; em segundo termo, cancela o efeito retroativo que se pudesse pensar ou que o legislador pudesse atribuir a uma lei de competência. As leis de competência, então, só regem para o futuro (...), isto é, para fatos puníveis cometidos com posterioridade a quem entrem em vigor, e não podem ser aplicadas para determinar a competência dos tribunais a respeito de fatos sucedidos com anterioridade à sua vigência, nem, por suposto, a causas pendentes, outorgando-se-lhes efeito retroativo" (MAIER, Julio B. J.. *Op. cit.*, p. 767).

1057. cfr. FIGUEIREDO DIAS, Jorge de. *Op. cit.*, pp. 322-323.

submissos a outro poder do Estado[1058]; tudo, pois, a conformar seu significado político de preservação do acusado e sua liberdade de possíveis desmandos dos detentores do poder[1059].

7.5. Princípio da iniciativa das partes

O princípio da iniciativa das partes, a afastar o modelo processual inquisitório, estabelece que cabe à parte interessada provocar a prestação jurisdicional estatal (*nemo iudex sine actore*), a significar que o juiz não pode dar início ao processo sem a respectiva provocação (*ne procedat iudex ex officio*).

Se o direito de ação penal é o direito de invocar a tutela jurisdicional penal estatal, ou seja, a jurisdição penal[1060], não se concebe que o próprio Estado-Juiz invoque a si mesmo tal tutela, pois o juiz estaria solicitando providência a si mesmo, a caracterizar verdadeira confusão entre ação e jurisdição. Assim, cabe ao próprio titular do direito de ação penal (Ministério Público ou ofendido) provocar a função jurisdicional penal estatal[1061].

Como observa Guilherme de Souza Nucci, "a imparcialidade do magistrado exige a sua dormência em matéria de iniciativa da persecução penal, mormente quando provocar o nascimento da relação processual. Não se concebe a identidade entre órgão acusatório e órgão julgador, visto ser antinatural a possibilidade de atuação distinta e desapaixonada por dois módulos tão diferenciados. Quem acusa, veste-se de buscador da Justiça, enquanto o julgador transforma-se em fornecedor da Justiça. Não há que se confundir que procura com quem produz, pois ambas as incumbências são relevantes e guardam suas próprias peculiaridades. Dificilmente, no contexto natural

---

1058. v. TUCCI, Rogério Lauria. *Op. cit.*, pp. 123-124.
1059. cfr. DINAMARCO, Cândido Rangel. *Op. cit.*, p. 203.
1060. Segundo Antonio Carlos de Araújo Cintra, Ada Pellegrino Grinover e Cândido Rangel Dinamarco: "denomina-se ação o direito (ou poder) de ativar os órgãos jurisdicionais, visando à satisfação de uma pretensão. A jurisdição é inerte e, para sua movimentação, exige a provocação do interessado. É a isto que se denomina princípio da ação (*nemo judex sine actore*)" (CINTRA, Antonio Carlos de Araújo; GRINOVER, Ada Pellegrini; DINAMARCO, Cândido Rangel. *Teoria Geral do Processo*. 23a ed. São Paulo: Malheiros, 2007, pp. 63-64).
1061. v. TOURINHO FILHO, Fernando da Costa. *Op. cit.*, p. 50-51.

da imperfeição humana, estar-se-ia diante do absoluto aplicador da Justiça, conhecedor da lei e apto a acusar e julgar, com idêntica disciplina e isenção de comportamento. Na medida em que se está em cenário real, construindo a Justiça possível, assimilando as deficiências humanas, exige-se a *iniciativa das partes*, no contexto da ação penal, objetivando-se um julgamento sereno e imparcial"[1062].

7.6. Princípio da oficialidade

Já foi assentado que o Estado monopolizou o uso da violência legítima, tomando exclusivamente para si o poder-dever de castigar os atos definidos legalmente como criminosos (*ius puniendi*); portanto, através da ação penal (*nullum crimen, nulla poena sine iudicio*), retirou das mãos dos particulares a reação à ofensa representada pelo delito, depositando-a em suas próprias mãos.

Partindo, pois, da ideia da pena criminal de natureza eminentemente estatal, daí deriva todo o sistema processual penal, enquanto forma de operar a administração da justiça criminal, cujas funções principais são predominantemente estatais, a impedir que a aplicação da pena criminal seja alcançada através da vontade ou reação particular, sem a intervenção dos órgãos estatais competentes para a solução do conflito social gerado pelo crime e determina, como regra sem exceções, a estatização da função de julgar e decidir a aplicação da pena; ou seja, "a função de perseguir penalmente pertence, também, por regra geral, ao Estado"[1063].

Tal princípio, nos ensinamentos de Manuel Monteiro Guedes Valente, "tem como fundamento a promoção de uma justiça penal isente de quaisquer arbitrariedades e da influência quer direca

---

1062. NUCCI, Guilherme de Souza. *Op. cit.*, p. 303. No mesmo sentido, afirmam Antonio Carlos de Araújo Cintra, Ada Pellegrino Grinover e Cândido Rangel Dinamarco que: "a experiência mostra que o juiz que instaura o processo por iniciativa própria acaba ligado psicologicamente à pretensão, colocando-se em posição propensa a julgar favoravelmente a ela. Trata-se do denominado processo inquisitivo, o qual se mostrou sumamente inconveniente pela constante ausência de imparcialidade do juiz" (CINTRA, Antonio Carlos de Araújo; GRINOVER, Ada Pellegrini; DINAMARCO, Cândido Rangel. *Teoria Geral do Processo*. 23a ed. São Paulo: Malheiros, 2007, pp. 64).

1063. MAIER, Julio J. B. *Op. cit.*, p. 818.

quer mediática dos detentores do poder econômico, social e público. A justiça penal tem de se fundar em valores e princípios corolários e enformadores da ideia de justiça: igualdade, imparcialidade, independência, liberdade, proporcionalidade, solidariedade, respeito pela personalidade individual. A iniciativa e a prossecução processual, ao ser cometida a um ente público, o qual tem, sob pena de nulidade, de fundamentar as suas decisões, visa também a transparência do processo, que é público e, necessariamente, se credibiliza, evitando-se que a efetiva aplicação da justiça penal caia no livre arbítrio dos particulares. A arbitrariedade 'é o trilho para o desmoronamento da sociedade que se edifica em valores e princípios fulcrais como o da justiça, devendo o Estado assumir um papel equilibrador e de superação das desigualdades geradas pelo arbítrio"[1064]

Assim sendo, "o princípio da oficialidade do processo significa que a iniciativa e a persecução processuais pertencem ao Estado. O Estado não tem unicamente a pretensão penal material, mas também o direito e a obrigação de perseguir criminalmente os criminosos e realiza a sua pretensão penal por si mesmo, isto é, sem consideração pela vontade dos ofendidos. O Estado intervém *ex officio* em todos os factos puníveis"[1065], e, dessa forma, enquanto consequência de tal decisão político-criminal, necessária a criação de órgãos competentes para a persecução penal *ex officio* e, pois, para a atuação concreta do Direito Penal.

É através do órgão estatal do Ministério Público, que o Estado assumiu a titularidade da *persecutio criminis in iudicio*, sem precisar comprometer a sua necessária neutralidade judicial[1066]; portanto,

---

1064. VALENTE, Manuel Monteiro Guedes. *Op. cit.*, pp. 235-236.
1065. SILVA, Germano Marques da. *Op. cit.*, p. 70.
1066. v. JARDIM, Afrânio Silva. *Op. cit.*, pp. 86-87. Segundo Julio B. J. Maier: "o ingresso ao sistema do interesse individual por não ver-se submetido ao sistema penal estatal (defesa), reconhecido como legítimo nos Estados republicanos ou constitucionais modernos e amparados pela lei, provoca a cisão do modo monocrático de proceder: apesar de que o Estado conserva todo o poder penal, divide formalmente sua competência, criando órgãos dedicados à persecução penal (ministério público-polícia) e outros cuja tarefa é decidir (os tribunais de justiça penal). (...); o diferente valor que a lei processual concede a seus

nesse contexto, "o Ministério Público tem o exercício da ação penal, mas esta não lhe pertence, e sim ao Estado. Aí está, pois, o princípio da oficialidade. Quem propõe a ação penal pública incondicionada é um órgão do Estado, o Ministério Público. Órgão 'oficial', órgão do Estado, portanto. De fato. Sendo dever precípuo do Estado reintegrar a ordem jurídica abalada com a perpetração do crime, sendo por meio da ação penal que ele poderá reintegrá-la e estando o exercício da ação penal confiado ao Ministério Público, este tem o dever de promovê-la 'de ofício', isto é, por iniciativa própria, sem qualquer alheia interferência (salvante os casos de ação pública condicionada e, por razões óbvias, os casos de ação privada)"[1067].

7.7. Princípio da obrigatoriedade (ou legalidade)

Como visto, nos termos do art. 129, I, da CF, o órgão constitucionalmente legitimado para ajuizar, privativamente, a ação penal pública (incondicionada ou condicionada à representação do ofendido) é o Ministério Público[1068], a restar ao ofendido tal possibilidade ape-

---

ditames, a uns requerentes, os outros decisórios, completa a cisão. A separação formal destas funções foi necessária para garantir a defesa individual: isso se reputou impossível sem criar um acusador (contraditor) que circunscrevesse a imputação concreta que o imputado estava facultado a resistir e contestar, com todos os meios legítimos a seu alcance, e sem dotar de uma grau aceitável de imparcialidade ao julgador, consistente em evitar que ele se comprometa antes do julgado, com a hipótese delitiva, afirmando-a desde à iniciação do procedimento" (MAIER, Julio J. B. *Op. cit.*, p. 826).

1067. TOURINHO FILHO, Fernando da Costa. *Op. cit.*, pp. 330-331.

1068. E assim o fez, pois, ante a evolução histórica, cultural, política e dogmática, "era preciso chegar-se a um processo que fosse a síntese da estrutura acusatória individualista e do brutal procedimento inquisitório. Impunha-se o afastamento do juiz daquelas atribuições persecutórias, mas, por outro lado, não podia o Estado cruzar os braços no que tange à persecução penal. O Estado sentiu a necessidade de criar mecanismos seguros para que a atividade jurisdicional se fizesse de maneira justa, independentemente da vontade ou interesse das partes privadas. Mas o juiz tinha de ser preservado, em prol de sua neutralidade e imparcialidade. (...) Através do Ministério Público, o Estado assumiu, a titularidade da *persecutio criminis in judicio,* sem precisar comprometer a neutralidade judicial. Assim, as três funções processuais são entregues a sujeitos diversos, sem retorno à acusação privada. (...) O Estado de Direito, vedando a justiça privada e a aplicação administrativa da pena, passou a ser devedor das atividades jurisdicional e persecutória, atividades estas desempenhadas por órgãos absolutamente independentes" (JARDIM, Afrânio Silva. *Op. cit.*, pp.

nas excepcionalmente (ação penal privada ou ação penal subsidiária – na hipótese de não ajuizamento, no prazo legal, da ação penal pública pelo Ministério Público)[1069].

Nesse contexto, o princípio da obrigatoriedade (ou legalidade) impõe, como o próprio nome indica, a obrigação (dever) legal ao Ministério Público de ajuizar a ação penal pública, quando suficientemente presentes todos os elementos para o seu ajuizamento e não haja obstáculos que o impeçam de atuar; não possui o Ministério Público, portanto, a mera faculdade de propor a ação penal, mediante análise estimativa discricionária da utilidade de seu ajuizamento, sob o ponto de vista do interesse público (*princípio da oportunidade*)[1070].

Segundo tal princípio, que é decorrência lógica do princípio constitucional da legalidade[1071], que, dentre outros, informa a

---

86-87). Dessa forma, não custa ressaltar que o Ministério Público não é o titular do *ius puniendi* e, muito menos, como alguns gostam de enfatizar, o dono do processo penal, pois a Constituição Federal, em seu art. 129, inc. I, explicita que cabe ao Ministério Público "promover, privativamente, a ação penal pública, na forma da lei", estando, pois, simplesmente a legitimá-lo ativamente, através de delegação constitucional, para o ajuizamento das ações penais públicas, não estando, pois, a conferir-lhe o *ius puniendi*.

1069. Como observa José Frederico Marques, a ação penal é sempre pública, "mas essa qualidade lhe advém, não da circunstância de ser penal, e sim porque toda a ação é um direito público subjetivo em face do Estado-juiz. O direito de ação, quer na justiça criminal, como nas jurisdições cíveis, é sempre um direito público subjetivo de caráter instrumental. Quando o Código Penal (...) distingue a ação penal em pública e privada, ele o faz tão-só em razão da *legitimatio ad causam*, da qualidade para agir. Trata-se de dicotomia que se assenta, exclusivamente, sob o aspecto terminológico, em diferenciação de ordem subjetiva" (MARQUES. José Frederico. *Op. cit.*, pp. 321-322).

1070. cfr. MARQUES. José Frederico. *Op. cit.*, v. II, p. 88.

1071. v. JARDIM, Afrânio Silva. *Op. cit.*, p. 105. Criticamente, observa Julio B. J. Maier que: "Outro fundamento especulativo do princípio da legalidade se vincula mais proximamente ao Direito Positivo e ao Estado de Direito. O princípio da igualdade ante a lei (CN, 16), unido à determinação legislativa dos fatos puníveis (CN, 18 e 19), recomendaria que fosse a lei (o legislador), e não a decisão particular dos órgãos (funcionários) da persecução penal, quem determine, nos casos concretos, quando uma pessoa deve ser submetida a uma pena ou vice-versa. Sem embargo, ainda que tal raciocínio deva ser tido em conta para não criar foros pessoais ou provocar desigualdades raciais, religiosas, sociais ou econômicas, cabe advertir que estes princípios funcionam, basicamente, como garantia frente ao poder penal do Estado, isto é, como seguranças para autuação dos órgãos públicos no Estado Democrático de direito, o ajuizamento da ação penal pública pelo Ministério Público se trata sempre de obrigação legal, pois o processo penal é o único instrumento admitido para que a pena seja aplicada, conforme já explicitado, por ter o Estado assumido o monopólio do *ius puniendi*, onde a processualização do poder punitivo estatal (*nulla poena sine iudicio*), dá à ação penal caráter de função necessária e obrigatória para os órgãos públicos[1072].

Se a aplicação do Direito Penal depende da atuação dos órgãos estatais, devem eles agir inarredavelmente[1073], já que "o dever do Estado de perseguir o delito, com suas limitações e suas medidas, se funda no dever jurídico público de garantir a justiça. Daqui deriva, pelo comum, o dever de persecução que incumbe às autoridades estabelecidas para esse fim"[1074], pois, como dito por Canuto Mendes de Almeida, "os interesses tutelados pelas normas penais são, sempre, eminentemente públicos, sociais, motivo pelo qual a sua atuação é imposta pelo Estado não como simples faculdade, mas como obrigação funcional de realizar um dos fins essenciais de sua própria Constituição, qual seja a manutenção e reintegração da ordem jurídica"[1075].

---

o habitante de não ser afetado em suas liberdades por esse poder, e aquilo que se pretende com a aplicação do princípio inverso, o de oportunidade, não é, precisamente, submeter a um habitante ao poder do Estado, senão, pelo contrário, liberá-lo dele e desse risco, ao evitar a persecução. Não obstante, o fundamento aqui citado, ainda que não logre cabalmente legitimar a persecução penal obrigatória do Estado, há cumprido o papel de colocar ao princípio da legalidade no lugar de uma máxima fundamental do sistema, de modo que o de oportunidade funcione, juridicamente, como exceção; e, mais ainda, há obrigado a que os critérios de oportunidade sejam determinados legislativamente, a modo de autorização para prescindir da persecução penal em certos casos definidos pela lei, casos que só podem ser definidos por características do fato em si – utilitárias, em todo o caso –, sem criar prerrogativas pessoais, de raça, religião, sociais ou econômicas" (MAIER, Julio J. B.. *Op. cit.*, pp. 831-832).

1072. SABATINI, Giuseppe. *Principii costituzionali del processo penale.* Napoli: E. Jovene, 1976, p. 30.

1073. v. JARDIM, Afrânio Silva. *Op. cit.*, p. 106.

1074. SCHMIDT, Eberhard. *Los fundamentos teóricos y constitucionales del Derecho Procesual Penal.* Trad. J. M. Núñez. Buenos Aires: Ed. Bibliográfica Argentina, 1957, p. 221.

1075. *apud* JARDIM, Afrânio Silva. *Op. cit.*, p. 108.

Daí porque o Ministério Público tem um *poder-dever* de exercitar a ação penal, posto que, enquanto órgão constitucionalmente legitimado, exercita direito alheio dirigido a tutelar interesse social e estatal; portanto, o princípio da obrigatoriedade determina que o Ministério Público é obrigado a ajuizar a ação penal pública, quando presentes todos os seus requisitos e condições, não possuindo a discricionariedade de não ajuizá-la por motivos de oportunidade e conveniência[1076].

7.8. Princípio do impulso oficial

O princípio do impulso oficial, que se conjuga com o princípio da indeclinabilidade da jurisdição penal, estatui que o processo penal, após a instauração da relação processual, passa a ter impulso oficial[1077]; após o início da *persecutio criminis*, o movimento processual não se paralisa antes que se resolva definitivamente o conflito instaurado, pois o contraste entre a pretensão punitiva do Estado e o *ius libertatis* do acusado tem de ser solucionado de maneira definitiva, cabendo ao Juiz do processo – figura principal e central do procedimento – utilizar todos os seus poderes para fazer atuar e

---

1076. Para Germano Marques da Silva: "o princípio da legalidade, pretendendo afastar a discricionariedade do Ministério Público, não é de realização automática, tanto mais que implica a formulação de juízos por parte do Ministério Público, desde logo sobre a própria qualificação da notícia do crime e depois sobre a suficiência dos indícios de se ter verificado crime e de quem foi o seu agente e sobre outros pressupostos processuais. Esses juízos são, porém, apenas de subsunção dos factos à lei; desde que se verifiquem os pressupostos exigidos por lei para que deva promover-se o processo, o Ministério Público não pode deixar de o promover sob pena de ilegalidade de atuação, de omissão de um dever, que pode mesmo constituir crime" (SILVA, Germano Marques da. *Op. cit.*, p. 72).

1077. v. MARQUES, José Frederico. *Op. cit.*, v. II, p. 198. Segundo o autor: "Instaurada a relação processual penal, passa-se de um ato processual a outro, segundo a ordem do procedimento, desenrolando-se a sucessão dos atos processuais, por meio de fases e momentos, até que a instância se finde. O que assegura e garante a passagem de um ato processual a outro e estabelece a ligação entre os diversos momentos procedimentais é o denominado impulso processual ou ativação da causa, que move o processo para diante, de fase em fase, a fim de obter o andamento progressivo da relação processual. Assegura-se, deste modo, a continuidade dos atos processuais e seu encaminhamento contínuo em direção a seu fim e objetivo" (MARQUES, José Frederico. *Op. cit.*, v. II, p. 197).

progredir o procedimento de fase em fase e/ou para proferir decisões que ponham termo à litispendência, podendo e devendo, inclusive, atuar *ex officio* e suprir as omissões das partes processuais.

O princípio visa a assegurar a continuidade dos atos procedimentais e seu avanço em direção aos resultados esperados do processo, que não pode ficar à mercê das partes, ante o predomínio do interesse público na solução da controvérsia e do exaurimento da prestação jurisdicional e inspira-se na ideia de que o Estado tem interesse na rápida solução das causas[1078]; portanto, deve o Juiz prover a regularidade do processo (art. 251 do CPP), mediante a promoção de medidas que assegurem a justa aplicação da lei processual penal material, pois o Magistrado, nos dizeres de José Frederico Marques, não pode ficar "inerte durante o processo e limitar-se ao passivo papel de espectador de uma luta onde apenas intervém quando solicitado por alguns dos contendores", pois "interessa ao Estado que a aplicação do direito não seja conturbada pela habilidade das partes, devendo assim o processo revestir-se do caráter proeminente de instrumento de investigação da verdade e distribuição da justiça"[1079].

7.9. Princípio da publicidade

O princípio da publicidade (arts. 5º, LX, e 93, IX, da CF) afasta a perniciosa ideia de julgamentos secretos e sigilosos, a garantir e assegurar a transparência da atividade jurisdicional e sua fiscalização pelas partes e pela própria sociedade, evitando-se excessos

1078. cfr. CINTRA, Antonio Carlos de Araújo; GRINOVER, Ada Pellegrini; DINAMARCO, Cândido Rangel. *Op. cit.*, p. 350.

1079. MARQUES, José Frederico. *Op. cit.*, v. II, p. 26. Segundo Hélio Tornaghi: "O processo é uma atividade ordenada no sentido de chegar ao ato final que é a sentença. É um caminhar para a frente, não para os lados (tumulto) nem para trás (retrocesso). Está moldado segundo determinados ritos e não admite atos írritos, isto é, for a do rito estabelecido; nem se compadece com atos inúteis ou onerosos (economia processual), nem solertes (cavilação, 'chicana'), nem insinceros (deslealdade). Está, por isso, disciplinado segundo determinada regulamentação. Cabe ao juiz prover à sua regularidade. Ele o faz com dupla ação: positiva, ao determinar o que há de ser feito; negativa, ao desfazer o mal feito por seus auxiliares, pelas partes ou por terceiros que intervenham no processo" (TONAGHI, Hélio. *Op. cit.*, p. 477).

e arbitrariedades no desenrolar do processo penal, legitimando democraticamente a administração e a distribuição da justiça criminal[1080].

Tendo em vista que o processo penal desempenha relevante função social, patente que a publicidade dos atos processuais é ótima forma de dissipar quaisquer desconfianças que possam pairar sobre a independência e a imparcialidade com que é exercida a jurisdição penal e com que são tomadas suas decisões[1081] e, assim, dentro de concepção democrática do processo, a publicidade sugere o interesse que cada cidadão tem na correta e justa administração da justiça criminal, ao mesmo tempo em que reforça o sentimento de corresponsabilidade, tanto dos cidadãos como dos órgãos estatais, na administração e distribuição de tal justiça. Nela convergem os in-

1080. v. FERNANDES, Antônio Scarance. *Op. cit.*, pp. 73-74. Acentua Germano Marques da Silva que: "o princípio da publicidade tem justificação eminentemente política, manifestando-se, na sua formação atual, como uma conquista do pensamento político liberal. A publicidade do processo foi reivindicada pelo pensamento liberal como instrumento de garantia contra as manipulações da justiça de gabinete, característica da época do absolutismo, como meio de controlo da Justiça pelo povo, e como instrumento de fortalecimento da confiança do povo nos tribunais, depois" (SILVA, Germano Marques da. *Op. cit.*, pp. 86-87).

1081. Para Luigi Ferrajoli, a publicidade "é a que assegura o controle, tanto externo, quanto interno, da atividade judicial. Conforme ela, os procedimentos de formulação de hipóteses e de determinação da responsabilidade penal têm que produzir-se à luz do sol, baixo o controle da opinião pública e, sobretudo, do imputado e seu defensor. Se trata seguramente do requisito mais elementar e chamativo do processo acusatório. (...) A polêmica contra o segredo e a reivindicação da publicidade em todas as fases do processo como dique frente ao arbítrio são, ademais, uma das contribuições mais meritórias do pensamento ilustrado à reforma em sentido acusatório do processo penal moderno. (...) 'A publicidade é a alma da Justiça', declarou, em fim, Bentham, ao que se deve as páginas tal vez mais penetrantes contra o segredo: não só porque 'é a mais eficaz salvaguarda do testemunho', do que assegura, graças ao controle do público, a 'veracidade', senão sobre tudo porque favorece a 'probidade' dos juízes ao atuar 'como freio no exercício de um poder do qual é tão fácil abusar', permite a formação de um espírito cívico e o desenvolvimento de uma 'opinião pública', de outro modo 'muda o impotente sobre os abusos' dos juízes, funda 'a confiança do público', e reforça a independência dos magistrados acrescentando sua responsabilidade social e neutralizando os vínculos hierárquicos e o 'espírito de corpo'" (FERRAJOLI, Luigi. *Op. cit.*, pp. 616-617).

teresses da sociedade e do acusado, transformando a publicidade em verdadeira garantia constitucional.[1082]

A publicidade, como regra geral, deve ser entendida em sentido absoluto, ou seja, o processo penal deve se desenvolver à vista de toda a sociedade; entretanto, podem ocorrer colisões entre o interesse da publicidade ampla e outros interesses também constitucionalmente protegidos, razão pela qual a própria Constituição Federal admite, nos casos de proteção à intimidade ou de interesse social (arts. 5º, LX, e 93, IX, da CF), a limitação da *publicidade plena*, reservando a publicidade apenas às partes envolvidas no processo (*publicidade restrita* ou *interna*), cuja composição constitucional dos interesses em jogo, segundo Guilherme de Souza Nucci, "foi contemplada com justeza nesses dispositivos constitucionais. Assegura-se a regra no processo: publicidade dos atos processuais e dos julgamentos. Garante-se, por exceção, a intimidade e o interesse público: segredo de justiça em função de atos processuais e julgamentos. (...) Por outro lado, o mérito de seu contraponto (o sigilo) advém do direito fundamental à intimidade e à vida privada, fatores de equilíbrio para o indivíduo, no Estado Democrático de Direito. Nem todos os conflitos devem ser exposto ao público, pois a segurança de atuação de um Judiciário firme e imparcial origina-se da análise de seu conjunto e não de sua totalidade. Logo, preservando-se a publicidade como regra, consegue-se atingir a posição ideal de respeito harmônico a outros interesses, como se dá no cenário da intimidade, sem deslegitimar a figura do juiz imparcial"[1083].

1082. cfr. FIGUEIREDO DIAS, Jorge de. *Op. cit.*, p. 223. No mesmo sentido: TUCCI, Rogério Lauria. *Op. cit.*, pp. 239-242. Para Guilherme de Souza Nucci: "A publicidade é fator determinante da transparência e da moralidade, significando a atuação estatal aberta, voltada ao seu real destinatário, que é a sociedade. A realização pública de justiça pertence a todos e passa a ser de conhecimento notório, conferindo legitimidade às posturas estatais de mando e de imposição de regras. O segredo e o sigilo são seus oponentes, que merecem ser vistos em caráter excepcional, porém, de algum modo, para a preservação de outros valores, igualmente resguardados pelo Estado Democrático de Direito" (NUCCI, Guilherme de Souza. *Op. cit.*, p. 315).

1083. NUCCI, Guilherme de Souza. *Op. cit.*, p. 316. Sobre o problema a envolver a colisão dos interesses na publicidade do processo penal: FERNANDES, Antônio Scarance. *Op. cit.*, pp. 73-76; TOURINHO FILHO, Fernando da Costa. *Op. cit.*, pp. 44-46; FIGUEIREDO DIAS, Jorge de. *Op. cit.*, pp. 221-229; GIMENO SENDRA,

7.10. Princípio da verdade real (ou material)

Tal princípio estabelece que cabe ao processo penal conhecer a verdade material sobre a hipótese delitiva objeto do procedimento, ou seja, que cabe ao processo penal proceder à reconstrução histórica dos fatos, através da prova, e alcançar a verdade real, ou, nos dizeres de Julio B. J. Maier, "o processo aspira a fazer resplandecer a verdade acerca da imputação inicial: parte teoricamente da dúvida, em sentido estrito, de uma hipótese a averiguar, e persegue incorporar a prova necessária para conhecer a verdade"[1084].

Por verdade, no campo do conhecimento histórico, entende-se a relação de concordância entre o pensamento e o objeto pensado, ou seja, a relação de conhecimento que se estabelece entre um sujeito cognoscente e o objeto conhecido, enquanto representação ideológica correta de uma realidade ontológica e que não se esgota na mera definição objetiva, já que também envolve relação subjetiva, relativa ao sujeito cognoscente (ou a terceiros), que se expressa através do êxito ou fracasso da atividade de conhecimento empreendida, conforme sua finalidade. Daí porque, com base na finalidade do empreendimento, pode-se distinguir entre certeza, probabilidade e dúvida. A certeza é o juízo positivo do sujeito cognoscente sobre o resultado da atividade cognoscitiva; está convencido de que alcançou a finalidade e conhece a verdade. A probabilidade é o juízo do sujeito cognoscente de aproximação plausível do êxito da atividade cognoscitiva; não conhece totalmente a verdade, mas dela se aproximou. Já a dúvida é o juízo negativo do sujeito cognoscente sobre sua atividade cognoscitiva; o reconhecimento do fracasso absoluto de sua atividade de tentar alcançar a verdade[1085].

Nestes termos, o conhecimento histórico busca reconstruir no presente um fato ocorrido no passado, eventualmente com todas as suas circunstâncias objetivas e subjetivas, ou estado de coisas existentes com anterioridade; averiguar se um fato ocorreu e suas circunstâncias de tempo e lugar, a trabalhar com hipótese a ser

Vicente. *Op. cit.*, pp. 97-101; SILVA, Germano Marques da. *Op. cit.*, pp. 86-88; FERRAJOLI, Luigi. *Op. cit.*, pp. 616-619.

1084. cfr. MAIER, Julio J. B.. *Op. cit.*, p. 848.

1085. cfr. MAIER, Julio J. B.. *Op. cit.*, pp. 841-844.

verificada e se vale dos rastros (provas) que hão perdurado no tempo como reflexo do fato ou estado que se pretende averiguar e, sobre a base das provas, valorados segundo método, alcançar o resultado positivo, total ou parcial, ou negativo do esforço de conhecimento[1086].

Daí afirmar Julio B. J. Maier que "o procedimento judicial é, em grande medida, um método, regulado juridicamente, de investigação histórica, precisamente porque um de seus fins consiste na tentativa de averiguar a verdade acerca de uma hipótese histórica, positiva ou negativa, que constitui o objeto do procedimento. (...) Se quem julga – no sentido de quem emite um juízo, portanto, também o acusador, o defensor ou qualquer interveniente no procedimento –, a mérito da prova incorporada, fica convencido de que a imputação é correta, total ou parcialmente, no sentido de que confirma a hipótese, total ou parcialmente, alcançará a certeza positiva sobre a imputação ou, ao menos, sobre uma parte dela; se, ao contrário, sobre a mesma base rechaça a imputação, total ou parcialmente, com o mesmo grau de certeza, diremos alcançou a certeza negativa acerca da imputação ou sobre parte dela; a tal contundência de juízo se atraca porque prevalecem absolutamente no ânimo do julgador, seguindo o método de valoração que a lei estabelece, os elementos de prova que confirmam a imputação ou os que a rechaçam"[1087].

Segundo o princípio, o processo penal visa à verdade real (ou material), porque objetiva, mais do que as outras regulações jurídico -processuais (p. ex., o processo civil), a averiguação da verdade, ante a transcendência que nele têm os interesses sociais e individuais em conflito[1088], pois "enquanto o Juiz não penal deve satisfazer-se com

1086. cfr. MAIER, Julio J. B.. *Op. cit.*, p. 844.
1087. cfr. MAIER, Julio J. B.. *Op. cit.*, p. 845.
1088. No mesmo sentido, deixa assentado Germano Marques da Silva que: "o tribunal não está limitado pela prova dos factos aduzida pela acusação ou defesa, mas antes tem o poder-dever de investigação oficiosa, Definido o objecto do processo pela acusação e delimitado consequentemente o objecto do julgamento, o tribunal deve procurar a reconstrução histórica dos factos, deve procurar por todos os meios processualmente admissíveis alcançar a verdade histórica, independentemente ou para além da contribuição da acusação e defesa; (...). Este poder-dever do tribunal, poder-dever de procurar oficiosamente a verdade, é geralmente justificado pela necessidade de procurar a verdade, pois que ao processo penal não bastaria uma verdade formal, ou seja,

a verdade formal ou convencional que surja das manifestações formuladas pelas partes, e a sua indagação deve circunscrever-se aos fatos por elas debatidos, no Processo Penal o Juiz tem o dever de investigar a verdade real, procurar saber como os fatos se passaram na realidade, quem realmente praticou a infração e em que condições a perpetrou, para dar base certa à Justiça. A natureza pública do interesse repressivo exclui limites artificiais que se baseiam em atos ou comissões das partes. A força incontrastável desse interesse consagra a necessidade de um sistema que assegure o império da verdade, mesmo contra a vontade das partes"[1089].

É por isso que se diz que no processo penal está em causa, não a *"verdade formal"*, a verdade convencional das partes, mas a *"verdade material"*, em seu duplo sentido: enquanto verdade subtraída da influência que, através do comportamento processual, a acusação e a defesa queiram exercer sobre ela; bem como de uma verdade, conquanto não absoluta ou ontológica, seja verdade judicial e processualmente válida[1090]. Assim, não pode ser verdade obtida a todo preço, pois que a busca dessa verdade material está limitada por condicionamento jurídicos e pelos meios e instrumentos de que dispõe para sua averiguação; o conhecimento que aspira é limitado, recortado da realidade empírica; a busca da verdade material (ou real) no processo penal "não pode procurar-se por quaisquer meios, mas tão-só pelos meios processualmente admissíveis, ainda

---

a reconstrução hipotética dos factos feita apenas com base na contribuição probatória das partes, mas à verdade histórica, também designada por verdade material" (SILVA, Germano Marques da. *Op. cit.*, pp. 85-86).

1089. TOURINHO FILHO, Fernando da Costa. *Op. cit.*, p. 37.

1090. v. FIGUEIREDO DIAS, Jorge de. *Op. cit.*, p. 194. Segundo Luigi Ferrajoli: "nem as condições do uso do termo 'verdadeiro', nem as condições para asseverar que uma tese judicial é verdadeira são independentes do modo como está formado o sistema legal com referência ao qual a verdade processual é predicável, senão que estão estreitamente ligadas às técnicas legislativas e jurisdicionais normativamente admitidas e praticadas por ele. Estas técnicas, (...) são as garantias penais e processuais, na ausência das quais não se pode falar de verdade no processo nem sequer em sentido aproximativo. Disso se segue uma específica responsabilidade civil e política da ciência e a teoria do direito: as quais, diferentemente das ciências naturais, têm particular característica, pela influência que exercem sobre a legislação e a jurisdição, de contribuir a construir, e não só de representar ou reconstruir, seu objeto de indagação" (FERRAJOLI, Luigi, *Op. cit.*, p. 51).

que dessa limitação possa resultar algumas vezes o sacrifício da verdade"[1091].

7.11. Princípio da licitude das provas

Estreitamente ligado ao princípio anterior, o princípio da licitude das provas (art. 5º, LVI, da CF) estatui que não serão admissíveis, no processo penal, para a reconstrução histórica e a busca da verdade material, as provas obtidas por meios ilícitos.

Como visto, no Estado Democrático de direito, assentado nos valores da dignidade da pessoa humana, da solidariedade, da justiça, da liberdade e da democracia, a verdade material não é valor supremo, a ser alcançado a qualquer custo, e sua busca não pode tolerar meios ou métodos ilícitos de prova, sob a visão utilitaristas de que os fins justificariam os meios, pois "seria a realização de uma justiça enferma como fim de um processo penal doente, cultivado por uma sociedade delatora e germinadora da sua auto destruição"[1092].

1091. SILVA, Germano Marques da. *Op. cit.*, p. 86.

1092. VALENTE, Manuel Monteiro Guedes. *Op. cit.*, p. 192. Afirma Manuel da Costa Andrade: "Subjacente ao conceito e regime das proibições de prova está, assim, a crença na existência de limites intransponíveis à prossecução da verdade em processo penal. Que relevam de valores que, não podendo reivindicar-se de qualquer representação cosmológica ou jusnaturalista trans-histórica e sendo *hoc sensu* criações históricas, não deixam de configurar valores de todo em todo indisponíveis. Na expressiva formulação de Hassemer, as proibições de prova prestam homenagem à Rechtskultur do processo penal de um Estado de Direito. Em caus estão, explicita o autor, 'valores jurídicos que, embora historicamente mutáveis, são hoje para nós irrenunciáveis. E que, não podendo deduzir-se *more geometrico,* caracterizam o horizonte normativo do nosso sistema jurídico de tal modo que o seu sacrifício ou funcionalização subverta a nossa experiência histórica e a nossa tradição no sentido do desenvolvimento de um direito justo'. (...) Como terá já ficado sugerido, as proibições de prova relevam também da atualização da consciência de que o processo penal – realizando interesses de inquestionável dignidade e estando preordenado à preservação dos bens jurídicos fundamentais da comunidade – redunda, não raro, na compressão e sacrifício drásticos de valores de não menor significado. Como observa Peters, 'preordenado à tutela de valores, o processo penal traz também consigo o perigo da destruição de eminentes valores comunitários e pessoais'. E foi precisamente esta experiência, recorda Grünwald, que fez ganhar corpo à exigência de que 'para além da ordenação da persecução penal, o direito processual penal se constitua também em seu limite'. Limite imposto tanto em nome dos valores ou direitos pessoais – subjectivados, v.g.,

Para atingir os seus fins, o processo penal deve se pautar pelos valores e princípios éticos e morais que são a essência dos bens jurídicos constitucionalmente tutelados e que concretizam a lisura e a imparcialidade do Estado na condução do devido processo legal, pois, como acentua Guilherme de Souza Nucci, "de nada adiantaria a formação de um processo repleto de garantias constitucionais, focado no juiz e no promotor imparciais, com direito à ampla defesa e ao contraditório, realizado publicamente, para a segurança de todos, além de formalizado por inúmeras regras garantistas se o principal núcleo de avaliação, voltado à apuração da verdade dos fatos, estivesse manchado pela ilicitude. (...) Cultuar o ilícito para apurar e punir o ilícito é um fomento ao contrassenso, logo, inadmissível no Estado Democrático de Direito"[1093], até porque, como já visto, a legalidade dos meios de prova são condições de validade processual da prova e, pois, critérios da própria verdade material[1094].

Como certeiramente afirmou o Min. Celso de Mello, "a norma inscrita no art. 5º, LVI, da vigente Lei Fundamental consagrou, entre nós, o postulado de que a prova obtida por meios ilícitos deve ser repudiada – e repudiada sempre (MAURO CAPPELLETTE, "*Efficacia di prove illegittimamente amesse e comportamento della parte*", "in" Rivista di Diritto Civile, p. 112, 1961; VICENZO VIGORITI, "*Prove illecite e Costituzione*", "in" Rivista di Diritto Processuale, p. 64 e 70, 1968) – pelos juízes e Tribunais, "por mais relevantes que sejam os fatos por ela apurados, uma vez que se submete ela ao conceito de inconstitucionalidade (...)"(ADA PELLEGRINI GRINOVER, "novas tendências do direito processual", p. 62, 1990,

---

pelo arguido, ofendido, testemunhas, etc. – como em nome dos próprios interesses (maxime a realização da justiça e a restauração da paz jurídica) que ao processo penal cabe promover. Como G:ossel assinala, às proibições de prova cabe importante tarefa de 'prevenir que o imperativo da realização da justiça material que dimana do Estado de Direito redunde precisamente no seu contrário'. Como sucederá sempre que a verdade material seja lograda à custa de 'atentado à dignidade humana ou da violação de outros princípios do Estado de Direito. É que, precisa Gössel, 'do princípio do Estado de Direito decorre o dever de averiguar a verdade e, ao mesmo tempo, a delimitação dessa averiguação'" (COSTA ANDRADE, Manuel da. *Sobre as proibições de prova em processo penal*. Coimbra: Almedina, 2006, pp. 117-119).

1093. v. NUCCI, Guilherme de Souza. *Op. cit.*, pp. 322-323.

1094. cfr. FIGUEIREDO DIAS, Jorge de. *Op. cit.*, pp. 197.

Forense Universitária). A cláusula constitucional do "*due process of law*" – que se destina a garantir a pessoa do acusado contra ações eventualmente abusivas do Poder Público – tem, no dogma da inadmissibilidade das provas ilícitas, uma de suas projeções concretizadoras mais expressivas, na medida em que o réu tem o impostergável direito de não ser denunciado, de não ser julgado e de não ser condenado com apoio em elementos instrutórios obtidos de forma incompatível com os limites impostos, pelo ordenamento jurídico, ao poder persecutório e ao poder investigatório do Estado. A absoluta invalidade da prova ilícita infirma-lhe, de modo radical, a eficácia demonstrativa dos fatos e ventos cuja realidade material ela pretende evidenciar. Trata-se de consequência que deriva, necessariamente, da garantia constitucional que tutela a situação jurídica dos acusados em juízo (notadamente em juízo penal) e que exclui, de modo peremptório, a possibilidade de uso, em sede processual – de qualquer prova – cuja ilicitude venha ser reconhecida pelo Poder Judiciário. A prova ilícita é prova inidônea. Mais do que isso, prova ilícita é prova imprestável. Não se reveste, por essa explícita razão, de qualquer aptidão jurídico-material. A prova ilícita, qualificando-se como providência instrutória repelida pelo ordenamento constitucional, apresenta-se destituída de qualquer grau, por mínimo que seja, de eficácia jurídica. (...) No contexto do sistema constitucional brasileiro, no qual prevalece a inadmissibilidade processual das provas ilícitas, a jurisprudência do Supremo Tribunal Federal, ao interpretar o sentido e alcance do art. 5º, LVI, da Carta Política, tem repudiado quaisquer elementos de informação, desautorizando-lhes o valor probante, sempre que a obtenção dos dados probatórios resultar de transgressão, pelo Poder Público, do ordenamento positivo (RTJ 163/682 – RTJ 163/709) (...). Cabe referir, neste ponto, o magistério de ADA PELLEGRINI GRINOVER ("Liberdade Públicas e Processo Penal", p. 151, itens 7 e 8, 2a ed., 1982, RT), para quem – tratando-se de prova ilícita, especialmente daquela cuja produção derivar de ofensa a cláusulas de ordem constitucional – não se revelará aceitável, para efeito de sua admissibilidade, a invocação do critério de razoabilidade do direito norte-americano, que corresponde ao princípio da proporcionalidade do direito germânico, mostrando-se indiferente a indagação sobre quem praticou o ato ilícito de que se originou o dado probatório questionado (...). Por isso mesmo, Senhores Ministros, assume inegável relevo, na repulsa à "crescente predisposição para flexibilização dos comandos constitucionais aplicáveis à matéria", a advertência de LUIS ROBERTO BARROSO, que, em texto escrito coma colaboração de ANA PAULA DE BARCELOS ("A Viagem Redonda: Habeas Data, Direitos Constitucionais e as Provas Ilícitas", "in"RDA 213/149-163), rejeita, com absoluta correção, qualquer tipo de prova obtida por meio ilícito, demonstrando, ainda o gravíssimo risco de se admitir essa espécie de evidência com apoio no princípio da proporcionalidade. (...) Cabe ter presente, também, por necessário, que o princípio da proporcionalidade, em sendo alegado pelo Poder Público, não pode converter-se em instrumento de frustração da norma constitucional que repudia a utilização, no processo, de provas obtidas por meios ilícitos"[1095].

Tal vedação constitucional se aplica também às provas ilícitas por derivação, ou seja, daquelas provas a que se chegou através da prova ilícita, ainda que, consideradas isoladamente, seriam lícitas (teoria dos frutos da árvore envenenada (*fruits of the poisonous tree theory*)), já que estariam contaminadas pelo vício da ilicitude originária (ilicitude por derivação).

A única exceção admitida ao princípio constitucional da vedação das provas ilícitas (originárias ou derivadas) ocorreria na hipótese em que tais provas favorecessem a inocência do acusado (prova ilícita *pro reo*), pois, aí, não haveria conflito com a *ratio* garantista do princípio e estar-se-ia dando prevalência ao reconhecimento do estado constitucional de inocência, pois "se a prova se forma em torno da culpa do réu, objetivando alterar seu natural estado de inocência, obtida uma prova segura de sua não culpabilidade, embora advinda de meios ilícitos, deve-se utilizá-la, garantindo-se a harmonia maior dos princípios constitucionais. Apure-se e puna-se, se for o caso, o produtor da ilicitude, mas não se deve desprezar a prova da inocência, pois o fim maior do processo é a realização da justiça. (...) Excepcionalmente, se a prova for obtida por meio ilícito, logicamente, sem autorização prévia do Estado, pode-se utilizá-la, para que o fim do

1095. Supremo Tribunal Federal: Habeas Corpus n 93.050-6/RJ – rel. Min. Celso de Mello – j. 10.06.08 – DJe 01.08.08.

processo constitua valor útil à sociedade, mantendo-se o estado de inocência de quem realmente o é"[1096].

7.12. Princípio da razoável duração do processo

Tal princípio (art. 5º, LXXVIII, da CF) garante a todos a *razoável duração* do processo penal e os respectivos meios que garantem a *celeridade de sua tramitação*[1097].

Como tudo na vida, o processo penal também não se furta à ação do tempo[1098], até porque esta"arraigado na sua própria concepção, enquanto concatenação de atos que se desenvolvem, duram e são

---

1096. NUCCI, Guilherme de Souza. *Op. cit.*, pp. 324-325. No mesmo sentido, afirma Antonio Scarance Fernandes, que: "É ampla a aceitação de sua aplicação aos casos em que a prova da inocência do réu depende de prova produzida com violação a uma garantia constitucional, não se conseguiria justificar a condenação, até mesmo a pena elevada, de uma pessoa quando há nos autos prova de sua inocência, ainda que tenha sido obtida por meios ilícitos" (FERNANDES, Antonio Scarance. *Op. cit.*, p. 95).

1097. Adverte Guilherme de Souza Nucci: "Note-se o binômio da economia processual: razoável duração do processo + celeridade de tramitação. Não se fixou um fator temporal rígido, mencionando-se apenas o critério do razoável. Sem dúvida, tratou-se da melhor opção, pois somente cada caso concreto poderá permitir ao Judiciário avaliar o grau de razoabilidade ínsito no trâmite do feito. A celeridade vem acoplada dos meios que a garantam, buscando-se, assim, privilegiar formas de colheita da prova, evitando-se o adiamento de audiências e sessões de julgamento, mormente quando se basearem em requisitos meramente formais" (NUCCI, Guilherme de Souza. *Op. cit.*, p. 333).

1098. Segundo Antoine Garapon, o tempo do processo não é um tempo ordinário, já que interrompe o escoamento linear do tempo quotidiano, é um tempo inteiramente dominado que permite à sociedade regenerar a ordem social e jurídica. Tal separação do tempo processual é prolongada por prescrições processuais e por períodos judiciários e, durante o longo período em que decorre, apresenta avanços e recuos, peripécias, uma alternância de esperança e de pessimismo e, quando o fim se aproxima, a tensão. O tempo do processo é um tempo impossível de se reproduzir, já que o procedimento consagra o caráter irreversível do processo, fazendo-o produzir efeitos de direito. É, ademais, um tempo único e contínuo, pois o processo é uma forma que se inscreve no tempo, com um começo e com um fim, vive-se até o fim, não se podendo nem interrompê-lo nem prolongá-lo. Nele, o tempo é recriado, pois a vida social não pode ser reparada aos bocados, ela pede para ser regenerada: esse é o sentido do tempo judiciário (GARAPON, Antoine. *Bem Julgar. Ensaio sobre o Ritual Judiciário*. Trad. Pedro Felipe Henriques. Lisboa: Instituto Piaget, 1997, pp. 53-72).

realizados numa determinada temporalidade. O tempo é elementos constitutivo inafastável do nascimento, desenvolvimento e conclusão do processo, mas também na gravidade com que são aplicadas as penas processuais, potencializadas pela (de)mora jurisdicional injustificada"[1099].

Daí se infere que a celeridade processual é direito constitucional fundamental[1100] não só do acusado, mas também da sociedade[1101].

É direito fundamental do acusado, pois a morosidade processual penal lhe inflige restrição, suspensão e negação de determinados direitos, cuja duração deve ser exceção e nunca regra; a liberdade física e psicológica do acusado é sempre arranhada com a instauração do processo penal, mesmo que decorra de diminuto hiato temporal; entretanto, provoca sérios e irreversíveis danos quando o processo se alonga indefinidamente no tempo, pois a morosidade acarreta a restrição de tais direitos, a transformar-se em fardo penoso e que destrói o conteúdo essencial e útil do estado de inocência[1102], esvaziando-lhe o sentido; a incerteza da decisão e a

---

1099. LOPES JR., Aury. *Op. cit.*, p. 97. Afirma Enrique Bacigualupo: "A vulneração do princípio da celeridade processual tem lugar quando o processo sofre dilações indevidas, é dizer, quando dentro do mesmo se constata a existência de 'tempos mortos' (de paralisação da atividade processual) que carecem de justificação. A duração do processo pode estar condicionada pela complexidade do mesmo ou pela conduta processual das partes, que gerem demoras desnecessárias, carentes de uma finalidade defensível plausível. Não obstante, é preciso ter em conta que, ainda que no caso de uma atividade instrutória permanente, é dizer, sem o que designamos 'tempos mortos', cabe apreciar a infração do direito a ser processado sem dilações indevidas quando as medidas adotadas são desnecessárias para a verificação dos elementos relevantes para a comprovação fática da acusação" (BACIGALUPO, Enrique. *Op. cit.*, p. 88).

1100. Segundo Vicente Gimeno Sendra: "Se trata de um direito subjetivo constitucional, que assiste a todos os sujeitos que hão sido parte em um procedimento penal, de caráter autônomo,ainda que instrumental do direito à tutela, e que se dirige frente aos órgãos do Poder Judiciário (ainda quando em seu exercício hão de estar comprometidos todos os Poderes do Estado), criando neles a obrigação de atuar em um prazo razoável o *ius puniendi* ou de reconhecer e, em seu caso, restabelecer imediatamente o direito à liberdade" (GIMENO SENDRA, Vicente. Op. cit., pp. 104-105).

1101. v. MIRANDA RODRIGUES, Anabela. "A Celeridade do Processo Penal. Uma visão de Direito Comparado". In: *Actas de revisão do Código de Processo Penal*. Lisboa: Assembléia da República, 1999, v. II, t. II, p. 75

1102. cfr. VALENTE, Manuel Monteiro Guedes. *Op. cit.*, p. 168. Segundo Aury Lopes Jr.: "é fulminada a Presunção de Inocência, pois a demora e o prolongamento

ameaça da pena, que sobre ele paira, frequentemente significam o condicionamento de sua vida pessoal, profissional e social e, até mesmo, de sua liberdade, em razão de sua sujeição às medidas de coerção processual[1103].

Também representa direito fundamental da sociedade, pois, quanto mais a decisão final se arrasta, maior é o tempo para que a paz social, ancorada na certeza de que os culpados sejam condenados e os inocentes absolvidos, seja alcançada e tal demora frequentemente gera a sensação social de impunidade, com o consequente descrédito no sistema estatal de administração da justiça penal[1104].

Segundo observa Aury Lopes Jr., o âmago do problema da demora processual se caracteriza como um "paradoxo temporal ínsito ao rito judiciário: um juiz julgando no presente (hoje), um homem e seu fato ocorrido num passado distante (anteontem), com base na prova colhida num passado próximo (ontem) e projetando efeitos (pena) para o futuro (amanhã). Assim como o fato jamais será real, pois histórico, o homem que praticou o fato não é o mesmo que está em julgamento e, com certeza, não será o mesmo que cumprirá essa pena e seu presente no futuro será um constante reviver o passado"[1105], ou seja, quando o julgamento se dá além do prazo razoável, julga-se homem completamente diferente daquele que praticou o delito, em todas as suas complexas relações sociais, e, por isso, a pena criminal não cumprirá suas funções.

---

excessivo do processo penal vão, paulatinamente, sepultando a credibilidade em torno da versão do acusado. Existe uma relação inversa e proporcional entre a estigmatização e a presunção de inocência, na medida em que o tempo implementa aquela e enfraquece esta" (LOPES JR., Aury. *Op. cit.*, p. 101).

1103. cfr. SILVA, Germano Marques da. *Op. cit.*, p. 79. Como observa Aury Lopes Jr., "quando a duração de um processo supera o limite da duração razoável, novamente o Estado se apossa ilegalmente do tempo do particular, de forma dolorosa e irreversível" (LOPES JR., Aury. *Op. cit.*, p. 98).

1104. cfr. SILVA, Germano Marques da. *Op. cit.*, p. 80. No mesmo sentido, afirma Manuel Monteiro Guedes Valente: "A tranquilidade e a ordem públicas, bases da segurança dos cidadãos, assentam na certeza da condenação de quem prevaricou e na absolvição dos inocentes. Mas, caso o processo se arraste ao longo de anos, beneficiando amnistias ou prescrevendo, cria-se um sentimento de impunidade, o que provoca o descrédito comunitário na justiça e uma revolta do inocente que não vê a sua inocência ser proclamada em sentença de tribunal" (VALENTE, Manuel Monteiro Guedes. *Op. cit.*, p. 169).

1105. LOPES JR., Aury. *Op. cit.*, p. 105.

Por sua vez, o ideal da celeridade processual penal não pode ser alcançado a todo custo e levar à limitação dos demais direitos e garantias constitucionais do acusado e, pois, de seu *status* processual, sob o pretexto utilitarista de necessidade de justiça penal rápida e eficaz[1106]; a existência do princípio se funda na garantia do célere julgamento no interesse de todos, mas antes de tudo, mediante o resguardo e proteção constitucional da dignidade do acusado e, assim, "somente em segundo plano, numa dimensão secundária, a celeridade pode ser invocada para otimizar os fins sociais ou acusatórios do processo penal, sem que isso, jamais, implique sacrifício do direito de ampla defesa e pleno contraditório para o réu"[1107].

1106. VALENTE, Manuel Monteiro Guedes. *Op. cit.*, p. 168; NUCCI, Guilherme de Souza. *Op. cit.*, p. 334; LOPES JR., Aury. *Op. cit.*, p. 107

1107. LOPES JR., Aury. *Op. cit.*, p. 107.

Bibliografia

ADRIASOLA, Adriano. *Las medidas de seguridad – Limites derivados de la teoria del delito y del Estado Democrático de Derecho*. Disponível em: <htttp://www.comunidad.derecho.org/>. Acesso em 08.05.2012.

AFONSO DA SILVA, Virgílio. *Direitos fundamentais: conteúdo essencial, restrições e eficácia*. 2ª ed. São Paulo: Malheiros, 2010.

AGUADO CORREA, Teresa. *El principio de proporcionalidad en Derecho Penal*. Madrid: Edersa, 1999.

ALBRECHT, Peter-Alexis. *Criminologia. Uma fundamentação para o direito penal*. Trad. Juarez Cirino dos Santos e Helena Schiessl Cardoso. Curitiba, Rio de Janeiro: ICPC, Lumen Juris, 2010.

ALCÁCER GUIRAO, Rafael. "Prevención y garantías: conflicto y síntesis". In: *Doxa. Cuadernos de filosofía del derecho*. Alicante: Universidad de Alicante, n. 25, 2002, pp. 139-175.

_____. *Sobre el Concepto de Delito: ¿lesión del bien jurídico o lesión de deber?* Buenos Aires: Ad-hoc, 2003.

ALEXY, Robert. *Teoria dos Direitos Fundamentais*. Tradução de Virgílio Afonso da Silva. 2ª ed. São Paulo: Malheiros, 2011.

ALMEIDA DE MOARES, Alexandre Rocha. *A Terceira Velocidade do Direito Penal: o "Direito Penal do Inimigo"*". Disponível: <http://www.dominiopublico.gov.br/download/texto/cp008973.pdf>. Acesso em 06.01.2010.

ANGEL RUSSO, Eduardo. *Teoría general del gerecho. En la modernidad y en la posmodernidad*. 2ª ed. Buenos Aires: Abeledo-Perrot, 2001.

ANTUNES, Maria João. "O passado, o presente e o futuro do internamento de inimputável em razão de anomalia psíquica". In: *Revista Portuguesa de Ciência Criminal*. Coimbra: Coimbra Editora, ano 13, nº 03, julho-setembro, 2003.

ATIENZA, Manuel. *Introducción al Derecho*. México: Distribuciones Fontamara, 2003. BACIGALUPO, Enrique. *Derecho Penal. Parte General*. 2ª ed. Buenos Aires: Hammurabi, 1999.

_____. *El debido proceso penal*. Buenos Aires: Hammurabi, 2005.

BAPTISTA MACHADO, João. *Introdução ao Direito e ao Discurso Legitimador*. 17ª reimp. Coimbra: Almedina, 2008.

BARATA, Francesc. "De Ripper al pederasta: un recorrido por las noticias, sus rotinas y los pánicos morales". In: *Revista Catalana de Seguretat Pública*. Barcelona, n. 4, junio, 1999, pp. 45-57.

BARATTA, Alessandro. *Criminología crítica y crítica del derecho penal. Introducción a la sociología jurídico-penal*. Trad. Álvaro Búnster. Buenos Aires: Siglo XXI, 2002.

_____. "La Política Criminal y el Derecho Penal de la Constitución. Nuevas reflexiones sobre el modelo integrado de las ciencias penales". Trad. Marianela Pérez Lugo e Patricia Chiantera. In: *Nueva Doctrina Penal*. Buenos Aires: Ed. del Puerto, 1999/B, pp. 399-428.

BARBERO SANTOS, Marino. *Política y derecho penal en españa*. Madrid: Tucar, 1997. BATISTA, Nilo. *Introdução crítica do direito penal brasileiro*. 3ª ed. Rio de Janeiro: Revan, 1996.

BAUMANN, Jürgen. *Derecho penal. Conceptos fundamentales y sistema*. Trad. Conrado A. Finzi. Buenos Aires: Depalma, 1973.

_____. *Derecho procesal penal. Conceptos fundamentales y principios procesales*. Trad. Conrado A. Finzi. Buenos Aires: Depalma, 1986.

BELING, Ernst. *Derecho procesal penal*. Trad. Miguel Fenech. Barcelona: Editorial Labor, 1943.

BERGALLI, Roberto. "Controle Social: Suas origens conceituais e usos instrumentais". Trad. Carlos Vico Mañas. In: *Revista Brasileira de Ciências Criminais*. São Paulo: Ed. RT, n. 3, julho-setembro, 1993, p. 31-38.

BERTOLINO, Pedro J. *El debido proceso penal.* La Plata: Platense, 1986.

BETTIOL, Giuseppe. *Direito penal. Parte Geral.* Trad. Fernando de Miranda. Coimbra: Ed. Coimbra, 1970.

_____. *Instituciones de derecho penal y procesal.* Trad. Faustino Gutiérrez-Alviz y Conradi. Barcelona: Bosch, 1973.

BINDER, Alberto M. *Introducción al derecho procesal penal.* 2ª ed. Buenos Aires: AdHoc, 2009.

_____. *Política Criminal: de la formulación a la praxis.* Buenos Aires: Ad-hoc, 1997. BITENCOURT, Cezar Roberto. *Falência da pena de prisão. Causas e alternativas.* São Paulo: Ed. RT, 1993.

_____. *Tratado de Direito Penal.* 17ª ed. São Paulo: Ed. Saraiva, 2012.

BLANCO LOZANO, Carlos. *Tratado de política criminal.* Barcelona: J M Bosch, 2007. BOBBIO, Norberto. *Contribución a la teoría del derecho.* Trad. A. Ruiz Miguel. Madrid: Debate, 1990.

_____; MATTEUCCI, Nicola; PASQUINO, Gianfranco. *Dicionário de política.* 5ª ed. Trad. Carmen C. Varrialle *et alli.* Brasília-São Paulo: Ed. UNB-Imprensa Oficial do Estado, 2000.

BONAVIDES, Paulo. *Ciência política.* 18ª ed. São Paulo: Malheiros, 2011.

_____. *Curso de direito constitucional.* 11ª ed. São Paulo: Malheiros, 2001.

BORJA JIMÉNEZ, Emiliano. "Sobre el concepto de política criminal: Una aproximación a su significado desde la obra de Claus Roxin". In: *Anuario de Derecho Penal y Ciencias Penales.* Madrid: BOE, v. LVI, 2003, pp. 113-150.

BRUNO, Aníbal. *Direito penal.* Rio de Janeiro: Forense, 1978.

BUSATO, Paulo César. "Apontamentos sobre o dilema da culpabilidade penal". In: *Revista Liberdades.* São Paulo: IBCCRIM, n. 08, setembro-dezembro, 2011, pp. 45-87.

BUSTOS RAMÍREZ, Juan J. *Control social y sistema penal.* Barcelola: PPU, 1987.

_____; HORMAZÁBAL MALARÉE, Hernán. *Lecciones de derecho penal.* Madrid: Editorial Trotta, 1997.

CAETANO, Marcello. *Manual de ciência política e direito constitucional.* 6ª ed. Coimbra: Almedina, t. I, 2006.

CANCIO MELIÁ, Manuel; GÓMEZ-JARA DÍEZ, Carlos (Coord.). *Derecho penal del inimigo. El discurso penal de la exclusión.* Madrid: Edisofer S.L., v. 1 e 2, 2006.

CANOTILHO, José Joaquim Gomes. *Direito Constitucional e Teoria da Constituição.* 4ª ed. Coimbra: Almedina, 1997.

_____. *Estudos sobre direitos fundamentais.* Coimbra: Coimbra Editora, 2004.

_____; MOREIRA, Vital. *Fundamentos da Constituição.* Coimbra: Coimbra Editora, 1991.

CAPELLETTI, Mauro. *Proceso, ideologia, sociedad.* Trad. Santiago Sentis de Melendo y Tomás A. Bazhaf. Buenos Aires: Ediciones Jurídicas Europa-América, 1974.

CARBONELLL MATEU. Juan Carlos. *Derecho penal: concepto y principios constitucionales.* 3ª ed. Valencia: Tirant lo blanch, 1999.

CARDENAS RIOSECO, Raúl F.. *El principio de legalidad penal.* México: Editorial Porrúa, 2009.

CARDOZO POZO, Rodrigo Cristhian. *Bases de política criminal y protección penal de la seguridad vial.* Tese de Doutorado. Universidad de Salamanca: 2009. Disponível em: <http://gredos.usal.es/jspui/handle/10366/76418>. Acesso em: 20. 02.2012.

CARVALHO, Salo de. *Antimanual de criminologia.* 5ª ed. São Paulo: Saraiva, 2013. CEREZO MIR, José. *Derecho Penal. Parte General.* Lima: Ara Editores, 2007.

CINTRA, Antonio Carlos de Araújo; GRINOVER, Ada Pellegrini; DINAMARCO, Cândido Rangel. *Teoria geral do processo.* 23ª ed. São Paulo: Malheiros, 2007.

COBO DEL ROSAL, Manuel; VIVES ANTÓN, Tomás S. *Derecho penal. Parte general.* 5ª ed. Valencia: Ed. Tirant lo blanch, 1999.

COMPARATO, Fábio Konder. *A afirmação histórica dos direitos humanos.* São Paulo: Saraiva, 1999.

COSTA ANDRADE, Manuel da. *Sobre as proibições de prova em processo penal.* Coimbra: Almedina, 2006.

CRESPO, Aderlan. *Curso de criminologia. As relações políticas e jurídicas sobre o crime.* Rio de Janeiro: Elsevier, 2009.

DEDES, Christos."Sobre el origen del principio "nullum crimen nulla poena sine lege"". In: *Revista de Derecho Penal y Criminología.* Madrid: Marcial Pons, 2ª época, n. 09, 2002, pp. 141-146.

DEL VECCHIO, Giorgio. *Direito, estado e filosofia.* Trad. Luis Luisi. Rio de Janeiro: Editora Politécnica, 1952.

DELMAS-MARTY, Mireille. *Os grandes sistemas de política criminal.* Trad. Denise Radanovic Vieira. Barueri: Manole, 2004.

DINARMARCO, Cândido Rangel. *Instituições de direito processual civil.* São Paulo: Malheiros, 2001.

DÍAZ, Elias. *Curso de filosofía del derecho.* Madrid: Marcial Pons, 1998. DÍAZ ARANDA, Enrique. *Derecho penal.* México: Porrúa, 2003.

DÍEZ RIPOLLÉS, José Luis. *Política criminal y derecho penal.* Valencia: Tirant lo blanch, 2003.

DIMOULIS, Dimitri; MARTINS, Leonardo. *Teoria geral dos direitos fundamentais.* 3ª ed. São Paulo: RT, 2011.

DINAMARCO, Cândido Rangel. *A instrumentalidade do processo.* São Paulo: RT, 1987. ESCRIVÁ GREGORI, José María. "Algunas consideraciones sobre derecho penal y Constitución". In: *Papers: Revista de Sociología.* Bellaterra: Universidad Autónoma de Barcelona, Servício de Publicacions, n. 13, ano 1980, p. 141-164

FAIRCHILD, Henry Pratt (Ed.). *Diccionario de sociologia.* Trad. de T. Muñoz *et alli.* México-Buenos Aires: Fondo de Cultura Económica, 1949.

FARIA COSTA, José de. *Noçoes fundamentais de direito penal (*Fragmenta iuris poenalis*). Introdução.* Coimbra: Coimbra Editora, 2007.

FERNANDES, Antonio Scarance. *Processo penal constitucional.* 5ª ed. São Paulo: RT, 2007.

FERNANDES, Fernando. *O processo penal como instrumento de política criminal.* Coimbra: Almedina, 2001.

FERRAJOLI, Luigi. *Derecho y razón. Teoría del garantismo penal.* Trad. de Perfecto Andrés Ibañez *et al.* 2ª ed. Madrid: Editorial Trotta, 1997.

_____. *El garantismo y la filosofía del derecho.* Trad. de Gerardo Pisarello; *et alli.* Bogotá: Universidad Externado de Colombia, 2000.

_____. *Los fundamentos de los derechos fundamentales.* Trad. de Perfecto Andrés Ibañez; *et alli* Madrid: Editorial Trotta, 2001.

FERRARI, Eduardo Reale. *Medidas de segurança e direito penal no estado democrático de direito.* São Paulo: Ed. RT, 2001.

FERRATER MORA, José. *Dicionário de filosofia.* Trad. Maria Stela Gonçalves *et alli.* 2ª ed. São Paulo: Edições Loyola, 2004.

FERRAZ JR., Tércio Sampaio. *Introdução ao estudo do direito. Técnica, decisão, dominação.* 6ª ed. São Paulo: Atlas, 2010.

FIANDACA, Giovanni; MUSCO, Enzo. *Derecho penal. Parte general.* Trad. de Luis Fernando Niño. Bogotá: Temis, 2006, p. 56.

FIGUEIREDO DIAS, Jorge de. *Direito penal. Parte geral.* Coimbra: Coimbra Editora, 2007.

_____. *Direito penal português. As consequências jurídicas do crime.* Lisboa: Aequitas, 1993.

_____. *Direito processual penal.* 1ª ed. reimp. Coimbra: Coimbra Editora, 2004.

_____. *Liberdade. Culpa. Direito penal.* 3ª ed. Coimbra: Coimbra Editora, 1995.

_____; COSTA ANDRADE, Manuel da. *Criminologia. O homem delinquente e a sociedade criminógena.* Coimbra: Coimbra Editora, 1992.

FRANCO, Alberto Silva. *Crimes Hediondos.* 4ª ed. São Paulo: Ed. RT, 2000.

_____. "Do princípio da intervenção mínima ao princípio da máxima intervenção". In: *Revista Portuguesa de Ciência Criminal.* Coimbra: Coimbra Editora, ano 6, fasc. 2, abril-junho, 1996, pp. 175-187.

_____. *Temas de direito penal.* São Paulo: Saraiva, 1986.

_____; LIRA, Rafel; FELIX, Yuri. *Crimes hediondos.* 7ª ed. São Paulo: Ed. RT, 2011. GALVÃO TELLES, Inocêncio. *Introdução ao estudo do direito.* Coimbra: Coimbra Editora, v. I, 1999.

GARAPON, Antoine. *Bem julgar. Ensaio sobre o ritual judiciário.* Trad. Pedro Felipe Henriques. Lisboa: Instituto Piaget, 1997.

GARCÍA-PABLOS, Antonio. *Derecho penal. Introducción.* Madrid: Universidad Complutense, 1995.

GARCÍA-PABLOS DE MOLINA, Antonio. *Criminologia. Uma introdução a seus fundamentos teóricos.* Trad. Luiz Flávio Gomes. São Paulo: Ed. RT, 1992.

_____. *Manual de criminologia. Introducción y teorías de la criminalidad.* Madrid: Tirant lo blanch, 1988.

_____. *Tratado de criminología.* Buenos Aires: Rubinzal-Culzoni Editores, t. I e II, 2009.

GARRIDO, Vicente; STANGELAND, Per; REDONDO, Santiago. *Principios de criminología.* 3ª ed. Valencia: Tirant lo blanch, 2006.

GIDENS, Anthony. *Sociologia.* Trad. Alexandra Figueiredo *et alli.* 6ª ed. Lisboa: Fundação Calouste Gulbenkian, 2008.

GIMBERNAT ORDEIG, Enrique. *Concepto y método de la ciencia del derecho penal*, Editorial Tecnos, Madrid, 1999.

_____. "¿Tiene un futuro la dogmática jurídico-penal?". In: *Estudios de derecho penal.* 3ª ed. Madrid: Civitas, 1990, pp. 140-161.

GIMENO SENDRA, Vicente. *Derecho procesal penal.* Madrid: Colex, 2004.

GOMES, Luiz Flávio. "Duração das medidas de segurança". In: *Revista de Julgados e Doutrina do Tribunal de Alçada Criminal do Estado de São Paulo.* São Paulo: nº 05, janeiro-março, 1990.

_____. *Princípio da ofensividade no direito penal.* São Paulo: Ed. RT, 2002.

GOMES, Mariângela Gama de Magalhães. *O princípio da proporcionalidade no direito penal.* São Paulo: RT, 2003.

GRAU, Eros. *Interpretación y aplicación del derecho.* Madrid: Dykinson, [s.d.].

GRECO, Rogério. *Curso de direito penal. Parte geral.* 9ª ed. Niterói: Ed. Impetus, 2007. GRINOVER, Ada Pellegrini. *O processo constitucional em marcha.* São Paulo: Max Limonad, 1985.

HASSEMER, Winfried. *Crítica al derecho penal de hoy.* Trad. Patrícia S. Ziffer, 2ª ed. Buenos Aires: Ad-Hoc, 1998.

_____. *Fundamentos del derecho penal.* Trad. Francisco Muñoz Conde e Luis Arroyo Zapatero. Barcelona: Bosch, 1984.

_____. "Perspectivas del derecho penal futuro". Trad. Enrique Anarte Borrallo. In: *Revista Penal*, Barcelona: Praxis, nº 1, 1998, pp. 37-41.

_____; MUÑOZ CONDE, Francisco. *Introducción a la criminología y al derecho penal.* Valencia: Tirant lo blanch, 1989.

HECK, Luís Afonso. *O tribunal constitucional federal e o desenvolvimento dos princípios constitucionais. Contributo para uma compreensão da jurisdição constitucional federal alemã.* Porto Alegre: SAFE, 1995.

HEFENDEHL, Roland (Ed). *La teoría del bien jurídico ¿fundamento de legitimación del derecho penal o juego de abalorios dogmático?* Madrid: Marcial Pons, 2007.

HESSE, Konrad. *Temas fundamentais do direito constitucional.* Tradução de Carlos dos Santos Almeida; *et alli.* São Paulo: Saraiva, 2009.

HUNGRIA, Nélson. *Comentário ao código penal.* Rio de Janeiro: Revista Forense, 1953. IMBERT, Gérard. "Suceso y tentación de desorden: la fascinación por lo anómico". In: *Revista Catalana de Seguretat Pública.* Barcelona, n. 4, junio, 1999, pp. 17-26.

JACOB, Elias Antonio. *Direito penal. Parte Geral.* Porto Alegre: Síntese, 1998. JARDIM, Afranio Silva. *Direito processual penal.* 6ª ed. Rio de Janeiro: Forense, 1997.

JAKOBS, Günther. "Criminalización en el estadio previo a la lesión de un bien jurídico". In: *Estudios de Derecho Penal.* Trad. Enrique Peñaranda Ramos, Carlos J. Suárez González e Manuel Cancio Meliá. Madrid: Civitas, 1997.

_____. *Derecho penal. Parte general. Fundamentos y teoría de la imputación.* Trad. Joaquin Cuello Contreras e Jose Luis Serrano Gonzales de Murillo. 2ª ed. Madrd: Marcial Pons, 1997.

_____; CANCIO MELIÁ, Manuel. *Derecho penal del inimigo.* Madrid: Civitas, 2003.

JESCHECK, Hans-Heinrich. *Tratado de derecho penal. Parte General.* Trad. José Luis Manzanares Samaniego. 4ª ed. Granada: Editorial Comares, 1993.

JIMÉNEZ DE ASÚA, Luis. *Tratado de derecho penal.* Buenos Aires: Editorial Losada S. A., 1950.

JOUVENEL, Bertrand de. *O poder: história natural de seu crescimento.* Trad. Paulo Neves. 1ª ed. São Paulo: Ed. Peixoto Neto, [s.d.].

JUSTO, A. Santos. *Introdução ao estudo do direito.* 3ª ed. Coimbra: Coimbra Editora, 2006.

KAISER, Günther. *Criminologia. Una introducción a sus fundamentos teóricos.* Madrid: Espasa-Calpe, 1978.

KÜNSEMÜLLER LOEBENFELDER, Carlos. *Derecho penal y política criminal.* Santiago: Thomson Reuters, 2012.

KUNZ, Josef L. "Sobre a problemática da filosofia do direito nos meados do século XX". In: *Revista da Faculdade de Direito de São Paulo.* São Paulo: Saraiva, v. 46, 1952, p. 43 e sgts.

LYRA, Roberto; ARAÚJO JÚNIOR, João Marcello de. *Criminologia.* 4ª ed. Rio de Janeiro: Forense, 1995.

LOPES, Maurício Antônio Ribeiro. *Direito penal, estado e constituição.* São Paulo: IBCCrim, 1997.

LOPES JR., Aury. *Introdução crítica ao processo penal. Fundamentos da instrumentalidade constitucional.* 4ª ed. Rio de Janeiro: Lumen Juris, 2006.

LÓPEZ-REY, Manuel. *Crime. Um estudo analítico.* Trad. Regina Brandão. Rio de Janeiro: Ed Artenova, 1973.

LUISI, Luis. *Os princípios constitucionais penais.* Porto Alegre: Sergio Antonio Fabris Editor, 2003.

LUZÓN PEÑA, Diego-Manuel. *Curso de drecho penal. Parte general.* Madrid: Ed. Universitas, v. 1, 2006.

MAGGIORE, Giuseppe. *Derecho penal.* Trad. de José J. Ortega Torres. Santa Fé de Bogotá: Editorial Temis, v. I, 2000.

MAIER, Julio B. J. *Derecho procesal penal. Fundamentos.* 2ª ed. Buenos Aires: Editores del Puerto, t. I, 2002.

_____. "Política criminal, derecho penal y derecho processual penal". In: *Doctrina penal.* Buenos Aires: Depalma, 1978, ano 1, no 1 a 4, pp. 301-328.

MAÍLLO, Alfonso Serrano. *Introdução à criminologia.* Trad. Luiz Regis Prado. São Paulo: Ed. RT, 2008.

MANZANERA, Luis Rodríguez. *Criminología.* 2ª ed. México: Editorial Porrúa, 1981. MANZINI, Vicenzo. *Tratatto di diritto penale italiano,* Torino: Unione Tipografico Editrice Torinese, 1950.

_____. *Tratado de derecho procesal penal.* Trad. Santiago Sentís Malendo e Marino Ayerra Redín. Buenos Aires: EJEA, t. I, 1951.

MARQUES, José Frederico. *Elementos de direito processual penal.* Campinas: Bookseller, 1997.

_____. *Estudos de direito processual penal.* Rio de Janeiro: Forense, 1960.

_____. *Tratado de direito penal.* São Paulo: Ed. Saraiva, 1964.

MARQUES, Mário Reis. *Introdução ao direito.* 2ª ed. Coimbra: Almedina, v. I, 2007. MARTÍNEZ, Soares. *Filosofia do direito.* 3ª ed. Coimbra: Almedina, p. 2003.

MAURACH, Reinhart. *Derecho penal. Parte general.* Trad. Jorge Bofill Genzsch e Enrique Aimone Gibson. Buenos Aires: Editorial Astrea, 1994.

MENDES, Gilmar Ferreira; BRANCO, Paulo Gustavo Gonet. *Curso de direito constitucional.* 6ª ed. São Paulo: Saraiva, 2011.

MESSUTI, Ana (Org.). *Perspectivas criminológicas en el umbral del tercer milenio.* Montevideo: FCU, 1998.

MIR PUIG, Santiago. "Constitución, derecho penal y globalización". In: MIR PUIG, Santiago; CORCOY BIDASOLO, Mirentxu (Dir.). *Nuevas tendências en política criminal. Una auditoría al código penal español de 1995.* Montevideo-Buenos Aires: Editorial B de f, 2006, pp. 115-126.

_____. *Derecho penal. Parte general.* 5ª ed. Barcelona: Reppertor, 1998.

_____. *El derecho penal en el estado social y democrático de derecho.* Barcelona: Ariel, 1994.

_____. *Introducción a las bases del derecho penal.* 2ª ed. Montevideo: B de f, 2002. MIRANDA, Jorge. *Manual de direito constitucional.* Coimbra: Coimbra Editora, t. IV, 1988.

MIRANDA RODRIGUES, Anabela. "A celeridade do processo penal. Uma visão de direito comparado". In: *Actas de revisão do Código de Processo Penal.* Lisboa: Assembléia da República, 1999, v. II, t. II.

MOREIRA, Rômulo de Andrade. "O processo penal como instrumento de democracia". In: *Revista de Estudos Criminais.* Porto Alegre: v. 5, f. 17, jan-mar, 2005, p. 63-74.

MOREIRA FILHO, Guaracy. *Vitimologia: o papel da vítima na gênese do delito.* 2ª ed. São Paulo: Jurídica Brasileira, 2004.

MUÑOZ CONDE, Francisco. *Derecho penal y control social.* Santa Fé de Bogotá: Editorial Temis, 1999.

_____. MUÑOZ CONDE, Francisco; GARCÍA ARÁN, Mercedes. *Derecho penal. Parte general.* 3ª ed. Valencia: Tirant lo blanch, 1998.

NEVES, Antônio Castanheira. "O princípio da legalidade criminal. O seu problema jurídico e seu critério dogmático". In: *Digesta.* Coimbra: Coimbra Editora, v. 1, 1995, pp. 392-395.

_____. *De nuevo sobre el "derecho penal del enemigo".* Buenos Aires: Hammurabi, 2005.

NINO, Carlos Santiago. *Introducción al análisis del derecho.* 12ª ed. Barcelona: Ariel, 2003.

NUCCI, Guilherme de Souza. *Código penal comentado.* São Paulo: RT, 2000.

_____. *Princípios constitucionais penais e processuais penais.* São Paulo: Ed. RT, 2010.

OLIVEIRA, Fábio Corrêa Souza de. *Por uma teoria dos princípios. O princípio constitucional da razoabilidade.* Rio de Janeiro: Lumen Júris, 2003.

OLIVEIRA ASCENÇÃO, José de. *O direito. Introdução e teoria geral. Uma perspectiva luso-brasileira.* Coimbra: Almedina, 1997.

ORTEGA Y GASSET, José. *El Hombre y La Gente.* 3ª ed. Madrid: Revista de Occidente, t. I, 1962.

PALAZZO, Francesco. "La legalidad y la determinación de la ley penal: el significado lingüistico, la interpretación y el concepto de la *regla juris*". Trad. de Irene Melero Sánchez e Susana Barón Quintero. In: *Revista Penal.* Barcelona: Editorial Praxis, n. 25, enero, 2010, pp. 104-116.

_____. *Valores constitucionais e direito penal.* Trad. de Gérson Pereira dos Santos. Porto Alegre: SAFE, 1989.

PELUSO, Vinicius de Toledo Piza. "A medida de segurança de internamento para inimputáveis e seu prazo máximo de execução". In: *Leituras complementares de execução penal.* Salvador: Ed. Podivm, 2006, p. 55-65.

_____. "A objetividade do princípio da insignificância". In: *Boletim IBCCRIM.* São Paulo: IBCCRIM, v. 09, n. 109, dez., 2001, pp. 11-13.

_____. "Abolicionismo e terceira velocidade do direito penal: conclusões possíveis". In: *Ciências Penais.* São Paulo: Ed. RT, v. 13, julho-dezembro, 2011.

_____. "Munição e acessórios: uma desproporção explosiva". In: *Revista dos Tribunais.* São Paulo: Ed. RT, ano 94, v. 837, jun., 2005, pp. 398-408.

_____. "Revelia e a produção antecipada da prova testemunhal no processo penal". In: *revista brasileira de ciências criminais,* São Paulo: Ed. RT, n. 72, março-abril, 2008.

_____. "Suspensão condicional do processo – críticas à Sumula 696 do STF". In: *Revista Brasileira de Ciências Criminais.* São Paulo: Ed. RT, n. 65, março-abril, 2007, pp. 345-376.

PÉREZ LUÑO, Antonio-Enrique. *Teoría del derecho. Una concepción de la experiencia jurídica.* 5ª ed. Madrid: Tecnos, 2006.

PIOVESAN, Flávia. *Direitos humanos e o direito constitucional internacional*. São Paulo: Max Limonad, 1996.

POLAINO NAVARRETE, Miguel. *Derecho penal. Parte general*. 5ª ed. Barcelona: Bosch, t. I, 2004.

_____. *Derecho penal. Modernas bases dogmáticas*. Lima: Grijley, 2004.

PRADO, Luiz Régis. *Curso de direito penal*. 2ª ed. São Paulo: Ed. RT, 2001.

RADBRUCH, Gustav. *Filosofia do direito*. Trad. Luis Cabaral de Moncada. 6ª ed. Coimbra: Armênio Amado, 1997.

REALE, Miguel. *Filosofia do direito*. 20 ed. São Paulo: Saraiva, 2002.

_____. *O direito como experiência. Introdução à epistemologia jurídica*. São Paulo: Saraiva, 1968.

_____. *Teoria Tridimensional do Direito*. 5ª ed. São Paulo: Saraiva, 2010. RECASÉNS SICHES, Luis. *Introducción al estudio del derecho*. 13ª ed. México: Editorial Porrúa, 2000.

_____. *Tratado general de filosofía del derecho*. 19 ed. México: Editorial Porrúa, 2008.

RAGUÉS I VALLÈS, Ramon. "Derecho penal substantivo y derecho procesual penal: Hacia una visión integrada". In: *Anuario de Derecho Penal*, Lima: Pontifica Universidad Católica del Perú, 2004, pp. 130-163.

ROBERTI, Maura. *A intervenção mínima como princípio no direito penal brasileiro*. Porto Alegre: Safe, 2001.

ROXIN, Claus. *Derecho penal. Parte General*. Trad. Diego-Manuel Luzón Peña, Miguel Díaz y García Conlledo e Javier de Vicente Remesal. Madrid: Civitas, t. I, 1997.

_____. *Política criminal e sistema jurídico penal*. Trad. de Luís Greco. Rio de Janeiro: Renovar, 2002.

ROXIN, Claus; ARZT, Günther; TIEDMANN, Klaus. *Introdução ao direito penal e ao direito processual penal*. Trad. Eugênio Pacelli de Oliveira. Belo Horizonte: Del Rey, 2007.

RUSCONI, Maximiliano. *Nuevo proceso penal, garantías constitucionales y mínima intervención*. Buenos Aires: Ad-Hoc, 2008.

SÁ, Alvino Augusto de. *Criminologia clínica e psicologia criminal*. São Paulo: Ed. RT, 2007.

SABADELL, Ana Lúcia. *Manual de sociologia jurídica. Introdução a uma leitura do direito*. São Paulo: Ed. RT, 2000.

SABATINI, Giuseppe. *Principii costituzionali del processo penale*. Napoli: E. Jovene, 1976.

SÁNCHEZ VÁZQUEZ, Rafel. "Algunas consideraciones sobre el método exegético jurídico". In: *Anuário Jurídico*. México: UNAM, v. XVI, 1989, pp. 959-976.

SANGRADOR, José Luis. *La Victimología y el sistema jurídico penal*. Madrid: Ed. Siglo XX, 1997.

SANTOS, Gil Moreira dos. *O direito processual penal*. Porto: Asa, 2002. SARAIVA, José Hermano. *O que é o Direito ?* Lisboa: Gradiva Publicações, 2009.

SCHMIDT, André Zenkner. *O princípio da legalidade penal no estado democrático de direito*. Porto Alegre: Livraria do Advogado, 2001.

SCHMIDT, Eberhard. *Los fundamentos teóricos y constitucionales del derecho procesual penal*. Trad. J. M. Núñez. Buenos Aires: Ed. Bibliográfica Argentina, 1957.

SCHÜNEMANN, Bernd. *Consideraciones críticas sobre la situación espiritual de la ciencia jurídico-penal alemana*. Trad. Manuel Cancio Meliá. Bogotá: Universidad Externado de Colombia, 1996.

SHECAIRA, Sérgio Salomão. *Criminologia*. 3ª ed. São Paulo: Ed. RT, 2011.

SILVA, Germano Marques da. *Curso de processo penal*. 5ª ed. Lisboa: Verbo, 2008. SILVA SANCHES, Jesús-María. *Aproximación al derecho penal contemporáneo*. Barcelona: Ed. Bosch, 1992.

_____. *La expansión del derecho penal. Aspectos de la política criminal en las sociedades postindustriales*. 2ª ed. Madrid: Civitas, 2001.

_____. *Política criminal y persona*. Buenos Aires: Ad-hoc, 2000.

SERRANO MAÍLLO, Alfonso. *Introdução à criminologia*. Trad. Luiz Régis Prado. São Paulo: Ed. RT, 2007.

_____. *Introducción a la criminología*. 6ª ed. Madrid: Dykinson, 2009.

SOUTO, Cláudio; SOUTO, Solange. *Sociologia do direito. Uma visão substantiva.* 2ª ed. Porto Alegre: Sérgio Antônio Fabris Editor, 1997.

STAMPA BRAUN, José María. *Introducción a la ciencia del derecho penal.* Valladolid: Miñon, 1953.

STRATENWERTH, Günter. *Derecho penal. Parte general I.* Trad. de Gladys Nancy Romero. Buenos Aires: Fabián J. Di Plácido Editor, 1999.

STRECK, Lenio Luis; COPETTI, André. "O direito penal e os influxos legislativos pósconstituição de 1988: um modelo normativo eclético consolidado ou em fase de transição?". In: FAYET JÚNIOR, Ney (Org.). *Ensaios penais em homenagem ao professor Alberto Rufino Rodrigues de Sousa.* Porto Alegre: Ricardo Lenz Editor, 2003, pp. 451-485.

SUTHERLAND, Edwin H.. *Principles of criminology.* 2ª ed. Chicago: J. B. Lippincott, 1939.

TAIPA DE CARVALHO, Américo A. *Sucessão de leis penais.* Coimbra: Coimbra Editora, 1990.

TAYLOR, Ian; WALTON, Paul; YOUNG, Jock. *The new criminology: for a social theory of deviance.* New York: Harper & Row, 1973.

_____. (Org.). *Criminologia crítica.* Trad. de Juarez Cirino dos Santos e Sérgio Tancredo. Rio de Janeiro: Ed. Graal, 1980.

TORNAGHI, Hélio. *A relação processual penal.* 2ª ed. São Paulo: Saraiva, 1987.

_____. *Curso de processo penal.* 9ª ed. São Paulo: Saraiva, 1995.

_____. *Instituições de processo penal.* 2ª ed. Rio de Janeiro: Forense, 1959.

TOURINHO FILHO, Fernando da Costa. *Processo penal.* 29ª ed. São Paulo: Saraiva, 2007.

TUCCI, Rogério Lauria. *Direitos e garantias individuais no processo penal brasileiro.* São Paulo: Saraiva, 1993.

UNAMUNO, Miguel de. *Do sentimento trágico da vida.* Trad. de Eduardo Brandão. São Paulo: Martins Fontes, 1996.

VALE, André Rufino do. *Estrutura das normas de direitos fundamentais.* São Paulo: Saraiva, 2009.

VALENTE, Manuel Monteiro Guedes. *Processo penal.* 2ª ed. Coimbra: Almedina, t. I, 2009.

VELO, Joe Tennyson. *Criminologia analítica. Conceitos de psicologia analítica para uma hipótese etiológica em criminologia.* São Paulo: IBCCrim, 1998.

VICENTE MARTÍNEZ, Rosário de. *El principio de legalidad penal.* Valencia: Tirant lo blanch, 2004.

YOUNG, Jock. "Il fallimento della criminologia: per un realismo radicale". In: *Dei delitti e delle pene.* Torino: v. IV, n. 3, 1986, pp. 387-415.

ZAFFARONI, Eugenio Raúl. *En busca de las penas perdidas. Deslegitimación y dogmatica juridico-penal.* Buenos Aires: Ediar, 1998.

_____; ALAGIA, Alejandro; SLOKAR, Alejandro. *Derecho penal. Parte general.* 2ª ed. Buenos Aires: Ediar, 2002.

_____; PIERANGELI, José Henrique. *Manual de direito penal brasileiro. Parte Geral.* São Paulo: Ed. RT, 1997.

_____; OLIVEIRA, Edmundo. *Criminologia e política criminal.* Rio de Janeiro: GZ, 2010.

ZAPATERO, Luis Arroyo. "Fundamento y función del sistema penal: El programa penal de La Constitución Española". In: REYNA ALFARO, Luiz Miguel. *Derecho Penal y Modernidad* (Coord.). Lima: Ara Editores, 2010, pp. 21-36.

ZEIDAN, Rogério. *Ius puniendi, estado e direitos fundamentais. Aspectos de legitimidade e limites da potestade punitiva.* Porto Alegre: Safe, 2002.

ZIPF, Heinz. *Introducción a la política criminal.* Trad. de Miguel Izquierdo Macías-Picavea. Madrid: Edersa, 1979.

ZUÑIGA RODRÍGUEZ, Laura. *Política criminal.* Madrid: Colex, 2001.